KB089423

신비(神秘)의 명혈명당(明穴明堂)

한 장소(場所)에 74개씩 네 곳에 296개의 대명당(大明堂)자리가
모여 있는 명혈명당(明穴明堂)의 실체(實體)를 풍수지리 역사상
최초(最初)로 밝히다.

동 선 호 지음

「74개의 명당자리가 모여 있는 실체를 밝혀낸」

신비의 명혈명당

관음출판사

|머|리|말|

 2013년도에 필자가 쓴 "명당발복의 신비"에서 풍수지리 2천년 역사상 최초로 명당자리의 역량力量을 대大, 중中, 소小로 구분區 分하는 기준을 밝힌지 5년이 되었다.

 이번에는 74개의 명당자리가 한 곳에 모여 있는 명당자리의 군혈 지群穴地를 풍수지리 2천년 역사상 최초로 탐지探知해 "신비神秘 의 명혈명당明穴明堂"이라는 책을 펴내게 되었다.

 명혈명당의 실체實體를 알아보고자 그동안 전국 각지를 탐사探 査하면서 명혈명당을 형성하는 혈맥은 어디에서 어떻게 흘러와 명 당자리를 만들었으며, 명혈명당의 땅 속 형상形象은 어떻게 생겼으 며, 얼마나 많은 명혈명당이 전국 곳곳에 숨어 있으며, 명혈명당에 서는 어떻게 명당발복明堂發福이 발현發現 되었고, 명혈명당이 전 국적으로 얼마나 활용되었는지 등 명혈명당의 실체를 규명糾明하 고자 전국 각지의 이곳 저곳을 다니면서 탐사하고 조사한 내역內譯 등을 정리해 "신비神秘의 명혈명당明穴明堂"이라는 책을 펴내게 된 것이다.

 그러나 대자연의 오묘奧妙한 이치理致와 음양陰陽의 조화와 질 서에 의해 생겨난 명혈명당의 땅 속 실체를 속속들이 알아내는 데에는 마치 장님이 코끼리 만지는 것과 같은 한계限界가 있었음을 실토實吐한다.

명당발복의 발현 현상에 관해서는 대부분의 사람들이 허황虛荒된 것으로 치부恥部해 풍수지리를 불신不信하고 있는 것이 작금昨今의 현실이다. 필자는 이러한 인식을 다소나마 불식不息시키기 위해 국내외國內外에서 이미 활용되고 있는 대명당의 역량을 가진 명혈 명당 1,785곳(음택지:569곳, 양택지:1,216곳)을 조사해 통계수치에 의해 명당발복의 발현 현상을 입증立證하고자 노력하였다. 통계는 과학이며 현실을 보는 창窓으로서 거짓말을 하지 못한다. 따라서 풍수지리는 생활과학生活科學의 한 분야라는 것을 입증할 수 있는 각종 통계자료를 작성해서 설명하느라 학술논문처럼 기술記述하게 되어 이 책을 읽는 분들은 흥미가 없을 수도 있을 것이다.

아울러 명당발복의 발현 현상을 입증하고자 문중門中이나 가문家門의 예例를 많이 들게 되었다. 혹시나 잘못된 내용으로 인해 가문에 누累가 되었다면 본의가 아님을 정중히 사과 드린다.

인터넷 지도에서 엘로드(L-Rod)에 의해 천조명당인 대명당의 역량을 가진 명혈명당을 전국의 市郡區洞面里별로 2-3회씩 찾아 들어가 2018년 5월 말 현재 42,520곳의 명혈명당을 찾아내 3,146,480개의 천조명당 자리를 탐지해 음택陰宅과 양택陽宅으로 활용된 명당과 미활용 된 명당을 조사하여 전국의 명혈명당 현황을 이 책을 통해 공개하였다. 그러나 리별里別 지번별地番別로는 프라이버시 등의 사유로 인해 공개하지 못해 매우 아쉽게 생각한다.

우리나라는 세계 어느 나라보다도 명혈명당이 많이 형성되어 있을 것으로 추정되지만 지금까지의 활용도는 매우 낮아 세계적으로 위대한 인물들이 많이 배출되지 못하고 있는 현실이다. 따라서 우리들 주변에 많이 숨어 있는 명혈명당을 적극적으로 찾아서 활용한다면 개개인의 부귀영화富貴榮華와 가문의 영광榮光은 물론이요 대한민국이 세계의 주요국가로 도약跳躍하고 아울러 지구촌의 평화와 번영繁榮에 기여 할 수 있는 훌륭한 인물들이 많이 배출되리라 확신한다.

필자는 풍수지리를 접接하게 되면서부터 하루도 쉬는 날이 없이 바쁜 나날을 보냈다. 정년퇴직 후 취미생활로 시작한 일이 이제는 풍수지리를 접하지 않는 생활은 생각할 수가 없게 되었다. 다행이도 필자에게는 조상들로부터 특별한 감지感知 능력을 받은 덕분에 풍수지리에 관한 연구와 명혈명당의 탐지探知에 모든 열정을 쏟을 수 있었다. 지금은 인터넷 지도나 사진 등으로 지구촌 곳곳으로 흘러가는 혈맥의 흐름을 탐지하고 세계 어느나라든지 원하는 장소에 대해 명당 여부와 명당자리 역량의 크고 작음을 감지해 내는 능력을 갖게 되었으며 더불어 전국의 도시와 산천을 다니면서 명당자리를 탐사探査하는 재미도 얻게 되었다. 필자가 쓴 이 책이 현재로서는 우리나라에서 풍수지리를 연구하는 분들과는 다른 견해로 인해 경시輕視 당할지 모르겠으나 후세에는 필자가 쓴 이 책이 사실로 입증되어 언젠가는 풍수지리 연구와 발전에 반드시 크게 기여할 수 있으리라 믿어 의심치 않는다.

그동안 이 책이 나오기 까지 도와준 집사람 金鍾允과 가족들 그리고 현지 탐사에 기꺼이 동행해주고 격려해준 목요모임의 친구들과 항상 물심양면으로 응원을 해주는 분당에 사는 이대인 조카와 전주에 사는 심병기 조카 및 친지 여러분들께 감사의 인사를 드린다.

끝으로 "經國有才 皆百鍊 著書無字 不千秋(경국유재 개백련 저서무자 불천추)" "국가를 경영할 인재가 되려면 온갖 단련을 다 해야하고, 글을 쓰려면 글자마다 영구히 전할 수 있어야 한다"라는 가훈家訓에 따라 영구히 후세들에게 전할 책을 쓰는데 최선의 노력을 다 했으나 여러 면에서 부족함이 많으리라 여겨진다. 이 책을 읽으신 분들의 많은 충고와 편달을 바랍니다.

2018년 9월 당정동에서

堂井　董善浩

제 5장 **명당발복의 신비**

제 6장 **명혈명당의 활용**

제 1장
혈맥

제1장 혈맥

1. 혈맥이 혈자리를 만든다

풍수지리에서 용맥龍脈 또는 기맥氣脈이라고 표현하고 있는 혈맥穴脈은 대개 일정한 깊이의 땅 속으로 음陰과 양陽으로 된 두 줄기의 수맥水脈이 약 60-70cm 간격으로 한 쌍을 이루어 마치 수도관水道管과 같은 혈맥관穴脈管을 형성해서 바다와 강을 건너고 평원平原을 지나서 산의 봉우리와 능선稜線 등을 넘나들면서 지구地球의 곳곳을 따라 흘러 다니다 풍수지리風水地理에서 사격砂格이라고 하는 좌청룡左青龍이라 불리운 산의 능선이나 큰 언덕 등이 좌측에 형성되어 있고, 우측에도 우백호右白虎라 불리운 산의 능선이나 큰 언덕 등이 형성形成되어 있어 좌우左右에서 부는 바람을 어느 정도 막아주고, 앞에서는 안산案山이라 불리운 산이나 언덕이나 큰 바위 등이 있어 앞에서 부는 바람을 어느 정도 막아주어 주변의 다른 곳보다는 바람이 덜 부는 곳 즉, 장풍藏風이 되는 곳에 이르면 음의 수맥과 양의 수맥이 서로 음양교합陰陽交合(음과 양이 서로 합해짐)을 하면서 대략 한 평에서 여섯 평 정도 넓이의 원형圓形이나 타원형橢圓形의 혈穴자리인 명당明堂자리를 만드는 한 쌍의 수맥을 혈맥穴脈이라 한다.

다시 설명하면 혈맥이 만드는 혈자리에서는 소위所謂 만물萬物을 활성活性(active) 시킨다는 지구의 기氣(energy)의 하나인 생기生氣라는 물질物質이 모아져서 응결凝結(한데 엉겨서 맺힘)되어 땅의 표면으로 분출噴出되는 곳을 혈자리 또는 명당자리라고 한다.

혈자리는 혈맥이 흘러 다니다 바람이 주변의 다른 곳 보다는 덜 부는 곳에 이르러 흐름을 멈추면서 만들어지므로 혈맥이 없는 곳에서는 절대로 혈자리가 만들어 질 수 없다. 따라서 혈자리는 혈맥이 없으면 존재 할 수 없다. 즉, 반드시 혈맥이 흘러야 혈자리가 만들어 질 수 있으므로 음과 양으로 된 한 쌍의 혈맥은 혈자리를 만들어 내는 어버이 역할을 하는 존재存在라 할 수 있다.

대자연大自然의 오묘奧妙한 이치理致와 음양陰陽의 조화調和와 질서秩序에 따라 수맥이 흘러가는 방향을 기준으로 왼쪽으로 흐르는 한 줄기의 수맥을 음陰의 수맥이라 하고, 오른쪽으로 흐르는 다른 한 줄기의 수맥을 양陽의 수맥이라고 하며, 모든 혈맥이 흘러 갈 때는 반드시 짝수로 흘러 다닌다. 즉, 음陰의 혈맥과 양陽의 혈맥이 항상 함께 흘러 다닌다. 예를 들면 혈맥이 2개, 4개, 6개, 8개 등 짝수로만 흘러 다니면서 2개, 4개, 6개, 8개 등 짝수로 된 혈자리를 만들어 낸다. 따라서 혈맥은 항상 흘러 다니는 혈맥의 개수個數 만큼 혈자리를 만들어 내는 것이 대자연의 이치와 질서요 음양의 조화요 혈맥이 혈자리를 만들어내는 법칙法則이라 할 수 있다. 즉, 한 개의 혈맥은 한 개의 혈자리를 만들고 열 개의 혈맥은 반드시 열 개의 혈자리를 만들어 내는 등 혈맥이 흘러 다니는 개수 만큼의 혈자리를 만들어내는 것이 혈맥의 의무이자 규칙이라 할 수 있다.

또한 혈맥은 물이 땅 속으로 흘러 다니는 물길인 두 줄기의 수맥으로 구성되어 흘러 다니므로 물이 없으면 혈맥이 존재할 수 없으므로 혈자리도 만들어낼 수 없게 된다.

혈맥은 두 줄기의 수맥을 근원根源으로 하면서 땅 속으로 흘러 다니기 때문에 혈맥은 빗물 등 지표수地表水로부터 끊임없이 물을 공급받으면서 생기를 모아 흘러가다 장풍이 되는 곳에서 혈자리를 만들고 혈맥으로서의 소임을 완수한 후 한 줄기의 물줄기인 수맥이 되어 소멸消滅하게 된다.

아울러 혈맥은 수맥으로 흐르는 물의 양量 등을 조절하기도 하고 지구촌 곳곳으로 흘러 다니면서 지구상의 모든 생명生命들이 살아가는데 필수적必須的인 물을 공급해 주는 역할을 하기도 한다.

지구가 태초太初에 생성生成된 후 수 많은 변화를 거듭하면서도 지구의 대부분의 땅 속으로는 인간이 감히 헤아릴 수 없을 정도로 수 많은 혈맥이 흐르고 있다. 따라서 혈맥은 우리 인류에게 귀중한 물을 공급하고 혈자리를 지구촌 곳곳에 만들어 생기라는 물질을 생성해 제공하고 있는 혈맥이야말로 우리 인류가 살아가는 이 지구상에서는 결코 없어서는 않되는 필수불가결必須不可缺한 존재라고 할 수 있다.

우리나라와 같이 사계절이 뚜렷하고 산세山勢가 수려秀麗한 곳에서는 혈맥이 수 없이 많이 흐르고 혈맥의 흐름도 순조順調로와 생기의 역량力量이 큰 혈자리가 많이 만들어지고 있으나, 사막이나 남극이나 북극이나 열대熱帶 우림雨林 지대 등에서는 물이 부족하거나 너무 많아 혈맥으로 흐르는 물의 양이 불규칙 해져서 혈맥의 흐름이 약하거나 불규칙하며 바람을 막아주는 산이나 언덕 등이 적게 형성되어 있거나 너무 많이 형성되어 있어 혈자리가 순조롭게 만들어지지 못하고 있으며 혈자리가 만들어 진다 하더라도 혈자리로서의 주요 기능인 생기를 제대로 모아 응결凝結시킬 수 있는 힘이 약해 혈자리의 역량도 미약微弱하다고 할 수 있다.

혈맥은 마치 우리 인체人體의 핏줄과 같이 우리의 온 몸을 흘러

다니면서 사람의 생명을 유지시켜 주듯이 혈맥도 지구촌의 곳곳을 흘러 다니면서 지구의 모든 물질들을 활성시키면서 생물들의 생명력을 유지시키는데 없어서는 안되는 필수적인 존재이다. 혈맥과 수맥의 다른 점은 혈맥은 두 개의 수맥 즉, 한 쌍의 수맥이 함께 흘러가 장풍이 되는 곳에서 두 줄기의 수맥이 음양교합을 통해 혈자리를 만드는 한 쌍의 수맥을 혈맥이라 한다면, 수맥은 두 줄기의 수맥이 합쳐져서 혈자리를 만든 후 한 줄기의 수맥으로 변해 혈자리 아래로 빠져 나가 흘러가다 하천이나 강이나 바다로 흘러 들어가는 한 줄기의 물줄기를 수맥이라 한다. 따라서 한 줄기의 수맥만으로는 결코 혈자리를 만들 수 없다는 것이 혈맥과 수맥의 다른 점이라 할 수 있다.

혈맥은 흐르는 곳마다 땅 속의 깊이가 다르지만 대개 지하 15m 정도 아래에서부터 수 백미터 깊이로 흘러가고 있을 것으로 추정하고 있다. 즉, 혈맥은 분지나 평지나 강이나 바다나 푹 꺼진 지형과 같은 곳에서는 혈맥이 흐르는 땅 속의 깊이가 얕을 것으로 추측되고, 산의 봉우리나 높은 능선으로 흐르는 곳에서는 혈맥이 흐르는 땅 속의 깊이가 깊을 것으로 추측된다. 그러므로 혈맥이 흘러가는 깊이는 지형마다 다르다고 할 수 있으나 아직은 과학기술에 의해 혈맥의 깊이를 용이하게 측정할 수 있는 방법이 개발되지 않고 있어 지구상의 모든 혈맥의 깊이를 그때 그때 바로 알아 낸다는 것은 현실적으로 어려움이 있을 것으로 예상된다.

2. 혈맥의 경로

혈맥은 지구가 생성된 후 언제부터 어떻게 지구의 곳곳으로 흘러

다니는지 과학적으로 정확히 밝혀진 것은 현재로서는 없는 것 같다. 필자가 혈맥의 감지感知 도구道具인 수맥탐지봉水脈探知棒(엘로드, L-Rod)에 의해 탐지探知된 혈맥의 경로經路를 보면 지구촌의 곳곳을 흐르는 주主된 혈맥은 위도緯度를 따라 서쪽에서 동쪽으로 흘러가면서 지구를 돌고 있으며, 또한 다른 주된 혈맥은 경도經度를 따라 남쪽에서 북쪽으로 흘러가고 있었으며 적도선상赤道線上으로는 혈맥이 흐르지 않았다.

지구촌의 곳곳을 흘러가면서 혈자리를 만들고 있는 지구상의 모든 혈맥의 발혈지發穴地는 북위北緯 40-42도와 동경東經 70-78도 사이인 중국 서부 신장 위구르자치구, 카자흐스탄, 기리키스탄, 우즈베키스탄을 동서로 약 2천km 이상 뻗어 있는 텐산 산맥의 최고봉인 포베다산(해발 7,439m, 일명 승리봉勝利峰)의 연봉連峰중의 한 봉우리로 추정하고 있다. 지구의 위도와 경도로 흐르는 주된 혈맥으로부터 계속 물과 생기를 공급받아 텐산 산맥의 최고봉인 포베다산의 연봉에서 발혈發穴된 혈맥은 지구의 오대양五大洋 육대주六大洲로 흘러 다니면서 헤아릴 수 없는 수 많은 혈맥들을 분맥分脈시켜면서 지구촌 곳곳으로 흘러가다 혈자리를 만들어 생기와 물을 공급해 주고 있다.

포베다산의 연봉에서 발혈된 혈맥은 남동쪽으로는 타림분지와 쿤룬 산맥(곤륜 산맥)과 카라코롬 산맥 및 히말라야 산맥 등으로 흘러가 중국 남부, 인도, 동남아시아, 호주 등으로 혈맥을 흘러 보내고 있으며, 동쪽으로는 알타이 산맥으로 흘러가 중국, 러시아, 몽고, 한국 등으로 혈맥이 흘러가고, 남서쪽으로는 파미르고원과 힌두쿠시 산맥으로 혈맥이 흘러 터키와 서유럽 및 아프리카로 흘러가며, 북서쪽으르는 러시아, 북아메리카, 남아프리가 및 북유럽 등으로 흘러가면서 혈맥을 공급해 주고 있다.

3. 혈맥의 종류

혈맥의 종류에 대해서는 필자가 2013년도에 쓴 "명당발복의 신비"에서 주혈맥, 주간맥, 간맥 및 지맥 등 네 종류로 분류한 바 있다.

주혈맥主穴脈은 지구의 자전축自轉軸을 중심으로 위도緯度를 따라 서쪽에서 동쪽으로 흘러가면서 지구의 곳곳에 있는 큰 산 줄기인 거대한 산맥으로 생기와 물을 공급해 주는 혈맥을 주혈맥이라 하였다. 주혈맥은 위도를 따라 산을 넘고 강과 바다를 건너고 평원을 가로질러 지구를 한 바퀴 돌면서 지구촌의 모든 생물들이 살아갈 수 있도록 물과 생기를 공급해 주는 혈맥으로서 혈맥의 어머니라 할 수 있는 혈맥이다. 주간맥主幹脈은 주혈맥으로부터 공급받은 생기와 물을 지구촌에 산재散在해 있는 큰 산 줄기인 산맥山脈을 통해 지구촌의 곳곳으로 공급해주는 역할을 하는 혈맥을 주간맥이라 하였다.

예를 들면 우리나라의 백두산으로 흘러오는 주간맥은 중앙아시아의 카자흐스탄, 기리키스탄, 우즈베키스탄, 중국의 신장자치구에 뻗어있는 거대한 산줄기인 톈산(TIEN SHAN) 산맥의 최고봉인 포베다산의 연봉에서 발혈된 혈맥이 중국 신장 위구르자치구에 우뚝 솟은 곤륜산, 몽고 달란자드가드, 중국 내몽구자치구 등을 지나, 중국 요녕성에 있는 의무려산으로 흘러와 다시 요동평야를 지나 우리나라의 백두산으로 흘러 들어와 백두대간을 따라 남동쪽으로 흘러 일본으로 이어지고 있는 혈맥을 주간맥이라 할 수 있다.

우리나라의 백두대간白頭大幹은 조선 영조 때의 실학자 신경준이 지은 산경표山經表에서 체계화 한 것으로서 백두산 장군봉에서 지리산 천왕봉에 이르는 약 1,400여 킬로미터의 산줄기를 1개의 정간正幹과 13개 정맥正脈으로 나눈 바 있다.

이러한 주간맥은 항상 많은 양의 물이 흐르고 생기가 많이 모아져서 13개 정맥으로 혈맥을 분맥 分脈시키는 역량과 역할을 하는 혈맥이라 할 수 있다.

우리나라의 주간맥의 흐름을 보면 백두산에서 출발한 주간맥이 남쪽으로 흘러가면서 함경도와 평안도의 두류산과 추가령을 지나 강원도의 금강산, 진부령, 설악산, 오대산, 대관령, 태백산을 거쳐 충청북도와 경상북도에 자리한 소백산, 죽령, 속리산, 추풍령을 지나 충청북도와 경상남도와 전라북도에 있는 덕유산과 전라북도와 전라남도 및 경상남도에 자리한 지리산을 거쳐 호남정맥 湖南正脈으로 흘러가면서 1개 정간과 13개의 정맥으로 분맥을 해 주는 등 전국 곳곳으로 혈맥이 흘러갈 수 있도록 분맥을 통해 생기와 물을 공급해 주고 조절해 주는 역할을 하고 있다.

또한 주간맥은 한반도 韓半島의 남쪽 끝으로 흘러가 세 개의 경로를 통해 일본으로 혈맥을 흘러보내고 있다. 하나는 호남정맥 湖南正脈이 끝나는 해남 두륜산에서 고금도를 지나 제주도 한라산으로 흘러 다시 대한해협을 건너 일본으로 혈맥을 보내주고 있으며, 다른 하나는 낙남정맥 洛南正脈으로 흘러 들어온 혈맥을 거제도와 대마도 및 대한해협을 건너 일본으로 보내주고 있으며, 또 다른 하나는 낙동정맥 洛東正脈을 통해 흘러간 혈맥이 부산 해운대와 대마도를 거쳐 대한해협을 건너 일본으로 흘러가고 있다.

간맥 幹脈은 백두대간으로 흐르는 주간맥에서 분맥이 되어 13개의 정맥을 따라 흘러가는 혈맥으로서 대부분이 주간맥 보다는 낮은 산줄기를 따라 흘러가는 혈맥으로서 물줄기가 상당히 강하고 상당한 양의 물이 항상 흐르고 아울러 상당한 양의 생기가 모아져서 흘러가다 혈자리를 직접 만들거나 분맥을 할 수 있는 역량을 가진 혈맥을 간맥이라 하였다.

지맥支脈은 간맥에서 분맥되어 흐르는 입수맥으로서 혈자리를 만든 후 한 줄기의 수맥이 되어 강이나 바다로 흘러가 혈맥으로서 역할을 끝내고 소멸되는 혈맥을 지맥이라 하였다.

4. 우리나라의 혈맥 유형

혈맥이 산으로 흘러들어 올 때는 항상 짝수로 같은 수의 혈맥이 좌청룡과 우백호라 일컫는 양쪽 능선을 통해 들어와 산 정상 근처나 정상과 이어진 연봉連峰 근처에서 서로 교차交叉되어 흘러 들어온 방향과 정 반대편 방향으로 흘러나간다. 또한 혈맥이 산 밖으로 흘러나갈 때도 들어 올 때와 같이 짝수로 같은 수의 혈맥이 흘러나가거나, 아니면 들어 올 때의 혈맥 중 일부는 들어온 산에서 혈자리를 만들고 혈맥으로서 소임을 다하고 수맥으로 변해 흘러나가고, 일부의 혈맥은 들어 올 때의 능선과 반대되는 방향으로 흘러나간다.

다만 큰 강江에 막혀 다른 산으로 혈맥이 흘러가지 못하는 막다른 산이거나, 평원에서 홀로 서있는 산 같이 더 이상 다른 산으로 혈맥을 보낼 수 없는 경우에는 들어온 산에서 혈자리를 만든 후 혈맥으로서 생을 마감하고 한 줄기의 수맥으로 변해 흘러간다.

우리나라 산의 혈맥 유형類型을 필자가 쓴 "명당발복의 신비"라는 책에서 상세하게 설명할 바와 같이 남산형南山型, 모락산형慕洛山型, 수리산형修理山型, 오봉산형五峰山型, 화개산형華蓋山型, 덕성산형德聖山型, 화산형花山型 등 7가지 유형으로 분류한 바 있다.

5. 혈맥은 복원 된다

혈맥은 끊어지면 다시 이어질 수 있는가에 대한 강한 의문이 들었다. 따라서 필자는 도로를 개설하기 위한 능선의 절개지切開地와 터널 및 지하철 등을 답사한 결과 혈맥은 사람들이나 자연환경에 의해 일시적으로 끊어진다 하더라도 다시 이어지는 강한 생명력을 갖고 있는 사실을 확인하게 되었다.

그러나 복원이 되더라도 절개지, 터널, 지하철 등 에서는 태초太初때 혈맥이 흐르는 것과 같이 복원되지는 않았고 혈맥의 흐름 길 즉, 땅 속의 물 길인 수맥 길이 바뀌어져 있었다. 따라서 사람들에 의한 혈맥의 훼손과 파괴 등으로 인한 혈맥의 흐름이 변경되고 끊어지는 과정에서 혈맥으로 흐르는 물길과 생기의 흐름길 등이 장애障碍와 교란攪亂을 겪게되어 우리가 살고 있는 곳을 포함한 모든 생태계生態界에 부정적인 영향을 미친다는 것을 확인 할 수 있었으며, 반면에 끊어진 혈맥은 자연 스스로의 치유능력治癒能力에 의해 복원復元된다는 점에서 자연의 힘은 위대하는 것을 새삼 깨닫게 되었다.

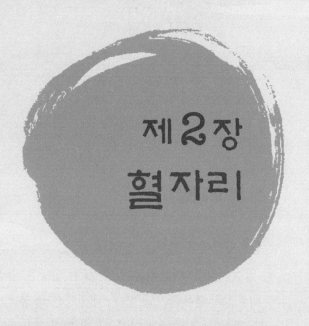

제2장
혈자리

제2장 혈자리

1. 혈과 명당

풍수지리에서 말하는 명당明堂은 혈穴자리 앞의 넓고 평탄한 땅을 일컫는 말로 사용되고 있다. 또한 명당은 내명당內明堂과 외명당外明堂으로 분류하기도 한다. 내명당은 좌청룡左靑龍과 우백호右白虎가 감싸 돌고 앞에는 안산案山이 막아 주는 공간을 말하고 외명당은 안산 밖에 있는 내명당 보다는 넓은 땅을 말한다.

예를 들면 대한민국의 수도 서울은 조선의 도읍지로서 도읍을 정할 때 풍수지리를 활용해 정했다고 전해진다. 즉, 경복궁景福宮을 명당으로 볼 때 주산主山인 북악산北嶽山을 중심으로 낙산駱山이 좌청룡이 되고 인왕산仁王山이 우백호가 되며 남산南山이 안산이 되고 조산朝山은 관악산冠岳山이 되며 사대문 안은 내명당이 되고 사대문 밖의 지역은 외명당이 된다.

우리나라의 국어사전에서는 명당을 임금이 조현朝見을 받는 정전正殿이라는 뜻과, 무덤 아래에 있는 평지 즉, 혈자리 앞을 명당이라고 적고 있으며, 아울러 국어사전에서는 명당자리는 그 자리에 뫼를

쓰면 후손이 부귀영화富貴榮華를 누린다는 자리라고 적고 있다.

명당明堂이라는 한자를 해석하면 밝은 명明자에 집 당堂자를 쓰고 있어 한자를 직역하면 밝은 집이라고 해석할 수 있다. 따라서 밝은 집이 바로 좋은 집인 명당이라고 전해오고 있어 우리나라에서는 전통적으로 햇볕이 잘 드는 남향집을 선호하고 있으며, 남향집에서 살 수 있으려면 삼대三代가 적선積善을 해야 한다는 말이 전해오기도 한다.

현재 우리나라에서는 풍수지리의 영향을 많아 받아 명당이라는 말을 많이 사용하고 있다. 즉, 로또 명당, 맛집 명당, G마켓 명당, 11번가 명당, 옥션 명당 등 명당이라는 말이 우리의 생활 곳곳에서 사용되어지고 있다.

풍수지리에서 가장 많이 사용되어지는 용어로는 혈穴, 혈穴자리, 혈처穴處 명당明堂, 명당明堂자리, 명당明堂터, 명당처明堂處 등이 있다. 또한 풍수지리에서는 혈穴이라는 말은 혈자리와 혈처를 줄여서 부르는 말로서 대부분의 일반인들은 이를 명당이라고 이해하고 있다. 따라서 명당, 명당자리, 명당 터, 혈, 혈자리, 혈처라는 말은 풍수지리에서 명당을 말하는 용어로서 같은 뜻을 가진 말로 이해해도 좋다.

또한 풍수지리에서는 혈자리가 만들어지는 말로 혈의 결지結地라는 말과 혈이 맺혀진다라는 말 또는 혈자리가 만들어 진다라는 말 등을 많이 사용하고 있다.

필자는 이 책에서 혈, 혈자리, 혈처, 혈장, 명당자리, 명당처, 명당터라는 용어를 주로 사용하고자 한다. 혈자리라는 용어는 주로 한 개의 명당자리를 표현할 때 사용하고자 하며, 두 개 이상의 혈자리가 모여 있는 곳은 혈처穴處라는 용어로 표현하고자 한다. 또한 혈장穴場이라는 용어는 한 개의 혈자리를 감 싸고 도는 생기보호맥生

氣保護脈의 넓이를 표현할 때 사용하고자 하므로 용어 사용에 혼동이 없었으면 한다. 아울러 혈자리와 명당자리와 명당 터를 같은 뜻으로 표현을 하였으며 명당자리가 모여 있는 곳을 명당처라 표현하였다.

아울러 이 책에서는 혈, 혈자리, 혈처, 혈장이라는 용어와 혈이 결지된다, 혈이 맺힌다, 혈이 맺혀진다, 혈자리를 만든다 등의 용어 등으로 그때 그때의 문맥에 맞게 적절하게 사용하고자 한다. 또한 풍수지리를 공부했거나 연구하는 분이 아닌 사람들이 풍수지리와 관련된 책이나 인터넷에 올라온 글 등을 접한다면 전문용어의 사용에 혼동이 많고 이해가 가지 않은 부분이 많을 것이다. 따라서 필자는 이 책에서 가급적 풍수지리의 전문용어에 대해서는 이해하기 쉽도록 일반적인 용어 등으로 쉽게 풀어서 표현하고자 노력하였다.

풍수風水의 기원起源은 상고시대上古時代까지 올라 갈 수 있으나 지금으로부터 약 2,000여 년 전 중국의 한漢나라 청오자靑烏子 또는 작자作者 미상未詳인 사람이 풍수의 원전原典이라고 할 수 있는 청오경靑烏經이라는 책에서 음양이법陰陽理法과 생기生氣 및 산의 형상에 대해 간결하게 기술한 책이 전해 내려온 것이 풍수의 시초가 되었다고 한다.

그 후 지금으로부터 약 1,700여 년 전 중국의 진晉나라 사람인 곽박郭搏(276-324년)이란 분이 저술한 "금낭경錦囊經"은 풍수에 대한 구체적인 해석과 풍수의 이론理論과 실천實踐을 개략적概略的으로 기술한 책으로서 풍수의 최고 고전古傳으로 전해 내려오고 있다. 이 책의 기감편氣感編에서는 풍수에 대해 다음과 같은 말이 나온다.

"經曰 氣乘風則散 界水則地 古人聚之使不散 行之使有止 故謂之風水"

(경왈 기승풍칙산 계수칙지 고인취지사불산 행지사유지 고위지풍수)라는 글이 있다. 즉, 청오경에서 말하기를 기氣가 바람을 받으면 흩어지고, 물을 만나면 멈춘다고 하였다. 옛사람은 기가 모이고 흩어지지 않는 곳, 기가 향하다가 멈춘 곳을 풍수風水라고 하였다.

다시 설명하면 기氣가 흐르다가 멈추고 기가 모여 흩어지지 않은 곳이 바로 혈자리 즉, 명당자리인데 이 혈이 풍수의 근본根本이라고 해석하고 있다.

2. 혈자리와 명당자리

앞에서 혈맥에 대해 설명한 바와 같이 음陰과 양陽으로 된 두 줄기의 수맥水脈이 약 60-70cm 간격으로 한 쌍이 되어 땅 밑으로 흘러 다니는 것을 혈맥穴脈이라 하였다. 이러한 혈맥은 마치 수도관水道管처럼 혈맥관穴脈管을 형성해 지구의 내부에서 생성되는 지구의 에너지라 할 수 있는 생기生氣를 모아가면서 산과 들과 바다 등 지구의 곳곳으로 흘러다니다 산이나 언덕 등이 울타리가 되어서 사방에서 불어오는 바람을 어느 정도 막아주어 주변의 다른 곳에 비해서는 비교적 바람이 덜 타는 곳 즉, 풍수지리風水地理 용어로 장풍藏風이 되는 곳에 이르러 혈맥의 흐름을 멈추면서 음陰과 양陽으로 이루어진 두 줄기 수맥이 상호 음양교합陰陽交合을 이루어 원형 또는 타원형 형태의 혈자리를 만든 후 한 줄기의 수맥으로 합해져서 혈자리 밖으로 흘러가게 되며, 혈맥관을 통해 혈자리로 모아진 생기가 응결되어 일부가 땅 위로 분출噴出되는 곳을 혈자리 또는 명당자리라 한다.

혈자리는 지구의 숨구멍이라 할 수 있다. 즉, 지구의 큰 숨구멍은

화산 폭발 등으로 가스나 불순물을 배출하지만 작은 숨구멍은 지구의 곳곳에서 수 없이 많이 만들어져 지구의 기인 생기를 분출시켜 만물을 활성시키는 작용을 하는 지구의 에너지가 분출되는 숨구멍이라 할 수 있다.

혈자리는 대자연의 이치와 음과 양의 조화에 의해 반드시 음혈자리와 양혈자리가 한 쌍이 되어 혈처가 형성되어지고 있다. 다시 말하면 한 곳에 한 개의 혈자리는 절대로 만들어질 수가 없으며 반드시 두 개, 네 개, 여섯 개, 여덟 개 등 항상 음과 양의 한 쌍인 짝수로만 만들어지게 되어있다.

혈자리의 크기는 혈자리의 역량力量 즉, 혈자리에서 생성되는 생기의 역량에 따라 다르다. 필자가 지금까지 탐지한 바로는 가로의 길이는 짧게는 약 150cm 정도에서 길게는 약 500cm 정도며, 세로의 길이도 짧게는 약 180cm 정도에서 길게는 약 500cm 정도로서 넓이는 작게는 약 2.1m²(약 0.6평) 정도에서 크게는 약 19.6m²(약 5.9평) 정도이다.

혈자리의 땅 속 형상形象으로는 세 가지 유형으로 분류할 수 있다. 세로 길이가 가로 길이보다 긴 마치 계란 모양과 같이 생긴 세로로 타원형楕圓形을 형성하고 있는 혈자리가 있고, 세로 길이와 가로 길이가 비슷한 마치 공 모양 같이 둥그스럼하게 형성된 혈자리가 있으며, 가로 길이가 세로 길이 보다 긴 마치 럭비공같이 생긴 가로로 타원형을 형성하고 있는 혈자리가 있다.

이러한 혈자리는 혈맥관을 따라 흘러온 지구의 에너지가 분출되는 곳이라 할 수 있으며, 모든 생물들의 활력소가 되는 생기를 모아 응결시켜 그 중의 일부를 땅의 표면으로 내 보내는 곳이다.

혈자리에서 분출되는 생기는 볼 수도 없고, 만질 수도 없고, 느낄 수도 없으며, 공기와 만나면 흩어지는 성질을 갖고 있다.

그러나 아직까지 생기가 어떻게 흘러 다닌다거나, 혈자리에서 생기가 어떻게 한데 모아져서 응결되어 일부가 땅위로 분출되는지, 생기에는 어떤 성분成分이 있기에 땅 속의 유해遺骸나 지구 위의 모든 동식물들을 이롭게 하는 성분을 가지고 있는 것인지 등에 대해서는 과학적으로 확실히 측정하고 분석하지 못하고 있는 실정이어서 생기는 아직도 미지未知의 영역領域으로 남아있는 지구의 이로운 에너지 중의 하나라 할 수 있다.

3. 풍수지리의 지향점은 혈자리의 활용에 있다

풍수지리학은 만물에 활력을 준다는 생기가 끊임없이 분출되는 혈자리를 찾아서 사람들의 생활에 활용되게 함으로써 삶의 질을 향상시키고 인류 번영에 기여하자는 생활과학의 한 분야로서 동양사상東洋思想에 바탕을 둔 음양오행陰陽五行의 이치와 원리에 따라 발전되어온 학문이며 풍수지리가 추구하는 지향점指向點은 혈자리의 활용活用에 있다 하겠다.

풍수지리의 어원語源은 장풍득수藏風得水의 준말이며 지리地理라는 말은 오늘날에 이르러 더해진 용어이다.

장풍藏風은 바람이 주변의 다른 곳 보다는 덜타는 곳에 조상의 유해를 모시거나 터를 잡아 생활을 하게되면 장풍이 되지 않은 곳 보다는 유해가 안치된 곳의 환경이나 생활환경生活環境이 유리하다는 의미이고, 득수得水는 물이 서로 만난다는 뜻이다.

득수에는 두 가지의 뜻이 있다고 본다. 그 중 하나는 우리의 눈에 보이지 않는 현상現像으로서 땅 속에서 혈자리를 만들기 위해 두 개의 수맥이 서로 만나 음양교합陰陽交合을 하는 것을 말하고, 다른 하나의 득수라는 뜻은 산의 능선이 끝나는 곳에 혈자리가 만들어지면 산의 능선의 양 골짜기로 흐르는 물이 혈자리를 감싸주면서 서로 합수合水되는 물로서 우리의 눈으로 볼 수 있는 외형적인 물의 흐름을 포함하는 뜻으로 해석하고 있다.

풍수지리학에서는 혈자리를 찾는 방법을 연구 발전시키는 것을 중심으로 형기풍수形氣風水와 이기풍수理氣風水로 구분하고 있다.

형기풍수形氣風水는 주변 산(용龍)의 형세形勢 즉, 산의 봉우리의 형태, 능선의 흐름, 청룡靑龍, 백호白虎, 현무玄武, 안산案山 등 사격砂格의 형세, 물의 흐름 등 외형적外形的인 산과 물의 흐름 등에 의해 조상의 유해를 모시는 장소와 사람이 살기에 좋은 터를 찾는 방법을 연구하고 발전시켜 나가는 풍수를 형기풍수形氣風水라 한다.

이기풍수理氣風水는 우리의 눈으로는 정확하게 확인을 할 수 없는 산의 형세形勢, 산의 봉우리의 형태形態, 능선의 흐름 등 주변의 산세山勢와 물의 합수合水와 흐름 등의 방향과 방위方位를 나경패철羅經佩鐵이라고 하는 도구를 사용하여 측정한 다음 음양오행론陰陽五行論 등을 활용해 좌향坐向을 놓고 배치配置를 함으로써 혈자리가 만들어진 곳에 적절하게 배치된 것인지 등의 적합여부 등을 판단하는 것을 연구하고 발전시키는 풍수를 이기풍수理氣風水라 한다.

또한 풍수지리학에서는 음택풍수陰宅風水와 양택풍수陽宅風水로 구분하고 있다.

음택풍수陰宅風水는 조상의 유해遺骸가 혈자리에 모셔지면 조상의 유해에 남아있는 유전인자가 생기를 받아서 후손이 조상으로부터 받은 유사한 유전인자 간에 상호 동기감응同氣感應을 일으켜 후손들의 삶에 활력을 주게된다고 믿는 것이 음택풍수이다. 음택풍수는 조상들의 유해가 있는 묘의 환경여건에 따라 좋은 기운이나 나쁜 기운들이 동기감응에 의해 후손들에게 끼치는 영향을 중시하는 혈자리의 발복사상發福思想과 조상들을 사후에도 편안한 자리에 모시다는 효사상孝思想을 중시하는 풍조에 의해 풍수지리가 발전되어 온 것이라 할 수 있다.

즉, 땅 속에서 생기가 모아져서 응결되는 혈자리를 활용해 후손이 부귀영화를 누리도록 명당발복明堂發福을 기대하고, 아울러 부모님 등 조상들을 혈자리에 모심으로서 사후에도 조상의 평안平安함을 얻게해야 한다는 것이 음택풍수의 지향점指向點이라 할 수 있다.

양택풍수陽宅風水는 사람들이 생기가 모아져서 분출되는 혈자리에서 잉태되고, 태어나고, 성장하며, 생활하는 거주 가옥, 사무실, 학교, 병원, 상가, 공장 등 사람들이 생활하는 공간인 건물들이 혈자리 위에 배치配置되어 있어 혈자리에서 분출되는 생기를 받아 생체生體의 리듬을 활성화 시켜주어 올바른 사고와 판단을 하게 함으로써 삶의 활력소를 받을 수 있다는 믿음과 생기가 사람들에게 미치는 영향 등을 연구하고 발전시켜 많은 사람들이 생기가 분출되는 혈자리를 많이 활용하도록 하자는 것이 양택풍수의 지향점指向點이라 할 수 있다.

따라서 음택풍수나 양택풍수 모두가 혈자리를 찾아 생기를 받게 함으로써 보다 향상된 삶을 살아 갈 수 있도록 혈자리를 활용해야 한나는 점에서 양택풍수와 음택풍수의 목적은 다를 바 없다. 즉, 혈자리인 명당자리를 찾아 혈자리에서 생성되는 생기를 활용해 삶의 질을 향상시키고 아울러 후손들이 명당발복을 받아 복된 삶을 살아 갈 수 있도록 하자는 것으로서 음택풍수나 양택풍수 모두 공통적인 지향점指向點을 갖고 있다고 할 수 있다.

4. 혈자리의 땅 속 형상

혈자리의 땅 속 형상形象에 대해서는 사람의 눈으로는 볼 수는 없지만 과학기술에 의해 개발된 탐지도구 등을 통해 혈자리의 땅 속 형상을 감지感知할 수는 있다.

혈자리의 땅 속 형상으로는 혈맥穴脈, 입수맥入首脈, 상수맥相水脈, 혈穴자리, 생기보호맥生氣保護脈, 생기저지선生氣沮止線, 혈장穴場, 수맥水脈 등 8가지로 구분할 수 있으며, 이러한 땅 속 형상들은 혈자리를 만들기 위한 필수적인 요건들이라 할 수 있다.

혈자리의 땅 속 형상은 풍수지리 2천여 년 역사상 최초로 필자에 의해 밝혀짐에 따라 수맥탐지봉 등을 사용해 혈자리의 진위眞僞 여부를 확인할 수 있게 되었고, 아울러 혈자리 역량의 크고 작음과 혈장의 규모 등을 확인할 수 있게 됨으로써 언제든지 또한 누구든지 혈자리의 역량을 쉽게 구분할 수 있게 되었다.

따라서 혈자리의 땅 속 형상들을 감지하게 된 것은 풍수지리 역사상 최초의 일로서 풍수지리학의 발전에 획기적인 계기가 될 것으로 믿는다.

그러나 혈자리의 땅 속 형상이 위에서 언급한 8가지만 있는 것이 아니라고 여겨진다. 우주와 자연의 오묘한 이치와 땅 속에서 이루어지고 있는 사항들을 우리 인간이 속속들이 밝혀내는데는 한계가 있다. 따라서 혈자리의 땅 속 형상에 대해서는 필자가 땅 밑을 엘로드에 의해 감지한 것으로 마치 장님이 코끼리를 만지듯 일부분만 감지 했을 수도 있으므로 혈자리의 땅 속 형상은 우리가 감지해 낼 수 없는 그 무엇이 있을 것으로 추정해 볼 수도 있다.

다음은 혈자리의 땅 속 형상 중 앞에서 이미 설명을 한 바 있는 혈맥과 혈자리에 대해서는 생략을 하고 설명하지 않은 땅 속 형상에 대해서만 다음과 같이 설명하고자 한다.

입수맥入首脈은 간맥에서 마지막으로 분맥分脈되어 지맥支脈으로 흘러가다 산이나 능선 등이 울타리가 되어 바람을 어느 정도 막아주어 다른 곳 보다는 비교적 바람이 덜 타는 곳에 이르러 대략 한 평에서 여섯 평 정도의 원형 또는 타원형의 혈자리를 만들기 위해 혈자리로 들어가는 혈맥을 입수맥이라 한다.

혈맥은 흘러가다 수 없이 많은 지맥들을 분맥 시킨다. 이러한 지맥들은 흘러가다 입수맥으로 곧바로 혈자리를 만드는 경우도 있고, 지맥으로 먼 거리를 흘러가면서 물과 생기를 공급받아 간맥으로 변해 흘러가면서 수 없이 많은 지맥을 분맥 시키기도 한다.

상수맥相水脈은 음과 양으로 이루어진 두 줄기의 수맥이 한 쌍이 되어 혈맥으로 흘러 다니다 혈자리에 이르르면 원형 또는 타원형을 그리면서 양편으로 갈라지는 수맥을 상수맥이라 한다.

입수맥이 혈자리를 만들기 위해서는 풍수지리 용어인 상수相水라고 불리운 한 쌍의 수맥으로 된 상수맥이 음양교합陰陽交合 즉, 음의 수맥과 양의 수맥이 서로 합해 져야만이 혈자리를 만들 수가 있다. 음양교합이 없는 상수맥은 혈자리를 만들지 못하고 오직 수맥으로 흘러 갈 뿐이다. 따라서 상수맥은 입수맥이 음양교합을 통해서 혈자리를 만들기 위한 필수요건必須要件이라 할 수 있다.

상수맥이 음양교합을 하지 못하면 혈맥관을 통해 흘러온 생기를 가두어 모울 수가 없으며 생기가 가두어지지 않으면 혈자리를 만들어 낼 수 없기 때문이다.

생기보호맥生氣保護脈은 입수맥을 통해 혈자리로 흘러드는 생기를 정제淨濟시키고, 아울러 정제된 생기가 혈자리 밖으로 나가지 못하도록 생기를 보호하고, 또한 입수맥에서 혈자리로 흘러 들어오는 물의 양을 조절하기 위해 혈자리로 흘러오는 두 줄기의 수맥 즉, 입수맥이 양편으로 분수分水되는 것과 같이 혈자리 주위를 마치 그물 망 처럼 촘촘하게 혈자리 외곽을 감싸고 도는 상수相水를 생기보호 맥이라고 하였다.

혈자리를 만들기 위해서는 혈자리에서 상수맥에 의해 이루어지는 음양교합 외에 입수맥의 양편에서 분수되어 혈자리를 감싸고도는 생기보호맥들이 상호 음양교합이 이루어져야만이 진정한 혈자리가 만들어진다.

생기보호맥은 혈자리에서 모아져서 응결되는 생기의 양과, 혈자 리로 흐르는 두 줄기 수맥으로 흐르는 물의 양에 따라 즉, 혈자리의 생기의 역량에 따라 혈자리를 감싸고 도는 생기보호맥의 개수個數 가 정해지며, 이러한 생기보호맥의 개수는 혈자리의 생기의 역량에 따라 5개의 생기보호맥, 10개의 생기보호맥, 15개의 생기보호맥, 33개의 생기보호맥, 81개의 생기보호맥 등 총 다섯 종류의 생기보 호맥이 형성되어져 혈자리를 감싸돌고 있다. 따라서 혈자리를 확인 할 때는 혈자리를 만드는 충분조건의 하나인 생기보호맥이 혈자리 를 몇개가 감싸돌고 있는지를 반드시 확인해야 혈자리의 진위 여부 와 혈자리의 생기의 역량에 의한 혈자리의 대소 여부를 확인 할 수 있게 된다.

생기저지선生氣沮止線은 혈자리 바로 밑으로 음과 양으로 된 두 줄기의 수맥 즉, 상수맥과 생기보호맥이 음양교합을 통해 혈자리를 만들어낸 후 한 줄기 수맥이 되어 혈자리 아래로 흘러 나가게 되는 데 이렇게 흘러 나가는 수맥은 혈자리의 역량에 따라 혈자리를 감 싸고 도는 생기보호맥이 1-9개씩 한군데로 모여들어서 혈자리의 생기가 더 이상 혈자리 아래로 새 나가지 못하도록 저지선沮止線을 형성하게 되는데 이를 생기저지선 이라고 표현하였다.

생기저지선은 생기보호맥의 집결지集結地로서 생기보호맥의 개수가 많고 적음에 따라, 생기보호맥으로 흐르는 물의 양이 많고 적음에 따라, 혈자리로 흘러와 모아지는 생기의 양이 많고 적음에 따라 혈자리를 보호해주고 생기가 더 이상 혈자리 밑으로 새 나가지 못하도록 혈자리 밑에서 형성되어지는 것을 생기저지선이라 하였다.

생기저지선은 최초로 혈자리를 만들기 위해 상수맥이 원형이나 타원형을 만들면서 형성되어지는 생기저지선을 포함해 1차 저지선에서 9차 저지선까지 혈자리 밑에서 형성된다.

다시 말하면 혈자리의 생기의 역량에 따라 4겹, 5겹, 6겹, 9겹 등 네 종류로 생기보호맥의 집결지가 형성되어 혈자리에서 응결凝結된 생기가 더 이상 밖으로 새 나가지 못하도록 생기를 보호해주고 수맥의 양을 조절해 주기위해 생기저지선이 형성되어지고 있다. 따라서 혈자리를 확인 할 때는 혈자리를 만드는데 충분조건의 하나인 생기저지선이 혈자리 아래에서 몇 겹으로 형성되어 있는지를 반드시 확인해야 만이 혈자리인지 아닌지의 진위 여부와 혈자리의 생기의 역량에 의한 혈자리의 대소大小 여부를 확인 할 수 있게 된다.

혈장穴場은 혈자리를 생기보호맥이 겹겹이 둘러싸고 도는 모든 곳 즉, 생기보호맥이 혈자리를 감싸고 도는 개수와 혈자리를 감싸고 도는 넓이인 혈자리의 규모가 결정되어지는데 이렇게 혈자리를 감싸고 도는 생기보호맥의 넓이에 해당되는 모든 곳을 혈장이라 하였다.

혈장의 넓이 즉, 혈장의 규모는 생기보호맥이 몇 개가 혈자리를 둘러싸서 돌고 있는가의 여부와 생기저지선이 몇 겹으로 혈자리 밑에서 형성되어 있는가에 따라 좌우된다.

혈자리의 생기의 역량이 가장 큰 대명당大明堂은 혈자리를 81개의 생기보호맥이 둘러싸서 감돌고 있고, 아울러 9겹의 생기저지선이 혈자리 아래로 형성되어져 있으며, 혈자리의 생기의 역량이 중간 정도인 중명당中明堂은 혈자리를 33개의 생기보호맥이 둘러싸서 감돌고 있고, 아울러 6겹의 생기저지선이 혈자리 아래로 형성되어져 있으며, 혈자리의 생기의 역량이 작은 소명당小明堂은 혈자리를 5-15개의 생기보호맥이 둘러싸서 감돌고 있고, 아울러 4-5겹의 생기저지선이 혈자리 아래로 형성되어 있다.

혈자리의 생기의 역량이 크면 혈장의 규모가 수 천m²(수 천평)에 달하는 혈장이 형성되고, 혈자리의 생기의 역량이 작으면 혈장의 규모가 수 십m²(수 십평) 정도의 작을 혈장을 형성하게 된다.

따라서 혈자리를 확인 할 때는 수맥탐지봉 등을 이용해 혈장이 형성된 넓이 인 혈장의 규모를 확인해야 혈자리의 진위 여부와 혈자리의 생기의 역량이 크고 작은지를 구별해 혈자리가 대명당 자리인지 중명당 자리인지 소명당 자리인지 등 혈자리의 생기의 역량에 의한 크고 작음의 여부를 구별할 수 있다.

수맥水脈은 지하 수십 미터에서 흘러가는 물로서 지표수地表水와는 다르다. 수맥은 수맥탐지봉인 엘로드에 의해 수맥이 흐르는 파장을 통해 감지가 가능하나, 지표수, 빗물, 상수도관, 하수구 등으로 흐르는 물 등은 수맥탐지봉에 의해 감지가 되지 않는 건수乾水라고 말하는 물이다.

수맥은 혈자리를 만드는 필수불가결한 존재이나 한 줄기의 수맥만으로는 혈자리를 만들지 못하고 반드시 약 60-70cm 간격으로 흘러가는 두 개의 수맥 즉, 음과 양으로 이루어진 한 쌍의 수맥으로 흘러야만 혈맥이 되어 혈자리를 만들어 낼 수 있다.

또한 두 줄기의 수맥이 한 쌍이 되어 흘러가 혈자리를 만든 후에는 한 줄기의 수맥이 되어 개천이나 강이나 바다로 흘러간다.

따라서 혈자리를 확인 할 때는 수맥탐지봉인 엘로드 등을 이용해

두 줄기의 수맥인 상수맥이 음양교합을 이룬 후 한 줄기의 수맥이 되어 혈자리 밑으로 흘러 나가는 것을 반드시 확인해야 혈자리의 진위 여부를 확인할 수 있다.

5. 혈자리 역량의 대소

(1) 혈자리 역량의 대소는 입수맥에서 결정된다.

혈맥은 생기와 물을 계속 공급받아 흘러가면서 분맥을 계속해 헤아릴 수 없이 많은 혈맥을 만들어 내면서 지구촌의 곳곳을 흘러 다니고 있다.

이와 같이 흘러 다니는 혈맥이 어느 한 곳에 이르러서는 혈자리를 만들라는 대자연의 엄중한 사명을 띠고 간맥으로부터 마지막으로 분맥을 해 혈자리까지 흘러가는 지맥을 입수맥入首脈이라 한다.

대부분의 입수맥은 혈자리를 기준으로 볼 때 주산主山이나 현무봉玄武峰 주변의 능선 등에서 간맥으로부터 분맥을 당한 지맥이 입수맥이 되어 생기와 물을 공급 받아가면서 흘러가 혈자리를 만들어 내고 혈맥으로서의 소명김命을 다하고 수맥으로 변해 소멸하게 된다. 따라서 간맥에서 마지막으로 분맥을 한 지맥이 얼마만큼의 생기와 물을 공급받아 분맥이 되었는지와 혈자리를 만드는 곳까지 흘러오면서 생기와 물을 얼마만큼 공급받아 흘러오는지에 따라 생기의 역량力量이 큰 대명당 자리를 만들 수도 있고 생기의 역량이 작은 소명당 자리를 만들 수도 있으므로 혈자리의 역량의 대소大小(크고 작음)는 입수맥入首脈에서 결정된다고 할 수 있다.

혈자리의 역량에 따라 대大, 중中, 소小가 결정되는 첫 번째 경우로는 간맥이 흘러가면서 분맥을 적게 하거나 많이 한 경우이다.

간맥으로 혈맥이 흘러오면서 혈맥관을 따라 흐르는 생기의 양이 적게 소진消盡된 상태에서 마지막으로 분맥된 지맥이 입수맥이 되어 흘러가다 혈자리를 만드는 경우로서, 이 경우에는 역량이 큰 혈자리를 만들 수 있는 확률이 높다고 할 수 있다. 즉, 모혈맥母穴脈으로부터 충분한 물과 생기를 공급받아 분맥을 당한 혈맥이 지맥이 되어 입수맥으로 흘러가다 혈자리를 만드는 경우에는 생기의 역량이 큰 혈자리를 만들 수 있는 확률이 높다고 추정해 볼 수 있다.

그러나 간맥이 흘러가던 중에 분맥을 수 없이 많이 함으로서 지맥을 많이 생성한 경우이다. 이 경우에는 혈맥관을 통해 흘러가는 생기의 양과 물이 적어 혈맥의 기능이 약해진 상태로 흘러가 혈자리를 만들기 때문에 생기의 역량이 작은 혈자리를 만들 수 있는 확률이 높다고 추정 해 볼 수 있다. 즉, 모혈맥으로부터 물과 생기를 충분히 받지 못한 상태에서 분맥을 당한 지맥이 입수맥이 되어 흘러가다 혈자리를 만드는 경우에는 생기의 역량이 작은 혈자리를 만들 수 밖에 없을 것이다.

혈자리의 역량의 대, 중, 소가 결정되는 두 번째 경우는 입수맥으로 흐르는 물의 양에 따라 혈자리의 역량이 달라진다고 할 수 있다. 혈맥의 흐름은 물을 근원으로 한다. 혈맥이 흘러다니면서 분맥을 많이 하게되면 물이 많이 소진消盡되므로 계속해서 두 줄기의 수맥으로 흐르는 물이 원활하게 공급 되어야하고 또한 지표수를 통해 물을 지속적으로 공급 받아야 혈맥으로서의 기능을 발휘하면서 계속 흘러 갈 수 있다. 혈맥은 물이 공급되지 않으면 더 이상 혈맥으로서의 생명력을 유지할 수 없을 것이고 혈맥으로 흐르는 물의 양이 작아지면 혈자리를 만들어도 역량이 작을 수 밖에 없을 것이다.

즉, 혈맥으로 물의 공급이 원활해지면 분맥도 잘 되고 생기도 충분히 공급받아 역량이 큰 혈자리도 만들 수 있지만, 물의 공급이 원활하지 못하면 가까운 곳에 바로 주저앉아 역량이 작은 혈자리를 만든 후 한 줄기 수맥이 되어 소멸될 수 밖에 없을 것이다.

혈자리의 생기의 역량의 대, 중, 소가 결정되는 세 번째 경우는 입수맥이 멀리서 구불구불하게 흘러오다 혈자리를 만들어내는 경우와 입수맥이 짧은 거리를 흘러와 혈자리를 만드는 경우이다.

간맥이 흘러오다 마지막으로 분맥을 당한 지맥이 입수맥이 되어 먼 거리를 구불구불하게 흘러올 경우에는 물과 생기의 공급을 충분히 받을 수 있어 역량이 큰 혈자리를 만들어낼 확률이 높아지고, 반대로 간맥에서 마지막으로 분맥을 당한 지맥이 입수맥이 되어 혈자리까지 흘러가는 거리가 짧은 경우에는 입수맥이 흘러오면서 물과 생기를 충분히 공급 받지 못한 상태에서 혈 자리가 만들어지는 것으로 추정되기 때문에 역량이 작은 혈자리를 만들어낼 확률이 높아진다고 할 수 있다. 입수맥이 흘러온 거리를 인터넷 지도를 통해 엘로드로 측정해 보면 지도상 직선거리가 수백 km 이상을 흘러와 혈자리를 만드는 입수맥도 있고, 불과 5m 정도 내외에서 흘러와 혈자리를 만드는 경우도 있다. 입수맥이 멀리서 흘러와 혈자리를 만든 곳일수록 혈자리의 규모가 큰 것으로 확인되어져 혈자리의 규모가 클수록 혈자리의 역량도 클 것으로 추정해 볼 수 있다.

그러나 위의 세 가시 경우에도 혈자리의 역량이 크고 삭음을 결정하는 요인으로 추정할 뿐이지 과학적인 실험 등에 의해 혈맥으로 흐르는 물의 양과 생기의 양을 측정한 것이 아니기 때문에 혈자리의 역량이 크고 작음을 결정하는 요인을 현재로서는 추정할 뿐이지 정확히 파악할 수는 없다. 다만 사람이 측정할 수 있는 것으로는 입수맥이 혈자리까지 흘러온 거리와 혈자리의 넓이, 혈장의 넓이, 혈자리의 지질, 혈자리의 환경 여건 등은 조사가 가능하므로 이러한 것들을 조사 분석해서 혈자리의 대, 중, 소를 결정하는 요인들을 추정해 볼 수 있을 뿐이다.

그러나 혈자리의 역량이 크고 작음이 결정 되어지는 것은 사람의 운명과도 같이 혈맥의 운명도 어느 한 가지 요인에 의해 혈자리의 대소가 결정되는 것이 아니라 우주와 자연의 오묘한 질서와 이치에 따라 혈자리의 역량이 결정된다고 할 수 있으므로 우리 인간이 이러한 현상들을 속속들이 모두 밝혀 내는 데에는 한계가 있을 것으로 본다.

(2) 혈자리 역량의 대소 구분

혈자리 역량力量의 대소大小 구분區分은 2,000여 년 풍수지리 역사상 최초로 필자가 과학기술적인 방법에 의해 혈자리의 땅 속 형상을 감지하여 2013년도에 출간한 "명당발복의 신비"의 책을 통해 공개함에 따라 혈자리 역량의 대소를 구별할 수 있게 되었다.

혈자리 역량의 대소 구분은 혈자리의 땅 속 형상形象인 생기보호맥과 생기저지선을 기준으로 혈자리의 역량에 따라 대명당大明堂과 중명당中明堂 및 소명당小明堂으로 구분區分하였다. 그러나 혈자리를 대, 중, 소로 구분하여 부르는데 대한 거부감拒否感이 있어 이를 다소나마 줄여보자는 차원에서 필자가 쓴 "명당발복의 신비"라는 책에서 설명한 바와 같이 혈자리의 역량에 따라 천조명당天造明堂, 지조명당地造明堂, 인조명당人造明堂으로 명명命名하여 혈자리 역량의 대소를 구분하였다. 필자가 혈자리를 대명당과 중명당 및 소명당을 천조명당과 지조명당 및 인조명당으로 명명한 배경을 설명하면 풍수지리에서 전해오는 "진혈 천장지비지眞穴 天藏地秘地로 참된 혈은 하늘도 숨기고 땅도 숨긴다는 말"과 "혈 천조지설穴 天造之設로 혈은 하늘이 만들고 땅이 설치 한다"라는 말 및 "풍수지리는 천지인天地人의 조화로 하늘과 땅이 설치해 준 것을 인간이 이에 응해 사용한다는"라는 말 등을 참고로 대명당大明堂을 천조명당天造明堂으로, 중명당中明堂을 지조명당地造明堂으로, 소명당小明堂을 인조명당人造明堂으로 명명하여 듣는 사람들의 거부감을 다소나마 덜어보고자 한 것이다.

풍수지리가 중국으로부터 전수되어 지금까지 우리나라의 풍수지리를 발전시켜 온 많은 선지자先知者들이 있었으며, 이분들 중에는 도안道眼이나 신안神眼이 있는 초능력超能力을 가진 도인道人들이 많았다고 전해오고 있다.

그러나 이러한 고명高名하신 명사名師들이 혈자리 역량의 대소를 구분하는 기준을 지금까지 기록으로 상세하게 남기지 못하고 비기秘記나 답사踏査 등을 통한 산도山圖 등으로만 남기었는지 아니면 초능력을 가진 도인들이 많았기 때문에 초능력에만 의존해 혈자리를 그때 그때의 필요에 따라서만 구求했는지 기록으로 남겼는데 전해온 것이 없는지 등 많은 의문들을 떨쳐버릴 수 가 없다.

현재 일부분 전해오는 비기나 답사기나 산도 등은 이를 해석하는 사람들마다 다르며, 산도의 표시만으로는 정확한 혈자리를 찾기가 어렵기 때문에 이러한 비기나 답사기나 산도들이 왜곡歪曲되고 와전訛傳되어 전해지는 일들이 비일비재非一非再했을 것으로 추정된다.

따라서 이러한 사실을 모르는 일반 사람들을 명당자리를 가지고 혹세무민惑世誣民하는 결과가 되어버려 이로 인해 풍수지리에 대한 불신만 초래하였으며, 따라서 풍수지리의 발전을 저해하는 일들이 많이 발생하고 있었음은 심히 안타깝고 유감스러운 일이라 아니 할 수 없다.

또한 와전訛傳되거나 왜곡歪曲되어 전해오는 비기나 산도 등에 의해 대명당을 찾기위해 신앙적信仰的인 믿음을 가지고 많은 분들이 전국 각지의 산야를 헤매기도 했지만 좋은 결과 즉, 대명당 자리를 얻지 못해 원하는 명당발복을 받지 못하고 인력과 시간과 재물을 낭비할 뿐만 아니라 물형物形과 산도에만 의존해 찾다보니 흉지를 대명당 자리로 잘못 인지認知해 조상의 유해를 제대로 모시지 못하게되고, 또한 집터를 잘못 정해 화禍를 당하는 등 가문이 멸문滅門되고 가정이 파탄 나는 일들이 생긴 것은 심히 안타까운 일이라 하겠다.

아울러 조선 중기 이후부터 실학사상實學思想이 전래되면서 풍수가 개인의 부와 권력을 탐하는 수단으로 치부되어 비판을 받게 되었고 일제 강점기에는 허황된 미신으로 까지 폄하貶下 되면서 우리나라 풍수지리가 오늘날까지 정착되지 못하고 대중들의 관심에서 멀어지게 되는 결과를 초래하게 된 것으로 볼 수 있다.

필자가 "명당발복의 신비"라는 책을 통해 혈자리의 역량에 따라 대, 중, 소의 명당자리에 대한 실체를 밝히고 명칭을 새로 정하고 기준을 공개한 것은 풍수지리를 공부하고 연구하는 모든 사람들과 풍수지리에 관심을 가진 분들이 쉽게 혈자리를 찾을 수 있게해서 자연이 우리 인간에게 내려준 선물을 보다 많은 사람들이 활용해 한 개인의 부귀영화는 물론이요 한 가문의 번창을 가져오고 나가서는 국가와 인류의 번영에 기여할 수 있는 훌륭한 인재를 배출하는 등 지구촌의 모든 사람들의 삶의 질이 향상되었으면 하는 바람을 가지고 이를 공개했던 것이다.

1) 생기보호맥과 생기저지선에 의한 구분

생기보호맥의 개수에 의한 혈자리 역량의 대소 구분에는 다음의 두 가지 가 있다.

첫째 입수맥에서 양편으로 분수分水 되어 혈자리를 감싸고 도는 생기보호맥이 몇 개가 형성形成되어 있느냐에 따라 혈자리 역량力量의 대소를 구분區分 할 수 있다.

다시 설명하면 혈자리의 역량의 대소를 구분할 수 있는 기준으로는 입수맥으로 흘러들어오는 물의 양과 혈자리에서 모아져서 응결되는 생기의 역량에 따라 혈자리를 감싸고도는 생기보호맥의 개수個數가 결정되어지므로 생기보호맥이 몇 개가 혈자리를 감싸고도느냐를 기준으로 혈자리 역량의 대소를 구분 할 수 있다.

둘째 생기보호맥이 혈자리를 감싸고 돌면서 몇 개씩 짝을 지어 음양교합을 하면서 혈자리 밑으로 집결集結하는 생기저지선이 몇 겹으로 형성되어 있느냐에 따라 혈자리 역량의 대소를 구분 할 수 있다.

다시 설명하면 혈자리의 역량의 대소를 구분 할 수 있는 기준으로는 생기보호맥이 혈자리를 감싸고 돌면서 몇 개씩 짝을 지어 음양교합을 한 후 혈자리 밑으로 흘러나가는 한 줄기의 수맥으로 집결해 생기저지선을 형성하게 되는데 이러한 생기저지선이 몇 겹으로 혈자리 밑에서 형성되어져 있느냐에 따라 혈자리 역량의 대소를 구분 할 수 있다.

2) 혈자리의 종류에 의한 구분

혈자리 종류별로 대소를 구별하는 것에 대해서는 필자가 쓴 "명당발복의 신비"에 상세하게 설명한 바 있어 여기서는 혈자리 종류만 다음과 같이 간략하게 요약을 하였다.

- **천조명당**天造明堂 : 생기보호맥 81개와 생기저지선 9겹으로 된 혈자리
- **지조명당**地造明堂 : 생기보호맥 33개와 생기저지선 6겹으로 된

혈자리

- **인조명당**人造明堂 1 : 생기보호맥 15개와 생기저지선 5겹으로 된 혈자리
- **인조명당**人造明堂 2 : 생기보호맥 10개와 생기저지선 5겹으로 된 혈자리
- **인조명당**人造明堂 3 : 생기보호맥 5개와 생기저지선 4겹으로 된 혈자리

그러나 동일한 종류의 명당자리라 해도 생기보호맥과 생기저지선에 의해 명당자리의 역량의 대소가 구분되어도 혈자리의 규모, 혈자리를 감싸고 도는 생기보호맥의 개수에 따라 결정되는 혈장穴場의 규모 및 혈자리로 흘러온 혈맥의 이동거리 등 수 많은 변수에 따라 혈자리의 역량이 다를 수 있다.

6. 혈자리의 종류

혈자리의 종류를 크게 두 가지로 구분 해 보았다. 하나는 한 장소에 몇 개의 혈자리가 모여 있는지에 따라 쌍혈명당雙穴明堂과 명혈명당明穴明堂으로 구분하였으며, 다른 하나는 혈자리의 역량力量에 따라 천조명당天造明堂, 지조명당地造明堂 및 인조명당人造明堂으로 구분하였다.

(1) 혈자리의 개수에 의한 종류

1) 쌍혈명당
한 장소에서 만들어지는 모든 혈자리는 음양陰陽의 조화調和와 질

서秩序에 따라 동일한 역량力量의 혈자리가 반드시 음혈陰穴과 양혈陽穴로 혈자리가 형성되는데 이러한 명당을 쌍혈명당双穴明堂이라 하였다.

이 지구상의 모든 명당자리는 한 곳에 2개, 4개, 8개, 10개 등 항상 짝수로 형성되어지게 되어 있는 것이 음양의 조화이며 질서이다.

아울러 쌍혈명당은 반드시 동일한 역량의 혈자리들이 동일한 개수로 네 곳에 형성되어 지는데 이와 같이 쌍혈명당이 형성되어져 배열配列되어 있는 곳을 쌍혈명당처双穴明堂處라 하였다.

쌍혈명당처는 한 쌍인 2개의 혈자리로 만들어진 쌍혈명당, 두 쌍인 4개의 혈자리로 만들어진 쌍혈명당, 세 쌍인 6개의 혈자리로 만들어진 쌍혈명당, 네 쌍인 8개의 혈자리로 만들어진 쌍혈명당 등으로 형성되어지며, 한 곳에 가장 많이 형성된 쌍혈명당은 36개의 쌍으로 된 72개의 혈자리가 만들어진 쌍혈명당이 있다.

쌍혈명당에서 2개의 혈자리인 음혈 자리와 양혈 자리와의 거리즉, 좌측 혈자리와 우측 혈자리 및 상측 혈자리와 하측 혈자리와의 거리는 혈자리의 역량에 따라 다르다. 예를 들어 혈자리의 역량이 가장 큰 천조명당인 대명당의 경우에는 입수맥을 기준으로 6-15m 정도 떨어져 있다.

또한 쌍혈명당치에는 어느 한 장소의 쌍혈명당처를 중심으로 상측上側에 형성된 쌍혈명당처를 상혈처上穴處라 하였고, 하측下側에 형성된 쌍혈명당처를 하혈처下穴處라 하였으며, 좌측左側에 형성된 쌍혈명당처를 좌혈처左穴處라 하였고, 우측右側에 형성된 쌍혈명당처를 우혈처右穴處라 하였다.

쌍혈명당처에서 상혈처와 하혈처 및 좌혈처와 우혈처와의 거리도 쌍혈명당처에 만들어진 혈자리들의 역량에 따라 다르다. 예를 들어 입수맥을 기준으로 할 때 雙穴明堂처간의 거리는 대명당의 경우에는 35-50m 정도이다.

雙穴明堂처가 형성되는 형태에는 다음과 같이 세 가지 형태가 있다. 그러나 세 가지 형태 이외에도 다르게 형성되는 형태가 있을 수도 있을 것이다.

첫 번째 형태로는 상하 일렬로 좌우측에 나란히 형성되는 형태이다. 이 형태는 한 곳의 雙穴明堂처를 기준으로 할 때 동일한 역량의 혈자리들이 상혈처와 하혈처로 나누어져 세로로 일렬 형태의 雙穴明堂처가 형성되며, 좌측 또는 우측에도 똑 같이 세로로 일렬 형태의 雙穴明堂처가 형성되어서 마치 정사각형의 모서리 마다 한 개의 雙穴明堂처가 형성되어 모두 네 곳에 네 개의 雙穴明堂처가 형성되는 형태이다.

이러한 형태는 하도락서河圖洛書에서 언급된 팔괘八卦나 구궁도九宮圖에서 표시하는 방향과 같이 좌측에서 곤방坤方(남서방)과 건방乾方(서북방)에서 상하 일렬 형태로 형성되는 2개의 혈처와 우측에서 손방巽方(남동방)과 간방艮方(동북방)에서 상하 일렬 형태로 형성되는 2개의 혈처가 형성되어 모두 건곤간손乾坤艮巽 방향에서 4개의 雙穴明堂처가 형성되는 형태이다.

이와 같은 형태의 雙穴明堂처는 주로 넓은 능선, 나란히 뻗은 양兩 능선, 능선과 분지, 넓은 분지 및 평지에서 흔히 찾아 볼 수 있는 형태로서 우리나라에서 형성되어 있는 대부분의 雙穴明堂처는 이와 같은 형태로 형성되어 있다.

상하 일렬로 좌우측에 형성되는 형태에도 다음과 같이 세 가지 패턴으로 분류 할 수 있다.

• 한 장소를 기준으로 상혈처와 하혈처에 일렬로 좌측 또는 우측에 한 쌍, 두 쌍, 세 쌍, 네 쌍 등의 雙穴明堂처가 마치 정사각형의

네 개의 모서리에 해당하는 곳에 각각 동일한 역량의 혈자리들로 형성된 쌍혈명당처가 배열되어 있는 형태로서 대부분의 쌍혈명당처는 이와 같은 형태로 형성되어 있다.

한 쌍의 쌍혈명당처가 상하 일렬로 좌우측에 나란히 배열된 형태

상혈처(우측,巽)   상혈처(좌측,坤)
○ ○   ○ ○

하혈처(우측,艮)   하혈처(좌측,乾)
○ ○   ○ ○

• 한 장소를 기준으로 가로로 일렬로 상혈처와 하혈처의 좌측 또는 우측에 두 쌍, 세 쌍, 네 쌍 등으로 쌍혈명당처가 마치 정사각형의 네 개의 모서리에 해당하는 곳에 각각 동일한 역량의 혈자리들로 형성된 쌍혈명당처가 배열되어 있는 형태이다.

두 쌍의 쌍혈명당처가 가로로 나란히 배열된 형태

상혈처(우혈처)   상혈처(좌혈처)
○ ○ ○ ○   ○ ○ ○ ○

하혈처(우혈처)   하혈처(좌혈처)
○ ○ ○ ○   ○ ○ ○ ○

• 한 장소를 기준으로 세로로 일렬로 상혈처와 하혈처의 좌측 또는 우측에 두 쌍, 세 쌍, 네 쌍 등으로 쌍혈명당처가 마치 정사각형의 네 개의 모서리에 해당하는 곳에 각각 동일한 역량의 혈자리들로 형성된 쌍혈명당처가 배열되어 있는 형태이다.

두 쌍의 쌍혈명당처가 세로로 일렬로 배열된 형태

상혈처(우혈처)　　　상혈처(좌혈쳐)

○ ○　　　　　　○ ○

○ ○　　　　　　○ ○

하혈처(우혈처)　　　하혈처(좌혈처)

○ ○　　　　　　○ ○

○ ○　　　　　　○ ○

두 번째 형태로는 상하 일렬로 형성되는 형태이다. 이 형태는 한 장소를 기준으로 할 때 쌍혈명당처가 상혈처, 하혈처, 상혈처, 하혈처 순으로 위쪽에서 아래쪽으로 일렬로 네 곳에 각각 동일한 역량의 혈자리들로 형성된 쌍혈명당처가 배열되어 있는 형태이다.

이와 같은 형태의 쌍혈명당처는 대부분이 능선이 길게 뻗은 곳에서 볼 수 있는 형태이다.

8쌍의 쌍혈명당처가 세로로 일렬로 배열된 형태

○ ○

○ ○

○ ○

○ ○

○ ○

○ ○

○ ○

○ ○

세 번째 형태로는 좌우로 나란히 형성되는 형태이다. 이 형태는 한 장소를 기준으로 할 때 쌍혈명당처가 좌혈처, 우혈처, 좌혈처, 우혈처순으로 좌측에서 우측으로 또는 우측에서 좌측으로 나란히 네 곳에 각각 동일한 역량의 혈자리들로 형성된 쌍혈명당처가 배열되어 있는 형태이다. 이와 같은 형태의 쌍혈명당처는 넓은 분지나 평지에서 볼 수 있는 형태이다.

8쌍의 쌍혈명당처가 가로로 나란히 배열된 형태

쌍혈명당에서 혈자리에 대한 음과 양을 구분할 경우 좌우左右로 혈자라가 배열配列되는 경우에는 입수맥을 기준으로 양혈陽穴은 좌측 혈자리, 음혈陰穴은 우측 혈자리이며, 상하上下로 혈자리가 배열되는 경우에는 양혈은 상측 혈자리, 음혈은 하측 혈자리이며, 쌍혈명당처에서는 좌혈처가 양혈처이고 우혈처가 음혈처이며, 상혈처가 양혈처이고 하혈처가 음혈처가 된다.

쌍혈명당에서는 한 곳에서 2개의 혈자리가 형성된 혈처를 찾은 경우에는 주변에 있는 네 곳의 혈처에서 모두 8개의 동일한 역량의 혈자리를 찾을 수 있고, 한 곳에서 8개의 혈자리가 형성된 혈처를 찾은 경우에는 주변에 있는 네 곳의 혈처에서 모두 32개의 동일한 역량의 혈자리를 찾을 수 있다. 예를 들어서 한 곳에서 대명당의 역량을 가진 혈자리 4개를 찾았을 경우에는 주변에 있는 네 곳의 혈처에서 모두 16개의 대명당의 역량을 가진 혈자리를 찾을 수 있을 것이다.

2) 명혈명당

명혈명당明穴明堂은 2개로 된 한 쌍의 쌍혈명당과 72개로 된 36

개 쌍의 쌍혈명당이 한 곳에 모여 있어 모두 74개의 혈자리가 형성되어 있는 곳을 명혈명당이라 하였다. 명혈명당에도 쌍혈명당과 같이 음양의 조화와 질서에 의해 반드시 상혈처와 하혈처 및 좌혈처와 우혈처 등 네 곳의 혈처에 모두 296개의 혈자리가 형성되어 있는 곳을 명혈명당처라 하였으며 명혈명당에 대해서는 다음의 장章에서 상세하게 설명하고자 한다.

(2) 혈자리의 역량에 의한 종류

혈자리의 역량에 의한 종류에 대해서는 필자가 2013년에 쓴 "명당발복 신비"에서 생기보호맥이 몇 겹으로 혈자리를 감싸고 도는지와 생기저지선이 혈자리 밑으로 몇 겹으로 형성되느냐에 따라 천조명당, 지조명당, 인조명당 1, 인조명당 2, 인조명당 3과 같이 다섯 종류로 구분 하여 상세하게 설명한 바 있으므로 이 책에서는 생략하고자 한다.

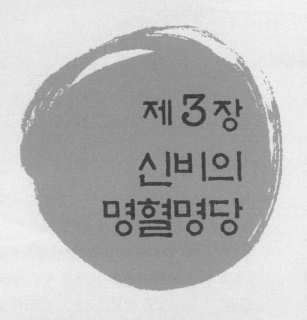

제3장
신비의
명혈명당

제3장 신비의 명혈명당

1. 명혈명당

　명혈명당明穴明堂은 한 곳에 2개의 혈자리가 형성된 쌍혈명당双穴明堂과 쌍혈명당 아래로 쌍혈명당과 동일한 역량力量을 가진 혈자리가 한 줄에 8개씩 9줄에 72개가 배열配列되어 있어 모두 74개의 혈자리가 있는 곳을 명혈명당明穴明堂이라 하였다. 이러한 명혈명당은 음양陰陽의 조화와 질서에 의해 항상 상혈처上穴處와 하혈처下穴處 또는 좌혈처左穴處와 우혈처右穴處 등 4개의 혈처穴處로 구성構成되어 있으며 한 개의 혈처에는 모두 74개의 혈자리가 있어 4개의 혈처에는 총 296개의 혈자리가 형성되어 있는 곳으로서 풍수지리 2천여 년 역사상 필자가 처음으로 발견해 명혈명당이라 명명命名하였으며 명혈명당이 모여 있는 혈처를 명혈명당처明穴明堂處 또는 명혈처明穴處라 하였다.

　명혈명당은 한 개의 혈처마다 혈자리의 역량이 같은 74개의 혈자리가 모여 있는 군혈지群穴地로서 강한 생기가 항상 서려 있는 생기의 보고지寶庫地로 지구상에서 사는 모든 생물들이 살아가는데 가장 적합한 곳이라 할 수 있다. 명혈명당이라고 명명한 것은 우주宇

宙와 자연自然 및 음양陰陽의 조화와 질서에 의해 만들어진 혈자리들이 생기를 모아 분출시켜 지구의 모든 생물들의 삶에 활력을 준다는 의미에서 명혈명당이라 명명하였으며, 아울러 명혈명당에 만들어진 양혈陽穴인 일혈日穴자리와 음혈陰穴인 월혈月穴자리를 합해 밝은 명明자를 붙여 명혈명당이라 명명한 것이다.

명혈명당을 발견하게 된 에피소드를 소개하고자 한다. 필자가 풍수지리를 처음 접할 때는 혈자리는 한 곳에 항상 한 개의 혈자리 아니면 두 개의 혈자리만 있는 것으로 알고 있었다. 따라서 혈자리 탐사探査를 갈 때에는 천조명당인 대명당 자리 한 곳만이라도 찾았으면 하는 바람으로 혈자리가 있을만한 산야를 헤매면서 탐사를 하곤 하였다. 이와 같은 탐사 활동은 처음에는 집에서 가까운 경기도의 산야를 탐사하다 차츰 강원도, 충청북도 및 충청남도까지 혈자리 탐사 지역을 넓혀나갔다. 이렇게 혈자리 탐사 활동을 계속하는 동안 어느 곳에서는 혈맥이 수 십개씩 흘러가고 있는 곳을 만나는 경우가 있었다. 혈자리는 반드시 혈맥이 흘러가는 수 만큼 만들어진다는 것을 항상 염두에 두고 있었던 터라 호기심을 가지고 혈맥을 따라다녀 보면 혈맥의 흐름이 멈추는 곳에서는 반드시 혈자리가 형성되어 있었으며 혈자리는 혈맥이 흘러가는 개수만큼 형성되고 있다는 것을 매번 확인할 수 있었다. 즉, 혈맥이 8개, 16개, 32개 및 64개가 흘러가는 곳을 따라가다 보면 혈자리도 반드시 8개, 16개, 32개 및 64개가 형성되어 있었던 것이다.

혈자리 탐사 활동을 계속하던 중 충청남도 청양군 정산면의 한 마을 옆 산야에서 72개의 혈맥이 흘러가는 것을 처음으로 발견하고 혈맥을 따라다니다 보니 한 곳에 72개의 혈자리가 형성되어 있는 혈자리의 군혈지를 확인하게 되었고, 이후부터 72개의 혈자리가 모여 있는 군혈지를 탐사하기 시작하였다. 그러던 중 전라북도 임실군 오수면에서 대명당의 역량을 가진 72개의 혈자리가 모여있는 군혈지를 다수 발견한 후 집으로 오게 되었다. 그런데 그날 밤 꿈을 꾸게 되었는데 어느 분인지는 확실치 않으나 조상 중의 한 분이라고 여겨지는 분이 나타나서 72개의 혈자리 외에 2개의 혈자리가 더 있는데도 어찌하여 너는 72개의 혈자리만 알고 있느냐는 꾸지람 같은 말을 하고 사라져버린 꿈을 꾸게 되었다. 아침에 일어나 이상하다 하는 생각을 하면서 꿈에서 말한 2개의 혈자리를 찾기위해 바로 전라북도 임실군 오수면으로 내려가 72개의 혈자리가 형성되어 있는 곳들을 다시 확인 해보니 2개의 혈자리가 별도로 형성되어 있었으며 2개의 혈자리 밑으로 한 줄에 8개씩 9줄에 72개의 혈자리가 배열되어 있다는 것을 확인하게 되었다. 이후부터는 대부분의 군혈지는 72개가 아닌 74개의 혈자리가 한 곳에 모여 있는 군혈지를 전국각지의 혈자리 탐사와 인터넷 지도에 의한 혈자리 탐지를 통해 확인 하였다. 지금도 선몽先夢이라 할 수 있는 그분의 목 소리가 생생하게 기억되고 있어 아마도 조상중의 한 분이 나타나 나를 깨우쳐준 것이 아닌가 여겨져 조상님들의 음덕으로 명혈명당을 발견하게 된 것이라 믿고 있다. 위와 같은 꿈 이야기는 일화逸話로 까지는 말할 수 없을 것 같고 혈자리를 찾아 다니던 중에 일어났던 에피소드라고 여겨져 딱딱한 풍수지리에 관한 책을 읽는데 지루함을 조금이나마 덜었으면 하는 생각으로 여기에 옮겨 본 것이다.

(1) 일월혈지

명혈명당의 맨 위쪽에 자리한 두 개의 혈자리 즉, 쌍혈명당이 형성되어 있는 곳을 일월혈지日月穴地라 하였다.

일월혈지는 간맥이 흘러오다 최종적으로 분맥된 지맥이 입수맥이 되어 음陰과 양陽으로된 두 쌍의 혈맥이 산의 능선이나 분지 및 평지로 흘러가다 바람이 주변 보다는 덜타는 곳에 이르면 혈맥의 흐름을 멈추고 명혈명당의 맨 윗쪽에 2개의 혈자리가 만들어 지는 곳을 일월혈지라 명명한 것이다. 즉, 두 개의 혈자리는 입수맥을 기준으로 할 때 좌측에 자리한 양陽의 혈자리를 태양太陽으로 보아 일혈日穴자리로 명명하였으며, 우측에 자리한 음陰의 혈자리를 달로 보아 월혈月穴자리로 명명하고 이 두 혈자리가 있는 곳을 일월혈지라 명명한 것이다. 일월혈지에 있는 일혈자리와 월혈자리는 마치 왕王과 왕후王后가 옥좌玉座에 앉아서 신하들이 모여 왕과 왕후에게 알현謁見 하듯이 일월혈지 아래에 형성된 72개의 혈자리를 거느리고 있다.

명혈명당에서는 일월혈지로 들어온 두 개의 혈자리인 일혈자리와 월혈자리가 어떤 역량의 혈자리가 들어와서 자리를 잡느냐에 따라 일월혈지 아래로 들어와 형성되는 72개의 혈자리들의 역량이 결정된다. 즉, 일월혈지의 혈자리가 천조명당이면 일월혈지 아래로 들어온 72개의 모든 혈자리도 천조명당인 대명당의 역량을 가진 혈자리로 형성되며, 일월혈지의 혈자리가 지조명당이면 일월혈지 아래로 들어온 모든 혈자리도 지조명당인 중명당의 역량을 가진 혈자리로 형성되며, 일월혈지가 인조명당이면 일월혈지 아래로 들어온 모든 혈자리도 인조명당인 소명당의 역량을 가진 혈자리로 형성된다.

일월혈지에 있는 일혈자리와 월혈자리는 일월혈지 아래에 형성된 성혈시의 혈사리들 보나는 간맥에서 최종적으로 분맥이되어 입수맥으로 흘러온 거리가 길어 생기를 모우는 양量이 많아 혈자리의 역량도 커서 명당발복의 위력 또한 클 것으로 추정된다. 일월혈지에서 일혈자리와 월혈자리와의 거리는 명당자리의 역량에 따라 다르지만 천조명당의 역량을 가진 혈자리의 경우 일혈자리 또는 월혈자리의 중심을 기준으로 6-15m 정도 떨어져 있다.

또한 일혈자리와 월혈자리에서 성혈지의 첫 번째 혈맥선까지의 거리도 명당의 종류와 혈자리의 역량에 따라 다르지만 천조명당의 경우 일혈자리와 월혈자리의 상수맥의 합수지점에서 성혈지의 첫 번째 혈맥통로 위쪽 수맥선 까지의 거리는 6-10m 정도이다.

(2) 성혈지

일월혈지 아래로 72개의 혈자리들이 한 줄에 8개씩 9줄로 배열 되어 있는 곳을 성혈지星穴地라 하였다. 간맥에서 분맥된 혈맥이 입 수맥이 되어 일월혈지 아래로 모여들어 가로로는 한 줄에 음혈자리 4개와 양혈자리 4개씩 8개의 혈자리가 형성되고, 세로로는 한 줄에 8개씩 모두 9줄이 형성되어 총 72개의 혈자리가 한 장소에 형성되 어 배열된 곳을 성혈지라 명명한 것이다.

성혈지에서 혈자리간의 거리는 명당의 종류와 혈자리의 역량에 따라 다르지만 천조명당의 경우 좌우 및 상하 혈자리와의 거리는 혈자리의 중심을 기준으로 대략 2.4m-3.2m 정도이다.

성혈지에서는 가로로 형성된 10번째 혈맥통로 아래로 11번째 혈 맥통로가 형성되어 있는데 10번째 혈맥통로 아래 수맥선에서 11번 째 혈맥통로 위쪽 수맥선까지의 거리도 명당의 종류와 혈자리의 역 량에 따라 다르지만 천조명당의 경우에는 대략 1-4m 정도이다.

또한 성혈지에는 72개의 혈자리가 형성된 곳에서 외곽으로 좌 측과 우측으로 각각 가로로 대략 30-50m 정도, 세로로 대략 23- 42m 정도(혈자리의 종류와 역량에 따라 다르고, 성혈지의 형성 형 태에 따라 다르다)의 혈맥 통로가 연결되어 있다.

성혈지에서 한 줄에 8개씩의 혈자리가 형성되어 배열되어 있는 것은 우주의 운용運用 방법인 하도락서河圖洛書의 8괘인 건乾(하 늘), 곤坤(땅), 간艮(산), 태兌(연못), 진震(천둥 뇌성), 손巽(바 람), 감坎(물), 리離(불)에 해당하는 8개의 혈자리가 배치 된 것이 아닌가 하는 추측을 해 보았으며, 세로로 9줄을 배열시킨 것은 태양을 중심으로 돌고 있는 9개의 행성行星인, 수성水星, 금성金星, 지구地球, 화성火星, 목성木星, 토성土星, 천왕성天王星, 해왕성海王星, 명왕성冥王星을 의미하거나 또는 풍수지리에서 전해오는 우주 전체의 중심인 북극성北極星을 중심으로 운행運行하는 북극성北極星, 탐랑성貪狼星, 거문성巨文星, 녹존성祿存星, 문곡성文曲星, 염정성廉貞星, 무곡성武曲星, 파군성破軍星, 좌보성左輔星(무곡성 보좌), 우필성右弼星(파군성 보좌) 등의 9성에 따라 배열 된 것이 아닌가하는 추측을 해보았다.

명혈명당은 우주와 자연의 질서와 음양오행陰陽五行 및 천지인天地人과 어떤 관계가 있는지 필자의 좁은 안목과 식견으로는 알 수가 없다. 그러나 명혈명당이 신비한 우주와 오묘한 대자연의 섭리에 의해 하늘과 땅이 명혈명당을 만들고 사람이 활용하는 천지인天地人의 융합融合 등에 의해 생겨난 것이 아닌가 하는 추측도 해 보았다.

2. 명혈명당의 혈자리 배열

명혈명당은 위쪽에 있는 일월혈지와 아래쪽에 있는 성혈지로 나누어서 혈자리가 배열配列되어 있다. 일월혈지에서는 음양의 조화에 따라 쌍혈명당인 두 개의 혈자리가 배열되어 있는데 입수맥을 기준으로 좌측에는 양혈인 일혈자리가 자리하고 있고 우측에는 음혈인 월혈자리가 자리하고 있다.

성혈지에서는 한 줄에 양혈자리 4개와 음혈자리 4개씩 8개의 혈자리가 배열되어 모두 아홉 줄에 총 72개의 혈자리가 배열되어 있으며 명혈명당의 혈자리 배열도配列圖를 그려보면 아래와 같다.

명혈명당의 혈자리 배열도

일월혈지

월혈자리   일혈자리

○   ○

성혈지

○ ○ ○ ○ ○ ○ ○ ○ 첫째 줄
8 7 6 5 4 3 2 1

○ ○ ○ ○ ○ ○ ○ ○ 둘째 줄
8 7 6 5 4 3 2 1

○ ○ ○ ○ ○ ○ ○ ○ 셋째 줄
8 7 6 5 4 3 2 1

○ ○ ○ ○ ○ ○ ○ ○ 넷째 줄
8 7 6 5 4 3 2 1

○ ○ ○ ○ ○ ○ ○ ○ 다섯째 줄
8 7 6 5 4 3 2 1

○ ○ ○ ○ ○ ○ ○ ○ 여섯째 줄
8 7 6 5 4 3 2 1

○ ○ ○ ○ ○ ○ ○ ○ 일곱째 줄
8 7 6 5 4 3 2 1

○ ○ ○ ○ ○ ○ ○ ○ 여덟째 줄
8 7 6 5 4 3 2 1

○ ○ ○ ○ ○ ○ ○ ○ 아홉째 줄
8 7 6 5 4 3 2 1

*위의 배열도에서 원으로 표시한 것이 혈자리이다

위의 명혈명당의 혈자리 배열도와 같이 그동안 인류가 과학기술과 IT의 발달 등으로 인해 자연을 정복하는 일이 늘어나고 있다고는 하지만 자연이 명혈명당의 혈자리들의 배열을 이 정도까지 정교精巧하게 설계設計해 배열한 것을 보면 그야말로 신비의 명혈명당이라고 할 수 밖에는 표현 할 말이 없다.

명혈명당에는 간맥으로 흘러온 혈맥에서 최후로 분맥된 혈맥이 입수맥이 되어 흘러와 일월혈지의 일혈자리와 월혈자리에 배열되면 일월혈지 밑으로 간맥에서 분맥된 혈맥이 입수맥이되어 명혈명당의 좌측 또는 우측 및 성혈지 아래로 돌아 들어와 성혈지 안에 혈자리들이 배열된다.

성혈지에 배열되는 혈맥들은 각각 몇째 줄의 몇 번째 자리에 배열될 것인지를 미리 인지認知를 했거나, 아니면 일월혈지의 혈자리들로부터 미리 명령을 받았거나, 또는 간맥에서 분맥을 할 때 간맥으로부터 명령을 받아 각자의 자리를 찾아 들어 온 것이 아닌지 의심할 정도로 혈맥들이 성혈지로 흘러 들어와 한 줄에 8개씩 9줄에 72개의 혈자리가 일사불란一絲不亂하게 배열되어지는 현상은 우리 인간들은 도저히 상상할 수가 없을 정도로 정교하고 신기롭다. 따라서 명혈명당으로 흘러 들어와 제자리를 차례로 찾아 들어가 배열되는 혈맥과 혈자리들을 보면 혈맥의 인지능력認知能力은 인간의 인지능력을 훨씬 능가하는 신비스러운 자연 현상에 감탄할 뿐이다.

또한 명혈명당을 형성하기 위해 최종적으로 분맥을 한 혈맥들이 한 곳으로 모여들어 명혈명당의 혈처를 형성하는 과정이나 행태行態 등을 보면 21세기 우리 인간이 개발한 슈퍼컴퓨터로도 이렇게까지 정교하게 74개의 혈자리들을 배치할 수 있을까 할 정도로 일정한 패턴에 의해 혈맥들이 들어와 혈자리들이 배열되고 있다는 것을 보면서 명혈명당의 신비함과 자연의 오묘함에 경외감敬畏感을 금할 수가 없다.

3. 명혈명당의 종류

명혈명당에도 쌍혈명당雙穴明堂과 마찬가지로 혈자리의 생기의 역량에 따라 천조명당(대명당), 지조명당(중명당), 인조명당(소명당)으로 구분 되어진다.

명혈명당에 만들어진 혈자리들이 어떠한 역량을 가졌는지를 확인하려면 우선적으로 일월혈지의 일혈자리와 월혈자리의 역량을 확인해보아야 한다. 즉, 일월혈지 아래에 배열되어 있는 성혈지의 72개 혈자리 하나 하나의 역량은 일월혈지에 형성된 혈자리의 역량과 반드시 동일하기 때문이다.

따라서 일월혈지의 혈자리가 천조명당이면 성혈지에 배열된 72개의 혈자리 모두가 천조명당인 대명당으로 배열되고, 일월지의 혈자리가 지조명당이면 성혈지에 배열된 72개의 혈자리 모두가 지조명당인 중명당으로 배열되며, 일월혈지의 혈자리가 인조명당이면 성혈지에 배열된 72개 혈자리 모두가 인조명당인 소명당으로 배열되기 때문이다.

명혈명당의 일월혈지에 있는 혈자리의 종류를 알아보고자 할 때는 천조명당은 생기보호맥 81개와 생기저지선이 9겹이며, 지조명당은 생기보호맥 33개와 생기저지선이 6겹이고, 인조명당은 생기보호맥이 5-15개와 생기저지선이 4-5겹으로 된 혈자리이므로 생기보호맥과 생기저지선을 확인해 보면 혈자리의 역량에 의한 혈자리의 종류를 확인 할 수 있다.

이 책에서는 천조명당인 대명당의 명혈명당을 중심으로 설명 하고자 한다.지조명당인 중명당의 명혈명당과 인조명당인 소명당의 명혈명당에 대해서는 자료 수집이 되지 않아 이 책에서는 자세한 언급을 하지 못했다.

4. 명혈명당이 형성되는 산의 형상

명혈명당이 형성되는 곳은 대부분 명혈명당의 뒤편에 있는 산의 형상形象이 마치 황제皇帝나 왕王이 앉아 있는 의자와 같은 모양의 산으로서 풍수지리의 용어로는 어좌사御座砂의 형상形象 하고 있는 산의 안쪽의 능선과 분지, 산 아래의 분지, 산 아래의 평지, 산 건너편의 평지 등에서 명혈명당이 형성된다.

어좌사의 형상은 어느 산의 가운데 봉우리 즉, 황제나 왕의 머리에 해당하는 봉우리 양쪽으로는 능선이 뻗어 있어 마치 황제나 왕이 앉아있는 의자의 팔걸이 같이 생긴 모습을 한 산으로서 대부분이 양팔을 벌려 팔꿈치가 안으로 대략 15도에서 90도 각도로 오므려있는 형상이 많다. 팔꿈치 안에는 봉우리에서 뻗은 능선이 산 아래로 뻗어 있거나 분지가 형성되어 있는데 이러한 형상의 산에서는 혈맥이 어좌사의 가운데 봉우리로 흘러오다 능선이나 분지에 명혈명낭을 형성하게 된다.

그러나 능선이나 분지가 없는 경우에는 오므려진 팔꿈치 밖의 넓은 분지나 평지로 혈맥이 흘러가 명혈명당을 만들기도 한다. 명혈명당이 능선에서 형성될 경우에는 어좌사의 가운데 봉우리에서 아래로 뻗어 나간 능선이 어좌사 봉우리에서 양쪽으로 뻗어 나간 능선보다는 반드시 낮아야 명혈명당이 형성될 수 있다.

어좌사의 가운데 봉우리를 풍수지리에 의한 사격砂格의 형태로 보면 크게 세 가지로 분류할 수 있다.

첫 번째는 어좌사의 가운데 봉우리가 죽순처럼 뾰죽하거나 원통과 같은 모양을 하고 있어 목성木星 사격의 귀인봉貴人峰이나 문필봉文筆峰과 비슷한 형상을 한 봉우리가 있는 어좌사이다.

두 번째는 어좌사의 가운데 봉우리가 한일(一)자 모양을 하고 있어 토성土星 사격의 일자문성사一字文星砂와 같이 평평하게 생긴 봉우리가 있는 어좌사이다.

세 번째로는 어좌사의 가운데 봉우리가 반달이나 솥 뚜껑을 엎어놓은 것 같은 모양을 하고 있어 금성金星 사격의 옥대사玉帶砂나 복부사伏釜砂와 비슷한 모양을 한 봉우리가 있는 어좌사이다.

〈어좌사 형상의 산봉우리〉

〈어좌사 형상의 산봉우리〉

5. 명혈명당이 형성되는 형태

(1) 상하 일렬로 좌우측에 나란히 형성되는 형태

한 장소를 기준으로 할 때 동일한 역량의 혈자리들이 상혈처上穴處와 하혈처下穴處로 나누어져 세로로 일렬 형태의 명혈명당이 형성되며, 좌측 또는 우측에도 똑 같이 세로로 일렬 형태의 명혈명당이 나란히 형성되어 마치 정사각형의 모서리 마다 한 개씩의 명혈명당이 형성되어 있어 모두 네 곳에 명당이 형성되어 배열되는 형태이다.

이러한 형태는 쌍혈명당에서와 같이 하도락서河圖洛書에서 언급된 팔괘八卦나 구궁도九宮圖에서 표시하는 방향과 같이 좌측에서 곤방坤方(남서방)과 건방乾方(서북방)에서 상하 일렬 형태로 형성되는 2개의 명혈명당과 우측에서 손방巽方(남동방)과 간방艮方(동북방)에서 상하 일렬 형태로 2개의 명혈명당이 형성되어 모두 건곤간손乾坤艮巽 방향으로 4개의 명혈명당이 형성되는 형태이다.

이와 같은 형태의 명혈명당은 주로 넓은 능선, 나란히 뻗은 양 능선, 능선과 분지, 넓은 분지 및 넓은 평지에서 찾아 볼 수 있는 형태로서 우리나라에 형성되어 있는 대부분(대략 80% 정도)의 명혈명당은 이러한 형태로 형성되어 있을 것으로 추정된다.

상하 일렬로 좌우측에 나란히 형성되는 형태

〈상혈처(우측,巽)〉

일월혈지

월혈자리　　일혈자리

○　　　○

성혈지

○ ○ ○ ○ ○ ○ ○
○ ○ ○ ○ ○ ○ ○
○ ○ ○ ○ ○ ○ ○
○ ○ ○ ○ ○ ○ ○
○ ○ ○ ○ ○ ○ ○
○ ○ ○ ○ ○ ○ ○
○ ○ ○ ○ ○ ○ ○
○ ○ ○ ○ ○ ○ ○
○ ○ ○ ○ ○ ○ ○

〈상혈처(좌측,坤)〉

일월혈지

월혈자리　　일혈자리

○　　　○

성혈지

○ ○ ○ ○ ○ ○ ○
○ ○ ○ ○ ○ ○ ○
○ ○ ○ ○ ○ ○ ○
○ ○ ○ ○ ○ ○ ○
○ ○ ○ ○ ○ ○ ○
○ ○ ○ ○ ○ ○ ○
○ ○ ○ ○ ○ ○ ○
○ ○ ○ ○ ○ ○ ○
○ ○ ○ ○ ○ ○ ○

〈하혈처(우측,艮)〉　　　　　〈하혈처(좌측,乾)〉

일월혈지　　　　　　　　　　일월혈지

월혈자리　　일혈자리　　　　월혈자리　　일혈자리

◯　　　　◯　　　　　　◯　　　　◯

성혈지　　　　　　　　　　　성혈지

◯ ◯ ◯ ◯ ◯ ◯ ◯ ◯　　　◯ ◯ ◯ ◯ ◯ ◯ ◯ ◯
◯ ◯ ◯ ◯ ◯ ◯ ◯ ◯　　　◯ ◯ ◯ ◯ ◯ ◯ ◯ ◯
◯ ◯ ◯ ◯ ◯ ◯ ◯ ◯　　　◯ ◯ ◯ ◯ ◯ ◯ ◯ ◯
◯ ◯ ◯ ◯ ◯ ◯ ◯ ◯　　　◯ ◯ ◯ ◯ ◯ ◯ ◯ ◯
◯ ◯ ◯ ◯ ◯ ◯ ◯ ◯　　　◯ ◯ ◯ ◯ ◯ ◯ ◯ ◯
◯ ◯ ◯ ◯ ◯ ◯ ◯ ◯　　　◯ ◯ ◯ ◯ ◯ ◯ ◯ ◯
◯ ◯ ◯ ◯ ◯ ◯ ◯ ◯　　　◯ ◯ ◯ ◯ ◯ ◯ ◯ ◯
◯ ◯ ◯ ◯ ◯ ◯ ◯ ◯　　　◯ ◯ ◯ ◯ ◯ ◯ ◯ ◯
◯ ◯ ◯ ◯ ◯ ◯ ◯ ◯　　　◯ ◯ ◯ ◯ ◯ ◯ ◯ ◯

*원으로 표시한 것이 혈자리이다

　명혈명당이 상하 일렬로 좌우 두 줄로 나란히 네 곳에 형성되는 형태에는 다음과 같이 명혈명당이 형성되고 있다. 즉. 어좌사의 가운데 봉우리를 중심으로 좌우 양쪽에서 산 아래로 뻗어나가는 좌청룡(왼쪽)과 우백호(오른쪽) 능선이 마치 사람이 산의 봉우리 가운데에서 산 아래로 양팔을 벌려 안아 들이는 듯한 모습으로 능선이 뻗어있어 양쪽 능선 안쪽에 바람이 다른 곳 보다는 덜 타는 곳에서 상혈처와 하혈처가 일열로 좌측 또는 우측에 나란히 두 줄로 네 곳에 명혈명당이 형성되어 배열되는 형태로서 다음과 같이 여섯 가지 유형으로 분류해 볼 수 있다.

　① 어좌사의 봉우리 한 가운데에서 산 아래로 뻗어 나가는 능선이 좌청룡과 우백호 능선 보다는 낮게 뻗어 비교적 바람이 덜 타는 넓

은 능선과 두 개의 능선이나 능선과 분지가 이어져 있는 곳 등에서 상혈처와 하혈처로 좌우 양쪽에 나란히 두 줄로 한 곳에 각각 74개씩 네 곳에 모두 296개의 혈자리가 만들어진다.

② 어좌사의 봉우리 한 가운데에서 산 아래로 뻗어 나가는 능선이 좌청룡과 우백호 능선 보다는 낮게 뻗어 비교적 바람이 덜 타는 능선이 끝나는 지점에 형성된 넓은 능선이나 넓은 분지와 넓은 평지 등에서 상혈처와 하혈처로 좌우 양쪽에 나란히 두 줄로 한 곳에 각각 74개씩 네 곳에 모두 296개의 혈자리가 만들어진다.

③ 어좌사의 봉우리 한 가운데에서 산 아래로 뻗어 나가는 능선이 좌청룡과 우백호 보다는 높은 능선이 산 아래까지 흘러 갈 경우에는 좌청룡과 우백호 능선에서 벗어나 넓은 평지나 분지에 이르러 상혈처와 하혈처로 좌우 양쪽에 나란히 두 줄로 한 곳에 각각 74개씩 네 곳에 모두 296개의 혈자리가 만들어진다.

④ 어좌사의 봉우리 한 가운데에서 산 아래로 뻗어 나가는 능선이 좌청룡과 우백호 능선을 벗어난 곳에서도 평지를 만나지 못할 경우에는 개천이나 강 등을 건너 뛰어서 넓은 평지나 분지가 있는 곳을 만나는 경우 상혈처와 하혈처로 좌우 양쪽에 나란히 두 줄로 한 곳에 각각 74개씩 네 곳에 모두 296개의 혈자리가 만들어진다.

⑤ 어좌사의 봉우리 한 가운데에서 산 아래로 뻗어 나가는 능선 양쪽 즉, 좌청룡과 우백호 안쪽에 넓은 분지가 생겨난 경우 한쪽 또는 양쪽 모두 상혈처와 하혈처로 좌우 양쪽에 나란히 두 줄로 한 곳에 각각 74개씩 네 곳에 모두 296개의 혈자리가 만들어진다.

⑥ 어좌사의 봉우리 한 가운데에서 산 아래로 뻗어 나가는 능선이 잘 보이지 않을 때도 혈맥은 흘러가고 있으므로 좌청룡과 우백호가 잘 싸고 돌아 분지가 넓게 형성되는 곳에서도 상혈처와 하혈처로 좌우 양쪽에 나란히 두 줄로 한 곳에 각각 74개씩 네 곳에 모두

296개의 혈자리가 만들어진다.

명혈명당은 어좌사 형태가 수려하고 웅장하면서 사격砂格에 의해 잘 둘러싸여 있는 가운데 능선이 넓고 길게 형성되어 있거나 분지가 넓고 길게 형성된 경우에는 상하 일렬로 좌우 두 줄로 나란히 네 곳에 형성되어진 명혈명당이 최소 4개에서 최대 수 십개가 형성되어 수 천개의 혈자리가 만들어져서 명혈명당의 군혈처群穴處를 형성하는 곳도 있다.

상하 혈처로 형성되는 명혈명당의 일월혈지와 성혈지로 들어오는 입수맥은 모두 좌측 또는 우측에서 횡룡입수橫龍入首로 들어 온다는 것이 좌우 혈처로 형성되는 명혈명당과는 다르다고 할 수 있다.

(2) 상하 일렬로 형성되는 형태

한 장소를 기준으로 할 때 명혈명당이 상혈처, 하혈처, 상혈처, 하혈처 순으로 위쪽에서 아래쪽으로 일렬로 네 곳에 각각 동일한 역량의 혈자리들이 형성되어 배열되는 형태이다. 이와 같은 형태의 명혈명당은 주로 길게 뻗은 능선이나 분지에서 찾아볼 수 있는 형태로서 우리나라에서는 전체 명형명당의 10%이하로 형성되어 있을 것으로 추정된다.

필자는 이러한 형태로 형성되는 명혈명당은 길게 뻗은 능선에서 천조명당의 역량을 갖춘 혈처가 무려 12개나 일렬로 형성되어 있는 곳을 확인하기도 했다.

상하 일렬로 형성되는 형태

〈상혈처〉

일월혈지

월혈자리   일혈자리

◯   ◯

성혈지

◯ ◯ ◯ ◯ ◯ ◯ ◯ ◯
◯ ◯ ◯ ◯ ◯ ◯ ◯ ◯
◯ ◯ ◯ ◯ ◯ ◯ ◯ ◯
◯ ◯ ◯ ◯ ◯ ◯ ◯ ◯
◯ ◯ ◯ ◯ ◯ ◯ ◯ ◯
◯ ◯ ◯ ◯ ◯ ◯ ◯ ◯
◯ ◯ ◯ ◯ ◯ ◯ ◯ ◯
◯ ◯ ◯ ◯ ◯ ◯ ◯ ◯
◯ ◯ ◯ ◯ ◯ ◯ ◯ ◯

〈하혈처〉

일월혈지

월혈자리   일혈자리

◯   ◯

성혈지

◯ ◯ ◯ ◯ ◯ ◯ ◯ ◯
◯ ◯ ◯ ◯ ◯ ◯ ◯ ◯
◯ ◯ ◯ ◯ ◯ ◯ ◯ ◯
◯ ◯ ◯ ◯ ◯ ◯ ◯ ◯
◯ ◯ ◯ ◯ ◯ ◯ ◯ ◯
◯ ◯ ◯ ◯ ◯ ◯ ◯ ◯
◯ ◯ ◯ ◯ ◯ ◯ ◯ ◯
◯ ◯ ◯ ◯ ◯ ◯ ◯ ◯
◯ ◯ ◯ ◯ ◯ ◯ ◯ ◯

〈상혈처〉

일월혈지

월혈자리　일혈자리

○　　　○

성혈지

○ ○ ○ ○ ○ ○ ○ ○
○ ○ ○ ○ ○ ○ ○ ○
○ ○ ○ ○ ○ ○ ○ ○
○ ○ ○ ○ ○ ○ ○ ○
○ ○ ○ ○ ○ ○ ○ ○
○ ○ ○ ○ ○ ○ ○ ○
○ ○ ○ ○ ○ ○ ○ ○
○ ○ ○ ○ ○ ○ ○ ○
○ ○ ○ ○ ○ ○ ○ ○

〈하혈처〉

일월혈지

월혈자리　일혈자리

○　　　○

성혈지

○ ○ ○ ○ ○ ○ ○ ○
○ ○ ○ ○ ○ ○ ○ ○
○ ○ ○ ○ ○ ○ ○ ○
○ ○ ○ ○ ○ ○ ○ ○
○ ○ ○ ○ ○ ○ ○ ○
○ ○ ○ ○ ○ ○ ○ ○
○ ○ ○ ○ ○ ○ ○ ○
○ ○ ○ ○ ○ ○ ○ ○
○ ○ ○ ○ ○ ○ ○ ○

*원으로 표시한 것이 혈자리이다

(3) 좌우 나란히 형성되는 형태

한 장소를 기준으로 할 때 명혈명당이 좌혈처, 우혈처, 좌혈처, 우혈처 순으로 나란히 네 곳에 각각 동일한 역량의 혈자리들이 형성되어 배열되는 형태이다. 좌우, 좌우로 형성되는 명혈명당은 다른 명혈명당에 비해 매우 드물게 형성되어진다. 즉, 좌우로 형성되는 명혈명당은 넓은 분지나 평지에서만 찾아 볼 수 있는 형태로서 상하 일렬로 형성되는 형태보다는 형성되는 확율이 낮기 때문이다. 현재까지 필자가 찾은 전체 명혈명당 중에서 좌우로 형성되는 명혈명당은 전체 명혈명당의 약 6%정도만 찾아 볼 수 있었다. 필자는 좌우 나란히 배열되는 형태로서 한 장소에서 천조명당의 역량을 가진 명혈명당이 무려 8개나 연달아 나란히 배열되어 있는 곳을 확인한 바 있다.

좌우 나란히 형성되는 형태

〈우혈처〉	〈좌혈처〉	〈우혈처〉	〈좌혈처〉
일월혈지	일월혈지	일월혈지	일월혈지
월혈자리 일혈자리	월혈자리 일혈자리	월혈자리 일혈자리	월혈자리 일혈자리
○　　○	○　　○	○　　○	○　　○
성혈지	성혈지	성혈지	성혈지

○○○○○○○○　○○○○○○○○　○○○○○○○○　○○○○○○○○
○○○○○○○○　○○○○○○○○　○○○○○○○○　○○○○○○○○
○○○○○○○○　○○○○○○○○　○○○○○○○○　○○○○○○○○
○○○○○○○○　○○○○○○○○　○○○○○○○○　○○○○○○○○
○○○○○○○○　○○○○○○○○　○○○○○○○○　○○○○○○○○
○○○○○○○○　○○○○○○○○　○○○○○○○○　○○○○○○○○
○○○○○○○○　○○○○○○○○　○○○○○○○○　○○○○○○○○
○○○○○○○○　○○○○○○○○　○○○○○○○○　○○○○○○○○
○○○○○○○○　○○○○○○○○　○○○○○○○○　○○○○○○○○

*원으로 표시한 것이 혈자리이다

좌우로 형성되는 명혈명당의 일월혈지로 들어오는 혈맥은 모두 직룡입수直龍入首로 들어오고 성혈지로 들어오는 혈맥은 좌측 또는 우측으로부터 횡룡입수橫龍入首로 들어 온다는 것이 상하 혈처로 형성되는 명혈명당과의 차이점이라 할 수 있다.

6. 명혈명당의 혈처간 거리

천조명당의 역량을 가진 명혈명당에서 상하 또는 좌우로 형성되는 명혈명당의 혈처간의 거리는 혈처가 형성되는 형태와 혈자리들의 역량에 따라 다르지만 천조명당의 역량을 가진 명혈명당의 혈처간의 거리를 조사해 보면 상혈처의 일월혈지와 하혈처의 일월혈지간의 거리는 각 혈처의 일혈자리 또는 월혈자리의 입수맥을 기준으로 할 때 대략 40-60m 정도이고, 상혈처의 성혈지와 하혈처의 일월혈지 간의 거리는 상혈처의 11번째 혈맥통로의 아래 수맥선에서 하혈처의 일월혈지의 일혈자리 및 월혈자리로 들어가는 입수맥을 기준으로 할 때 대략 6-10m 정도로 조사되었다. 또한 좌혈처의 일월혈지와 우혈처의 일월혈지 간의 거리도 각 혈처의 일혈자리 또는 월혈자리의 입수맥을 기준으로 할 때 대략 40-60m 정도이고, 좌혈처의 성혈지와 우혈처의 성혈지 간의 거리는 좌혈처의 9번째 혈맥 통로의 우측 수맥선에서 우혈처의 첫 번째 혈맥 통로의 좌측 수맥선을 기준으로 할 때 대략 6-10m 정도로 조사되었다.

7. 명혈명당이 형성되는 유형

명혈명당이 형성되는 유형類型으로는 명혈명당이 주산 또는 현무봉을 뒤로 하고 안산을 바라보며 명혈명당의 혈자리들이 만들어지는 형태로서 풍수지리 용어로는 직룡입수直龍入首로 들어오는 유형이 있고, 명혈명당이 주산 또는 현무봉을 앞으로 하고 명형명당의 혈자리들이 만들어지는 형태로서 이 경우에는 혈맥이 흘러온 주산 또는 현무봉이나 또 다른 좌측이나 우측에 있는 산이 안산이 되도록 혈자리들이 만들어지는 유형으로서 풍수지리 용어로는 회룡입수回龍入首로 들어오는 형태로서 직룡입수直龍入首와는 역방향逆方向으로 형성되는 유형이 있다.

8. 명혈명당의 음과 양

명혈명당의 혈처와 혈자리들도 쌍혈명당의 혈처와 혈자리들과 같이 우주와 자연의 이치인 음양의 조화와 질서에 따라 음과 양으로 나누어져 형성되고 있다.

명혈명당에서도 쌍혈명당과 같이 혈자리의 넓이와 혈장의 넓이 등 혈자리의 규모를 비교해 보면 양혈자리와 음혈자리의 규모가 서로 비슷하거나 양혈자리의 규모가 음혈자리의 규모 보다는 약간 큰 편이다. 따라서 혈자리에서 모아져서 응결된 생기의 역량 또한 양혈자리와 음혈자리의 역량이 서로 비슷하거나 양혈자리의 생기의 역량이 약간 크다고 할 수 있다. 또한 명혈명당의 혈처에서도 양에 해당되는 상혈처와 좌혈처의 혈자리의 넓이와 혈장의 넓이 등 혈자리의 규모를 비교해 보면 양혈처인 상혈처와 좌혈처의 혈자리들의 규모가 음혈처인 하혈처와 우혈처의 혈자리의 규모가 서로 비슷하거나 양혈처의 혈자리의 규모가 음혈처의 혈자리의 규모 보다는 약간 큰 편이다. 따라서 혈자리에서 모아져서 응결된 생기의 역량 또한 양혈처의 혈자리와 음혈처의 혈자리의 역량이 서로 비슷하거나 양혈처의 혈자리의 역량이 약간 크다고 할 수 있다. 그러나 양혈자리가 음혈자리보다 규모나 역량면에서 반드시 크다고는 할 수 없다. 즉, 혈자리가 만들어진 땅의 여건 등 여러 가지 변수에 따라서 혈자리의 규모나 역량이 달라 질 수 있기 때문이다. 아울러 혈처에서도 양혈처의 혈자리들이 음혈처의 혈자리들 보다 규모와 역량면에서 반드시 크다고는 할 수 없다. 즉, 혈처가 형성되는 곳의 여건 등 여러 가지 변수에 따라서 규모나 역량이 달라 질 수 있기 때문이다.

명혈명당의 일월혈지에서는 입수맥이 들어오는 곳을 기준으로 할 때 좌측에 있는 일혈자리가 양혈자리이고 우측에 있는 월혈자리가 음혈자리이며, 성혈지에서는 한 줄에 8개씩 9줄로 모두 72개의 혈자리가 배열되는데 일월혈지의 일혈자리 입수맥을 기준으로 좌측에서 1, 3, 5, 7번째 혈자리가 양혈자리이고 2 ,4, 6, 8번째 혈자리가 음혈자리이다. 명혈명당의 혈처에서는 상혈처와 하혈처로 형성되는 명혈명당에서는 상혈처에 형성된 혈처가 양陽혈처이고 하혈처에 형성된 혈처가 음陰혈처며, 좌혈처와 우혈처로 형성되는 명혈명당에서는 좌혈처에 형성된 혈처가 양陽혈처고 우혈처에 형성된 혈처가 음陰혈처이다.

따라서 명혈명당의 혈자리들의 번호별 음과 양으로 되어 있는 혈자리의 배열도를 그려보면 다음과 같다.

명혈명당의 음양 배열도

일월혈지

월혈자리　　　일혈자리

②　　　　　①

○(陰)　　　○(陽)

성혈지

⑧	⑦	⑥	⑤	④	③	②	①
○	○	○	○	○	○	○	○
陰	陽	陰	陽	陰	陽	陰	陽
⑧	⑦	⑥	⑤	④	③	②	①
○	○	○	○	○	○	○	○
陰	陽	陰	陽	陰	陽	陰	陽
⑧	⑦	⑥	⑤	④	③	②	①
○	○	○	○	○	○	○	○
陰	陽	陰	陽	陰	陽	陰	陽
⑧	⑦	⑥	⑤	④	③	②	①
○	○	○	○	○	○	○	○
陰	陽	陰	陽	陰	陽	陰	陽
⑧	⑦	⑥	⑤	④	③	②	①
○	○	○	○	○	○	○	○
陰	陽	陰	陽	陰	陽	陰	陽
⑧	⑦	⑥	⑤	④	③	②	①
○	○	○	○	○	○	○	○
陰	陽	陰	陽	陰	陽	陰	陽
⑧	⑦	⑥	⑤	④	③	②	①
○	○	○	○	○	○	○	○
陰	陽	陰	陽	陰	陽	陰	陽
⑧	⑦	⑥	⑤	④	③	②	①
○	○	○	○	○	○	○	○
陰	陽	陰	陽	陰	陽	陰	陽

*원으로 표시한 것이 혈자리이다

9. 명혈명당의 땅 속 형상

74개의 혈자리가 한 곳에 모여 있는 명혈명당의 땅 속 형상形象에 대해 풍수지리 2천여 년 역사상 처음으로 이 책을 통해 공개 하고자 한다. 명혈명당의 땅 속 형상을 감지해 보면 인간이 인위적으로 감히 만들어내지 못할 정도로 크고 작은 많은 방을 정교하게 형성해서 방 하나 하나 안에 혈자리를 배치해 놓고 있다. 명혈명당은 74개의 혈자리가 우주와 자연의 이치인 자연의 질서와 음양의 조화에 따라 배열되고 있는데, 앞에서 기술한 바와 같이 자연이 이토록 완벽하고 정교하게 설계를 해서 배열을 한 것인지 감탄을 금할 수가 없다. 즉, 21세기 최첨단 과학기술의 발달과 IT기술로도 감히 감당할 수 없을 정도로 명혈명당으로 들어오는 74개의 혈맥의 흐름과 혈자리들이 배열되어 있다는 것이다.

그동안 명혈명당의 땅 속 형상을 밝혀내기 위해 전국 각지의 수 많은 명혈명당을 답사하면서 엘로드에 의해 땅 속의 형상을 감지해 보았다. 그러나 명혈명당의 땅 속의 형상을 다 글로는 표현할 수 없을 정도로 복잡하고 정교하게 되어 있어 이러한 땅 속 형상을 인간의 감지력에만 의존해 샅샅이 밝혀내는데는 한계가 있다. 그렇지만 땅 속 형상의 일부라도 인간의 노력으로 밝혀냄으로써 풍수지리학의 발전에 기여 할 수 있을 것이라는 일념하에 명혈명낭의 땅 속 형상을 밝혀 내고자 하였다. 그러나 땅 속 형상을 오로지 필자의 감지력에 의한 것이므로 명혈명당의 땅 속 형상의 일부 일수도 있고 다를 수도 있을 것이므로 앞으로도 명형명당의 땅 속 형상을 정확히 밝혀낼 수 있도록 많은 사람들의 연구와 노력이 필요할 것으로 본다.

명혈명당에는 상하로 형성되는 혈처와 좌우로 형성되는 혈처 등 여러 가지 유형의 형태가 있을 것이므로 명혈명당의 형태 및 유형별로 땅 속 형상을 모두 감지해 설명하기에는 불가능하므로 이 곳에서는 상하 일렬로 좌우측에 나란히 4개의 혈처가 형성되는 형태 중 직룡입수로 들어오는 혈처의 좌혈처에서 공통적으로 나타나는 땅 속 형상에 대해서만 설명하고자 한다. 또한 명혈명당의 일월혈지의 땅 속 형상에 대해서는 이미 앞에서 설명한 혈자리의 땅 속 형상에서와 같이 혈맥, 입수맥, 상수맥, 혈자리, 생기보호맥, 생기저지선, 혈장 및 수맥 등의 형상을 감지해 설명한 바 있으므로 이 곳에서는 생략 하고 성혈지의 땅 속 형상에 대해서만 설명하고자 한다.

혈맥은 약 60cm-70cm 간격으로 흘러가는 음과 양으로 된 두 개의 수맥이 한 쌍이 되어 흐르는 것을 말하는데 이렇게 혈맥이 들어오는 혈맥 통로가 성혈지 내에서는 가로로는 11개 있고 세로로는 9개가 있어 모두 20개의 혈맥 통로가 형성되어 있다. 하나의 혈맥은 두 개의 수맥으로 이루어지고 있는데 성혈지 안에는 가로와 세로로 흐르는 144개의 수맥선이 상호 연결되어 있으며, 성혈지 안에 있는 총 20개의 혈맥 통로인 수맥선을 서로 연결 시켜보면 정사각형 방 72개를 포함해 크고 작은 정사각형과 직사각형 방이 모두 234개나 형성되어 있는 것을 감지 할 수 있다. 가로와 세로 길이가 비슷한 정사각형 방 안으로는 가로로 된 9개의 혈맥 통로를 통해 한 개의 혈맥 통로 당 8개씩의 혈맥이 들어와 72개의 정사각형 방 안에서 모두 72개의 혈자리가 만들어진다. 72개의 혈자리를 형성하고 있는 가로로 된 10번째 혈맥 통로에서 1-4m 정도 아래로 한 개의 혈맥통로가 형성되어 있으며 이 혈맥 통로 아래쪽 혈맥선 중앙에서 아래쪽으로 하나의 수맥선이 형성되어 72개의 혈자리를 만든 후 내 보내는 물을 혈처 밖으로 흘러 보내고 있으며 이 수맥선으로는 명혈명당에 만들어진 혈자리의 역량에 따라 천조명당의 경우 9겹의 생기저지선이 형성되어 있다. 또한 성혈지의 1번째 가로로 형성된 혈맥 통로와 10번째 가로로 형성된 혈맥통로 좌측과 우측 양쪽 모두와 또는 좌측이나 우측 한 쪽으로는 각각 가로가 대략 30-50m, 세로가 대략 25-42m 정도의 혈맥통로가 길게 뻗어 상하로 연결되어 성혈지 외곽에 사각형의 커다란 방을 형성하고 있다.

이와 같이 성혈지의 외곽에 형성되는 사각형의 커다란 방은 상하 일렬로 좌측 또는 우측에 나란히 4개가 형성되는 혈처에는 좌측 상혈처와 하혈처 및 우측 상혈처와 하혈처에 각각 1개씩 모두 4개의 커다란 사각형 방이 형성되며, 상하로 일렬로 4개의 혈처가 형성되는 혈처에서는 혈처마다 좌측과 우측 두 곳에 커다란 사각형 방이 형성되어 4개의 혈처마다 각각 좌우측에 각각 2개씩 모두 8개의 커다란 사각형의 방이 형성되며, 좌우 일렬로 나란히 4개의 혈처가 형성되는 혈처에는 좌측에서 첫 번째 혈처 좌측과 네 번째 혈처 우측에 각각 한 개씩 2개의 커다란 사각형 방이 형성되어 있다. 이와 같은 성혈지 외곽의 커다란 사각형 방을 형성하는 것은 성혈지의 생기가 밖으로 새 나가지 못하도록 생기보호맥의 역할을 하는 것으로 추정된다. 명혈명당의 성혈지에서는 일월혈지와 같이 혈맥, 입수맥, 상수맥, 혈자리, 생기보호맥, 생기저지선, 혈장 및 수맥 등의 땅 속 형상을 감지해 구분 한다는 것은 거의 불가능하다고 할 수 있다.

다시 설명하면 성혈지는 이들이 모두 사각형으로 되어 있는 곳 안의 혈자리에 혼재해 있어 일월혈지와 같은 땅 속 형상을 모두 감지하기란 불가능 하다. 그러나 일월혈지의 땅 속 형상에 준해서 성혈지에서 감지한 땅 속 형상을 설명하면 다음과 같이 요약해 볼 수 있다.

입수맥으로 불리운 혈맥이 성혈지 안으로 들어가기 직전까지의 72개의 혈맥들은 각 혈자리의 역량에 따라 생기보호맥을 형성하면서 성혈지의 혈맥 통로로 들어오게 된다. 즉, 천조명당은 81개, 지조명당은 33개, 인조명당은 5-15개의 생기보호맥을 형성해 성혈지의 9개의 혈맥 통로를 통해 4개 내지 8개의 혈맥들이 한 개의 통로를 통해 흘러 들어온다. 혈맥이 정사각형 안으로 들어오면 두 줄기의 물이 좌우로 원형 및 타원형을 만들면서 돌아가는데 이 물 줄기를 상수맥이라 한다. 상수맥은 음양교합을 통해 혈자리를 만든 후 한 줄기의 물줄기로 변해 바로 밑에 있는 혈맥 통로의 위쪽 수맥선으로 합쳐지는데 이러한 한 줄기 물줄기가 수맥이다. 일월혈지와 성혈지로 들어오는 74개의 모든 혈맥은 혈자리의 생기를 보호하기 위해 혈자리의 역량에 따라 5-81개의 미세한 물줄기를 형성해 명혈명당 안의 생기가 밖으로 새 나가지 못하도록 생기를 보호하는 역할과 혈자리를 만들기 위해 혈자리로 향해 흘러오는 혈맥, 입수맥, 상수맥으로 이어지는 물의 양을 조절하는 역할을 하는 수맥이 생기보호맥이다. 또한 성혈지에서는 72개의 혈맥이 들어와 사각형의 방들을 만들어 생기가 밖으로 나가지 못하도록 생기보호 역할을 하고 있으므로 성혈지 내의 모든 혈맥 통로를 형성하는 두 줄기 수맥이 생기보호맥의 역할을 하고 있다.

명혈명당의 혈장은 일월혈지와 성혈지의 혈자리를 만들기 위해 들어오는 혈맥에서 분수된 미세한 수맥이 일월혈지와 성혈지를 감싸고 도는 모든 지역과 성혈지의 혈자리와 사각형 방들을 모두 합쳐진 곳을 혈장으로 보았다. 명혈명당의 일혈자리와 월혈자리의 생기저지선은 혈자리에서 나오는 수맥선을 대명당의 경우는 9개의 생기저지선이 형성되어 돌다가 성혈지의 첫 번째 혈맥 통로 위쪽 수맥선으로 들어가며, 성혈지의 생기저지선은 11번째 가로로 나 있는 혈맥 통로의 맨 끝의 수맥선으로서 성혈지의 모든 혈자리에서 나오는 물이 모여 수맥선 한 가운데로 모여 성혈지 아래로 수맥선이 형성되면 수맥선을 따라 대명당의 경우 9개의 생기저지선이 성혈지 맨 끝의 혈맥통로 아래에 형성된다.

上下일렬로 左右측에 형성되는 上측 左혈처의 땅 속 형상

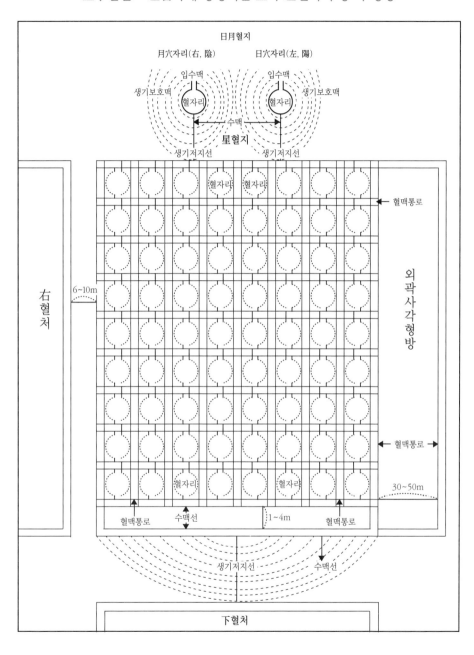

위의 그림은 상하 일렬로 좌우측에 형성되는 상측 좌혈처의 땅 속 형상形象으로서 혈부분을 뒤로하고 직룡입수로 들어오는 유형에 공통적으로 감지된 것을 그려본 것이다.

10. 명혈명당의 혈맥 경로

명혈명당으로 혈맥(입수맥)들이 흘러 들어오는 경로經路를 보면 우주를 창조하신 창조주創造主의 정교한 설계設計에 의해 어떤 초능력자超能力者의 지시 명령에 따라 혈맥이 움직이는 것 같다는 생각을 떨칠 수가 없을 정도로 혈맥들의 인지認知 능력은 인간의 인지 능력을 능가하고 있다는 생각이 들었다. 과연 혈맥을 만들어낸 창조주創造主가 누구이며 누가 이렇게 정교하게 혈맥의 경로를 설계를 할 수 있는 것인지? 누구의 명령에 따라 명혈명당의 일월혈지로 흘러오는 입수맥이나 명혈처 근처로 흘러가는 간맥 등에서 명혈처가 형성된 곳으로부터 5m-2km 정도 사이에서 분맥을 시켜 성혈지의 좌측이나 우측 및 성혈지의 아래쪽으로 돌아 들어와 72개 혈자리를 만들어 내는지 그야말로 불가사의不可思議한 일이 아닐 수 없다.

혈맥이 명혈명당으로 흘러오는 과정을 보면 혈맥 하나 하나에 GPS 내비게이션 장치를 해 놓은 것도 아닐 텐데 어떻게 이렇게 일사분란一絲不亂하게 움직여 자기가 어느 명혈명당의 어느 명혈처로 흘러가 어느 줄 몇 번째 음혈 자리 또는 양혈 자리로 들어가 혈자리를 만들 것인지를 미리 인지하고 성혈지의 좌측이나 우측으로 흘러 들어 성혈지를 형성하는지 도저히 이해할 수 없는 자연의 신비스러운 현상에 놀라울 뿐이다. 명혈명당으로 들어오는 혈맥(입수맥)들은 명혈명당의 위쪽에 형성된 일월혈지의 2개의 혈자리를 만드는 혈맥들과, 일월혈지 아래애 형성된 성혈지의 72개의 혈자리를 만들기 위해 흘러온 혈맥들의 통로라 할 수 있는 혈맥 경로에는 여러 가지 유형이 있다. 즉, 상하 일렬로 형성된 명혈명당과 좌우로 나란히 형성된 명혈명당의 혈맥 경로가 다르며 또한 상하 및 좌우로 형성된 명혈명당에도 혈맥이 들어오는 유형에 따라 여러 유형의 혈맥 경로가 있다.

명혈명당의 성혈지로 한 줄에 8개씩 9개 줄에 모두 72개의 혈맥이 들어와 혈자리를 만드는 혈맥의 순서는 줄마다 입수맥을 기준으로 좌측에서 우측으로 1번에서 8번까지 혈자리에 번호를 부여해 혈맥이 들어오는 순서를 정하였으며, 혈맥 경로에 대해 필자가 확인한 사항을 비교적 상세하게 설명한 것은 혈자리를 정할 때 혈맥이 어디에서 분맥을 해 어떻게 들어와 혈자리를 만들고 있는가를 확인하는데 필요할 것이다. 명혈명당에서는 혈맥의 흐름을 감지하지 못하면 명혈명당의 혈처에 만들어진 74개의 혈자리를 확인하는데 혼란을 초래할 수 있기 때문이다.

(1) 상하 일렬로 좌우측에 나란히 형성되는 혈맥 경로

상하로 일렬로 2개씩 좌우측에 나란히 4개가 형성되는 명혈명당의 혈맥 경로에도 뒷산을 등지고 혈자리가 형성되는 명혈명당의 혈맥 경로와 뒷산을 앞으로 하고 주산이나 현무봉을 바라보면서 혈자리가 형성되는 혈맥 경로가 있다. 이외에도 여려 유형의 혈맥 경로가 있을 수 있으나 필자가 확인한 뒷산을 등지고 명혈처가 형성되는 혈맥 경로는 다음과 같다.

1) 좌측 혈처의 혈맥 경로
★ 좌측 상혈처의 혈맥 경로

• 일월혈지

간맥에서 분맥된 2개의 입수맥이 명혈명당 일월혈지의 상측 또는 좌측 으로 들어와 일혈자리와 월혈자리를 만든다

• 성혈지

〈제1 유형〉 명혈명당의 일월혈지로 들어오는 혈맥에서 분맥되거나 또는 명혈명당 근처로 흘러가는 간맥에서 분맥된 72개의 입수맥이 성혈지의 좌측으로 들어와 줄마다 8번, 7번, 6번, 5번, 4번, 3번, 2번, 1번 순으로 들어와 72개의 혈자리를 만든다.

〈제2 유형〉 명혈명당의 일월혈지로 들어오는 혈맥에서 분맥되거나 명혈명당 근처로 흘러가는 간맥에서 분맥된 72개의 입수맥이 다음과 같은 경로로 들어와 혈자리를 만든다.

• 성혈지의 좌측으로부터 들어온 24개의 혈맥(입수맥)이 맨 위쪽 줄인 첫 번째 줄부터 4번, 3번, 2번, 1번 순으로 한 줄에 4개씩 6번째 줄까지 들어와 모두 24개의 혈자리를 만든다.

• 성혈지의 우측으로부터 들어온 24개의 혈맥(입수맥)이 맨 위쪽 줄인 첫 번째 줄부터 5번, 6번, 7번, 8번 순으로 한 줄에 4개씩 6번째 줄까지 들어와 모두 24개의 혈자리를 만든다.

• 성혈지의 좌측으로부터 들어온 24개의 혈맥(입수맥)은 성혈지의 아래쪽을 돌아 성혈지의 우측으로 들어와 6번째 줄부터 9번째 줄까지 한 줄에 8개씩 줄마다 8번, 7번, 6번, 5번, 4번, 3번, 2번, 1번 순으로 들어와 모두 24개의 혈자리를 만든다.

• 성혈지의 우측으로부터 들어온 24개의 혈맥(입수맥)은 성혈지의 아래쪽을 돌아 성혈지의 좌측으로 들어와 6번째 줄부터 9번째 줄까지 한 줄에 8개씩 줄마다 1번, 2번, 3번, 4번, 5번, 6번, 7번, 8번 순으로 들어와 모두 24개의 혈자리를 만든다.

★좌측 하혈처의 혈맥 경로

• 일월혈지

간맥에서 분맥된 2개의 입수맥이 명혈명당 일월혈지의 좌측으로 부터 들어와 일혈자리와 월혈자리를 만든다

• 성혈지

위에서 설명한바 있는 좌측 상혈처의 혈맥경로인 성혈지의 〈제1 유형〉 및 〈제2 유형〉과 동일하게 혈맥이 들어와 혈자리를 만든다.

(2) 상하 일렬로 형성되는 혈맥 경로

대부분 능선에서 상혈처, 하혈처, 상혈처, 하혈처 순으로 일렬로 4개의 명혈명당이 형성되는 혈맥 경로에는 뒷산을 앞으로 하고 주산이나 현무봉을 바라보면서 혈자리가 형성되는 혈맥 경로만 감지되었다. 그러나 이 경우에도 여러 가지 혈맥이 분맥되어 들어가는 유형이 있을 수 있으나 필자가 확인한 혈맥 경로를 설명하면 다음과 같다.

1) 일월혈지

간맥에서 분맥된 쌍혈맥(입수맥)이 맨 위쪽에 첫 번째로 형성되는 상혈처로는 상측으로부터 들어와 일혈자리와 월혈자리를 만든다. 그러나 두 번째, 세 번째, 네 번째 혈처는 쌍혈맥이 일월혈지의 좌측 또는 우측으로부터 들어와 일혈자리와 월혈자리를 만든다.

2) 성혈지

명혈명당의 일월혈지로 들어오는 혈맥에서 분맥되거나 명혈명당 혈처의 근처로 흘러가는 간맥에서 분맥된 72개의 입수맥이 다음과 같은 경로로 들어와 혈자리를 만든다.

• 명혈명당의 좌측에서 들어와 4개 혈처의 성혈지로 들어오는

288개의 혈맥 중 144개의 혈맥은 4개 혈처의 성혈지의 좌측으로 들어가 혈처마다 36개의 혈맥이 한 줄에 4개씩 9개 줄로 들어가 혈자리를 만든다. 이 경우 혈맥이 들어가는 순서는 줄마다 4번, 3번, 2번, 1번 순으로 들어간다.

• 명혈명당의 좌측에서 들어와 4개 혈처의 성혈지로 들어오는 288개의 혈맥 중 144개의 혈맥은 네 번째 혈처인 하혈처의 밑을 돌아 맨 위쪽의 상혈처의 성혈지 우측으로 들어가 혈처마다 36개의 혈맥이 한 줄에 4개씩 9개 줄로 들어가 혈자리를 만든다. 이 경우 혈맥이 들어가는 순서는 줄마다 5번, 6번, 7번, 8번 순으로 들어간다.

(3) 좌우로 나란히 형성되는 혈맥 경로

대부분이 평야나 넓은 분지에서 좌우로 좌혈처, 우혈처, 좌혈처, 우혈처 순으로 나란히 4개 혈처가 형성되는 명혈명당의 혈맥 경로에도 뒷산을 등지고 명혈명당으로 혈자리가 들어오는 혈맥 경로와 뒷산을 앞으로 하고 주산이나 현무봉을 바라보고 명혈명당으로 혈자리가 들어오는 혈맥 경로가 있다. 이러한 혈맥 경로에도 여러 유형의 혈맥 경로가 있을 수 있으나 필자가 확인한 뒷산을 앞으로 하고 형성되는 명혈명당의 혈맥 경로에 대해서만 다음과 같이 설명하고자 한다.

1) 일월혈지

간맥에서 분맥되어 음과 양으로 된 두 개의 혈맥 즉, 쌍혈맥(입수맥)이 다음과 같은 경로로 들어와 양의 혈맥은 일혈자리를 만들고 음의 혈맥은 월혈자리를 만들어 일월혈지를 형성한다.

• 첫번째 혈처인 좌혈처의 일월혈지로 들어오는 혈맥은 혈처의 오른쪽인 우혈처와 좌혈처 사이로 쌍혈맥이 우측에서 들어와 뒷산

을 등지고 일혈자리와 월혈자리를 만든다.

• 두 번째 혈처인 우혈처의 일월혈지로 들어오는 혈맥은 혈처의 오른쪽인 세 번째 혈처 사이로 쌍혈맥이 우측에서 들어와 뒷산을 등지고 일혈자리와 월혈자리를 만든다

• 세 번째 혈처인 좌혈처의 일월혈지로 들어오는 혈맥은 오른쪽인 네 번째 혈처 사이로 쌍혈맥이 우측에서 들어와 뒷산을 등지고 일혈자리와 월혈자리를 만든다.

• 네 번째 혈처인 우혈처의 일월혈지로 들어오는 혈맥은 왼쪽인 세 번째 혈처 사이로 쌍혈맥이 좌측에서 들어와 뒷산을 등지고 일혈자리와 월혈자리를 만든다.

2) 성혈지

• 첫번째 혈처인 좌혈처는 1개의 간맥이 성혈지의 첫 번째 좌측 혈맥통로를 형성하고 성혈지 밖으로 나가면서 36개의 혈맥(입수맥)을 분맥시켜 한 줄에 4개씩 9줄까지 성혈지의 좌측으로 들어가 36개의 혈자리를 만든다. 이 경우 혈맥이 들어가는 순서는 줄마다 4번, 3번, 2번, 1번 순으로 들어간다. 또한 성혈지의 우측으로 들어가는 36개의 혈맥은 첫 번째 혈처인 좌혈처와 두 번째 혈처인 우혈처 사이로 두 개의 간맥이 들어오면서 우측으로 36개의 혈맥(입수맥)을 분맥시켜 한 줄에 4개씩 9줄까지 성혈지의 우측으로 들어가 36개의 혈자리를 만든다. 이 경우 혈맥이 들어가는 순서는 줄마다 5번, 6번, 7번, 8번 순으로 들어간다.

• 두 번째 혈처인 우혈처의 성혈지로는 첫 번째 혈처인 좌혈처와 두 번째 혈처인 우혈처 사이로 지나가는 간맥에서 분맥된 36개의 혈맥(입수맥)이 한 줄에 4개씩 9줄까지 성혈지의 좌측으로 들어가 36개의 혈자리를 만든다. 이 경우 혈맥이 들어가는 순서는 줄마다

4번, 3번, 2번, 1번 순으로 들어간다. 또한 성혈지의 우측에서 들어가는 36개의 혈맥은 두 번째 혈처인 우혈처와 세 번째 혈처인 좌혈처 사이로 두 개의 간맥이 들어오면서 한 개의 간맥에서 우측으로 36개의 혈맥(입수맥)을 분맥시켜 한 줄에 4개씩 9줄까지 성혈지의 우측으로 들어가 36개의 혈자리를 만든다. 이 경우 혈맥이 들어가는 순서는 줄마다 5번, 6번, 7번, 8번 순으로 들어간다.

• 세 번째 혈처인 좌혈처의 성혈지로는 두 번째 혈처인 우혈처와 세 번째 혈처인 좌혈처 사이로 지나가는 두 개의 간맥 중 한 개의 간맥에서 분맥된 36개의 혈맥(입수맥)이 한 줄에 4개씩 9줄까지 성혈지의 좌측으로 들어가 36개의 혈자리를 만든다. 이 경우 혈맥이 들어가는 순서는 줄마다 4번, 3번, 2번, 1번 순으로 들어간다. 또한 성혈지의 우측에서 들어가는 36개의 혈맥은 네 번째 혈처인 우혈처와 세 번째 혈처인 좌혈처 사이로 네 개의 간맥이 들어오면서 이 중 한 개의 간맥에서 좌측으로 36개의 혈맥(입수맥)을 분맥시켜 한 줄에 4개씩 9줄까지 성혈지의 좌측으로 혈맥들이 들어가 36개의 혈자리를 만든다. 이 경우 혈맥이 들어가는 순서는 줄마다 5번, 6번, 7번, 8번 순으로 들어간다.

• 네 번째 혈처인 우혈처의 성혈지로는 세 번째 혈처인 좌혈처와 네 번째 혈처인 우혈처 사이로 지나가는 간맥에서 분맥된 36개의 혈맥(입수맥)이 한 줄에 4개씩 9줄까지 성혈지의 좌측으로 들어가 36개의 혈자리를 만든다. 이 경우 혈맥이 들어가는 순서는 줄마다 4번, 3번, 2번, 1번 순으로 들어간다. 또한 네 번째 혈처의 오른쪽 성혈지로 들어오는 혈맥은 네 번째 혈처의 성혈지의 맨 오른쪽 혈맥 통로를 형성하고 성혈지 밖으로 나가면서 36개의 혈맥(입수맥)을 분맥시킨 혈맥들이 한 줄에 4개씩 9줄까지 성혈지의 우측으로 들어가 36개의 혈자리를 만든다. 이 경우 혈맥이 들어가는 순서

는 줄마다 5번, 6번, 7번, 8번 순으로 들어간다.

11. 명혈명당으로 들어오는 입수맥의 이동거리

(1) 일월혈지로 들어오는 입수맥의 이동거리

혈맥이 마지막으로 분맥 되어 입수맥으로서 명혈명당의 일월혈지로 들어와 천조명당의 역량을 가진 일혈자리와 월혈자리를 만든 혈맥의 이동거리를 필자가 인터넷 지도에 의해 직선거리를 재어본 바로는 짧게는 500m 정도에서부터 길게는 수백 km 이상을 흘러가 혈자리를 만드는 것을 확인할 수 있었다. 그러나 실제로 입수맥으로 흘러온 경로는 능선, 봉우리, 분지, 구릉, 들판, 강, 바다 등을 거쳐서 구불구불하게 흘러왔을 것이므로 인터넷 지도상의 직선거리와 실제로 흘러온 거리와는 수백 미터에서 수십 km 이상의 차이가 있을 것으로 보아 일혈자리와 월혈자리를 만드는 혈맥은 가깝게는 1km 에서 멀게는 백 여 km 이상을 흘러와 명혈명당의 일월혈지를 형성했을 것으로 추정된다.

혈자리를 만든 곳으로 흘러온 입수맥이 최종적으로 분맥된 후 생기와 물을 공급받으면서 흘러온 거리가 짧은 경우와 혈맥이 최종적으로 분맥된 후 생기와 물을 충분히 공급받으면서 입수맥으로 흘러온 거리가 먼 경우 혈자리의 역량에 대해서는 데이터가 부족하고 실증 등이 없어 단정하기는 어렵지만 혈자리의 규모나 혈장의 규모 등을 감안한다면 먼 거리에서 흘러온 혈맥이 만든 혈자리의 역량이 짧은 거리를 흘러와 만든 혈자리의 역량 보다는 클 것으로 여겨지며 따라서 명당발복의 위력도 클 것으로 추정된다.

예를 들면 혈맥이 최종적으로 분맥되어 입수맥으로 흘러온 거리를 인터넷 지도상의 직선거리를 조사해 보면 우리나라의 청와대 집무실과 경복궁 근정전으로 흘러온 일월혈지는 대략 65km 정도, 정부서울청사의 일월혈지는 대략 52km 정도, 박정희 대통령의 생가의 일월혈지는 대략 21km 정도, 이병철 삼성그룹 창업자의 생가의 일월혈지는 대략 23km 정도, 미국 워싱톤 백악관의 일월혈지는 대략 205km 정도, 중국 북경의 자금성 태화전의 일월혈지는 대략 118km 정도, 중국 북경 인민대회당의 일월혈지는 대략 114km 정도, 영국 런던의 총리 관저의 일월혈지는 대략 20km 정도, 일본 동경 총리 관저의 일월혈지는 대략 92km 정도를 흘러와 천조명당(대명당) 자리들을 만들고 있었다. 따라서 위에서 보는 바와 같이 입수맥이 흘러온 직선거리를 비교할 경우 국력이 큰 국가의 지도자 등이 집무하는 곳일수록 먼 곳에서 혈맥이 흘러와 명혈명당의 일월혈지를 형성하고 있었음을 확인할 수 있었다.

(2) 성혈지로 들어오는 입수맥의 이동거리

명혈명당의 성혈지로 들어온 혈맥의 대부분은 간맥에서 최종적으로 분맥이 되어 입수맥으로 흘러온 거리는 대부분 대략 2km 정도 이내의 거리를 흘러 들어와 혈자리를 만든 것으로 확인 되었다. 성혈지로 들어온 혈맥들은 명혈명당의 일월혈지로 들어오는 2개의 혈맥에서 분맥이 되어 흘러온 혈맥도 있지만 명혈명당의 혈처가 형성되어 있는 곳으로부터 가장 가깝게 흘러가는 혈맥들로부터 분맥한 혈맥이 입수맥으로 흘러와 성혈지의 혈자리를 만들고 있으므로 일월혈지 보다는 훨씬 가까운 곳에서 입수맥이 흘러와 혈자리를 만들고 있었다.

그러나 성혈지로 흘러온 혈맥도 분맥을 시킨 모혈맥母穴脈이 먼 거리를 흘러오면서 생기와 물을 많이 공급받은 상태에서 분맥을 한 혈맥이 입수맥이 되어 성혈지의 혈자리를 만든 경우에는 일월혈지와 비슷한 역량을 가지 혈자리를 만들 수 있으므로 모든 성혈지의 혈자리가 일월혈지의 혈자리 보다 역량이 적어 명당발복의 위력이 약하다고 단정 할 수만은 없을 것이다.

12. 명혈명당의 규모

필자는 2013년도 이전에는 천조명당자리 한 곳에 대한 음택지와 양택지 140여 곳을 탐사해 혈자리의 규모를 조사 한 바 있으며, 2014년 이후부터는 천조명당이 한 곳에 74개가 모여 있는 명혈명당 90곳 이상을 탐사해 명당 규모를 확인한 바 있다. 즉, 명혈명당의 일월혈지와 성혈지 혈자리의 넓이 및 일월혈지와 성혈지에 형성된 생기보호맥과 생기저지선이 형성되어 있는 혈장의 넓이는 다음과 같이 조사 되었다.

(1) 혈자리의 넓이

타원형 또는 원형으로 만들어진 천조명당 자리의 넓이는 만들어지는 장소와 생기의 역량에 따라 다르다. 예를 들어서 경사지고 옹색한 능선에서 만들어진 혈자리 보다는 넓은 능선이나 분지나 평지에서 만들어진 혈자리의 넓이가 대체적으로 큰 편이다. 또한 간맥에서 분맥된 혈맥이 흘러온 거리를 비교할 때 짧은 거리에서 흘러온 혈맥에서 만들어진 혈자리 보다는 먼 곳에서 흘러온 혈맥이 만들어 낸 혈자리의 넓이가 더 넓었다. 즉, 혈맥이 먼 곳에서 흘러오면서 충분한 생기와 물을 공급 받아 만들어진 혈자리가 생기의 역량이 크기 때문에 짧은 거리를 흘러온 혈맥에서 만들어지는 혈자리 보다는 혈자리의 넓이가 큰 것으로 확인되었다.

천조명당의 역량을 가진 명혈명당에서도 일월혈지의 일혈자리와 월혈자리의 넓이는 72개의 혈자리가 모여 성혈지를 형성한 혈자리들의 넓이 보다는 대체적으로 크거나 비슷하다. 일월혈지와 성혈지 중에서도 양의 혈맥이 만든 일혈자리의 넓이가 음의 혈맥이 만든 월혈자리의 넓이 보다는 대체적으로 크거나 비슷하다.

명당의 종류별로는 인조명당보다는 지조명당의 자리가 크고 지조명당 보다는 천조명당의 자리가 더 크다. 명혈명당의 일월혈지에 있는 천조명당의 역량을 가진 혈자리의 가로의 길이는 짧게는 약 1.8m 정도에서 길게는 약 5m 정도이고, 세로의 길이는 짧게는 약 2m 정도에서 길게는 약 5m 정도였다. 따라서 혈자리 넓이는 작게는 약 2.8㎡(약 0.8평) 정도에서 크게는 약 19.6㎡(약 5.9평) 정도로 조사되었다. 또한 천조명당의 역량을 가진 명혈명당의 성혈지의 혈자리의 가로와 세로의 길이는 짧게는 약 1.8m 정도에서 길게는 약 3.2m 정도였다. 따라서 혈자리의 넓이는 작게는 약 2.5㎡(약 0.8평) 정도에서 크게는 약 8㎡(약 2.4평) 정도로 조사되었다. 명혈명당의 일월혈지의 혈자리 넓이를 조사해 보면 성혈지에 배치된 72개의 혈자리 하나 하나를 모두 확인해 보지 않아도 성혈지에 있는 대부분의 혈자리의 넓이를 어느 정도는 예측할 수 가 있다.

예를 들어 일월혈지의 월혈자리가 가로와 세로 길이가 각각 3m인 경우 혈자리 넓이는 대략 7.1㎡(약 2.1평) 정도가 된다. 이 경우 성혈지의 혈자리의 넓이를 알아 보려면 72개의 혈자리를 일일이 다 조사할 필요가 없이 일월혈지의 일혈자리 또는 월혈자리의 가로와 세로의 길이에서 혈맥통로인 60cm 정도를 뺀 길이가 성혈지 혈자리의 가로와 세로의 길이가 되므로 성혈지의 혈자리는 대략 가로와 세로의 길이가 각각 240cm 정도이고 혈자리의 넓이는 대략 4.5㎡ (약 1.4평) 정도가 된다. 그러나 성혈지의 혈자리를 음택지로 활용할 경우에는 혈자리의 가로와 세로를 반드시 확인해야 유해遺骸를 혈자리 안에 정확히 안치시킬 수 있을 것이다.

(2) 혈장의 넓이

명혈명당의 혈장의 넓이 즉, 입수맥이 혈자리로 입수하기 전까지 입수맥으로부터 분수된 미세한 수맥이 혈자리의 생기를 보호하기 위해 혈자리를 감싸고 돌아 혈자리 밑으로 빠지는 한 줄기 수맥으로 된 생기저지선으로 합쳐지는 곳을 모두 합쳐 혈장이라 하였는데 이러한 혈장의 넓이는 혈자리에서 모아지는 생기의 역량, 혈자리가 만들어지는 장소(능선, 분지, 평지 등), 혈자리가 만들어지는 형태(유혈, 와혈, 겸혈 등), 혈맥이 흘러온 거리 등에 따라 혈장의 넓이가 다르다고 할 수 있다. 천조명당의 역량을 가진 명혈명당의 혈장은 81개의 생기보호맥이 생기를 보호하기위해 일월혈지의 일혈자리와 월혈자리를 감싸고 돌아 9개의 생기저지선을 형성하는 혈장과 성혈지에 모여 있는 72개 혈자리의 생기를 보호하기 위해 그물망 같이 쳐진 사각형 안에 들어 있는 혈자리와 사각형 밖에서 생기를 보호하기 위해 형성되어 있는 생기보호맥이 성혈지를 감싸고 도는 모든 곳이 혈장에 해당되므로 명혈명당의 혈장의 규모는 쌍혈명당의 혈장의 규모 보다는 넓게 형성되어 있다.

아래 표의 "명혈명당의 규모"는 필자가 90곳의 명혈명당을 조사한 혈장의 규모다. 이 표에서 보는 바와 같이 혈장의 넓이가 가장 작은 명혈명당의 넓이는 대략 10,056㎡(약 3,042평) 정도이고, 가장 넓은 혈장은 경기도 용인시 처인구 원삼면에 자리한 명혈명당으로서 혈장의 넓이는 대략 27,574㎡(약 8,341평) 정도이며, 명혈명당 90곳의 평균 혈장의 넓이는 대략 17,149㎡(약 5,188평) 정도로 조사 되었다. "명당발복의 신비"라는 책에서 기술한 바 있는 음택지 30곳과 양택지 70곳 등 100 여 곳의 천조명당의 평균 혈장 규모는 11,396㎡(약 3,447평) 정도였으며, 가장 작은 혈장의 넓이는 대략 7,426㎡(약 2,246평) 정도이고 가장 넓은 혈장 규모로는 대략 19,396㎡(약 5,867평) 정도로 조사된 바 있다.

따라서 위에서 보는 바와 같이 명혈명당의 혈장 규모가 쌍혈명당 보다는 넓다는 것을 알 수 있다. 이는 명혈명당에는 성혈지에 자리한 72개의 혈자리가 한 곳에 모여 있어 대략 평균 1,189㎡(약 360평) 정도가 넓고, 또한 명혈명당이 형성된 장소는 넓은 능선이나 분지 및 평지가 많은 점 등을 보아 혈자리의 역량도 커서 혈장의 규모가 더 크다고 할 수 있다.

명혈명당의 혈자리 및 혈장 규모

장 소	혈자리 ㎡(평)	혈장 ㎡(평)	혈처
서울시 동작구 동작동	7.1(2.1)	16,846(5,096)	上
서울시 동작구 동작동	4.5(1.3)	16,732(5,061)	下
경기도 수원시 팔달구 인계동	7.1(2.1)	19,969(6,041)	右
경기도 의왕시 오전동	5.9(1.8)	16,505(4,993)	上
경기도 의왕시 오전동	5.9(1.8)	16,505(4,993)	上
경기도 의왕시 학의동	3.9(1.2)	14,683(4,442)	左
경기도 의왕시 학의동	4.3(1.3)	16,960(5,130)	下
경기도 의왕시 초평동	4.8(1.5)	17,871(5,406)	下
경기도 의왕시 왕정동	4.5(1.4)	12,034(3,640)	右
경기도 안산시 상록구 사사동	4.1(1.2)	21,968(6,645)	下
경기도 군포시 속달동	3.8(1.1)	14,683(4,412)	左

장 소	혈자리 ㎡(평)	혈장 ㎡(평)	혈처
경기도 군포시 속달동	3.1(0.9)	10,467(3,166)	下
경기도 군포시 속달동	3.3(1.0)	10,056(3,042)	下
경기도 군포시 속달동	4.9(1.5)	18,440(5,578)	上
경기도 군포시 속달동	3.8(1.1)	13,887(4,201)	下
경기도 군포시 속달동	4.1(1.2)	17,529(5,303)	上
경기도 군포시 속달동	3.4(1.0)	24,392(7,379)	上
경기도 군포시 속달동	3.5(1.0)	15,139(4,579)	下
경기도 군포시 속달동	3.1(0.9)	17,074(5,165)	上
경기도 화성시 팔탄면 기천리	3.4(1.0)	11,109(3,361)	右
경기도 평택시 진위면 동천리	4.3(1.3)	13,868(4,195)	上
경기도 평택시 진위면 동천리	4.3(1.3)	16,618(5,027)	下
경기도 용인시 처인구 원삼면 학일리	6.2(1.9)	19,337(5,849)	下
경기도 용인시 처인구 원삼면 학일리	6.0(1.8)	17,820(5,391)	左
경기도 용인시 처인구 원삼면 학일리	4.1(1.2)	17,422(5,270)	下
경기도 용인시 처인구 원삼면 학일리	3.7(1.1)	11,457(3,466)	下
경기도 용인시 처인구 원삼면 학일리	3.9(1.1)	13,671(4,135)	右
경기도 용인시 처인구 원삼면 학일리	5.1(1.4)	23,786(7,195)	左
경기도 용인시 처인구 원삼면 죽능리	3.6(1.1)	13,394(4,051)	下
경기도 용인시 처인구 원삼면 죽능리	3.8(1.1)	17,643(5,337)	上
경기도 용인시 처인구 원삼면 목신리	6.9(2.1)	27,574(8,341)	左
경기도 용인시 처인구 원삼면 목신리	5.5(1.7)	16,732(5,061)	右
경기도 양평군 청운면 가현리	5.5(1.7)	17,643(5,337)	下
경기도 양평군 청원면 가현리	5.5(1.7)	15,822(4,786)	上
강원도 원주시 문막읍 포진리	4.9(1.5)	17,871(5,406)	右
강원도 원주시 문막읍 포진리	6.6(2.0)	18,376(5,559)	右
강원도 원주시 문막읍 반계리	4.1(1.2)	25,604(7,745)	上
강원도 원주시 문막읍 반계리	5.9(1.8)	24,037(7,271)	下
강원도 평창군 용평면 재산리	3.2(1.0)	13,661(4,132)	左
강원도 평창군 용평면 재산리	3.6(1.1)	15,595(4,717)	上
강원도 평창군 용평면 재산리	4.8(1.5)	18,667(5,647)	右
강원도 평창군 용평면 재산리	4.8(1.5)	22,648(6,851)	左

장 소	혈자리 ㎡(평)	혈장 ㎡(평)	혈처
충북 진천군 광혜원면 죽현리	4.7(1.4)	15,899(4,809)	左
충북 진천군 광혜원면 죽현리	3.6(1.1)	13,164(3,982)	右
충북 진천군 광혜원면 죽현리	4.5(1.4)	13,468(4,074)	左
충북 진천군 초평면 용정리	4.6(1.4)	17,820(5,391)	左
충북 진천군 초평면 용정리	4.1(1.3)	15,708(4,752)	右
충북 진천군 초평면 용정리	6.8(2.1)	15,798(4,779)	下
충남 공주시 정안면 문천리	3.8(1.1)	13,671(4,135)	上
충남 공주시 정안면 내문리	4.1(1.2)	12,330(3,730)	上
충남 공주시 사곡면 유룡리	3.8(1.2)	18,667(5,647)	左
충남 공주시 사곡면 유룡리	4.0(1.2)	14,191(4,293)	下
충남 공주시 사곡면 유룡리	4.1(1.2)	9,758(2,952)	左
충남 공주시 우성면 안양리	4.1(1.2)	16,277(4,924)	右
충남 공주시 우성면 안양리	3.9(1.2)	18,553(5,612)	左
충남 청양군 정산면 해남리	4.9(1.5)	13,570(4,105)	右
충남 청양군 정산면 송학리	4.7(1.4)	14,278(4,319)	下
충남 청양군 정산면 송학리	4.3(1.3)	15,708(4,752)	上
충남 천안시 동남구 안서동	3.6(1.1)	18,329(5,544)	右
충남 천안시 동남구 유량동	4.5(1.4)	21,865(6,614)	下
충남 천안시 동남구 목천읍 교천리	4.1(1.3)	19,716(5,964)	上
충남 천안시 동남구 목천읍 교천리	3.8(1.0)	17,568(5,314)	右
충남 천안시 동남구 목천읍 교천리	3.5(1.0)	15,936(4,820)	左
충남 천안시 동남구 목천읍 교천리	4.0(1.0)	15,139(4,579)	上
충남 천안시 동남구 목천읍 덕전리	4.1(1.3)	16,049(4,855)	下
충남 천안시 동남구 목천읍 덕전리	4.8(1.5)	22,926(6,935)	下
전북 남원시 인월면 성산리	5.7(1.7)	17,529(5,303)	上
전북 남원시 인월면 성산리	4.9(1.5)	14,785(4,472)	右
전북 남원시 인월면 성산리	12.6(3.8)	21,359(6,461)	上
전북 남원시 인월면 성산리	9.1(2.7)	21,359(6,461)	上
전북 남원시 인월면 성산리	5.7(1.7)	20,886(6,318)	下
전북 남원시 운봉읍 공안리	4.1(1.2)	16,430(4,970)	上
전북 임실군 오수면 주천리	4.1(1.2)	19,591(5,926)	下

장 소	혈자리 m²(평)	혈장 m²(평)	혈처
전북 임실군 오수면 주천리	4.1(1.2)	16,809(5,085)	上
전북 임실군 오수면 주천리	4.7(1.4)	22,926(6,935)	上
전북 임실군 오수면 주천리	5.3(1.6)	21,266(6,433)	左
전북 임실군 오수면 오암리	4.3(1.3)	16,304(4,932)	左
전북 임실군 덕치면 천담리	6.3(1.9)	18,705(5,658)	左
전북 완주군 화산면 운곡리	2.9(0.9)	14,380(4,350)	下
전북 완주군 화산면 운곡리	2.5(0.8)	20,854(6,308)	上
전북 완주군 화산면 화월리	3.9(1.2)	13,671(4,135)	下
전북 완주군 화산면 화월리	3.6(1.1)	15,253(4,614)	下
전북 완주군 화산면 화평리	4.9(1.5)	15,672(4,741)	右
전북 완주군 경천면 가천리	5.1(1.5)	15,545(4,702)	上
전북 완주군 구이면 항가리	5.7(1.7)	17,820(5,391)	下
전북 순창군 구림면 안정리	6.4(1.9)	20,703(6,263)	上
전북 장수군 산서면 백운리	8.0(2.4)	23,814(7,204	上
전북 장수군 산서면 백운리	5.5(1.7)	21,485(6,499)	下
경북 울진군 서면 하원리	4.3(1.3)	13,887(4,198)	上
경북 울진군 온정면 온정리	3.8(1.1)	13,887(4,198)	下
90곳 (**평균**)	4.7(1.4)	17,149(5,188)	

*위의 표에서 혈처의 上은 명혈명당의 상혈처, 下는 명혈명당의 하혈처, 左는 명혈명당의 좌혈처, 右는 명혈명당의 우혈처를 표시한 것임.

(3) 생기저지선의 길이

명혈명당의 일월혈지에서는 혈자리에서 합수된 물이 한 줄기의 수맥이 되어 혈자리 밑으로 생기저지선을 형성해 대략 6-10m 정도 흘러가다 성혈지 맨 위쪽의 혈맥 통로 윗선인 수맥선으로 합수된다. 성혈지에서는 혈맥이 장기판 같은 혈맥 경로가 직사각형과 정사각형 등을 만들면서 이중삼중으로 혈맥선이 연결되어 있어 혈자리의 생기가 밖으로 빠져 나가지 못하도록 하는 역할을 하고 있고 최종적으로 성혈지의 맨 끝 쪽 혈맥 통로 아래 수맥선의 한 가운데에서 아래쪽으로 수맥선이 생겨나 이 수맥선을 통해 72개의 혈자리에서 나온 물을 혈처 밖으로 내보내는 수맥선으로 천조명당의 경우에는 이 수맥선으로 9겹의 생기저지선이 형성되어 성혈지내에 있는 혈자리들의 생기가 밑으로 새 나가지 않도록 하는 수맥선을 생기저지선이라 하며 명혈명당의 생기저지선의 길이는 대략 6-10m 정도이다.

(4) 명혈명당의 넓이

명혈명당의 일월혈지의 넓이를 조사해 보면 일월혈지의 가로와 세로의 길이는 혈자리마다 다를 수 있지만 가로와 세로 길이가 같다는 것을 전제로 할 경우 짧게는 약 2m 에서 길게는 약 5m 정도이고, 일월혈지에서 일혈자리와 월혈자리 간의 거리는 명혈명당마다 다를 수 있지만 일월혈지의 가로의 길이는 혈자리의 가로 길이를 포함해 대략 8-15m 정도이나 혈자리에서 좌우로 각각 2m 정도를 확보할 경우 일월혈지의 가로 길이는 모두 대략 10-17m 정도라고 할 수 있다. 일월혈지의 혈자리와 성혈지간의 거리도 혈처마다 다를 수 있지만 일월혈지의 혈자리의 세로 길이를 포함해 대략 8-15m 정도이나 혈자리 위쪽으로 약 2m 정도를 확보할 경우 일월혈지의 세로 길이는 대략 10-17m정도라고 할 수 있다. 따라서 일월혈지의 넓이는 작게는 대략 100㎡(약 30평) 정도에서 크게는 255㎡(약 77평) 정도로 추산해 볼 수 있다. 아울러 천조명당의 역량을 가진 성혈지의 넓이는 혈맥 경로 등을 포함해 72개의 혈자리가 있는 곳으로 세로가 가로 보다 약간 긴 직사각형의 안쪽 넓이다.

성혈지 내의 혈자리의 가로와 세로의 길이는 혈자리마다 다를 수 있지만 가로와 세로 길이가 같다는 것을 전제로 할 경우 1개씩의 혈맥통로를 포함해 가로와 세로의 길이는 2.4-4m 정도이다. 성혈지의 가로 길이는 대략 혈자리 하나의 길이가 약 2.4-4m 정도로서 8개의 혈자리와 좌우로 각각 약 2m 정도 여분의 거리를 확보할 경우 가로 길이는 짧게는 대략 23.2m에서 길게는 대략 36m 정도이다. 성혈지의 세로 길이는 대략 혈자리 하나의 길이가 약 2.4-4m 정도로서 첫 번째 줄에서 9번째 줄까지의 혈자리와 아래쪽에 약 2m 정도 여분의 거리를 확보할 경우 세로의 길이는 짧게는 대략 24.6m에서 길게는 대략 42m 정도이다. 따라서 성혈지의 넓이는 작게는 대략 570㎡(약 172평) 정도에서 크게는 약 1,512㎡(약 457평) 정도로 추산해 볼 수 있다.

그런데 성혈지 중에서도 상하 일렬로 형성된 4개의 혈처와 상하 일열로 좌우로 나란히 형성된 4개의 혈처 및 좌우로 나란히 형성된 첫 번째 혈처와 네 번째 혈처에는 성혈지에서 좌측과 우측 두 방향 또는 좌측 또는 우측 한 쪽 방향으로 뻗은 직사각형 형태의 외곽선이 연결되어 있는데 한쪽의 외곽선 길이는 가로가 대략 30-50m 정도이고 세로가 대략 25-42m 정도로서 외곽선 내의 한쪽 넓이는 작게는 대략 750㎡(약 227평) 정도에서 크게는 대략 2,100㎡(약 635평) 정도로 추산해 볼 수 있다.

성혈지의 넓이는 72개 혈자리가 차지한 넓이와 성혈지 외곽으로 형성된 넓이를 다 합한 면적으로는 작게는 대략 1,320㎡(약 399평) 정도에서 크게는 대략 3,612㎡(약 1,093평) 정도로 추산 할 수 있다. 그러나 성혈지 양쪽으로 외곽선이 뻗어 있을 경우에는 외곽선 넓이가 배로 되므로 성혈지의 넓이는 작게는 대략 2,070㎡(626평) 정도에서 크게는 대략 5,712㎡(1,728평) 정도로 추산해 볼 수 있다. 천조명당의 역량을 가진 명혈명당의 총 넓이로는 명혈명당의 일월혈지의 넓이와 72개의 혈자리가 형성되어 있는 성혈지의 넓이를 모두 합한 넓이다. 따라서 위에서 산출한 일월혈지와 성혈지의 넓이에 대한 산출된 내역에 따라 명혈명당의 규모는 가로가 33.2-53m 세로도 34.6-59m 정도의 사각형 형태로서 명혈명당의 총 넓이는 작게는 대략 670㎡(약 203평)정도에서 크게는 대략 1,767㎡(약 535평) 정도로 추산된다.

또한 성혈지의 외곽선과 연결된 직사각형 형태의 한쪽 외곽선 면적을 합한 명혈명당의 넓이는 작게는 1,420㎡(430평)정도에서 크게는 3,867㎡(1,170평) 정도이며 양쪽 외곽선 면적을 합한 명혈명당의 총 넓이는 작게는 대략 2,740㎡(829평) 정도에서 크게는 7,479㎡(2,262평)정도로 추산된다.

13. 명혈명당의 탐지 현황

필자는 천조명당으로 형성된 명혈명당을 2014년부터 2018년 까지 약 5여 년에 걸쳐 우리나라(남한 지역) 각지의 산야山野를 답사하거나, 인터넷 지도(다음 지도, 네이버 지도, 브이월드 지도, 구글 지도)등을 통해 수맥탐지봉인 엘로드로 전국 각지에 있는 명혈명당을 탐지하였다. 현지답사를 통해서는 명혈명당이 어떤 형태의 산이나 지형地形에서 형성되고 있는지 등을 확인해 보고, 인터넷 지도나 사진 등을 통해서는 명혈명당이 어떤 모양의 지형이나 혈자리에서 어떻게 감지感知 되는지 등을 터득하게 됨으로써 혈자리의 탐지 능력과 노화우를 쌓게 되어 현재는 특정된 장소나 건물의 지번을 검색해 매우 효율적이고 빠르게 지구촌 곳곳에 있는 혈자리를 용이하게 찾아낼 수 있게 되었다. 즉, 현재는 현지답사를 통해 혈자리를 찾는 것 보다는 집에서 컴퓨터를 통해 인터넷 지도에 의해 혈자리를 찾는 것이 더 편하고 빨리 정확하게 찾을 수 있게 되었다.

전국 곳곳의 산야山野나 도시나 마을을 답사 하거나 인터넷 지도를 통해 전국의 모든 지번을 찾아 들어가 엘로드에 의해 명당자리를 찾는 일은 그야말로 지난至難한 일이었다. 매일 컴퓨터 앞에서 인터넷 지도를 통해 수년간 계속해서 쌍혈명당과 명혈명당을 찾는 일로 인해 눈의 피로와 인터넷상의 빛과 지도의 색상 및 전자파 등으로 눈에 손상을 입어 현재도 고생을 하고 있으며, 엘로드로 하루에 4-6시간 정도의 감지感知에 따른 기력 소모로 인해 건강을 해치는 일이 많았으나 전국에 숨어있는 명혈명당을 찾는 일을 포기 할수는 없었다. 또한 남북의 분단 상황에서 북한 지역은 인터넷 지도상으로는 명혈명당을 찾는 여건이 되지 못한 상태이고, 남한 지역에도 휴전선 지역이나 군사보호 지역으로 지정된 곳이나 국가 주요 시설은 인터넷 지도에서는 막아져 있어 전국의 모든 지역을 탐지 하는 데에는 한계가 있었다. 필자는 인터넷 지도를 통해 전국 곳곳의 명혈명당을 찾아 내기위해 서울특별시, 광역시, 도, 시, 군, 구, 동, 면, 리의 행정구역 별로 각각 2-3회씩 검색해 들어가 명혈명당이 있을만한 곳을 탐지해 보았다.

그러나 산으로 보전되어 있는 곳은 인공위성으로 촬영된 지도상으로 산의 형태가 그대로 남아 있어 탐지가 그런대로 용이했으나 도시, 마을, 학교, 공상, 빌딩 등 건물들이 들어 서 있는 곳은 산의 형태形態와 지세地勢가 개발 등에 의해 원래의 모습이 변형되어 있어 명혈명당이 있을만한 곳을 쉽게 찾을 수가 없었다. 따라서 도시나 마을이나 건물들이 있는 곳에서는 명혈명당을 찾아내는 데에는 한계가 있어 지금도 아쉬움이 크다.

그러나 조선시대와 대한민국에서 고위 공직을 역임한 분들의 조상 묘, 생가, 공공건물, 각종학교, 기업체의 본사, 소문난 맛집, 대기업 창업자와 저명 인사의 생가나 묘, 유적지와 종교 시설 등에는 명당발복의 유무를 확인하기 위해 주소를 어렵게 찾아내어 현지답사를 하거나 인터넷 지도를 통해 명혈명당의 유무를 일부분이나마 밝혀낼 수 있게된 것은 매우 다행으로 여긴다.

이러한 지난한 일들을 통해 얻게된 것은 무엇보다도 엘로드를 통해 지도와 사진에 의해 세계 곳곳에 있는 명혈명당과 쌍혈명당으로 형성된 명당자리를 곧 바로 정확하게 탐지할 수 있는 감지 능력을 갖게 된 것이라 할 수 있으며, 아울러 명혈명당을 풍수지리 역사상 처음으로 발견하고 전국의 명혈명당을 지번 별로 탐지한 현황을 만들게 되어 노력의 보람과 긍지를 갖게 되었다. 따라서 이러한 감지 능력을 갖도록 유전인자를 나에게 물려주신 부모님과 조상님들에게 감사를 드린다.

(1) 시도별 명혈명당의 탐지 현황

우리나라는 산지가 70% 이상을 차지하는 그야말로 아름답고 수려한 금수강산이다. 또한 전국 곳곳에는 명혈명당을 형성할 수 있는 어좌사 형상의 산이 산재散在해 있고, 사계절이 있으며, 강수량도 세계의 여타 나라에 비해 좋은 편이어서 명혈명당을 형성하는 조건을 갖춘 곳이 많아 지구촌의 그 어떤 곳 보다 명혈명당이 많이 형성되어 있을 것으로 추정하고 있다. 필자가 2018년 5월까지 탐지探知한 천조명당의 역량을 가진 명혈명당은 아래의 "시도별 명혈명당 탐지 현황"과 같이 총 42,520곳이 탐지되었다. 한 개의 명혈명당 혈처에는 74개의 천조명당자리가 만들어져 있으므로 총 3,146,480개의 천조명당 자리를 찾아 낸 것이다. 현재까지 탐지된 전국의 명혈명당은 도시나 마을이 있는 지역은 대략 10-30% 정도로 추정하며, 산지山地에서는 대략 40-60% 정도를 탐지 한 것으로 추정해 볼 때 전국적으로는 대략 40% 정도의 명혈명당을 탐지해 낸 것으로 추정해 볼 수 있다. 물론 동洞이나 리里별로 보면 80%이상을 탐지한 곳도 있을 것이고 한 곳도 탐지를 하지 못한 동洞이나 리里도 있을 것이다. 따라서 대한민국 남한지역의 명혈명당을 추정해 보면 대략 10만 6천여 곳 이상으로 볼 수 있어 천조명당 자리는 어림잡아 7백844천개 이상이 우리나라 남한지역에 산재散在 해 있을 것으로 추정해 볼 수 있다.

명혈명당 외에도 천조명당의 역량을 가진 쌍혈명당도 전국 곳곳에 산재해 있으나 명혈명당 보다는 적다고 보았을 때 아마도 쌍혈명당은 명혈명당의 50% 정도가 될 것으로 추정해 보면 전국의 쌍혈명당은 5만3천여 곳에 대략 10만6천여 개의 천조명당 자리가 있을 것으로 추정해 볼 수 있다. 따라서 우리나라 곳곳에 있는 천조명당은 대략 16만 여 곳에 약 7백9십5만여 개가 있을 것으로 추정해 볼 수 있다. 그러나 이러한 수치는 어디까지나 필자의 추정치推定値에 불과하다.

우리나라 시도 중에서 가장 많은 명혈명당이 탐지된 지역은 경상북도로 10,492곳의 명혈명당 혈처가 탐지 되었고, 두 번째로는 전라북도로 9,508곳이 탐지되었으며, 세 번째 많이 탐지 된 도는 경상남도로 5,940곳이 탐지되었다. 따라서 3개도를 힙친 명혈명당의 혈처는 모두 25,940곳으로 전국에서 탐지된 명혈명당 혈처의 61%가 3개도에 집중되어 있는 것으로 조사되었다.

명혈명당의 혈처가 가장 많이 탐지된 지역을 보면 백두대간의 주 간맥이 덕유산으로 흘러와 덕유산과 남덕유산을 중심으로 동쪽과 남쪽 및 서쪽에 위치한 경상북도, 전라북도, 경상남도 지역의 산야 등으로 간맥에서 분맥된 혈맥들이 이 지역을 중심으로 명혈명당을 가장 많이 형성한 것으로 추정된다. 탐지된 명혈명당의 활용 현황을 보면 일월혈지를 기준으로 할 때 음택지 즉, 묘소로 활용한 곳이 576곳으로 약 1.4%의 활용율을 보이고 있으며, 양택지 즉, 빌딩, 상가, 가옥, 학교 등 건물이 들어서 있는 곳은 3,974곳으로 약 9.3%의 활용율을 보이는 것으로 조사되었다. 따라서 음택지와 양택지로 활용되고 있는 명혈명당의 혈처는 모두 4,550곳으로서 활용율은 겨우 10.7%에 그치고 있다. 따라서 미 활용된 명혈명당은 37,970곳으로서 탐지된 명혈명당의 약 89.3%가 활용되지 못하고 있는 실정이다. 따라서 대자연이 우리에게 선물한 생기가 모아져서 분출되는 명혈명당이라는 귀중한 곳을 우리는 제대로 활용하지 못하고 있음은 매우 안타까운 일이 아닐 수 없다. 그러나 현재 활용되고 있는 명혈명당은 탐지된 것보다는 훨씬 많으리라 추정된다. 즉, 전국의 음택지와 양택지를 모두다 탐지 한다는 것은 필자의 능력으로는 거의 불가능한 일이고 이미 활용된 곳은 탐지 대상에서 제외한 곳이 많았기 때문에 활용율이 낮을 수 밖에 없다.

아래의 표는 현재까지 탐지한 천조명당의 역량을 가진 명혈명당의 시도별 현황으로서 시도市道, 구區, 군郡별 탐지 현황은 이 책의 끝에 별도로 붙였다. 그러나 동洞, 면面, 리里별 탐지 현황과 지번地番 별로 되어있는 명혈명당의 탐지 현황을 공개하는 데에 따른 오해와 지역의 프라이버시 등 여러 문제점이 있어 공개하지 못하게 된 것을 매우 유감으로 생각한다.

시도별 명혈명당의 탐지 현황

(단위:곳)

시도	탐지 혈처	활용혈처			미활용 혈처
		음택지	양택지	계	
서울특별시	1,492	26	1,357	1,383	109
부산광역시	352	1	232	233	119
인천광역시	338	6	64	70	268
대구광역시	360	7	127	134	226
광주광역시	324	4	57	61	263
대전광역시	148	3	55	58	90
울산광역시	108	4	30	34	74
세종자치시	108	5	24	29	79
경기도	2,474	234	513	747	1,727
강원도	888	10	97	107	781
충청북도	1,796	24	52	76	1,720
충청남도	2,928	52	107	159	2,769
전라북도	9,508	32	231	263	9,245
전라남도	5,084	30	228	258	4,826
경상북도	10,492	77	441	518	9,974
경상남도	5,940	60	306	366	5,574
제주자치도	180	1	53	54	126
계	42,520	576	3,974	4,550	37,970

위의 "시도별 명혈명당 탐지 현황"을 분석해 보면 서울특별시에서는 1,492곳의 명혈명당 혈처가 탐지 되어 전국의 시市 중에서는 가장 많은 명혈명당이 탐지 되었다. 서울특별시가 다른 도시들 보다

명혈명당이 많이 탐지된 것은 대기업 및 중견 기업체들의 본사가 서울에 집중되어 있고 소문난 맛집 등으로 알려진 건물들이 많아 탐지 대상이 많은 것도 있었지만 서울은 조선의 도읍지였으며, 대한민국의 수도로서 정치, 경제, 문화, 사회, 교육의 중심지로서 풍수지리상 우리나라의 그 어느 도시보다 명혈명당이 많이 형성되어 있다는 것이 명혈명당의 탐지로 입증立證된 것이라 할 수 있다.

서울특별시에서도 명혈명당의 혈처가 가장 많이 탐지된 구區는 강남구로 248곳이 탐지되었고, 두 번째로 많이 탐지된 구는 종로구로 212곳이 탐지되었으며, 세 번째로 많이 탐지된 곳은 중구로 188곳이 탐지되었다. 조선의 도읍지였던 서울의 사대문안인 종로구와 중구에서 탐지된 명혈명당은 모두 400곳으로 풍수지리상 한양이 명당길지明堂吉地였음이 실증實證되었다. 또한 사대문四大門 밖에서는 마포구가 92곳으로 가장 많이 탐지되었으며 용산구는 60곳, 동대문구는 24곳, 서대문구는 12곳이 탐지되었다.

명혈명당이 집중적으로 형성된 곳을 보면 북악산에서 인왕산 등을 거쳐 흘러온 혈맥들이 종로구의 세종로, 청진동, 가회동 등에 명혈명당을 형성하였으며, 인왕산과 남산에서 흘러온 혈맥들은 중구 을지로 1가, 을지로 2가, 을지로 3가와 충무로, 소공동, 명동을 중심으로 명혈명당이 형성 되어 있었다. 특히 경복궁에는 16곳에서 명혈명당이 탐지되는 등, 청와대, 광화문, 정부서울청사, 서울시청, 을지로 등을 중심으로 명혈명당의 혈처가 많이 형성되어 있었음을 확인할 수 있었다. 이와 같이 서울 사대문 안에 명혈명당이 집중적으로 형성되어 있다는 것은 우연이 아니라 조선이 개성에서 한양으로 천도할 때 풍수지리를 활용해 도읍지를 옮긴 것으로 전해지고 있는 것이 사실로 확인된 것이라 할 수 있다. 한강 이북에서는 사대문 안인 종로구와 중구 및 마포구에 명혈명당이 집중되어 있는 반면 한강 이남에서는 강남구, 서초구, 영등포구 등에서 명혈명당이 강북 못지않게 집중적으로 탐지되었다.

부동산 시장에서 강남불패라는 신화를 안고 있는 강남 3구 중의 하나인 강남구에는 서울의 구區 중에서도 가장 많은 244곳에서 명혈명당이 탐지되었다. 또한 강남구 중에서도 논현동 48곳, 역삼동과 청담동이 각각 44곳, 신사동에서 40곳 등이 탐지되어 4개동에 명혈명당이 집중적으로 형성되어 있어 부자들이 많이 살고 있고 대기업과 중견기업들의 본사가 이곳에 있어 부자동네라는 말이 허언虛言이 아닌 그야말로 천조명당인 대명당이 곳곳에 형성되어 있는 명당길지 임이 확인되었다. 또한 강남 3구 중의 하나인 서초구에서도 136곳에서 명혈명당이 탐지되었으며 서초구 중에서도 서초동이 52곳으로 서울의 동 중에서는 가장 많은 명혈명당이 탐지되어 삼성전자 등 대기업의 본사 등과 부자들이 많이 거주하는 동 중의 한 곳이라고 떳떳하게 말할 수 있을 정도로 명당길지가 분명하다.

풍수지리상 명당길지라고 전해오는 동작동 국립현충원에서는 명혈명당의 혈처가 24개나 탐지되었으며, 영등포구 여의도동에서도 36개의 명혈명당 혈처가 탐지되어 돈과 인물들이 많이 모이는 명당길지임이 입증되고 있다. 서울에서 탐지된 명혈명당 혈처 1,492곳 중 대부분인 1,383곳의 혈처가 양택지로 활용되고 있어 약 92.7%의 높은 활용율을 보이고 있으며, 미 활용된 109곳의 혈처 대부분이 공원이나 산이나 도로나 주차장 등으로 되어있어 활용을 할 수 없는 혈처로 조사 되었다.

우리나라 제2의 도시인 부산시에서는 352곳에서 명혈명당 탐지되어 서울과 대구 다음으로 많은 명혈명당이 탐지 되었고, 대구시에서는 360곳의 명혈명당이 탐지 되었다. 그러나 부산, 인천, 대구, 광주, 대전 등 대도시들도 현재 탐지된 명혈명당 보다는 훨씬 많은 명당들이 형성되어 있을 것으로 추정되나 건물 하나 하나와 지번 모두를 탐지할 수 없어 명혈명당이 적게 탐지된 것으로 볼 수 있다.

경기도에서는 모두 2,474곳에서 명혈명당이 탐지되었다. 경기도는 휴전선과 인접한 지역이어서 군사보호 지역이 많아 명혈명당을 탐지 할 수 없는 지역이 많았다. 따라서 휴전선 인근 지역과 군사보호 지역 및 도시들의 건물 하나 하나를 모두 탐지를 했다면 더 많은 명혈명당이 탐지 되었을 것으로 추정된다. 경기도에서 명혈명당이 가장 많이 탐지된 지역을 보면 살아 진천이요 죽어 용인이라는 말이 무색하지 않을 정도로 용인시가 경기도의 시군市郡 중에서 가장 많은 384곳의 명혈명당이 탐지되었으며, 다음이 광주시로 180곳이고 세 번째가 고양시로 176곳이 탐지되었다.

경기도 성남시 분당구 삼평동은 운중천과 금토천이 합수 된 곳에 천조명당의 역량을 가진 명혈명당이 72곳이나 형성되어 있어 모두 5,328개의 대명당 자리에서 분출되는 생기가 강하게 서려 있는 명당길지 중의 길지이다.

이곳에는 국가경쟁력 강화 및 판교 신도시 자족기능自足機能 강화를 위해 IT, BT, CT, NT 및 융합기술融合技術 중심의 첨단尖端 혁신클러스터(연구개발 단지)가 661천 ㎡(약 20만 평)부지 위에 조성되어 벤처기업과 스타트업 기업(신생 벤처기업) 등 1,200여 개의 기업들이 우리나라의 새로운 먹거리를 창출創出해 내고 있는 판교테크노밸리가 조성된 곳이다.

경기도에서 탐지된 2,474곳의 명혈명당 혈처 중에서 음택지로 활용된 곳은 234개 혈처로 전국에서 탐지된 명혈명당 중 음택지로 활용된 576개 혈처의 40.6%를 점하고 있다. 이와 같이 경기도에서 음택지로 활용된 명당처가 많이 탐지 된 것은 조선시대 삼정승(영의정, 좌의정, 우의정)을 비롯한 판서, 대제학 등 고위 관직을 역임한 분들의 조상 묘와 고위 관직 역임자들이 한양에서 가까운 곳에 명당자리를 찾아 묘를 조성한 것으로 추정된다. 특히 명당이 많다고 소문이 난 파주시가 34곳, 남양주시가 29곳, 광주시 15곳 등에서 조선시대 고위 관직 역임자들과 관련된 음택지가 명혈명당에 조성되어 있었다. 그러나 이러한 지역에 조성된 많은 음택지를 모두 다 탐지해 내지 못했으므로 실제로는 더 많은 음택지가 명혈명당에 조성되어 있을 것으로 추정해 볼 수 있다.

강원도는 대부분이 산지로 되어 있으나 산세가 웅장하고 능선이 가파른 곳이 많아 명혈명당이 전국의 시도 중에서 제주도를 제외하고는 가장 적은 888곳이 탐지되었고 이 중 107곳이 활용되고 있어 12%의 활용율을 보이고 있다.

충청북도는 1,796곳, 충청남도는 2,928곳에서 명혈명당이 탐지되어 전국에서 탐지된 명혈명당의 4.2%와 6.9%를 점하고 있어 다른 지역과 비교해보면 다소 적은 명혈명당이 탐지된 지역이라 할 수 있으며, 충청 지역에서는 공주시가 가장 많은 380곳이 탐지되었다.

전라북도에서는 우리나라에서 두 번째로 많은 9,508곳의 명혈명당이 탐지되어 전국에서 탐지된 명혈명당의 22.4%가 전라북도에서 탐지된 것으로 조사되었다. 전라북도는 서쪽으로는 서해안이 있는 평야지에서부터 동쪽으로는 덕유산 등 수려한 산이 많은 지역이며 섬진강과 금강의 발원지이고 서남쪽으로는 지리산에 접해 있는 우리나라 서남부에 위치한 지역으로서 산세가 웅장하고 수려해 물이 풍족하고 물산物産이 풍부한 곳으로 곳곳에 명혈명당이 수 없이 많이 형성되어 있는 곳이기도 하다. 전라북도에서는 완주군에서만 2,332곳의 명혈명당이 탐지되어 전국의 시군 중에서 세 번째로 많은 명혈명당이 모여 있는 지역이며 전라북도 시군 중에서는 임실군 1,808곳, 남원시 1,644곳 등이 탐지되었다. 또한 전라북도는 한 개의 군에서 300곳 이상의 명혈명당이 탐지 된 곳도 전국에서 가장 많은 9개 군이나 되며, 한 면에 200곳 이상의 명혈명당이 탐지된 곳과 한 마을에 100곳 이상 명혈명당이 탐지된 곳도 전국에서 가장 많은 지역이기도 하다. 특히 완주군 구이면 항가리는 308개의 명혈명당 혈처가 탐지되어 전국에서 한 마을에서 가장 많은 명혈명당의 혈처가 탐지된 곳이기도 하다.

아울러 전라북도에서는 돌혈突穴 형태로 된 명형명당이 형성된 곳이 남원시 인월면 2곳, 완주군 비봉면 7곳, 동산면 1곳, 강진면 1곳 등 여러 곳에서 발견되고 있으며, 임실군 신덕면과 장수군 산서면 등에서는 풍수지리에서 가장 명당자리의 역량이 커 명당발복의 위력도 크다고 전해오는 천교혈天巧穴도 여러 곳에서 탐지되고 있다. 전라북도에서의 명혈명당의 활용율을 보면 전국에서 최하위 수준이다. 즉, 탐지된 703,592곳의 명당자리 중 음택지인 묘로 활용된 곳이 32곳에 불과하며, 양택지로 활용된 곳도 231곳에 그쳐 활용율은 2.8%에 불과하다. 아직도 생기가 강하게 분출되어 서려 있는 9,245곳의 천조명당의 역량을 가진 명혈명당이 활용되지 못하고 주인을 기다리고 있다. 그러나 앞으로 명혈명당을 찾아 활용율을 높인다면 천조명당의 명당발복에 힘입어 우리나라뿐만이 아니라 지구촌에서도 존경받을 수 있는 훌륭한 인물들이 계속 배출되리라고 예측해 볼 수 있다.

전라남도는 모두 5,084곳의 명혈명당이 탐지되어 전국에서 탐지된 명혈명당의 약 12%를 차지하고 있으나 도의 면적이 넓은 것에 비하면 명혈명당이 다른 지역보다는 적게 탐지된 지역이라 할 수 있다. 또한 전라남도에서 명혈명당의 활용율은 5.1%로서 전국적인 활용율과 비교해 보면 활용율도 낮은 편이다. 전라남도 지역에서는 순천시가 514곳으로 가장 많은 명혈명당이 탐지되었고 그 다음이 화순군으로 432곳이 탐지되었으며 산세가 좋은 여러 섬에서도 명혈명당이 탐지되고 있다.

경상북도의 명혈명당은 10,492곳으로 우리나라에서 가장 많은 명혈명당이 탐지된 지역으로 전국에서 탐지된 명당의 약 사분의 일인 24.7%를 점하고 있다. 경상북도에서 명혈명당이 가장 많이 탐지된 지역은 소백산 동쪽에 위치한 영주시로서 3,404곳이 탐지되었고, 봉화군에서 916곳, 안동시에서도 512곳이 탐지되었으며, 덕유산 동쪽에 위치한 상주시에서도 980곳이 탐지되었고, 울릉군인 울릉도에서도 28개의 명혈명당 혈처가 탐지되었다. 또한 경상북도에서의 명혈명당의 활용율은 보면 음택지인 묘로 활용된 혈처가 신라시대 왕릉 등 77곳이고 양택지로 활용한 곳이 경상북도 도청 등 441곳으로 모두 518곳이 활용되어 4.9%의 활용율을 보이고 있어 지금도 수 많은 명혈명당의 명당자리들이 주인이 나타나기만을 기다리고 있다.

경상남도는 우리나라에서 세 번째로 명혈명당이 많이 탐지된 지역이다. 현재까지 5,940곳이 탐지 되어 전국에서 탐지된 명혈명당의 약 14%를 점하고 있으며 활용된 명혈명당은 366곳으로 약 6.2%의 활용율을 나타내고 있고 미 활용된 명혈명당은 5,574곳이나 된다. 경상남도에서 가장 많은 명혈명당이 탐지 된 곳은 백두대간의 길목인 덕유산 동쪽과 가야산 남쪽 내륙에 위치한 창녕군에서만 2,628곳이 탐지 되었고 다음으로는 덕유산 남서쪽이며 지리산과 접해있는 함양군에서 1,880곳이 탐지되었다.

제주도에서는 180곳의 명혈명당이 탐지되어 54곳이 활용되고 있고 아직도 미활용으로 남아 있는 126곳이 주인을 기다리고 있다. 아울러 제주도는 백두대간을 통해 흘러온 대간맥을 일본으로 이어주는 혈맥 길이기도 하다.

우리나라에서 탐지된 명혈명당은 대체적으로 바다가 접해있는 해안지역 보다는 산맥이 계속 이어져 수려한 산이 많고 강수량이 풍부한 내륙 지방에서 많이 탐지되고 있었다. 따라서 명혈명당은 내륙에서나 섬에서나 산세가 수려하고 물이 풍부하며 어좌사 형상의 산들이 많이 형성되어 있는 지역에서 많이 탐지되었다.

(2) 명혈명당 300곳 이상이 탐지된 시군

우리나라에서 천조명당의 역량을 가진 명혈명당 300곳 이상이 탐지된 시군市郡은 24개 시군으로 이 지역에서는 모두 23,384곳의 명혈명당이 탐지되어 전국에서 탐지된 42,516곳의 55%를 차지하고 있다. 한 시군에 1,000곳이 넘게 탐지된 시군도 6개 시군이나 된다. 24개 시군 중에서도 명혈명당 이 가장 많이 탐지된 곳은 경상북도 영주시로서 3,404곳이 탐지 되었고, 다음이 경상남도 창녕군으로 2,618곳이며, 세 번째가 전라북도 완주군으로 2,332곳이 탐지되었다. 이 지역들은 모두 덕유산으로부터 간맥이 흘러가 명혈명당이 형성된 곳으로서 우리나라의 서남부 및 동남부 내륙 지역으로 산세가 수려하고 물이 풍족한 지역이라는 공통점이 있다.

명혈명당 300곳 이상이 탐지된 시군 현황

시도	시 군	명혈명당(곳)	시도	시 군	명혈명당(곳)
충남	공주시	380	전북	장수군	884
전북	정읍시	356		임실군	1,808
	남원시	1,644		순창군	484
	완주군	2,332		고창군	300
	진안군	692		무주군	396

시도	시 군	명혈명당(곳)	시도	시 군	명혈명당(곳)
전남	순천시	514		담양군	358
	곡성군	420		화순군	432
경북	영천시	864		상주시	980
	포항시	328		영양군	548
	김천시	324		봉화군	916
	안동시	512		영주시	3,404
경남	창녕군	2,628		함양군	1,880
계	24	23,384			

(3) 명혈명당 200곳 이상이 탐지된 읍면

우리나라에서 천조명당의 역량을 가진 명혈명당이 200곳 이상 탐지된 읍면邑面은 29개 읍면으로 조사되었다. 우리나라 읍면 중에서도 가장 많이 명혈명당이 탐지된 곳은 경상남도 함양군 안의면으로 무려 684곳이나 탐지되어 50,616개의 대명당자리가 형성되어 있는 곳으로 조사되었다.

다음으로는 경상북도 영주시 단산면으로 588곳이 탐지되었고, 세 번째로는 경상남도 창녕군 길곡면으로 560곳이 탐지되었다. 이러한 읍면에서는 다른 지역에 비해 생기가 많이 분출되는 곳이기 때문에 이 곳에 사는 사람들은 명당자리를 어떻게 활용하느냐에 따라 일상생활에 많은 영향을 받을 것으로 추정할 수 있지만 지금까지는 명당자리를 제대로 활용하지 못하고 있는 것으로 조사되었다.

명혈명당 200곳 이상이 탐지된 읍면 현황

시도	시 군	읍면	명혈명당(곳)
전라북도	남원시	인월면	364
	완주군	봉동읍	276
		상관면	504
		소양면	332
		구이면	456
		화산면	292
	진안군	부귀면	240
	장수군	장수읍	392
	임실군	임실읍	244
		청웅면	204
		성수면	236
		삼계면	332
경상북도	영주시	이산면	542
		문수면	416
		장수면	218
		안정면	332
		봉현면	200
		순흥면	252
		단산면	588
		부석면	428
	영천시	신녕면	212
	영양군	석보면	208
경상남도	창녕군	대합면	536
		이방면	328
		유어면	364
		길곡면	560
	함양군	지곡면	344
		안의면	684
		백전면	272
	계	29	

(4) 명혈명당 100곳 이상이 탐지된 리(마을)

우리나라에서 천조명당의 역량을 가진 명혈명당이 한 마을에 100곳 이상이 탐지된 리里는 31개 마을이다. 즉, 한 마을에 100곳 이상의 명혈명당이 형성되어 있어 온 마을이 만물을 이롭게 한다는 생기가 분출되어 서려 있는 군혈지라 할 수 있다. 우리나라에서 가장 많은 명혈명당이 탐지된 마을은 전라북도 완주군 구이면 항가리로 현재까지 308곳이 탐지되었다. 이 마을은 모악산 기슭에 자리 잡고 있는 마을이다. 이 마을을 병풍처럼 둘러싸고 있는 수려하고 웅장한 주변의 산들이 거의 다 어좌사 형상으로 되어 있고 사방이 산으로 둘러싸여 있는 분지로서 대명당 자리만 무려 4,162개가 모여있는 곳이다. 그러나 이곳에는 아직도 탐지되지 못한 혈처도 많이 있을 것으로 예상되고 있다.

두 번째로 많이 탐지된 곳은 경상남도 함양군 안의면 귀곡리로 이 마을에서도 무려 240곳이나 명혈명당이 탐지 된 곳이고, 세 번째로 많은 명혈명당이 탐지된 곳은 경상남도 창녕군 길곡면 오호리로 228곳에서 명혈명당이 탐지 되었다. 한 마을에 100곳 이상의 명혈명당이 탐지되었다는 것은 온 마을이 하늘이 숨기고 땅도 감춘다는 대명당으로 혈밭을 이루고 있는 마을들이라 할 수 있어 이들 대명당을 어떻게 활용하느냐에 따라 이 곳에 사는 분들의 생활과 운명도 달라질 수 있다고 볼 수 있다. 그러나 아직은 대명당의 주인들이 나타나지 않아서인지 대부분의 명혈명당 혈처가 활용되지 못하고 있는 실정이다.

조선시대에는 정감록을 근거로 이상향理想鄉의 하나로 알려진 십승지十勝地가 있다면 필자는 앞으로 살기 좋은 곳의 하나로 신비의 명혈명당이 한 마을에 100여 곳 이상이 형성되어 있어 7,400여개 이상의 대명당자리에서 분출되는 생기를 활용할 수 있는 곳이야 말로 앞으로 사람과 모든 동식물들이 함께 잘 살아갈 수 있는 이상향이 될 수 있는 곳이라 여겨진다.

명혈명당이 많이 형성된 마을에서는 대명당 자리에서 뿜어내는 생기를 항상 접함으로써 정신적으로나 신체적으로 건강한 삶을 영위할 수 있는 활력소를 제공받아 삶의 질을 향상시킬 수 있고, 조상의 유해를 생기가 충만한 곳에 모실 수 있는 확률이 높아 후손 들 중에서는 지구촌을 풍성하게하고 국가를 발전시키고 가문을 빛낼 수 있는 우수한 인재가 배출될 확률이 높은 기회의 땅이라 할 수 있기 때문이다.

조선시대의 십승지十勝地는 모두 전란戰亂이 미치지 못하는 내륙의 산간 고지대에 위치해 있고 산과 하천으로 둘러 쌓여있는 분지형의 자연환경을 갖추고 있어 외부에서 침입이 용이치 않은 곳을 십승지로 정한 것으로 보여진다. 그러나 십승지는 명당자리가 다른 지역에 비해서 특별히 많이 형성된 곳은 아닌 것으로 조사되었다.

중국의 도교에서도 자연환경과 주거환경이 풍요로운 조건을 갖춘 무릉도원武陵桃源이라는 이상향을 꿈 꾸었듯이 오늘날 과학문명이 우리의 생활을 지배하고 있는 이 시대에서도 병풍 같은 크고 작은 산들이 사방을 둘러싸서 바람이 덜 타고 햇볕이 대지위에 따뜻하게 비춰주고 넓은 분지에서 농작물이 잘 자랄 수 있고 동물들이 활기 있고 건강하게 살아갈 수 있는 생기와 물과 먹거리가 풍족한 곳이야 말로 인류의 이상향理想鄕이며 불교의 극락정토極樂淨土이고 기독교의 에덴동산이며 도교의 무릉도원武陵桃源이라 할 수 있을 것이다.

명혈명당 100곳 이상이 탐지된 리(마을) 현황

시도	시군	읍면	리	명혈명당(곳)
전라북도	남원시	송동면	장국리	112
	완주군	봉동읍	은하리	136
		상관면	용암리	204
		소양면	죽절리	164
		구이면	항가리	308
		화산면	춘산리	172
		동상면	사봉리	132
	무주군	부남면	굴암리	100
	장수군	장수읍	노곡리	196
	임실군	임실읍	성가리	136
	순창군	복흥면	용덕리	120
경상북도	영주시	이산면	지동리	124
		문수면	적동리	116
		문수면	월호리	128
		단산면	병산리	216
	상주시	모동면	덕곡리	128
		화남면	중눌리	100
경상남도	창녕군	대합면	소야리	124
		성산면	정녕리	112
		이방면	안리	100
		이방면	초곡리	112
		이방면	옥천리	136
		유어면	세진리	180

시도	시군	읍면	리	명혈명당(곳)
경상남도	창녕군	길곡면	오호리	228
		길곡면	증산리	128
		길곡면	길곡리	200
	함양군	지곡면	시목리	120
		안의면	귀곡리	240
		안의면	봉산리	158
		서하면	다곡리	104
		백전면	운산리	106
		계	31	

(5) 명혈명당에 조성된 왕릉 현황

풍수는 지금으로부터 1,990여 년 전쯤인 중국 후한後漢(AD 23-220년)시대 청오자靑烏子라는 사람이 청오경靑烏經을 저술하여 사람들에게 알려진 것이 풍수지리의 기원起源이 되었다고 전해오고 있다. 그러나 우리나라에 풍수지리가 중국으로부터 언제쯤 전해진 것인지는 확실치는 않으나 아마도 삼국시대에 전해진 것이 아닌가 추정해 볼 수 있다. 따라서 풍수지리가 우리나라에 언제쯤 전해져서 활용하기 시작했는지를 확인하기 위해 삼국시대의 왕릉王陵자리에 대한 명당 여부를 탐지하였다.

지금으로부터 1,863년 전인 신라시대에는 제7대 왕인 박 씨 성을 가진 일성 이사금(134-154년)왕릉부터 24대 진흥왕 왕릉을 비롯해 45대 신무왕 왕릉까지 7명의 왕릉이 천조명당의 역량을 가진 명혈명당 자리에 조성造成된 것으로 조사되었다. 따라서 신라가 고구려와 백제를 통일해 975년간의 통일신라 왕국을 유지한 데에는 명혈명당 자리를 많이 활용함으로서 명당발복에 힘 입어 현명한 왕들과 유능한 장군들과 인물들이 많이 배출되어 삼국통일의 대업을 이룩한 것이 아닌가 하고 추정해볼 수 있다.

그러나 삼국유사三國遺事에서 전해오는 가락국의 시조이고 김해 金海 김金 씨의 시조인 김수로 왕릉과 김수로왕의 왕비릉에도 천조명당의 역량을 가진 명혈명당 자리임이 확인되었다. 따라서 가락국에서는 신라의 제7대 왕인 일성 이사금 왕릉 보다 일찍 명혈명당 자리에 왕릉이 조성된 것으로 보아 가락국이 신라보다 먼저 풍수를 받아들여 활용한 것이 아닌가 하는 추측도 해볼 수 있다.

백제시대에는 제 25대 무령왕릉과 제 30대 무왕릉(추정)만이 천조명당의 역량을 가진 명혈명당 자리로 조사되었고, 고려시대에는 중국 사천성 성도에 있는 고려의 시조인 왕건릉이 천조명당의 역량을 가진 명혈명당 자리에 조성되어 있는 것으로 탐지 되었을 뿐이다. 고구려와 고려의 왕릉은 북한이나 중국에 산재해있어 명당 여부를 현재로서는 조사 할 수 없으므로 남북통일이 되어야 확실한 조사가 가능할 것으로 여겨진다.

조선시대 왕릉에는 유일하게 조선을 건국한 태조 이성계의 묘인 경기도 구리시 동구릉에 있는 건원릉이 천조명당의 역량을 가진 명혈명당 자리에 조성되어 있는 것으로 조사되었다. 조선시대 왕릉은 모두 유네스코 세계 문화유산으로 지정 되어있다. 그러나 대명당인 천조명당의 역량을 가진 명혈명당 자리에 왕릉이 조성된 곳은 한 곳 뿐이고 대부분의 왕릉들이 중명당인 지조명당 자리거나 소명당인 인조명당 자리 또는 명당이 아닌 곳에 왕릉이 조성되어있다. 조선시대에는 왕실에 지관까지 두면서 풍수지리에 많은 관심을 가졌으나 조선을 건국한 태조 이성계의 왕릉 외의 모든 왕릉이 천조명당 자리에 조성되지 못한 것은 이해할 수 없는 큰 미스테리라고 할 수 있다.

삼국시대 및 가락국시대부터 조선시대까지 남한지역의 왕릉이 명
혈명당으로 확인된 왕릉은 모두 15곳으로 조사되었으며, 왕릉들의
혈처는 상혈처가 3곳이고 하혈처가 12곳으로 확인되었으며, 왕릉
의 혈자리는 일월혈지의 월혈자리에 조성된 왕릉이 10곳이고 일혈
자리에 조성된 왕릉은 3곳이었으며, 성혈지의 월혈자리에 조성된
왕릉은 2곳이었다.

명혈명당에 조성된 왕릉 현황

시대	왕 릉	지 번	혈처
신라	7대 일성 이사금왕릉	경북 경주시 탑동 산 23	下,月
신라	24대 진흥왕릉	경북 경주시 서악동 산 92-1	下,月
신라	25대 진지왕릉	경북 경주시 서악동 산 92-1	下,星月
신라	28대 진덕여왕릉	경북 경주시 현곡면 오류리 산 48	下,月
신라	29대 태종무열왕릉	경북 경주시 서악동 750	下,月
신라	42대 흥덕왕릉	경북 경주시 안강읍 육통리 산 42	下,月
신라	45대 신무왕릉	경북 경주시 동방동 660	下,月
백제	25대 무령왕릉	충남 공주시 금성동 140-7,140-8	下,月
백제	30대 무왕릉(추정)	전북 익산시 석왕동 6-12	上,月
가야	김수로왕릉	경남 김해시 서상동 312	上,月
가야	김수로왕비릉	경남 김해시 구산동 산 80-1	上,日
가야	진고령왕릉	경북 상주시 함창읍 증촌리 7	下,日
사벌국	전사벌왕릉	경북 상주시 사벌면 화달리 산 45	下,日
고려	1대 왕건왕릉	중국 사천성 성도	下,日
조선	1대 건원릉	경기 구리시 인창동 66-11	下,星月
	(15곳)		

*위의 표 혈처에 上은 명혈명당의 상혈처, 下는 명혈명당의 하혈처, 롯은 명혈명당의 성혈지, 日은 명혈명당의 일월혈지의 일혈자리, 月은 명혈명당의 일월혈지의 월혈자리를 표시한 것임.

(6) 주요 사적지 및 유적지 등의 명혈명당 현황

국가지정 문화재로 지정된 기념물과 학술적學術的, 관상적觀象的 및 예술적藝術的 가치가 있어 국가가 법적으로 지정한 문화재 등 우리나라 주요 사적지事蹟地 및 유적지遺蹟地에 대한 명당 유무를 조사한 바 42곳이 명혈명당에 있는 것으로 조사되었다.

조선시대 왕의 정무와 외국의 사신을 맞이한 경복궁 근정전을 비롯해 강녕전 경회루와 광화문 등에 명혈명당이 들어 있는 것으로 조사되었다. 또한 경주 황오리 고분군, 전주 경기전, 익산 미륵사지, 제주도 삼성혈, 강릉 오죽헌 등 전국적으로 알려진 주요 사적지와 유적지 등에도 명혈명당이 들어 있는 것으로 조사되어 그 당시 풍수사들의 혜안慧眼과 명당을 찾는 기술이 상당했음을 말해주고 있다.

주요 사적지 및 유적지 등의 명혈명당 현황

사적지	지 번	혈 처
경복궁 함원전, 교태전, 흥경각	서울 종로구 세종로 1-1	上,日月
경복궁 강녕전, 경성전, 경회루	서울 종로구 세종로 1-1	下,日月
경복궁 천주전, 자정전, 수정전	서울 종로구 세종로 1-1	上,日月
경북궁 근정전	서울 종로구 세종로 1-1	下,日月

사적지	지 번	혈 처
광화문	서울 종로구 세종로 1-57	上,日月
이순신장군 동상	서울 종로구 세종로 1-68	右,日月
사직단	서울 종로구 사직동 1-28	下,日月
성균관 명륜당	서울 종로구 명륜동 3가 53	上,日月
환구단터(황궁우)	서울 중구 소공동 87-14	上,日月
전쟁기념관 광개토대왕비	서울 용산구 용산동 1가 8	下,日月
임시수도 대통령 관저	부산 서구 부민동 3가 22	下,日月
황희정승 영당지	경기 파주시 문산읍 사목리 산 127	下,日月
감고당	경기 여주시 능현동 250-3	下,日月
오죽헌(이이 생가)	강원 강릉시 죽헌동 201	下,日月
옥천 향교	충북 옥천군 옥천읍 교동리 320	上,日月
조선 조경묘 (전주이씨 시조사당)	전북 전주시 풍남동 3가 91-3	上,日月
경기전	전북 전주시 풍남동 3가 1-2	上,日月
조선 관성묘(관우 사당)	전북 전주시 동서학동 611	上,日月
익산 미륵사지	전북 익산시 금마면 기양리 95-1	下,日月
국악의 성지	전북 남원시 운봉읍 가산리 244	下,日月
여수 진남관	전남 여수시 군자동 472	下,日月
경주 황오리 고분군	경북 경주시 황오동 372-3	下,日月
경주 황남대총	경북 경주시 황남동 53	上,日月
경주 동궁 및 월지	경북 경주시 인왕동 517	下,日月
경주 양산재	경북 경주시 탑동 691	下,日月
경주 나정	경북 경주시 탑동 700-1	下,日月
경주 구강서원	경북 경주시 안강읍 양월리 649-3	下,日月
순흥 향교	경북 영주시 순흥면 청구리 437	上,日月

사적지	지 번	혈 처
오계 서원	경북 영주시 평은면 천본리 55-1	下,日月
신령향교 명륜당	경북 영천시 신령면 화성리 525	下,日月
용계 서원	경북 영천시 자양면 용산리 303	下,日月
영양 향교	경북 영양군 일월면 도계리 128	下,日月
거촌리 쌍벽당	경북 봉화군 봉화읍 거촌리 148	下,日月
팔공산 갓바위	경북 경산시 와촌면 대한리 산 44	下,日月
영남루 및 아랑각	경남 밀양시 내일동 40	下,日月
삼성혈	제주 제주시 이도 1동 1313	下,日月

(42곳)

*위의 표 혈처에서 上은 명혈명당의 상혈처, 下는 명혈명당의 하혈처, 右는 명혈명당의 우혈처, 日月은 명혈명당의 日月혈지를 표시한 것임.

제4장
명당발복

제4장 명당발복

1. 우리나라 명문가문의 명당발복

(1) 우리나라 성씨별 시조묘의 명당 현황

우리나라에 뿌리를 내려서 살고 있는 사람들의 성씨姓氏는 2017
년도 현재 모두 248개로 알려져 있다. 우리나라의 전역에 살고 있
는 248개 성씨별姓氏別 및 본관별本貫別 시조묘始祖墓에 대해 명당
여부를 탐지한 바 48개 성씨에 모두 94곳의 본관별 시조 묘가 천조
명당인 대명당 자리에 조성되어 있는 것으로 조사되었다. 조사 대
상인 시조묘 중에는 시조의 유해遺骸가 안치安置 되어 있지 않은 허
묘墟墓도 있을 것으로 추정되지만 시조묘가 봉분封墳으로 조성되어
있는 묘 중에서 천조명당의 역량을 가진 명당자리에 조성된 시조묘
를 조사대상으로 하였다.

명당발복을 발현시킨 시조묘를 본관별로 보면 김金 씨 성이 가장
많아 10개 본관의 시조묘가 명혈명당 자리에 조성되어 있는 것으로
탐지되었고, 다음은 이李 씨 성으로 9개 본관의 시조묘가 명혈명당
자리로 조사되었으며, 최崔 씨와 정鄭 씨 성에서는 각각 7개의 본관

별 시조묘가 명혈명당 자리에 조성되어 있었고, 조趙 씨 성도 5개의 본관별 시조묘가 명혈명당 자리에 조성된 것으로 확인되었다.

우리나라 성씨의 본관별 시조묘 94곳의 천조명당 자리 중에서 청주淸州 한韓씨 시조 묘 한 곳만이 유일하게 쌍혈명당 자리에 조성되어 있는 것을 제외하고는 93곳 모두가 천조명당의 역량을 가진 명혈명당 자리에 시조묘가 조성되어 있어 명혈명당이 우리나라 성씨들의 명당발복지라는 것이 확인되었다. 따라서 우리나라 성씨의 본관별 시조묘가 명혈명당의 일혈자리 또는 월혈자리에 조성됨으로서 후손後孫들의 부귀영화는 물론이고 우리나라에서 명문가문으로 자리잡게 되었으며, 아울러 나라의 번영과 발전에 기여한 훌륭한 인물들이 지속적으로 배출되고 있다는 점에서 음택지의 명당자리가 후손들의 명당발복을 주도하고 있다는 것을 입증해 주는 조사라 할 수 있다.

아래 〈표 1-1〉의 "우리나라 성씨별 시조묘의 명당 현황"에서 시조묘의 시도별 분포를 보면 경상북도가 25곳으로 가장 많았고, 경상남도는 17곳으로 두 번째로 많았으며, 세 번째로는 전라남도가 13곳이고, 네 번째로는 전라북도로 9곳, 다섯 번째로는 경기도, 강원도, 충청남도로 각각 6곳 이었다. 따라서 시조묘가 가장 많이 분포되어 있는 지역은 부산과 울산을 포함한 영남지역으로 전체의 약 47.9%인 45곳이며, 다음은 호남지역으로 전체의 약 23.4%인 22곳으로 조사되었다. 따라서 영남지역과 호남지역에 가장 많은 시조묘가 조성되어 있었으며 이들 지역을 중심으로 훌륭한 인재가 많이 배출되고 있었음을 시사時事해주는 조사라 할 수 있다.

시조묘에 대해서는 가문의 종중宗中 또는 문중門中에서 인터넷에 올린 시조묘와 사당祠堂의 사진과 위치 등을 확인하고, 아울러 풍수지리학회 등에서 현장답사를 통해 인터넷에 올린 시조묘의 사진과 답사기 등을 참고로 묘의 위치를 파악해 현장답사를 했거나, 인터넷 지도에서 시조묘의 위치를 찾아서 엘로드에 의해 성씨별 본관별 시조묘를 확인하였다. 성씨별 순서는 성씨별 인구수에 의한 순위로 나열羅列 하였으며, 하나의 성씨에 여러 개의 본관으로 나누어진 성씨별 본관에 대해서는 인터넷에 올라온 성씨별 본관을 참고로 하였다. 우리나라 성씨 중에서 인구가 적어 희성稀姓이라고 불리는 201개 성씨의 시조묘와 하나의 성씨에서 수 개의 본관으로 나누어진 성씨의 본관별 시조 묘를 모두 확인하지 못한 것은 시조묘의 위치를 모르거나 오래되어 시조 묘가 실전失傳 되었거나 북한 지역에 조성되어 있어 위치를 확인 할 수 없어 탐지를 하지 못했거나 시조묘가 천조명당 자리에 조성되어 있지 않은 경우 등이라 할 수 있다. 시조묘가 실전된 경우에는 중 시조묘와 입향조入鄕祖 및 입도조入道祖 등의 묘의 위치가 확인된 곳 중에서 천조명당 자리로 조사된 경우에만 시조묘에 포함시켰다. 다만 북한의 황해도에 묘소가 있는 문화文化 류柳 씨 시조묘의 경우에는 종중에서 묘의 사진을 인터넷에 올려있어서 명혈명당 자리임이 확인된 것이다.

아래의 〈표 1-1〉 "우리나라 성씨별 시조묘의 명당 현황"에서 본관별 시조묘가 다르거나 오기가 있었다면 고의가 아님을 밝힙니다.

〈표 1-1〉 우리나라 성씨별 시조묘의 명당 현황

본관	성씨	시 조	지 번	혈처
김해	金씨	김수로왕	경남 김해시 서상동 312	上,月
광산	金씨	김흥광	전남 담양군 대전면 평장리 204-1	下,月
안동	金씨	김선평	경북 안동시 서후면 태장리 산 34-1	下,日
선산	金씨	김선궁	경북 구미시 해평면 금호리 산 28	上,日

본관	성씨	시 조	지 번	혈처
강릉	金씨	김주원	강원 강릉시 성산면 보광리 285	上,月
전주	金씨	김태서	전북 완주군 구이면 원기리 산 5	上,月
청풍	金씨	김대유	충북 제천시 수산면 도전리 산 8	下,月
영양	金씨	김충	경북 영양군 영양읍 동부리 369	上,日
삼척	金씨	김위용	강원 삼척시 성북동 43	上,星,月
순천	金씨	김총	전남 순천시 주암면 주암리 산 31	上,月
전주	李씨	이한	전북 전주시 덕진구 덕진동 1가 640-9	上,月
광주	李씨	이당	경북 영천시 북안면 도유리 산 85	下,月
한산	李씨	이윤경	충남 서천군 한산면 지현리 산 2-1	下,月
전의	李씨	이도	세종 전의면 유천리 산 3-1	上,月
합천	李씨	이개	경남 합천군 용주면 월평리 산 26	上,星,月
인천	李씨	이허겸(중시조)	인천 연수구 연수동 583-1	下,月
영천	李씨	이능간	전북 임실군 지사면 영천리 산 18-1	下,月
성주	李씨	이장경(중시조)	경북 성주군 대가면 옥화리 산 2	下,月
진성	李씨	이석	경북 청송군 파천면 신기리 427	下,月
반남	朴씨	박응주	전남 나주시 반남면 흥덕리 산 2-1	下,月
구산	朴씨	박천	경북 군위군 의흥면 수북리 산 113	下,月
함양	朴씨	박선(중시조)	경남 함양군 함양읍 이은리 170-1	上,月
경주	崔씨	최예(중시조)	울산 울주군 두서면 활천리	上,日
천령	崔씨	최흥	경기 여주시 금사면 이포리 200-7	上,月
탐진	崔씨	최사전	전남 강진군 군동면 파산리 산 341	下,月
전주	崔씨	최아	전북 완주군 소양면 죽절리 산 198	上,月

본관	성씨	시 조	지 번	혈처
수성	崔씨	최영규	경기 화성시 매송면 숙곡리 산 81-1	下,月
강릉	崔씨	최입지	강원 강릉시 성산면 금산리 산 35	下,月
흥해	崔씨	최호	경북 포항시 흥해읍 남송리 산 160	上,月
나라	鄭씨	낙랑후백	경북 경주시 내남면 노곡리 산 173	下,月
경주	鄭씨	지백호	경북 경주시 내남면 노곡리 산 193	下,日
동래	鄭씨	정문도(중시조)	부산 부산진구 양정동 73-28	上,月
연일	鄭씨	지주사공파정습명	경북 포항시 대송면 남성리 산 21	下,月
하동	鄭씨	정도정	경남 하동군 적량면 동리 산 1-6	上,星,月
초계	鄭씨	정배걸	경남 합천군 쌍책면 성산리 산 9	下,月
서산	鄭씨	정신보	충남 서산시 성연면 오사리 641-2	下,月
임천	趙씨	조천혁	충남 부여군 장암면 상황리 산 18	下,月
양주	趙씨	조잠	서울 성북구 번동 산 27-8	下,月
옥천	趙씨	조원길	전북 순창군 유등면 건곡리 산 86-14	上,星,月
한양	趙씨	조지수	충남 홍성군 흥북면 대인리 559-2	上,月
풍양	趙씨	조맹	경기 남양주시 진건면 송능리 산 53-4	上,月
파평	尹씨	윤신달	경북 포항시 북구 기계면 봉계리 산 37	下,月
칠원	尹씨	윤시영	경남 함안군 칠서면 계내리 1176	下,月
안동	張씨	장정필	경북 안동시 서후면 성곡리 산 18	上,月
조양	林씨	임세미	전남 보성군 벌교읍 낙성리 산 76	下,月

본관	성씨	시 조	지 번	혈처
청주	韓씨	한란	충북 청원군 남일면 가산리 산 18	雙,上.月
평산	申씨	신숭겸	강원 춘천시 서면 방동리 산 816-1	上,月
고령	申씨	신성용	경북 고령군 쌍림면 산주리 산 38	上,月
함양	吳씨	오광휘	경남 함양군 유림면 서주리 산 38-3	下,月
이천	徐씨	서신일	경기 이천시 부발읍 산촌리 19	下.月
대구	徐씨	서한	충남 예산군 대흥면 하탄방리 산 16	上,月
달성	徐씨	서진	대구 달성군 다사읍 문양리 산 19-3	上,月
안동	權씨	권행	경북 안동시 서후면 성곡리 산 11	下,月
창원	黃씨	황충준	경남 창원시 성산구 적현동 산 20	上,日
여산	宋씨	송유익	전북 익산시 여산면 호산리 산 4	下,月
은진	宋씨	정량공파 송순년	대전 동구 사성동 산 16-8	上,月
문화	柳씨	류차달	황해 문화군 초리면(홍학동)	下,月
전주	柳씨	류습	전북 전주시 덕진구 인후동 1가 549-1	下,月
전주	柳씨	장령공파 류양자	전북 완주군 고산면 율곡리 산 10	下,月
남양	洪씨	홍은열	충북 청원군 미원면 내산리 산 1-3	下,月
정선	全씨	전선	강원 정선군 남면 낙동리 산 120-7	下,月
제주	高씨	울산입항조고고사윤	울산 성안동 가태마을	下,月
밀양	孫씨	손순	경북 경주시 건천읍 모량리 623-9	下,月
밀양	孫씨	손긍훈(중시조)	경남 밀양시 교동 산 74-6	下,月
달성	裵씨	배현경	경북 칠곡군 지천면 낙산리 산 209	下,月

본관	성씨	시 조	지 번	혈처
분성	裵씨	배원룡	경남 김해시 화목동 1543	下,月
수원	白씨	백천장	경기 화성시 기안동 140-1	下,月
창녕	曺씨	조계룡	경북 경주시 안강읍 노당리 산 37-1	下,月
김해	許씨	수로왕비	경남 김해시 구산동 산 80-1	上,月
영양	南씨	남민	경북 영양군 영양읍 동부리 369	下,日
의령	南씨	남군보(관조)	경남 의령군 의령읍 서동리 400	上,月
추계	秋씨	최수경	전북 완주군 봉동읍 은하리 814	上,月
청송	沈씨	심홍부	경북 청송군 청송읍 덕리 산 33	上,月
광주	盧씨	시조	경남 창녕군 이방면 등림리 산 89-1	下,月
광주	盧씨	노만(중시조)	광주 북구 오치동 산 16-1	下,月
기계	俞씨	유삼재	경북 포항시 북구 기계면 미현리 산 1-1	下,月
압해	丁씨	정덕성	전남 신안군 압해읍 가룡리 산 166	下,月
창녕	成씨	성인보	경남 창녕군 대지면 모산리 503	下,月
현풍	郭씨	곽경	충북 청주시 상당구 탑동 산 49-1	上,星,月
능성	具씨	구존우	전남 화순군 한천면 정리 430	下,月
담양	田씨	전득시	전남 담양군 담양읍 향교리 산 1-1	下,月
영월	嚴씨	엄임의	강원 영월군 영월읍 영흥리 874	下,月
원주	元씨	원천석	강원 원주시 생구동 석경촌	下,月
신천	康씨	강영(입도조)	제주 조천읍 조천리 116-1	下,日
초계	卞씨	변정실	경남 합천군 율곡면 갑상리 산 29	下,月
원주	邊씨	변안렬	경기 남양주시 진건읍 용정리 산 197	下,月
함양	呂씨	여어매	경남 함양군 휴천면 호산리 산 96-14	下,月
진주	蘇씨	소알천	경남 진주시 상대동 산 36-1	下,月

본관	성씨	시 조	지 번	혈처
경주	薛씨	설총	경북 경주시 보문동 423	下,月
거제	潘씨	반부	경남 거제시 아주동 산 71	下,月
아산	蔣씨	장서	충남 아산시 인주면 문방리 79-6	上,月
의령	余씨	여현경(중시조)	경남 의령군 정곡면 죽전리 산 7	上,月
하음	奉씨	봉우	인천 강화군 하정면 장정리 산 122	下,月
의흥	芮씨	예낙전	경북 군위군 부계면 가호리 산 101-1	上,日

(48개 姓, 94개 本貫)

*위 표에서 혈처에 上은 명혈명당의 상혈처, 下는 명혈명당의 하혈처, 星은 명혈명당의 성혈지, 日은 명혈명당 일월혈지의 일혈자리, 月은 명혈 명당 일월혈지의 월혈자리, 双은 쌍혈명당을 표시한 것임.

우리나라의 시조묘가 조성된 곳을 명당처별로 보면 아래의 〈표 1-2〉의 "우리나라의 성씨별 본관별 시조묘의 명당발복 현황"과 같 이 전체 94곳 중 명혈명당의 상혈처에 조성된 시조묘는 38.3%인 36곳이며, 下혈처에 조성된 시조묘는 58곳으로 약 61.7%이다. 그 러나 좌혈처와 우혈처에 조성된 시조묘는 단 한 곳도 없었다. 또한 시조묘가 조성된 명혈명당의 혈지를 보면 일월혈지에 조성된 묘가 대부분인 88곳으로 94.6%를 차지하고 있었으며, 성혈지에 조성된 묘는 5곳으로 5.4%에 불과하였다.

아울러 우리나라 성씨의 시조묘의 명당자리를 조사해 보면 음혈 인 월혈자리에 조성된 시조묘가 85곳으로 90.4%로 대부분을 차지 하고 있었고, 양혈인 일혈자리에 조성된 시조묘는 9곳으로 9.6%에 불과한 것으로 조사되었다. 따라서 우리나라 성씨의 본관별 시조묘 의 대부분이 명당길지라 전해오는 천조명당이 한 곳에 74개씩 모여 있는 명혈명당의 상혈처와 하혈처의 일월혈지인 월혈자리에 조성된 이후부터 명당은 명당을 불러들여 명당발복의 시너지 효과를 유발시켜 후손들이 대대로 명당발복을 받음으로써 오는날까지도 훌륭한 인물들이 지속적으로 배출되어 한국의 명문가문으로 번창해 왔다는 것을 입증해 줄 수 있는 시조묘 현황이라 할 수 있다.

〈표 1-2〉 우리나라 성씨별 시조묘의 명당발복 현황

(단위:곳)

구 분	명 당			혈 처			혈자리			성혈지
	双	明	계	上	下	계	日	月	계	星
시조묘	1	93	94	36	58	94	9	85	94	5

*위의 표 명당에서 双은 쌍혈명당, 明은 명혈명당, 혈처에서 上은 명혈명당의 상혈처, 下는 명혈명당의 하혈처, 혈자리의 日은 명혈명당의 일혈자리, 月은 명혈명당의 월혈자리, 성혈지의 星은 명혈명당의 성혈자리를 표시한 것임.

(2) 우리나라 시조묘의 명당발복 사례

우리나라 성씨의 본관별 족보族譜, 가계도家系圖, 세계도世系圖 및 인터넷에 올라와 있는 성씨별 가문에서는 시조묘가 명혈명당 자리에 조성된 이후 많은 후손들이 조상의 음덕蔭德을 받아 조선시대부터 현재에 이르기까지 후손들의 부귀영화는 물론이요 가문을 번창시키고, 국가와 사회에서 존경받는 훌륭한 인재들을 계속 배출시켜 한국에서 명문가문으로 입지를 굳힌 가문들 중에서 몇 가문을 선정해 우리나라 명문가문의 음택지 명당발복 사례로 소개하고자 한다.

아래에 소개되는 명문가문들은 대를 이어 명혈명당 자리에 조상의 묘를 조성한 가문들로서 후손들도 대를 이어 지속적으로 조상의 음덕을 받게된다는 즉, 명당은 명당을 불러들여 명당발복의 시너지 효과를 유발하게 된다는 신비한 명당발복의 발현 현상들이 오늘날까지 계속되고 있는 명문가문들이라 할 수 있다. 다시 말하면 시조묘인 음택지가 명당발복을 주도해 명당발복이 계속 이어져 수 대에 걸쳐 지속적으로 명당발복이 발현發現됨으로써 그야말로 영화榮華가 무궁無窮한 명문가문들의 사례들이라 하겠다.

우리나라 성씨의 음택지인 시조묘에 대한 명당발복의 입증立證을 위해서는 시조묘를 명혈명당 자리에 조성한 가문의 후손들이 어떤 사회적 지위에서 가문을 빛내고 그 시대에서 어떻게 나라와 사회 발전에 기여했는지 등이 역사적 기록에 의해 밝혀진 5개 가문을 선정해 시조묘에 의한 명당발복 사례를 다음과 같이 들었다. 그러나 이곳에서 다룬 성씨들 외에도 현재까지 명문가문으로 이어오면서 훌륭한 인재를 지속적으로 많이 배출하고 있지만 자료 등의 부족으로 인해 사례를 들지 못한 아쉬움이 있다. 또한 아래에 열거한 사례들은 풍수지리학적인 관점에서 기술한 것으로서 내용이 다르거나 오기誤記가 있다면 고의故意가 아님을 이 지면을 통해 사과드린다.

1) 전주(全州) 이(李) 씨 가문

조선시대의 명문가문의 사례를 들면 전주 이 씨 가문家門을 첫째로 들 수 있다. 전주 이 씨 가문은 신라 말 문신인 전주 출신 이한李翰을 시조로 1,300여 년 동안 한반도에서 100여 파종派宗을 이루면서 명문거족名門巨族으로 번창繁昌해온 가문이다. 또한 전주이 씨 가문은 시조 이한의 21세손인 이성계李成桂가 조선을 건국해 519년간 조선 왕조를 통치해 온 왕가王家이며, 대한민국 초대 대통령 이승만李承晚으로 이어진 한국의 대표적인 명문가문이라 할 수 있다.

전주 이 씨 가문은 조선시대에 들어와 전성기를 맞는다. 조선에서만 정승政丞 22명, 대제학大提學 등 133명, 문과급제자文科及第者 3,190여 명 등을 배출 했으며, 대한민국에서도 각계각층各界各層에서 훌륭한 인물들이 계속 배출되고 있는 명문가문이라 할 수 있다. 전주 이 씨 가문의 대표적인 명혈명당 자리로는 시조 이한의 위패位牌를 봉안奉安한 사당祠堂인 전주시 조경묘肇慶廟가 천조명당의 역량을 가진 명혈명당 자리이고 조선의 태조太祖 이성계의 현조玄祖이신 이양무 장군묘인 준경묘濬慶墓와 태조 이성계의 묘인 구리시 동구릉東九陵에 있는 건원릉健元陵도 천조명당의 역량을 가진 명혈명당 자리이다. 또한 조선시대 삼정승三政丞을 지낸 8명의 정승묘들이 명혈명당 자리에 조성되어 있으며, 아울러 전주에 있는 태조 이성계의 아들 희안대군 방간묘와 서울 동작동에 있는 선조의 할머니인 창빈 안 씨묘, 광해군의 어머니이신 공빈 김 씨묘 등이 모두 명혈명당 자리에 조성되어 있어 조선왕조 건국과 전주 이 씨 후손들이 오늘날 까지 조상묘들에 의한 명당발복이 계속 이어져 번창하고 있는 우리나라의 대표적인 명문가문 중의 하나라 할 수 있다.

2) 동래(東萊) 정(鄭) 씨 가문

동래東來 정鄭 씨 가문家門은 고려시대 동래의 안일호장安逸戶長이었던 2세 정문도鄭文道를 중시조中始祖로 모시고 있다. 정문도의 묘는 부산시 부산진구 양정동에 위치한 명산이라고 불리우는 화지산華池山 중턱에 천조명당의 역량을 가진 명혈명당의 상혈처인 일월혈지의 월혈자리에 조성되어 있다. 동래 정 씨 가문은 중시조인 정문도의 묘가 명혈명당 자리에 조성된 것을 시작으로 조선시대에는 동래 정 씨 12세인 한성부윤을 지낸 정부의 묘가 명혈명당 자리에 조성되면서 정부의 손자인 14세 영의정 정창손을 시작으로 28세 까지 17명의 정승, 대제학 2명, 공신 4명, 20명의 판서와 문과

급제자 198명 등을 배출시킨 조선시대에서 대표적인 명문가문 중의 하나이다. 동래 정 씨 중에서 조선시대에 정승을 역임한 17명의 묏자리 위치를 확인해 명당 여부를 탐지해 본 바로는 정창손의 묏자리부터 시작해 연이어 정승을 역임한 6명의 묏자리에도 천조명당의 역량을 가진 명혈명당 자리에 조성 되어 있었다. 따라서 동래 정 씨 가문은 2세에서 9세까지 9명의 묘가 연이어 천조명당의 역량을 가진 명혈명당 자리에 조성됨으로써 후손들이 명당발복을 연이어 받아 동래 정 씨 가문은 14세에서 28세까지 계속해서 삼정승을 배출시켰으며, 18세 때에는 좌의정 정창연을 비롯해 한 대에서 3명이나 삼정승에 올랐고, 20세 때도 영의정 정태화를 비롯해 한 대에서 3명이 삼정승에 올라 본인들의 부귀영화는 물론이고 가문의 번창을 주도했으며, 조선시대의 조정을 이끌어가는 세도勢道 명문가문이 되었다. 동래 정 씨 가문은 오늘날에도 한국의 각계각층을 이끌어가는 훌륭한 인재들이 계속 배출되고 있다는 것은 음택지 명당이 명당발복을 주도하면서 혈이 혈을 불러들여 명당발복이 지속적으로 발현되고 있다는 것을 입증하는 사례 중의 하나라 할 수 있다.

3) 안동(安東) 권(權) 씨 가문

안동 권 씨 가문家門도 대표적인 우리나라의 명문가문 중의 하나다. 시조 권행權幸은 고려의 개국공신開國功臣이었으며, 묘는 경상북도 안동시 서후면 성곡리 천등산 남쪽 기슭에 천조명당의 역량을 가진 명혈명당의 하혈처인 월혈자리에 조성되어 있다. 안동 권 씨 족보族譜에는 시조묘의 형국形局은 옥녀단좌형玉女端坐形이며 혈穴 모양은 옥녀가 금비녀를 땅에 던진 모양의 금차척지혈金釵擲地穴이라고 적고 있다. 시조 권행의 묘가 명혈명당 자리에 조성 된 이후 고려시대부터 봉군封君과 재신宰臣을 많이 배출하였고, 조선시대에는 정승 9명, 판서, 1명, 도원수 1명과 문과급제자 359명 등을 배출한 성 씨로 오늘날까지 훌륭한 인물들이 계속 배출되고 있는 명문가문이다.

조선시대 안동 권 씨 가문을 빛낸 정승들 중에서 15세 좌의정 권희, 17세 우의정 권진, 18세 좌의정 권람, 18세 우의정 권균, 27세 좌의정 권상하 등의 묘가 천조명당의 역량을 가진 명혈명당 자리에 연이어 조성 되어 있는 것을 보면 명당이 명당을 계속 불러들여 명당발복이 오늘날까지 지속되어 훌륭한 인물들을 계속 배출시키고 있어 명문가문의 전통을 이어오고 있는 우리나라의 명문가문 중의 하나이다.

4) 청송(靑松) 심(沈) 씨 가문

청송 심 씨 시조 심홍부沈洪孚는 고려시대 문림랑文林郎 위위시승衛尉侍承을 지낸 인물이다. 심홍부의 묘는 경상북도 청송군 청송읍 덕리 보광산에 자리한 천조명당의 역량을 가진 명혈명당의 상혈처인 월혈자리에 조성되어 있다. 청송 심 씨는 시조 심홍부의 묘가 명혈명당 자리에 조성된 이후부터 2세 심연 3세 심온의 묘 등 7명의 정승을 포함 10명의 묘가 천조명당의 역량을 가진 명혈명당 자리에 조성 되어있다. 청송 심 씨 4세인 심덕부沈德符는 이성계의 조선 건국 때 공을 세우고 청성부원군靑城府院君으로 봉俸해진 이후부터 청송 심 씨 가문에서는 4세 좌의정 심덕부 부터 22세 영의정 심순택까지 7명의 영의정과 5명의 좌의정을 연이어 배출하는 등 삼정승 12명, 부마駙馬 4명, 문과급제자 196명, 무과급제자 350명 등을 배출해 조선에서 세도 명문가문으로 자리를 잡게되어 오늘날까지도 훌륭한 인물들이 계속 배출되고 있는 명문가문중의 하나이다.

5) 의령(宜寧) 남(南) 씨 가문

의령 남 씨도 조선시대에 명문가문 중의 하나로 정착한 가문이다.

의령 남 씨 시조는 남민의 둘째 아들인 중시조 남군보南君甫로서 묘는 경상남도 의령군 의령읍 서동리 의령군청 옆에 있다. 중시조인 남군보의 묘도 천조명당의 역량을 가진 명혈명당의 상혈처인 월혈 자리에 조성되어 있다. 시조 남군보의 후손들 중에서는 조선시대에 정승 7명, 대제학 2명, 판서 4명 등을 배출하여 조선시대에 명문가문으로 부상한 가문 중의 하나이다.

명혈명당 자리에 묘가 조성된 분들을 보면 영의정을 역임한 7세 남곤의 증조부인 남을진 묘, 좌의정을 역임한 7세 남지의 증조부모 묘, 이성계를 도와 조선을 건국한 개국 공신인 5세 영의정 남재 묘, 7세 좌의정 남지 묘, 13세 좌의정 남이웅 묘, 14세 영의정 남구만 묘 등이 연달아 천조명당의 역량을 가진 명혈명당 자리에 조성되어 있다.

따라서 의령 남 씨 시조인 남군보 묘가 명혈명당 자리에 조성된 이후 연달아 7명의 후손들 묘가 명혈명당 자리에 조성됨으로써 의령 남 씨 후손들이 명당발복에 힘입어 조선시대의 조정을 이끌어 가는 훌륭한 인물들을 배출하는 등 명문가문으로 번창해 왔으며 대한민국에서도 국무총리를 역임한 남덕우 등 훌륭한 많은 인재들이 계속 배출되고 있는 명문가문이다.

(3) 조선시대 명문가문의 명당발복 사례

조선시대 명문가문으로 입지를 굳힌 가문들 중에서 정승, 대제학 및 판서 등을 몇 분이나 배출했는지를 가문의 홈페이지나 세계도 및 가계도와 여러 백과사전 등을 통해 확인하고, 특히 조선시대의 삼정승을 역임한 분들의 묏자리를 찾아 명혈명당 자리에 몇 분의 묘가 조성 되어 있는지 등을 조사하여 아래와 같이 표로 만들었다.

아래의 "조선시대 명문가문의 명당발복 사례"에서는 우리나라 성씨를 본관별로 다 조사하는데 한계가 있어 몇 가문만을 예로 들었으며, 가문의 순서는 편의상 조선시대 삼정승을 배출한 인원이 많은 순서대로 나열했으며, 주요 발복 사례에서 배출 인원수는 한민족대백과사전과 가문의 세계도 등을 참고로 확인한 숫자이나 잘못된 이름이나 주요 발복 사례의 수치 등에 잘못이 있거나 오기가 있었다면 고의가 아님을 밝힙니다.

조선시대 명문가문의 명당발복 사례

가 문	시조묘	정승 묘	주요 발복사례
전주 李 씨	이 한 *上,月	영의정 이양원 영의정 이원익 영의정 이성구 영의정 이경여 영의정 이경석 우의정 이후원 좌의정 이건명 좌의정 이관명 (8명)	정승 : 22명 대제학 등 : 133명 문과 급제자 : 3,190명 등 *대통령 : 이승만
안동 金 씨	김숙승 (구 안동 김 씨) 김선평 (신 안동 김 씨) *下,日	좌의정 김사형 좌의정 김질 영의정 김수동 우의정 김상용 영의정 김수홍 (5명)	정승 : 19명 대제학 : 6명 왕비 : 3명 문과 급제자(구 안동김씨) : 136명 등
청송 沈 씨	심홍부 *上,月	좌의정 심덕부 영의정 심온 영의정 심회	정승 : 12명 부마 : 4명 문과 급제자 : 196명 등

가 문	시조묘	정승 묘	주요 발복사례
청송 沈 씨		좌의정 심통원 좌의정 심희수 영의정 심열 영의정 심환지 (7명)	
청주 韓 씨	한란 *双,上,月	영의정 한상경 좌의정 한확 영의정 한명회 우의정 한백륜 좌의정 한효순 우의정 한흥일 (6명)	정승 : 11명 문과 급제자 : 273명 등 *국무총리 : 3명 한명숙 한승수 한덕수
파평 尹 씨	윤신달 *下,月	우의정 윤사흔 좌의정 윤개 영의정 윤인경 영의정 윤원형 (4명)	정승 : 11명 왕후 : 4명 문과 급제자 : 340명 등
안동 權 씨	권행 *下,月	좌의정 권희 우의정 권진 좌의정 권람 우의정 권균 좌의정 권상하 (5명)	정승 : 9명 판서 : 1명 도원수 : 1명 문과 급제자 : 359명 등
동래 鄭 씨	정문도 (중시조) *上,月	좌의정 정괄 영의정 정광필 좌의정 정유길 우의정 정지연 좌의정 정창연	정승 : 7명 판서 : 20명 대제학 : 2명 공신 : 4명 문과 급제자 : 196명 등

가 문	시조묘	정승 묘	주요 발복사례
		좌의정 정지화 우의정 정대년 영의정 정창손 (8명)	
문화 柳 씨	류차달 *下,月	영의정 류정현 우의정 류관 우의정 류량 영의정 류순 좌의정 류관 영의정 류전 영의정 류봉휘 (7명)	정승 : 8명 판서 : 3명 대제학 : 3명 등
의령 南 씨	남군보 (중시조) *上,月	영의정 남재 좌의정 남지 좌의정 남이웅 영의정 남구만 (4명)	정승 : 7명 판서 : 4명 대제학 : 2명 등 *국무총리 : 남덕우
창녕 成씨	성인보 *下,月	영의정 성석린 영의정 성준 영의정 성희안 (3명)	정승 : 5명 대제학 : 2명 등

*위의 표에서 시조 성명 아래에 적은 上은 명혈명당의 상혈처, 下는 명혈명당의 하혈처, 双은 쌍혈명당, 日은 명혈명당의 일월혈지의 일혈자리, 月은 명혈명당의 일월혈지의 월혈자리를 표시한 것이며, 삼정승 묘는 명혈명당 자리에 조성되어 있는 조선시대 삼정승을 역임한 분들임.

2. 조선시대 삼정승의 음택지 명당발복

(1) 조선시대 삼정승 묘의 명혈명당 현황

조선시대는 삼정승三政丞 육조六曹 판서判書를 중심으로 한 양반 관료 체제를 구축해 중앙 정계뿐만 아니라 지방까지 장악해 양반 관료 출신들이 중앙과 지방사회의 지배계층으로 자리를 잡았으며, 아울러 성리학性理學을 이념으로 한 신진 사대부士大夫 세력을 중심으로 왕권이 유지된 시대라고 할 수 있다. 조선은 양반계급을 중심으로 과거제도를 매년 실시해 인재를 꾸준히 영입하였으며 조선의 최고 관직인 삼정승(영의정, 좌의정, 우의정으로 현재의 국무총리에 해당)을 역임한 사람은 366여 명이다.

조선시대의 왕은 세습제이므로 왕릉의 명당 여부는 명당발복과는 연계성이 약해 현재의 국무총리 직위인 삼정승을 역임한 분들의 명당발복에 대해 관심을 갖고 이분들의 묘를 추적해 현장답사와 인터넷 지도와 사진 등에 의해 명당 여부를 탐지해 명당발복 입증을 시도試圖 하였다. 따라서 삼정승을 역임한 가문의 종중宗中이나 후손들이 인터넷에 묘의 사진과 위치를 올렸거나 풍수지리를 연구한 분들의 묘소 답사기를 통해 사진이나 위치를 인터넷에 올린 것을 참고로하여 엘로드를 사용해 천조명당의 역량을 가진 명혈명당 여부를 조사하였으며, 일부는 현지답사 등을 통해 명당으로 확인된 196명의 삼정승 역임자에 대하여 아래와 같이 명혈명당 현황 표를 만들었다.

조선시대 삼정승 묘의 명혈명당 현황

왕	직위	본관	성명	혈처	지번
태조	영의정	봉화鄭씨	鄭道傳	下,月	서울 서초구 서초동 산 23-6(묘터)
태조	좌의정	청송沈씨	沈德符	下,月	경기 연천군 미산면 아미리 553
태조	영의정	성주裵씨	裵克廉	下,日	충북 진천군 증평읍 송산리 산 28
태조	좌의정	안동金씨	金士衡	下,日	경기 양평군 양서면 목왕리 산 49
정종	영의정	홍주李씨	李 舒	下,日	충남 홍성군 장곡면 지정리 산 1
정종	영의정	창녕成씨	成石璘	下,月	경기 포천시 고일리 산 30
정종	영의정	진주河씨	河 崙	下,月	경남 진주시 미천면 오방리 산 166
태종	우의정	문화柳씨	柳 亮	下,月	경기 남양주시 조안면 시우리 산 21-1
태종	영의정	의령南씨	南 在	上,月	경기 남양주시 별내동 918
태종	우의정	단양李씨	李 茂	下,日	경기 고양시 덕양구 주교동 17-1
태종	우의정	한양趙씨	趙英茂	下,月	경기 광주시 퇴촌면 광동리 산 16
태종	좌의정	안동權씨	權 僖	下,月	경기 고양시 덕양구 상사동 267
태종	영의정	문화柳씨	柳廷顯	下,月	경기 안양시 만안구 비산동 488-112
태종	영의정	청주韓씨	韓尙敬	下,月	경기 남양주시 진접읍 금곡리 산 126
태종	영의정	성주李씨	李 稷	下,月	경기 고양시 덕양구 선유동 산 51-1
태종	좌의정	반남朴씨	朴 訔	下,月	경기 파주시 문산읍 당동리 산 57-1

왕	직위	본관	성명	혈처	지번
태종	영의정	청송沈氏	沈 溫	上,月	경기 수원시 영통구 이의동 산 13-10
세종	영의정	영천皇甫氏	皇甫仁	下,月	경기 파주시 법원읍 동문리 산 93-1
세종	좌의정	의령南氏	南 智	上,月	충북 진천군 문백면 평산리 산 18-1
세종	우의정	문화柳氏	柳 寬	下,月	경기 양평군 강하면 동오리 산 157
세종	우의정	안동權氏	權 軫	下,月	경기 광주시 남종면 삼성리 산 22-3
세종	좌의정	신창孟氏	孟思誠	下,月	경기 광주시 직동 산 27
세종	우의정	청주鄭氏	鄭 擢	下,月	경기 파주시 월롱면 덕은리 산 15
세종	영의정	장수黃氏	黃 喜	上,星,月	경기 파주시 탄현면 금승리 산 1
세종	좌의정	고성李氏	李 原	下,月	경기 광주시 목동 산 122
세종	좌의정	하양許氏	許 椆	下,月	경기 파주시 문산읍 이천리 산 42
세종	우의정	한양趙氏	趙 涓	下,月	경기 파주시 월롱면 덕은리 산 45
세종	우의정	교하盧氏	盧 閈	下,月	경기 파주시 파주읍 백석리 54-5
세종	좌의정	통천崔氏	崔潤德	下,月	경남 창원시 의창구 북면 대산리 산 8
세종	영의정	진주河氏	河 演	下,月	경기 시흥시 신천동 산 12
문종	좌의정	순천金氏	金宗瑞	下,月	세종 장군면 대교리 산 45
단종	우의정	진주鄭氏	鄭 苯	下,月	경남 진주시 상대동 3-2
단종	좌의정	청주韓氏	韓 確	下,月	경기 양주시 조안면 능내리 산 69-5

왕	직위	본관	성 명	혈처	지 번
단종	영의정	하동鄭씨	鄭麟趾	下,月	충북 괴산군 불정면 외령리 산 49
세조	영의정	동래鄭씨	鄭昌孫	下,日	경기 양평군 양서면 부용리 산 37-1
세조	영의정	능성具씨	具致寬	上,月	경기 광주시 곤지암읍 열미리 산 3
세조	영의정	장수黃씨	黃守身	下,月	경기 파주시 탄현면 금승리 산 1
세조	영의정	삭녕崔씨	崔 恒	下,月	경기 광주시 퇴촌면 도마리 산 11-1
세조	영의정	진주姜씨	姜孟卿	下,月	경기 양평군 옥천면 신복리 산 300-2
세조	영의정	죽산朴씨	朴元亨	下,月	경기 용인시 처인구 백암면 옥산리 산 1
세조	영의정	신천康씨	康 純	下,月	충남 보령시 미산면 도홍리 산 26
세조	우의정	광주李씨	李仁孫	上,月	경기 여주시 능서면 신지리 236-3
세조	좌의정	창녕曺씨	曺錫文	上,月	경기 파주시 진동면 하포리 산 10
세조	좌의정	남양洪씨	洪達孫	下,月	경기 의정부시 낙양동 산 102
세조	영의정	청주韓씨	韓明澮	下,月	충남 천안시 수신면 속창리 산 11-1
세조	좌의정	안동權씨	權 擥	上,月	충북 음성군 생극면 방축리 388-2
세조	영의정	고령申씨	申叔舟	上,月	경기 의정부시 고산동 산 53-7
세조	영의정	청송沈씨	沈 澮	上,月	경기 파주시 월롱면 영태리
세조	좌의정	안동金씨	金 磧	下,月	경기 포천시 내촌면 음현리 772
세조	영의정	회인洪씨	洪允成	上,月	충남 부여군 은산면 경둔리 산 58-1

왕	직위	본관	성명	혈처	지 번
세조	영의정	전주李씨	李浚	下,月	경기 고양시 덕양구 선유동 산 45
예종	우의정	파평尹씨	尹士昕	下,月	경기 파주시 교하읍 당하리 240
예종	좌의정	광산金씨	金國光	下,月	충남 계룡시 두마면 왕대리 산 2-1
예종	영의정	무송尹씨	尹子雲	上,月	경기 양주시 백석읍 홍죽리 산 27
성종	우의정	창녕成씨	成奉祖	下,星,日	경기 파주시 문산읍 내포리
성종	우의정	파평尹씨	尹壕	下,月	경기 연천군 미산면 아미리 산 131-6
성종	우의정	청주韓씨	韓佰倫	下,月	인천 서구 마전동 산 12-4
성종	좌의정	남양洪씨	洪應	上,月	경기 구리시 아천동 산 2-5
성종	영의정	교하盧씨	盧思愼	下,月	경기 파주시 파주읍 백석리 산 54-3
성종	영의정	광주李씨	李克培	下,月	서울 강동구 암사동 산 12-4
연산군	좌의정	반남朴씨	朴崇質	上,月	경기 파주시 문산읍 당동면 산 57-1
연산군	우의정	봉하鄭씨	鄭文衡	下,月	경기 과천시 문원동 산 23-1
연산군	좌의정	함종魚씨	魚世謙	下,月	경기 여주시 가남면 금당리 산 91-1
연산군	좌의정	동래鄭씨	鄭佸	下,月	경기 김포시 대곶면 약암리 산 92-1
연산군	영의정	창녕成씨	成俊	下,月	경기 연천군 장남면 자작리 108
연산군	좌의정	광주李씨	李克均	下,月	경기 남양주시 진건읍 용정 리산 4-5
연산군	영의정	문화柳씨	柳洵	下,月	경기 남양주시 진접읍 팔야 리 산 110

왕	직위	본 관	성 명	혈처	지 번
연산군	좌의정	거창愼씨	愼守勤	下,月	경기 양주시 장흥면 일영리 72
연산군	우의정	진주姜씨	姜龜孫	下,月	경기 시흥시 하상동 산 2
연산군	영의정	안동金씨	金壽童	下,月	대구 동구 송정동 133
중종	영의정	여산宋씨	宋軼	下,月	경기 양주시 은현면 선암리 산 15-12
중종	우의정	전주柳씨	柳簿	下,月	서울 도봉구 도봉동 54
중종	좌의정	선산金씨	金應箕	上,月	경북 구미시 도개리
중종	영의정	안동張씨	張順孫	下,月	경기 파주시 조리읍 봉일천리 산 4-11
종중	영의정	연안金씨	金詮	下,月	경기 고양시 덕양구 원흥동 122-9
중종	영의정	전주柳씨	柳順汀	下,月	서울 구로구 오류동 산 43-32
중종	좌의정	한산李씨	李惟淸	下,月	경기 고양시 덕양구 도내동 산 844-3
중종	영의정	창녕成씨	成希顔	下,月	경기 양주시 장흥면 일영리 산 61
중종	좌의정	순흥安씨	安瑭	下,星,月	경기 광주시 퇴촌면 도마리 산 22
중종	영의정	동래鄭씨	鄭光弼	下,月	경기 군포시 속달동 산 3-1
중종	우의정	안동權씨	權鈞	下,月	경기 이천시 모가면 산내리 산 33-1
중종	우의정	연안金씨	金勘	下,月	경기 광주시 초월읍 지월리 산 69-1
중종	영의정	해평尹씨	尹殷輔	下,月	경기 의정부시 신곡동 산 33
중종	좌의정	풍산沈씨	沈貞	下,月	서울 강서구 방화동 산 151-1

왕	직위	본관	성명	혈처	지 번
중종	영의정	광산金씨	金克成	下,月	충남 보령시 청소면 재정리 산 27
중종	영의정	파평尹씨	尹仁鏡	下,月	경기 연천군 백학면 노곡리 산 12
중종	영의정	남양洪씨	洪彦弼	下,月	경기 화성시 서신면 홍법리 산 30
중종	좌의정	덕수李씨	李 行	下,月	충남 당진군 송산면 도문리 산 78-1
중종	좌의정	연안金씨	金安老	上,月	경기 화성시 비봉면 자안리 232-2
인종	좌의정	창녕成씨	成世昌	下,月	경기 파주시 문산읍 내포리 산 60-1
인종	좌의정	문화柳씨	柳 灌	下,月	경기 양평군 강하면 동오리 157
명종	영의정	파평尹씨	尹元衡	上,星,月	경기 파주시 다율동 45-12
명종	영의정	덕수李씨	李 芑	下,星,日	강원 원주시 지정면 간현리 산 43-1
명종	영의정	목천尙씨	尙 震	上,月	서울 서초구 방배동 1002
명종	좌의정	파평尹씨	尹 漑	下,月	경기 여주시 금사면 하호리 산 1-35
명종	좌의정	예안李씨	李 蓂	上,月	서울 노원구 월계동 산 59
명종	좌의정	청송沈씨	沈通源	上,月	경기 포천시 소흘읍 이곡리 산 22
명종	영의정	안동權씨	權 轍	下,月	경기 양주군 장흥면 석현리 산 168-1
선조	우의정	여흥閔씨	閔 箕	下,月	경기 김포시 월곶면 개곡리 119-1
선조	영의정	남양洪씨	洪 進	下,月	경기 화성시 서신면 홍법리 산 30
선조	우의정	동래鄭씨	鄭大年	下,月	경기 여주시 점동면 원부리 산 2-2

왕	직위	본관	성명	혈처	지번
선조	좌의정	동래鄭씨	鄭惟吉	上,月	서울 동작구 사당동 산 32-83
선조	영의정	광주盧씨	盧守愼	下,月	경북 상주시 화서면 금산리 584-3
선조	우의정	진주姜씨	姜士尙	上,月	서울 관악구 신림동 산 107-2
선조	좌의정	상주金씨	金貴榮	下,月	충북 충주시 소태면 구룡리 산 53-1
선조	영의정	충주朴씨	朴淳	上,月	경기 포천시 창수면 주원리 산 210-28
선조	좌의정	기계俞씨	俞泓	下,月	경기 하남시 하산곡동 산 18-1
선조	영의정	전주李씨	李陽元	下,月	충남 당진군 대호지면 송전리 산 61-3
선조	우의정	동래鄭씨	鄭芝衍	下,月	경기 양평군 옥천면 아신리 229-1
선조	영의정	삭녕崔씨	崔興源	下,月	경기 파주시 아동동 12-4
선조	영의정	문화柳씨	柳㙉	上,月	경기 포천시 일동면 길명리
선조	좌의정	경주金씨	金命元	下,月	경기 고양시 덕양구 관산동 산 71-1
선조	좌의정	연일鄭씨	鄭澈	下,月	충북 진천군 문백면 봉죽리 산 14-1
선조	영의정	한산李씨	李山海	下,月	충남 예산군 대술면 방산리 산 7-1
선조	영의정	풍산柳씨	柳成龍	下,月	경북 안동시 풍산읍 수리 260
선조	좌의정	원주金씨	金應南	下,月	충남 천안시 성남면 봉양리 352-2
선조	영의정	전주李씨	李元翼	下,星,月	경기 광명시 소하동 산 137-1
선조	좌의정	청송沈씨	沈喜壽	下,月	경기 고양시 원흥동 406-1

왕	직위	본 관	성 명	혈처	지 번
선조	영의정	해평尹씨	尹承勳	下,月	경기 양평군 강상면 화양리 산 34-1
선조	영의정	전주柳씨	柳永慶	下,月	경기 남양주시 별내동 산 210-1
선조	좌의정	청주鄭씨	鄭 琢	下,月	경북 안동시 풍산읍 오미리 산 166
선조	우의정	청주韓씨	韓應寅	下,星,月	경기 안산시 상록구 사사동 산 18-6
선조	영의정	경주李씨	李恒福	上,月	경기 포천시 가산면 금현리 산 4-2
선조	영의정	광주李씨	李德馨	上,月	경기 양평군 양서면 목왕리 산 82-1
선조	영의정	행주奇씨	奇自獻	上,月	경기 안성시 대덕면 내리 산 47
광해군	영의정	서산鄭씨	鄭仁弘	下,月	경남 합천군 가야면 야천리 산 130-2
광해군	좌의정	청주韓씨	韓孝純	上,月	경기 성남시 분당구 서현동 산 63-1
광해군	우의정	양주趙씨	趙 挺	下,月	경북 상주시 낙동면 승곡리 산 54-1
광해군	좌의정	동래鄭씨	鄭昌衍	上,月	서울 동작구 사당동 산 32-83
광해군	영의정	밀양朴씨	朴承宗	下,月	경기 고양시 덕양구 성사동 632-10
인조	우의정	청주韓씨	韓浚謙	下,月	경기 시흥시 거모동 산 62-4
인조	영의정	해주吳씨	吳允謙	下,月	경기 용인시 처인구 오산리 산 5
인조	우의정	안동金씨	金尙	下,月	경기 남양주시 와부읍 덕소리 산 6
인조	좌의정	연안李씨	李廷龜	下,星,月	경기 가평군 상면 태봉리 산 115-1
인조	영의정	평산申씨	申 欽	下,月	경기 광주시 퇴촌면 영동리 산 12-46

왕	직위	본관	성 명	혈처	지 번
인조	영의정	청송沈씨	沈 悅	下,月	경기 양평군 강상면 세월리 산 7
인조	영의정	춘천金씨	金 瑬	下,月	경기 안산시 단원구 와동 산 17
인조	영의정	남양洪씨	洪瑞鳳	上,月	경기 남양주시 남면 상수리 55-1
인조	우의정	달성徐씨	徐景雨	下,月	경기 포천시 소흘읍 승우리 산 28-6
인조	영의정	평산申씨	申景積	下,月	서울 중랑구 망우동 산 69-1
인조	좌의정	의령南씨	南以雄	下,月	충남 공주시 반포면 봉곡리 산 5-2
인조	우의정	금천姜씨	姜碩期	下,月	경기 광명시 노온사동 산 141-3
인조	영의정	전주李씨	李聖求	下,月	경기 양주시 장흥면 삼하리 산 90-1
인조	영의정	전주李씨	李敬輿	下,月	경기 포천시 내촌면 음현리 산 31-3
인조	영의정	전주崔씨	崔鳴吉	下,月	충북 청원군 북이면 대율리 253-3
인조	우의정	덕수張씨	張 維	下,月	경기 시흥시 조남동 산 1-5
인조	우의정	전의李씨	李行遠	下,月	경기 양평군 서종면 수능리 산 2-1
인조	영의정	전주李씨	李景奭	下,月	경기 성남시 분당구 석운동 산 16-18
효종	좌의정	안동金씨	金尙憲	下,月	경기 남양주시 와부읍 덕소리 산 5
효종	좌의정	풍양趙씨	趙 翼	下,月	충남 예산군 신양면 신양리 산 33-1
효종	영의정	청풍金씨	金 堉	下,月	경기 남양주시 삼패동 산 41-9
효종	영의정	연안李씨	李時白	下,月	충남 천안시 광덕면 매당리 산 11-4

왕	직위	본관	성명	혈처	지 번
효종	좌의정	원주元氏	元斗杓	下,月	경기 여주시 북내면 장암리 산 1-1
효종	우의정	전주李氏	李厚源	下,月	서울 강남구 자곡동 산 39-19
현종	우의정	연일鄭氏	鄭維城	下,月	인천 강화군 양도면 하일리 산 66-4
현종	좌의정	은진宋氏	宋時烈	下,月	충북 괴산군 청천면 청천리 산 7-1
현종	좌의정	동래鄭氏	鄭致和	上,月	경기 군포시 속달동 산 1-13
현종	영의정	안동金氏	金壽興	下,月	경기 남양주시 이패동 산 11
현종	영의정	남양홍氏	洪重普	下,月	경기 양평군 용문면 화전리 산 24
숙종	우의정	양천許氏	許 穆	下,月	경기 연천군 왕징면 강서리 산 90
숙종	좌의정	여흥閔氏	閔 熙	上,日	경기 양평군 양서면 부용리 산 39-4
숙종	우의정	전의李氏	李尙眞	下,月	서울 노원구 하계동 산 16-1
숙종	우의정	우봉李氏	李 翩	下,月	경기 용인시 처인구 이동면 천리 산 57-1
숙종	좌의정	여흥閔氏	閔鼎重	下,月	경기 여주시 상거동 산 21-8
숙종	영의정	의령南氏	南九萬	下,月	경기 용인시 모현면 초부리 산 1-5
숙종	우의정	파평尹氏	尹 拯	下,月	충남 공주시 계룡면 향지산 11-11
숙종	우의정	동북吳氏	吳始壽	上,月	충남 공주시 우성면 단지리 산 37-1
숙종	좌의정	양주趙氏	趙師錫	下,月	충남 예산군 대흥면 갈신리 산 7-1
숙종	우의정	청풍金氏	金錫胄	下,月	경기 광주시 남종면 귀여리 산 75-31

왕	직위	본관	성 명	혈처	지 번
숙종	우의정	고령申씨	申翼相	下,星,月	경기 동두천시 상패동 산 56
숙종	좌의정	용인李씨	李世白	上,月	경기 남양주시 와부읍 도곡리 산 73
숙종	우의정	여흥閔씨	閔黯	下,月	경기 양평군 양서면 부용리 산 42-3
숙종	영의정	문화柳씨	柳尙運	下,月	경기 양평군 옥천면 용천리 산 26-1
숙종	우의정	풍양趙씨	趙相愚	下,月	경기 남양주시 진건읍 송능리 3
숙종	좌의정	안동權씨	權尙夏	下,月	충북 충주시 동량면 손동리 산 29
숙종	영의정	덕수李씨	李畬	下,月	경기 양평군 양동면 계정리 산 85-1
숙종	영의정	평산申씨	申琓	下,月	경기 광주시 곤지암읍 신대리 산 15-1
숙종	우의정	양주趙씨	趙泰采	下,月	충남 서천군 서천읍 구암리 152-7
숙종	좌의정	전주李씨	李健命	下,月	경기 파주시 맥금동 432-26
경종	영의정	양주趙씨	趙泰耈	下,月	충남 예산군 대율리 산 18-1
영조	좌의정	전주李씨	李觀命	上,日	경기 파주시 탄현면 법흥리 산 133
영조	좌의정	청송沈씨	沈壽賢	下,星,月	경기 파주시 광탄면 마장리 산 49-2
영조	우의정	덕수李씨	李集	下,月	서울 도봉구 방학동 산 69-1
영조	좌의정	여흥閔씨	閔鎭遠	下,月	경기 안성시 죽산면 칠장리 산 81-2
영조	좌의정	풍양趙씨	趙顯命	上,星,日	충남 보령시 성주면 성주리 산 3-1
영조	좌의정	청풍金씨	金若魯	上,星,月	경기 과천시 갈현동 산 19-1

왕	직위	본관	성명	혈처	지 번
영조	우의정	여흥閔氏	閔百祥	上,月	경기 안성시 죽산면 칠장리 산 81-2
영조	영의정	풍산洪氏	洪鳳漢	下,月	경기 고양시 일산동구 문봉동 산 17-2
영조	우의정	해주吳氏	吳命恒	上,月	경기 용인시 모현면 오산리 산 5
정조	좌의정	기계俞氏	俞彦鎬	下,月	경기 안성시 대덕면 건지리 286-43
정조	영의정	청송沈氏	沈煥之	下,月	경기 용인시 처인구 유방동 808-1
정조	영의정	용인李氏	李在協	下,月	경기 가평군 가평읍 대곡리 산 3-1
정조	영의정	덕수李氏	李秉模	上,日	경기 양평군 영서면 복포리 337
순조	영의정	달성徐氏	徐邁修	下,月	경기 광주시 목현동 산 25
순조	좌의정	경주李氏	李敬一	上,月	경기 가평군 율길리 산 47
순조	영의정	연안金氏	金載瓚	下,月	경기 파주시 문산읍 이천리 산 28-12

(196명)

*위의 표 혈처에서 上은 명혈명당의 상혈처, 下는 명혈명당의 하혈처, 日은 명혈명당의 일월혈지의 일혈자리, 月은 명혈명당의 일월혈지의 월혈 자리, 星은 명혈명당의 성혈지를 표시한 것임.

조선시대 삼정승을 역임한 366명의 묏자리에 대해 명혈명당 유 무有無를 탐지 한 바로는 약 53.6%인 196명이 천조명당의 역량을 가진 명혈명당 자리에 묘가 조성되어 있었다. 명혈명당 자리에 묘가 조성된 삼정승 196명 중 영의정을 역임한 분들은 87명으로 전체의 44.4%이며, 좌의정을 역임한 분들은 63명으로 32.1%였고, 우의 정을 역임한 분들은 46명으로 23.5%였다.

조선시대에서 천조명당의 역량을 가진 명혈명당 자리에 묘가 조성된 삼정승들을 조사해 보면 조선 초기인 태조부터 중기인 17대 효종까지 삼정승을 역임한 193명 중 78.2%인 151명이 명혈명당 자리에 묘가 조성되어 있었으며, 34명은 묘의 위치가 확인되지 않아 조사가 불가능하였고, 7명의 묘는 명당자리가 아닌 것으로 조사되었다. 따라서 조선 초기부터 중기인 17대 효종까지는 풍수지리가 양반사회에 널리 보급되어 있었고 조정에서도 풍수사들을 시험에 의해 선발하여 지관地官이라는 관직을 만들어 등용함에 따라 조선시대의 관료사회와 양반사회에서도 풍수지리에 대한 관심이 커져 풍수사들을 통해 명당자리를 알선 받는 등 조상의 묘를 명당자리에 조성해야 명당발복을 받을 수 있다는 풍조風潮가 자연스럽게 퍼져 있던 시기라 할 수 있다. 조선시대의 삼정승을 역임한 분들의 묘가 조성된 지역을 보면 대부분이 당시의 도읍지인 한양과 가까운 지역으로 현재의 서울과 경기도 지역에서 명당자리를 찾아 묘를 조성한 것으로 보여진다.

조선 중기 초반까지는 관직을 가진 양반 가문에서는 조상과 본인들의 묘를 지관들을 통해 한양에서 가까운 지역의 산에서 명당자리를 찾아 묘를 조성함으로써 후손들이 대를 이어 정승, 판서, 대제학 및 관찰사 등 조선의 주요 관직에 오른 인물들이 계속 배출되어 음택지 명당이 명당발복을 주도하면서 명당은 다시 명당을 불러 들여 명당발복이 계속 이어지는 현상이 나타난 시기라 할 수 있다. 아울러 조선시대 초기 풍수사들은 명당자리를 찾는 기법이 상당한 수준이었다는 것이 명당자리에 조성된 삼정승 묘에서 입증되고 있다.

즉, 조사 대상자 193명 중 묘의 위치를 찾지 못한 34명을 제외한 159명의 95%인 151명이 천조명당의 역량을 가진 명혈명당 자리에 묘가 조성되어 있다는 것은 신안神眼이나 도안道眼을 가진 풍수사들이 그 시기에 많이 있었다는 것을 말해주는 물증物證이라 할 수 있다. 그러나 이러한 혜안慧眼을 가진 풍수사들이 왜 조선왕조의 왕릉에는 태조 이성계가 영원히 잠든 건릉을 제외하고는 조선시대의 왕들은 천하대지라고 전해오는 대명당 자리에 왕릉이 조성되지 못했는지가 의문으로 남는다. 아울러 이러한 혜안을 가진 풍수사들이 명당자리를 찾는 비법을 전수하지 못한 것인지, 비법을 남겼는데 전해오지 못한 것인지, 왜 오늘날의 풍수지리가 조선시대보다 발전되지 못했는지 등에 대하여 필자로서는 강한 의문을 가질 수밖에 없다.

조선 후기인 18대 현종 때부터 대한제국까지는 삼정승을 역임한 173명중 24.3%인 42명만이 천조명당의 역량을 가진 명혈명당 자리에 묘가 조성되어 있었고, 73명의 삼정승들은 묘의 위치를 찾을 수 가 없었으며, 61명의 삼정승들의 묫자리는 명당자리가 아닌 것으로 조사되었다. 따라서 묘를 찾지 못한 삼정승들과 명당자리가 아닌 곳에 묘를 조성한 삼정승들을 합하면 모두 134명의 묘가 사실상 무혈지無穴地에 조성된 것이 아닌가 여겨진다.

이와 같은 현상으로는 조선 후기後期인 17세기 후반 중국으로부터 실학實學이 전래됨으로써 풍수지리학이 쇠퇴하기 시작 되었다고 볼 수 있다. 즉, 실학을 공부한 사람들은 풍수지리가 백성들을 현혹시키는 허황虛荒된 일로 치부恥部됨으로써 실학을 접한 사대부士大夫들을 중심으로 풍수를 배척排斥하는 풍조가 퍼지게 되어 조선 후기부터는 풍수사들의 입지가 약화되면서 사기가 저하되고 이로 인해 풍수사들의 역량도 떨어지면서 불신을 받게 되어 일반 백성들까지도 풍수를 불신하는 계기가 되었고, 일제 강점기를 거치면서 풍수는 더욱 왜곡되어 미신으로까지 선전되어 현재까지 우리나라의 풍수지리가 불신을 받아 발전되지 못한 결과를 가져온 것이 아닌가

하는 추측을 할 수 밖에 없게 되었다.

그러나 조선 전기前期의 풍수사들이 명당자리를 찾는 혜안은 높이 살만 하지만 모든 명당자리는 음과 양으로 이루어진 쌍혈명당이고, 74개의 혈자리가 한 곳에 모여 있는 명혈명당이 쌍혈명당보다 훨씬 많다는 사실을 인지認知하지 못한 것이 아닌가 하는 의문을 가져 보게 된다. 다시 말하면 조선시대 삼정승들의 묘가 조성된 곳을 답사하거나 탐지해 보면 삼정승 부부의 묘가 좌우로 나란히 조성되어 있는 곳이 많았다. 그런데 대부분의 삼정승 묘는 쌍혈명당의 오른쪽에 있는 음혈인 월혈자리에 정확히 조성되어 있었으나 삼정승 묘로부터 왼쪽으로 대략 6m에서 15m 정도 떨어진 양혈인 일혈자리가 있는데도 생기보호맥이 감도는 비혈지에 삼정승들의 부인묘가 조성되어 있었다는 것은 명당자리를 찾는데 음양의 법칙을 간과看過한 것이 아닌가 하는 생각이 들었다. 또한 명혈명당의 일월혈지 아래로 대략 6m에서 10m정도 떨어진 곳에 한 줄에 8개씩 9줄로 72개의 천조명당이 모여있는 성혈지가 있는데도 혈자리를 찾지 못하고 비혈지인 삼정승 묘의 바로 밑에 수맥이 흐르는 곳에 묘를 조성하는 우愚를 범한 것을 볼 수 있어 조선시대에서는 명혈명당의 존재 여부를 인지認知 하지 못한 것이 아닌가 하는 추측을 할 수 밖에 없다.

조선시대 삼정승들의 출신 지역을 보면 366명 중 32.8%인 120명이 영남지역 출신이었고 호남지역은 8%인 30명이었으나 삼정승들의 묘가 조성되어 있는 곳을 보면 77%인 151명이 서울과 경기도 지역에 묘를 조성하였으며, 충청도(세종, 충북, 충남) 33명 (17%), 경상도(대구, 경북, 경남) 10명(5%), 인천 1명, 강원 1명이며, 호남인 광주, 전북, 전남 지역에는 한 곳도 없었다.

(2) 조선시대 삼정승 묘의 명당발복

조선시대 삼정승을 역임한 196명의 묘가 조성된 혈처와 혈자리를 보면 명혈명당의 상혈처에는 19.4%인 38명의 묘가 조성되어 있었고, 하혈처에는 80.6%인 158명의 묘가 조성되어 있었으나 이상하게도 좌혈처와 우혈처에 조성된 묏자리는 한 곳도 없었다. 아울러 조선시대 삼정승을 역임한 196명의 묏자리가 명혈명당의 일월혈지에 조성되어 있는지 아니면 72개의 천조명당자리가 모여 있는 성혈지에 조성되어 있는지를 조사한 바로는 93.9%인 184곳이 일월혈지에 조성되어 있었고 성혈지에는 6.1%인 12곳 뿐이었다.

또한 조선시대의 삼정승을 역임한 196명의 묏자리에 대해 음양의 혈자리를 조사한 바로는 양혈인 일혈자리에 조성된 삼정승 묘는 5.6%인 11곳에 불과하였으나 음혈陰穴인 월혈자리에 조성된 묘는 185곳으로서 94.4%나 되어 조선시대 삼정승 묘의 대부분이 음혈인 월혈자리에 조성되어 있었다는 것을 확인 할 수 있었다. 다음의 표는 조선시대 삼정승 묘가 조성된 명혈명당의 혈처와 혈자리를 조사한 것이다.

조선시대 삼정승 묘의 명혈명당 혈처 및 혈자리 현황

(단위:곳)

구 분	혈 처			혈자리			성혈지
	上	下	계	日	月	계	星
영의정	16	71	87	5	82	87	4
좌의정	17	46	63	4	59	63	5
우의정	5	41	46	2	44	46	3
계	38	158	196	11	185	196	12

*위의 표 혈처에서 上은 명혈명당의 상혈처, 下는 명혈명당의 하혈처,

혈자리의 日은 명혈명당의 일혈자리, 月은 명혈명당의 월혈자리, 성혈지의 星은 명혈명당의 성혈자리를 표시한 것임.

위의 표를 분석해 보면 조선시대 삼정승을 역임한 분들의 묘는 대부분이 천조명당의 역량을 가진 명혈명당의 월혈자리에 조성되어 있었다. 다시 말하면 조선시대 삼정승 묘의 명당발복을 풍수지리학적인 관점에서 분석해 보면 삼정승들의 묘가 명혈명당의 월혈자리에 조성된 이후부터 후손들은 가문의 명예와 자신들이 속하는 조직을 지키려고 하는 자존심 강한 사대부 양반들이 많이 배출 됨으로써 조선시대에서는 나의 주장은 옳고 다른 사람의 주장은 그르다는 즉, 서로가 잘 났다고 경쟁하는 파벌을 만들어 당쟁만을 일삼아 사대부들이 조선의 왕정을 농단壟斷하는 당쟁黨爭으로 끌고 감으로써 조선사회의 발전에 큰 저해요소가 되어 왔으며, 해방 이후에도 당파싸움은 계속되어 좌파와 우파들 즉, 보수와 진보의 이념싸움으로 국가가 혼란에 휩싸이면서 6.25라는 민족상쟁의 대참사를 겪었으며, 현재에도 보수와 진보의 피나는 정쟁政爭과 이념理念싸움이 계속되고 있어 대한민국의 발전에 암적 존재가 되고 있는 작금昨今의 현실에는 조상들의 묏자리가 명예로 발복이 날 확률인 높은 음혈인 월혈자리에 치우쳐 조성됨으로써 발생하는 명당발복의 부정적인 발현현상에 기인된 것도 있었을 것으로 추정해 볼 수 있다. 만약 조선시대 삼정승들이나 부인婦人들의 묘가 부富로 발복이 날 확률이 높은 양혈인 일혈자리에 많이 조성되었더라면 지금 보다는 좀 더 일찍이 지구촌을 누비는 세계적인 기업가들이 많이 배출되어 부를 축적함으로써 우리나라 경제발전에 크게 기여했을 것으로 여겨지며 아울러 세계적인 재벌도 지금보다는 더 많이 나왔을 것으로 추정해 볼 수 있다.

3. 조선시대 고위 관직 역임자의 음택지 명당발복

(1) 조선시대 고위 관직 역임자 조상 묘의 명혈명당 현황

조선시대 고위 관직인 삼정승, 판서, 대제학, 장군, 관찰사, 참판 등 오늘날 대한민국의 관직과 비교해 차관급 이상을 역임한 분들의 조상(고조부모, 증조부모, 조부모, 부모) 묘를 대상으로 천조명당의 역량을 가진 명당 여부를 조사한 바, 고위 관직을 역임한 200명의 조상 묘가 명혈명당 자리에 조성되어 있는 것이 확인되었다. 물론 조선시대 고위 관직을 역임한 분들의 조상 묘의 위치가 확인된 분들에 한해 조사한 것이므로 조상의 묘가 명당자리에 조성된 분들은 이보다 더 많이 있을 것으로 추정된다.

조사 사항으로는 고위 관직을 역임한 조상의 묘가 어떤 종류의 명당자리에 조성되어 있는지, 묏자리는 어떤 혈처에 조성되어 있는지, 명당발복은 몇 대째의 후손에서 발현發現되었는지 등을 조사하였다. 이러한 조사는 현장답사와 인터넷을 통해 명당자리 여부를 조사하고, 해당 가문의 가계도나 주요 세계도 등을 참고하여 명당발복이 몇 대 후손에서 발현 되었는지 즉, 어떤 조상 묘에 의해 어떤 후손들이 어떻게 명당발복이 나타났는지 등을 조사하였다.

조사 대상으로는 조선시대 고위 관직을 역임한 분들의 조상 묘의 위치가 알려진 묘에 한해서만 명당 유무를 조사했기 때문에 조사대상에서 제외된 분들은 조상 묘의 위치를 알지 못했거나 위치를 알았더라도 천조명당인 대명당 자리가 아니었거나 또는 혈자리가 아닌 곳에 조상의 묘를 조성한 분들이다. 조상대상 묘는 조부모 묘, 증조부모 묘, 고조부모 묘를 중심으로 조사 하였다. 다시 설명하자면 조부모, 증조부모, 고조부모의 묘가 천조명당 자리에 조성된 경우 어떤 선대先代의 묘에 의해 어떤 후대後代 즉, 자식, 손자, 증손자, 고손자 등 4대까지의 후손들 중에서 가장 뚜렷하게 명당발복이 나타났는지를 확인하여 명당발복을 주도하고 있는 조상의 묘가 몇 대 조상인지 명당발복을 받은 후손은 몇 대 후손인지 등을 확인하여 명당발복의 발현 현상을 찾아보고자 한 것이다.

조사대상의 묘를 조선시대 고위 관직을 역임했던 분들의 묘를 대상으로 했기 때문에 대부분이 남성이고 여성 즉, 조사대상 남성의 배우자의 묘는 한 곳에 단분單墳이나 쌍분雙墳으로 합장한 경우에만 조사대상이 되었다. 따라서 배우자의 묘를 다른 곳에 따로 조성한 경우에는 묘의 위치를 알지 못해 별도로 조사하지 못했기 때문에 조선시대에 고위 관직을 역임한 분들의 배우자들에 대한 명당발복의 발현에 대해서는 제외할 수 밖에 없었다.

조선시대 고위 관직을 역임한 200명의 조상 묘가 조성된 지역별 분포를 보면 경기와 서울지역이 전체의 약 77.5%인 155명으로 가장 많았고, 다음은 영남지역이 21명으로 10.5%였으며, 충청지역이 17명으로 8.5%이고, 호남지역은 6명으로 3%였으며, 강원지역은 1명으로 0.5%에 불과하였다. 따라서 조선시대 고위 관직을 역임한 분들의 조상 묘는 조선의 도읍지인 한양과 가까운 경기지역과 서울지역에 집중되어 있었음을 볼 수 있으며, 영남지역이 충청지역과 호남지역보다 많은 것은 조선시대에 세도 명문가문이 많았던 지역이어서 한양에서 멀리 떨어져 있는데도 조상들의 유해를 고향에다 모시게 된 것이 아닌가 추정해 볼 수 있다.

그러나 조사에는 약간의 오류가 있을 것으로 본다. 즉, 조사대상을 조상 4대와 후손 4대로 한정 했으며, 명당발복이 손자, 증손자 및 고손자 중에서 어느 한 대에만 국한되어 명당발복이 일어났는지 아니면 계속해서 명당발복이 이어졌는지 조상 묘의 2기 이상이 각기 다른 천조명당이나 지조명당 등 역량이 다른 명당이거나, 같은 역량의 명당이 2곳 이상 조성 되었거나, 또한 한 곳의 묘에서 명당 발복이 한 대에 한해서만 일어났는지 아니면 2-3대에 걸쳐 명당발복이 나타났는지에 대한 입증을 할 수 없는 등 여러 변수가 있기 때문이다.

조선시대의 고위 관직 역임자 200명의 관직별 인원은 삼정승 151명(영의정 75명, 좌의정 43명, 우의정 33명) 좌찬성 5명, 우찬성 1명, 판서 17명, 좌참찬 1명, 대제학 5명, 참판 8명, 대사헌 5명, 관찰사 6명, 부제학 2명 등을 대상으로 하였다. 조선시대 관직에는 영의정, 좌의정, 우의정을 삼정승으로 불렀으며 현재의 국무총리에 해당하는 관직이다. 좌찬성 등에는 우찬성을 포함한 숫자로 현재의 부총리에 해당하는 관직이며, 판서 등에는 좌참찬과 대제학이 포함된 숫자로 현재의 장관에 해당하는 관직이고, 참판 등에는 대사헌, 관찰사, 부제학이 포함된 숫자로서 현재의 차관급에 해당하는 관직들이다. 아래의 "조선시대 고위 관직 역임자 조상 묘의 명혈명당 현황"에서 잘못된 것이 있거나 오기 등이 있다면 이 지면을 통해 사과 드린다.

조선시대 고위 관직 역임자 조상 묘의 명혈명당 현황

관직	성명	조상묘	혈처	지 번
영의정	정창손	조부 정부 묘	下,月	경기 남양주시 진접읍 장현리 산 99
영의정	성석린	고조부 성송국 묘	下,月	경남 창녕군 이방면 우목리
영의정	심덕부	증조부 심홍부 묘	上,月	경북 청송군 청송읍 덕리 산 33
영의정	심 온	증조부 심연 묘	下,月	전북 익산시 함열읍 남당리 산 64-1

관직	성명	조상묘	혈처	지 번
영의정	심 회	증조부 심용 묘	下,月	경기 안성시 당왕동 산 19-6
영의정	심연원	증조부 심회 묘	上,月	경기 파주시 월롱면 영태리 1-1
영의정	심 열	조부 심강 묘	下,月	경기 김포시 통진면 옹정리
영의정	윤사흔	증조부 윤섭 묘	下,月	경기 시흥시 사현동 산 66
영의정	박원종	증조부 박석명 묘	下,月	경기 파주시 군내면 점원리 산 14-2
영의정	남 재	고조부 남군보 묘	上,月	경남 의령군 의령읍 서동리 400
영의정	남 곤	증조부 남을진 묘	上,月	경기 양주시 은현면 봉암리 산 50-2
영의정	이 직	증조부 이조년 묘	上,月	경북 고령군 운수면 대평리 산 60
영의정	한명회	증조부 한수 묘	下,月	경기 파주시 진동면 서곡리 산 87
영의정	신숙주	조부 신포시 묘	下,月	전남 곡성군 오산면 가곡리 산 60-1
영의정	이 준	고조부 이성계 묘	下,星,月	경기 구리시 인창동 66-11
영의정	강맹경	조부 강회백 묘	下,月	경기 연천군 왕징면 강내리 산 175-3
영의정	이극배	증조부 이집 묘	上,月	경기 성남시 중원구 하대원동 243-11
영의정	이능경	증조부 이지직 묘	上,月	경기 성남시 중원구 하대원동 187-2
영의정	노사신	조부 노한 묘	上,月	경기 파주시 파주읍 백석리 132-6
영의정	홍서봉	조부 홍춘경 묘	上,星,月	경기 양주시 남면 상수리 산 55-1
영의정	홍명하	조부 홍성민 묘	下,月	경기 여주시 금사면 이포리 산 14-2

관직	성명	조상묘	혈처	지 번
영의정	홍언필	증조부모 홍익생 묘	下,月	경기 화성시 서신면 홍법리 산 30
영의정	홍치중	조부 홍중보 묘	下,月	경기 양평군 용문면 화전리 산 24
영의정	심 정	증조부 심귀령 묘	下,月	경기 파주시 월롱면 영태리
영의정	김흥경	증조부 김홍욱 묘	下,月	충남 서산시 대산읍 대로리 산 1-1
영의정	류성용	조부 류공작 묘	上,月	경북 군위군 군위읍 외량리 산 10
영의정	심수현	증조부 심억 묘	下,月	경기 파주시 광탄면 마장리 산 49-2
영의정	김상복	증조부 김만균 묘	下,月	충남 홍성군 서부면 이호리 산 76-1
영의정	김창집	증조부 김상헌 묘	下,月	경기 남양주시 와부읍 덕소리 산 5
영의정	김홍근	증조부 김달행 묘	上,月	경기 양평군 개군면 향리 128-3
영의정	김좌근	증조부 김달행 묘	上,月	경기 양평군 개군면 향리 128-3
영의정	김병시	고조부 김달행 묘	上,月	경기 양평군 개군면 향리 128-3
영의정	김수동	고조부 김사형 묘	上,月	경기 양평군 양서면 목왕리 산 49
영의정	이준경	증조부 이극감 묘	下,月	충북 충주시 동량면 대전리 산 90-1
영의정	정광필	조부 정사 묘	下,月	경북 예천군 지보면 도장리 산 38
영의정	황 희	조부 황균비 묘	下,月	전북 남원시 대강면 풍산리 산 8-2
영의정	황수신	증조부 황균비 묘	下,月	전북 남원시 대강면 풍산리 산 8-2
영의정	정태화	증조부 정유길 묘	上,月	서울 동작구 사당동 산 32-83

관직	성명	조상묘	혈처	지 번
영의정	김 육	증조부 김덕수 묘	下,月	경기 남양주시 삼패동 산 29-1
영의정	김재로	조부모 김징 묘	上,月	경기 의왕시 왕곡동 산 27
영의정	김상로	조부모 김징 묘	上,月	경기 의왕시 왕곡동 산 27
영의정	김치인	증조부모 김징 묘	上,月	경기 의왕시 왕곡동 산 27
영의정	권 철	증조부 권람 묘	上,月	충북 음성군 생극면 방축리 388-2
영의정	이유원	조부 이석규 묘	下,月	경기 남양주시 수동면 송청리 산 96-4
영의정	장순손	조부 장경원 묘	上,月	전북 순창군 동계면 수정리 산 49
영의정	김 전	증조부 김자지 묘	下,月	경기 양평군 강하면 왕창리 산 27
영의정	윤인경	증조부 윤돈 묘	上,月	경기 성남시 수정구 금토동 산 44
영의정	홍언필	증조부 홍익생 묘	下,月	경기 화성시 서신면 홍법리 산 30
영의정	윤원형	조부 윤욱 묘	下,月	경기 파주시 다율동 45-12
영의정	이 기	조부 이추 묘	下,月	경기 파주시 문산읍 사목리
영의정	이 탁	조부 이맹희 묘	下,月	경기 양주시 남면 한산리 산 3
영의정	박 순	조부 박지흥 묘	下,月	광주 서구 서창동
영의정	이양원	조부 이천수 묘	上,月	서울 강남구 수서동 산 10-1
영의정	최흥원	증조부 최항 묘	下,月	경기 파주시 퇴촌면 도마리 산 11-1
영의정	이산해	증조부 이장윤 묘	下,月	경기 성남시 분당구 수내동 65

관직	성명	조상묘	혈처	지 번
영의정	유성룡	조부 유공작 묘	上,月	경북 군위군 군위읍 외량리 산 10
영의정	이원익	증조부 이정은 묘	下,月	경기 고양시 덕양구신원동 산 16-35
영의정	윤승훈	증조부 윤훤 묘터	下,月	경기 오산시 세교동 산 42
영의정	유영경	증조부 유헌 묘	上,月	경기 의정부시 고산동 산 117-3
영의정	이항복	조부 이예신 묘	下,月	경기 포천시 가산면 금현리
영의정	기자헌	증조부 기준 묘	下,月	경기 고양시 덕양구 성사동 21-2
영의정	정인홍	조부 정언우 묘	上,月	경남 합천군 가야면 황산리 산 6-1
영의정	박승종	증조부 박충원 묘	下,月	경기 고양시 덕양구 주교동 17-1
영의정	오윤겸	증조부 오옥정 묘	下,月	경기 용인시 처인구 원삼면 죽능리
영의정	이성구	증조부 이유 묘	下,星,月	서울 강남구 수서동 산 10-1
영의정	이경여	증조부 이구수 묘	下,月	경기 포천시 내촌면 내리 산 8-13
영의정	이경서	증조부 이계수 묘	下,月	서울 동작구 사당동 산 44-7
영의정	이시백	조부 이정화 묘	下,月	경기 고양시 덕양구 원당동 산 32-1
영의정	이 여	증조부 이안성 묘	下,月	경기 양평군 양동면 쌍학리 산 9-1
영의정	신 완	조부 신주 묘	下,月	경기 의정부시 고산동 383-1
영의정	조태설	조부 조계원 묘	下,月	충남 연기군 전동면 송정리 산 66
영의정	이재협	증조부 이의진 묘	下,月	경기 남양주시 이패동 산 10-9

관직	성명	조상묘	혈처	지 번
영의정	이병모	증조부 이자 묘	上,月	경기 용인시 기흥구 지곡동 산 11-17
영의정	서만수	증조부 서문택 묘	下,月	충남 아산시 송악면 유곡리
영의정	유 부	조부 유양 묘	上,月	서울 도봉구 도봉동 산 54
	(75명)			
좌의정	남 지	증조부모 남을번묘	下,月	경기 남양주시 별내동 282-7
좌의정	이 원	증조부 이우 묘	下,月	경기 성남시 고등동 478-2
좌의정	이극균	증조부 이집 묘	上,月	경기 성남시 중원구 하대원동 243-11
좌의정	박숭질	조부 박은 묘	下,月	경기 파주시 문산읍 당동리 산 57-1
좌의정	정치화	증조부 정유길 묘	上,月	서울 동작구 사당동 산 32-83
좌의정	정지화	증조부 정유길 묘	上,月	서울 동작구 사당동 산 32-83
좌의정	정석오	고조부 정창연 묘	下,月	서울 동작구 사당동 산 32-83
좌의정	정유길	조부 정광필 묘	下,月	경기 군포시 속달동 산 3-1
좌의정	정창연	증조부 정광필 묘	下,月	경기 군포시 속달동 산 3-1
좌의정	송시열	증조부 송지수 묘	下,月	충북 서원구 남이면 문동리 산 114-2
좌의정	김병덕	고조부 김달행 묘	上,月	경기 양평군 개군면 향리 128-3
좌의정	김흥근	증조부 김달행 묘	上,月	경기 양평군 개군면 향리 128-3
좌의정	김이소	조부 김제겸 묘	下,月	경기 여주시 대신면 초현리 산 12-5

관직	성명	조상묘	혈처	지 번
좌의정	김 질	증조부 김사형 묘	上,月	경기 양평군 양서면 목왕리 산 49
좌의정	박세체	조부 박동량 묘	下,月	경기 시흥시 군자동 산 22-2
좌의정	정 괄	증조부 정부 묘	上,月	경기 남양주시 진접읍 장현리 산 99
좌의정	김상헌	조부 김생해 묘	下,月	경기 남양주시 와부읍 덕소리 산 5
좌의정	김종수	고조부모 김징 묘	上,月	경기 의왕시 왕곡동 산 27
좌의정	김약로	조부모 김징 묘	上,月	경기 의왕시 왕곡동 산 27
좌의정	권 람	증조부 권희 묘	下,月	경기 고양시 덕양구 성사동 269-4
좌의정	이극균	증조부 이집 묘	上,月	경기 성남시 중원구 하대원동 243-11
좌의정	심통원	증조부 심회 묘	上,月	경기 파주시 월롱면 영태리 1-1
좌의정	어세겸	조부 어변갑 묘	下,月	경남 함안군 산인면 내인리 35
좌의정	정 괄	증조부 정부 묘	下,月	경기 남양주시 진접읍 장현리 산 99
좌의정	신수근	조부 신전 묘	下,月	경기 남양주시 오남읍 산 65
좌의정	김응기	조부 김지 묘	下,月	강원 원주시 지정면 판대리
좌의정	이유청	증조부 이숙야 묘	下,月	경기 고양시 덕양구 성사동 82-7
좌의정	안 당	조부모 안경 묘	下,月	충북 청양군 청남면 천내리 산 82
좌의정	이 행	조부 이추 묘	下,月	경기 파주시 문산읍 사목리
좌의정	김안로	조부 김해 묘	下,月	경기 고양시 덕양구 원당동

관직	성명	조상묘	혈처	지 번
좌의정	이 명	조부 이신 묘	下,月	서울 도봉구 방학동
좌의정	유 홍	증조부 유기창 묘	下,月	충남 서천군 비이면 남당리
좌의정	김명원	조부 김천령 묘	下,月	경기 고양시 덕양구 벽제동
좌의정	심희수	증조부 심순문 묘	下,月	경기 김포시 통진읍 옹정리
좌의정	한효수	증조부 한사무 묘	上,月	경기 성남시 분당구 분당동 산 64-1
좌의정	김상헌	증조부 김번 묘	上,月	경기 남양주시 와부읍 덕소리 산 5
좌의정	이정구	조부 이순장 묘	下,月	경기 용인시 처인구 모현면 능인리
좌의정	송시열	증조부 송구수 묘	下,月	충북 청주시 남이면 문동리 산 114-2
좌의정	민현중	증조부 민여준 묘	下,月	경기 남양주시 일패동
좌의정	이세백	조부 이후연 묘	下,月	경기 포천시 내촌면 내리
좌의정	민진원	조부 민광훈 묘	下,月	경기 남양주시 일패동 산 73-17
좌의정	유언호	조부 유명건 묘	下,月	경기 안성시 고삼면 삼은리 산 2-1
좌의정	이경일	증조부 이세장 묘	上,月	충남 공주시 우성면 내산리 5-3
(43명)				
우의정	정재숭	고조부 정유길 묘	上,月	서울 동작구 사당동 산 32-83
우의정	강귀손	증조부 강회백 묘	下,月	경기 연천군 왕징면 강내리 산 175-3
우의정	허 종	조부 허공 묘	下,月	경북 구미시 무을면 안곡리 산 10

관직	성명	조상묘	혈처	지 번
우의정	권 진	증조부모 권혁 묘	下,月	충북 충주시 대소원면 검단리 산 52-1
우의정	조영무	고조부 조지수 묘	上,月	충남 홍성군 홍북면 대인리 559-2
우의정	김 희	고조부 김만증 묘	上,月	충남 논산시 양촌면 모촌리 산 39-1
우의정	이인손	조부 이집 묘	上,月	경기 성남시 중원구 하대원동 243-11
우의정	윤사흔	조부 윤승례 묘	上,星,月	경기 파주시 교하동 산 4-20
우의정	윤사분	조부 윤승례 묘	上,星,月	경기 파주시 교하동 산 4-20
우의정	윤 호	조부 윤곤 묘	下,月	경기 파주시 파주읍 연풍리 산 81-1
우의정	정지연	증조부 정광필 묘	下,月	경기 군포시 속달동 산 3-1
우의정	김수주	고조부 김비 묘	下,月	경기 남양주시 삼패동 산 29-1
우의정	정재숭	증조부 정창연 묘	上,月	서울 동작구 사당동 산 32-83
우의정	정문형	증조부 정도전 묘	下,月	서울 서초구 서초동 산 23-6
우의정	김상용	조부 김번 묘	上,月	경기 남양주시 와부읍 덕소리 산 5
우의정	김 구	조부 김징 묘	上,月	경기 의왕시 왕곡동 산 27
우의정	성봉조	증조부 성여완 묘	下,月	경기 포천시 신북면 고일리 산 24
우의정	김 감	증조부 김자지 묘	下,月	경기 양평군 강하면 왕창리 산 27
우의정	강사상	조부 강영숙 묘	下,月	경북 상주시 이안면 양범리 산 2
우의정	한응인	증조부 한세좌 묘	下,月	경기 안산시 상록구 사사동 산 86-6

관직	성명	조상묘	혈처	지 번
우의정	한준겸	조부 한여필 묘	下,月	경기 여주시 강천면 부평리 산 1
우의정	장유	조부 장일 묘	下,月	경남 창녕군 대지면 용소리 산 7
우의정	이행원	증조부 이제신 묘	下,月	경기 양평군 서종면 수입리 산 6
우의정	허 목	증조부 허자 묘	下,月	경기 연천군 왕징면 강서리 산 90
우의정	윤 증	조부 윤황 묘	下,月	충남 논산시 노성면 장구리 산 2-1
우의정	김석주	조부 김육 묘	下,月	경기 남양주시 삼패동 산 41-9
우의정	신익상	조부 신응구 묘	下,月	경기 동두천시 상패동 산 56
우의정	조상호	조부 조희보 묘	下,月	서울 도봉구 방학동 산 53-1
우의정	민암	조부 민영 묘	下,月	경기 안산시 단원구 원곡동
우의정	이집	조부 이합 묘	下,月	서울 도봉구 방학동 산 69-14
우의정	민백상	조부 민진원 묘	下,月	경기 안성시 죽산면 칠장리 산 81-2
우의정	오명항	증조부 오달원 묘	下,月	경기 용인시 처인구 모현면 오산리
우의정	이휘지	조부 이민서 묘	下,月	경기 파주시 탄현면 죽현리 671-1
	(33명)			
좌찬성	강희맹	조부 강회백묘	下,月	경기 연천군 왕징면 강내리 산 175-31
좌찬성	이극돈	증조부 이집 묘	上,月	경기 성남시 중원구 하대원동 243-11
좌찬성	강희맹	조부 강회백 묘	下,月	경기 연천군 왕징면 강내리 산 175-3

관직	성명	조상묘	혈처	지 번
좌찬성	이극종	증조부 이집 묘	下,月	경기 성남시 중원구 하대원동 243-11
좌찬성	김종숙	조부 김사형 묘	上,月	경기 양평군 양서면 목왕리 산 49
우찬성	이세좌	고조부 이집 묘	下,月	경기 성남시 중원구 하대원동 243-11
(6명)				
판서	정광성	조부 정유길 묘	上,月	서울 동작구 사당동 산 32-83
판서	이이	증조부 이의석 묘	下,月	경기 파주시 파평면 율곡리 산 98
판서	이극감	증조부 이집 묘	上,月	경기 성남시 중원구 하대원동 243-11
판서	이극증	증조부 이집 묘	上,月	경기 성남시 중원구 하대원동 243-11
판서	이세좌	고조부 이집 묘	上,月	경기 성남시 중원구 하대원동 243-11
판서	이언적	조부 이숭례 묘	下,月	경북 경주시 천군동 산 195-2
판서	황치신	증조부 황균비 묘	下,月	전북 남원시 대강면 풍산리 산 8-2
판서	김치로	조부 김징 묘	上,月	경기 의왕시 왕곡동 산 27
판서	이경호	증조부 이세웅 묘	下,月	경기 가평군 가평읍 대곡리 396
판서	김 정	증조부 김호 묘	上,月	충북 보은군 회남면 남대문리 산 30
판서	윤계겸	증조부 윤승례묘	上,星,日	경기 파주시 교화읍 당하리 산 4-20
판서	김명순	조부 김달행 묘	上,月	경기 양평군 개군면 향리 128-3
판서	김유근	증조부 김달행 묘	上,月	경기 양평군 개군면 향리 128-3

관직	성명	조상묘	혈처	지 번
판서	김병주	고조부 김달행 묘	上,月	경기 양평군 개군면 향리 128-3
판서	김응근	증조부 김달행 묘	上,月	경기 양평군 개군면 향리 128-3
판서	김작	증조부 김사형 묘	上,月	경기 양평군 양서면 목왕리 산 49
판서	김무	증조부 김사형 묘	上,月	경기 양평군 양서면 목왕리 산 49
좌참찬	이지강	조부 이당 묘	下,月	경북 영천시 북안면 도유리 산 85
대제학	이황	증조부 이정 묘	下,月	경북 안동시 북후면 물한리
대제학	정홍명	조모 묘	下,月	경기 고양시 덕양구 신원동 산 7-9
대제학	권제	조부 권희 묘	下,月	경기 고양시 덕양구 상사동 267
대제학	강혼도	고조부 강회백 묘	下,月	경기 연천군 왕징면 강내리 산 175-3
대제학	김조순	조부 김달행 묘	上,月	경기 양평군 개군면 향리 128-3
(23명)				
참판	정광명	조부 정유길 묘	上,月	서울 동작구 사당동 산 32-83
참판	정만화	증조부 정유길 묘	上,月	서울 동작구 사당동 산 32-83
참판	김용순	조부 김달행 묘	上,月	경기 양평군 개군면 향리 128-3
참판	김원근	증조부 김달행 묘	上,月	경기 양평군 개군면 향리 128-3
참판	김병지	고조부 김달행 묘	上,月	경기 양평군 개군면 향리 128-3
참판	김희로	조부 김징 묘	上,月	경기 의왕시 왕곡동 산 27

관직	성명	조상묘	혈처	지 번
참판	이극기	증조부 이집 묘	上,月	경기 성남시 중원구 하대원동 243-11
참판	김광연	고조부 김번 묘	上,月	경기 남양주시 와부읍 덕소리 산 5
대사헌	김성동	고조부 김사형 묘	上,月	경기 양평군 양서면 목왕리 산 49
대사헌	조광조	증조부 조육 묘	下,月	경기 용인시 수지구 상현동 산 55-1
대사헌	이세필	증조부 이항복 묘	上,月	경기 성남시 중원구 하대원동 187-2
대사헌	박황	증조부 박소 묘	上,月	경남 합천군 묘산면 화양리 산 53
대사헌	정갑손	조부 정부 묘	下,月	경기 남양주시 진접읍 장현리 산 99
관찰사	이예손	조부 이집 묘	上,月	경기 성남시 중원구 하대원동 243-11
관찰사	이세우	고조부 이집 묘	上,月	경기 성남시 중원구 하대원동 243-11
관찰사	이세정	고조부 이집 묘	上,月	경기 성남시 중원구 하대원동 243-11
관찰사	강희안	조부 강회백 묘	下,月	경기 연천군 왕징면 강내리 산 175-3
관찰사	강윤범	증조부 강회백 묘	下,月	경기 연천군 왕징면 강내리 산 175-3
부제학	이해수	조부 이창형 묘	下,月	경기 양주시 남면 산 3
부제학	이세광	고조부 이집 묘	上,月	경기 성남시 중원구 하대원동 243-11
(20명)				
계:200명				

*위의 표에서 혈처에 上은 명혈명당의 상혈처, 下는 명혈명당의 하혈처, 双은 쌍혈명당, 日은 명혈명당의 일월혈지의 일혈자리, 月은 명혈명당의 일월혈지의 월혈자리를 표시한 것임.

(2) 조선시대 고위 관직 역임자 조상 묘의 명당발복

조선시대 고위 관직을 역임한 200명의 조상 묘가 어떤 혈처와 혈자리에 조성되어 명당발복이 발현되었는지에 대한 조사 현황을 보면 다음의 표와 같다.

조선시대 고위 관직 역임자 조상 묘의 혈처와 혈자리 현황

(단위:곳)

구 분	혈 처			혈자리			성혈지
	上	下	계	日	月	계	星
영의정	26	49	75	-	75	75	3
좌의정	14	29	43	-	43	43	-
우의정	9	24	33	-	33	33	2
소계	49	102	151	-	151	151	5
좌찬성 등	2	4	6	-	6	6	-
판서 등	14	9	23	1	22	23	1
참판 등	15	5	20	-	20	20	-
소계	31	18	49	-	48	49	1
계	80	120	200	1	199	200	6

*위의 표에서 혈처의 上은 명혈명당의 상혈처, 下는 명혈명당의 하혈처, 혈자리의 日은 명혈명당의 일혈자리, 月은 명혈명당의 월혈자리, 성혈지의 星는 명혈명당의 성혈자리를 표시한 것임.

위의 표에서 "조선시대 고위 관직 역임자 조상 묘의 혈처 및 혈자리 현황"을 보면 조선시대 고위 관직을 역임한 200명의 조상 묘는 명혈명당의 상혈처에 조성된 묘가 80곳으로서 전체 조사대상 묘의 40%를 보였으며, 명혈명당의 하혈처에 조성된 묘는 120곳으로

60%를 보여 하혈처에 조성된 묘가 상혈처 보다는 다소 많은 편이다. 따라서 조선시대 고위 관직 역임자의 조상 묏자리는 명혈명당의 상혈처 또는 하혈처에 묘가 조성된 후부터 후손들이 명당발복을 받아 고위 관직인 삼정승과 판서 등에 오른 것으로 확인되었다. 또한 조선시대 고위 관직을 역임한 200명의 조상 묘 중 199명이 음혈일월혈자리에 조성되어 있었으며 양혈인 일혈자리에 조성된 묘는 단 한 명으로 확인되었다.

아울러 조선시대 고위 관직을 역임한 200명의 조상 묘 중에서 명혈명당의 일월혈지에 조성된 묘는 194곳으로 97%였으나 성혈지에 조성된 조상의 묘는 3%인 6곳에 불과하였다. 따라서 조선시대에서 고위 관직을 역임한 분들의 조상 묏자리의 대부분이 명혈명당의 상혈처 및 하혈처인 일월혈지의 월혈자리에 조성됨으로써 후손들이 고위 관직에 올라 명예와 권세權勢 등 부귀영화를 누리고, 가문은 번창되어 세도勢道 명문가문으로 위세威勢를 떨쳤으며, 조선시대의 왕정王政을 이끌어가는 훌륭한 인물들이 지속적으로 배출된 명당발복의 발현처는 천조명당의 역량을 가진 명혈명당 자리라는 것을 확인할 수 있었다.

(3) 조선시대 고위 관직자를 배출한 조상 묘 현황

조선시대 고위 관직을 역임한 200명의 조상 묘가 천조명당인 대명당 자리에 조성된 이후 어떤 후손들에게 어떻게 명당발복이 발현發現 되었는지를 조사해 보았다.

조사대상으로는 후손들의 조부모, 증조부모, 고조부모의 묘가 명혈명당자리에 조성된 이후 손자, 증손자, 고손자 등 4대까지의 후손들 중에서 어느 대의 후손들이 어떻게 명당발복을 받아 조선시대

고위 관직인 삼정승이나 판서 등의 고위 관직에 까지 올랐는지를
조사한 것이다.

조선시대 고위 관직자를 배출한 조상 묘 현황

(단위:곳)

구분	고조부모묘	증조부모묘	조부모묘	계
영의정	5	43	27	75
좌의정	3	22	18	43
우의정	4	11	18	33
소계	12	76	63	151
좌찬성 등	1	2	3	6
판서 등	3	12	8	23
참판 등	6	7	7	20
소계	10	21	18	49
계	22	97	81	200

위의 표에서 보는 바와 같이 조선시대에서 삼정승, 대제학, 판서,
관찰사 등 고위 관직을 역임한 분들의 조상 묘가 천조명당의 역량
을 가진 명당자리에 조성된 이후 어느 대의 후손들에게 명당발복이
발현 되었는지를 조사한 바로는 조사대상자 200명 중 증조부모 묘
에 의해 명당발복이 발현된 것으로 추정되는 조선시대 고위 관직
역임자는 97명으로 48.5%로 조사되었으며, 그 다음이 조부모 묘
로 81명으로 40.5%를 보이고 있고, 고조부모 묘는 22명으로 조사
되어 11%를 보이고 있다. 그러나 삼정승을 역임한 분들의 조상 묘
151곳을 대상으로 조사한 바로는 증조부모 묘에 의해 명당발복을

받았을 것으로 추정되는 삼정승이 76명으로 50.3%로 가장 많았으며, 조부모 묘에 의해 명당발복을 받았을 것으로 추정되는 삼정승은 63명으로 41.7%이고, 고조부모 묘에 의해 명당발복을 받았을 것으로 추정된 삼정승은 약 8%인 12명으로 조사되었다. 따라서 조선시대의 고위 관직을 역임한 대부분은 증조부모와 조부모의 묘가 명혈명당의 일월혈지인 월혈자리에 조성된 이후에 명달발복이 발현되어 후손들이 고위 관직에 까지 오른 것으로 조사되었다.

(4) 조선시대 고위 관직 역임자 조상 묘의 명당발복 사례

조선시대 고위 관직을 역임한 가문의 조상 묘가 명혈명당 자리에 조성 된 이후 후손(손자, 증손자, 고손자)들 중에서 삼정승을 2명 이상을 배출시킨 11개 가문의 명당발복 사례를 다음과 같이 들었다. 그러나 다음에서 열거列擧한 가문의 사례 이외에도 후손들에게 명당발복이 크게 발현된 조상들의 묘가 더 있을 것으로 추정되나 모두를 다 추적해 조사 하는 데에는 한계가 있어 더 이상의 사례들을 들 수 없게된 것은 매우 아쉽다.

조선시대부터 전해오는 조선 8대 명당, 호남 8대 명당 등 풍수지리 관련 책이나 인터넷 등에서 많이 거론되고 있는 명당들은 많으나, 필자가 직접 현장답사 등을 통해 확인하고, 아울러 가문의 주요 세계도世系圖나 가계도家系圖 등을 통해 후손들의 명당발복 여부를 확인 하여 혈맥의 흐름과 혈처와 혈자리의 규모 등을 과학기술적인 방법에 의해 조사한 사례들이다.

사례事例를 든 순서는 명당발복으로 추정된 조선시대 최고의 관직인 삼정승을 배출한 인원수 순으로 나열하였으며 삼정승 배출 인원이 같은 경우에는 그 다음의 관직을 많이 배출한 인원수 순으로 하였으므로 나열된 순서에 오해 없기 바라며, 아울러 명당발복의 사례 중에서 오기나 잘못된 내용 등이 있다면 고의가 아니었음을 사과드린다.

1) 김징(金澄) 묘

청풍淸風 김金 씨 가문인 김징은 조선시대 인조부터 숙종까지 살았던 인물로 전라도관찰사와 동부승지를 역임한 조선 후기의 문신文臣이다.

경기도 의왕시 왕곡동 200-2번지에 김징 부부의 합장合葬 묘가 조성되어 있으며 좌향坐向은 축좌丑坐 미향未向으로 놓여진 것으로 보인다. 묏자리의 가로 길이는 약 400cm 정도이고 세로 길이는 약 450cm 정도로 묘의 넓이는 14.1㎡(약 4.3평)정도로서 혈자리의 규모가 상당히 큰 편이다. 또한 생기보호맥生氣保護脈을 포함한 혈장의 넓이는 대략 12,034㎡(약 3,640평) 정도이다. 이 묏자리의 주산은 경기도 의왕시에 있는 백운산白雲山으로서 이 산의 가운데 봉우리가 귀인봉貴人峰인 어좌사御座砂 형태의 산이다.

김징 부부의 묏자리가 조성되어 있는 곳은 백운산에서 남서쪽 방향으로 길게 뻗은 가운데 능선을 따라 혈맥이 흘러오다 능선이 끝날 때 쯤 남쪽으로 짧은 능선 2개를 다시 만들어 놓은 곳으로 혈맥이 방향을 돌려 흘러들어 능선이 끝나는 지점인 풍수지리 용어로 용진처龍盡處라는 곳에서 혈맥의 흐름을 멈추고 겸혈鉗穴 형태의 혈자리를 만들었는데 이 곳이 천조명당의 역량을 가진 명혈명당의 일월혈지인 월혈자리다.

풍수지리상의 사격砂格을 살펴보면 주산은 경기도 의왕시 백운산(567m)이며, 좌청룡은 내청룡과 외청룡 등 두 겹으로 명당자리를 유정하게 감싸고 있고 우백호는 한 겹으로 명혈명당을 감싸고 있다. 우백호 능선이 대략 50여 미터 정도 묘 앞을 돌아 혈처를 감싸 안아 명당 앞을 교쇄交鎖시키면서 안산이 되어 묘 앞이 다소 갑갑한 느낌을 주고 있다. 조산朝山은 안산에 가려 잘 보이지 않으나 백운 산에서 남서쪽으로 뻗은 능선으로 경기도 수원시의 광교산(428m)과 연결되어 있다.

김징 묘로 흘러 들어온 혈맥은 백두산에서 백두대간을 통해 덕유 산으로 흘러가는 대간맥大幹脈이 흘러가다 강원도 평창군의 청옥산 (1,256m) 연봉에서 분맥을 한 혈맥이 강원도 영월군의 백덕산과 횡성군의 치악산을 거쳐 경기도 양평군 양동면의 금왕산 연봉에서 마지막 분맥을 해 입수맥으로 흘러 양평군 강하면 양자산(712m) 연봉과 경기도 광주시 오포읍의 문형산(499m) 연봉을 지나서 경 기도 용인시 수지구 고기동의 백운산(567m) 연봉을 거쳐 인터넷 지도상 직선거리로 약 69.3km를 달려와 경기도 의왕시 왕곡동의 백운산 서쪽 능선을 타고 흘러와 혈자리로 입수入首해 대명당 자리 를 만든 후 혈맥으로서 사명을 완수하고 흐름을 멈추었다. 혈맥의 흐름은 산의 봉우리를 타고 넘기도 하고 능선을 넘나들기도 하며 작은 하천과 강을 건너고 들판도 지나면서 상하좌우로 방향을 바꾸 어 구불구불하게 흘러오기 때문에 김징 묘로 혈맥이 흘러 들어온 실제상의 이동거리는 지도상 직선거리인 69.3km보다는 훨씬 더 먼 거리를 흘러 왔을 것으로 추정해 볼 수 있다.

이 묘는 74개의 천조명당이 한 곳에 모여 있는 명혈명당의 상혈 처에 조성되어 있으며, 이 묘에서 좌측으로 7m 정도 떨어진 곳에 양혈인 일혈자리가 있으나 지금까지 공지로 남아 있으며, 상혈처에 서 약 8m 정도 아래에 하혈처가 형성되어 있다. 또한 이 묘에서 좌 측으로 50여 미터 정도 떨어진 옆 능선에 상하로 형성된 2개의 명 혈명당이 형성되어 있는데 이 곳에도 천조명당의 역량을 가진 매우 큰 혈자리들이 만들어져 있었으나 아직도 주인을 만나지 못하고 있어 아쉽다.

김징의 조부는 이조 판서로 추증追贈된 김인후로 경기도 의왕시 왕곡동에 천조명당의 역량을 가진 쌍혈명당의 상혈처인 일월혈지의 월혈자리에 묘가 조성되어 있고, 김인후의 부인이고 김징의 조모인 안동 권 씨 묘도 경기도 의왕시 고천동 의왕시청 오른쪽에 형성된 쌍혈명당의 상혈처에 천조명당의 역량을 가진 월혈자리에 조성되어 있다.

풍수지리를 연구하고 공부하는 많은 분들 중에는 청풍 김 씨 가문의 명당발복은 조선의 팔 대 명당이라고 소문이 나 있는 김인후의 부인인 안동 권 씨 묘의 명당발복이라고 말하는 분들이 대부분이다. 그러나 김징의 조부와 조모인 김인후의 묘와 안동 권 씨의 묘보다는 김징 부부가 합장된 묘가 청풍 김 씨의 명당발복이 가장 크게 발현된 명당자리로 추정된다. 다만 김인후의 묘와 안동 권 씨의 묘도 후손들의 명당발복에 영향을 주었을 것으로 추정해 볼 수 있으며, 또한 김징의 손자인 좌의정 김약로의 묘도 천조명당 자리에 조성되어 있으므로 청풍 김 씨의 김징 가문의 후손들의 명당발복에는 김인후 묘, 안동 권 씨 묘, 김징 부부의 합장 묘 및 김약로의 묘 등 4곳의 천조명당 자리에 의한 시너지 효과에 의해 명당발복의 위력이 크게 발현된 것이라고 추정해 볼 수 있다.

김인백의 묘의 혈장은 대략 9,061㎡(약 2,741평) 정도이고 혈맥이 마지막으로 분맥되어 묘까지 흘러온 입수맥의 거리는 인터넷 지도상 직선거리로 대략 1km 정도이며, 안동 권 씨 묘의 혈자리 면적은 가로 320cm 정도와 세로 400cm 정도로 약 10㎡(약 3평) 정도이고, 혈장은 대략 8,831㎡(약 2,683평) 정도로 조사되었으며, 혈맥이 간맥으로부터 분맥되어 묘까지 흘러온 입수맥의 인터넷 지도상 직선거리가 대략 13.3km 정도로 김징 부부의 묘에 비하면 짧은 거리에서 흘러온 혈맥이 안동 권 씨 묘의 명당자리를 만들었다. 따라서 동일한 천조명당 자리이지만 간맥에서 분맥되어 묘까지 흘러온 입수맥이 멀리서 흘러와 혈자리를 만들어낸 곳일수록 생기를 많이 모아 응결시킬 수 있는 힘이 클 것으로 추정되므로 안동 권 씨 묘보다는 김징 묘가 더 명당발복의 위력이 크다고 추정 해 볼 수 있다.

또한 두 개의 천조명당 자리가 있는 쌍혈명당의 혈자리보다는 74개의 천조명당자리가 한 곳에 모여있어 생기를 상호 보완해 주고 있는 명혈명당의 혈자리들로부터 모아진 생기의 역량이 크다고 추정해 볼 수 있다. 아울러 혈장의 규모가 큰 혈자리가 생기를 보호해 주는 힘이 크므로 김징 묏자리의 역량이 김인후 묘와 안동 권 씨 묘보다는 역량이 크다고 할 수 있으므로 명당발복 또한 크게 발현 되었을 것으로 추정해 볼 수 있다.

김징 묘의 명당발복을 입증하기 위해서는 후손들 중에서 어떤 인물들이 배출되었는가를 조사해 명당발복을 입증 할 수 있어야 할 것이다. 김징의 아들인 김유는 대재학을 역임한 인물로 아마도 조부모인 김인백과 안동 권 씨 할머니 묘의 명당발복에 힘 입어 배출된 인물로 추정해 볼 수 있다. 김징의 손자들인 김재로와 김상로는 각각 영의정을 역임했고, 역시 김징의 손자인 김약로는 좌의정, 김구는 우의정, 김취로는 이조판서, 김희로는 호조 참판을 지낸 인물들이며, 김징의 증손자인 김치인은 영의정, 고손자인 김종수도 좌의정을 지낸 인물들이다.

따라서 김징 부부의 합장 묘의 명당발복으로 추정 될 수 있는 인물들을 보면 손자에서 고손자들까지 삼정승 6명, 판서 1명, 참판 1명 등을 배출하였다. 따라서 청풍 김 씨 가문이 조선시대 명문가문으로 입지를 굳히게 된 것은 생기가 충만한 명혈명당의 월혈자리에 김징 부부의 묘를 조성함으로써 명당발복이 4대에 걸쳐 발현되어 훌륭한 인물들이 계속 배출되는 즉, 혈은 혈을 부르고 명당발복은 다시 명당발복으로 이어져 명당발복의 시너지 효과에 의한 음택지 명당발복의 신비한 현상을 입증해 주는 사례라 할 수 있다.

〈 김징 묘 : 경기도 의왕시 왕곡동 〉

2) 김달행(金達行) 묘

신新 안동安東 김金 씨 가문인 김달행은 조선 후기 인물로서 증조부는 영의정을 역임한 김수항이고 조부 또한 영의정을 지낸 김창집이며 판서를 역임한 김제겸이 아버지이다. 김제겸은 6명의 아들을 두었는데 장남이 김성행이고 넷째 아들이 김달행으로 김성행과는 형제지간이다.

김달행의 묘는 경기도 양평군 개군면 향리 128-3번지에 부인 한산 이 씨와 합장되어 단봉으로 조성되어 있으며 김달행의 아들인 김이기의 묘도 길당행의 묘 우측에 조성되어 있다. 이 묘의 좌향坐向은 임좌壬坐 병향丙向으로 놓여 있었으며, 혈자리의 규모는 가로 260cm, 세로 340cm 정도로 면적은 대략 6.9㎡(약 2.1평)정도이다. 김달행의 묘에서 약 60여 미터 앞에는 언제부터인지 개군저수지가 아담하게 조성되어 있어 아래상골 마을의 전원 풍경을 돋보이게 하고 있었으며 마을 뒤로는 수려한 추읍산이 우뚝 서 있어 마을과 저수지 등 주변 경관을 뒤편에서 받쳐주고 있었다. 이 묘는 봉분 앞에 묘표석 하나와 망주석 2개만이 서 있어 갖가지 석물로 치장을 한 여타 묘소와는 달리 아담하게 묘역이 조성되어 있다.

　김달행 묏자리를 만든 혈맥의 경로는 강원도 평창군 백덕산(1,350m)에서 분맥된 간맥이 서쪽으로 흘러와 강원도 횡성군 횡성읍의 덕고산 연봉에서 최종적으로 분맥을 한 혈맥이 입수맥이 되어 경기도 양평군 양동면의 금왕산 연봉을 타고 넘어서 양평군 용문면 삼성리의 안산 연봉을 거쳐 용문면 삼성리에 우뚝 서있는 수려한 추읍산(583m)의 연봉을 지나 인터넷 지도상 직선거리로 약 39.5km 정도를 흘러와 명혈명당의 하혈처인 일월혈지에 천조명당의 역량을 가진 월혈자리를 만들고 혈맥으로서 소임을 다 하였다.

　김달행의 아들인 김이기의 묘로 흘러온 혈맥도 김달행 묘와 같은 흐름으로 흘러와 명혈명당의 일월혈지에 천조명당의 역량을 가진 월혈자리를 만들었다. 김달행과 아들 김이기 묘에서 명당발복이 발현된 것으로 추정할 수 있는 후손들 중의 인물로는 김달행의 손자 대代와 김이기의 아들 대에서 대제학 김조순과 판서 김명순 및 참판 김용순 등이 배출되었고, 김달행의 증손자 대와 김이기의 손자 대에서는 영의정 김흥근, 영의정 김좌근, 좌의정 김홍근, 판서 김응근, 판서 김유근, 참판 김원근 등이 배출되었다. 또한 길달행의 고손자 대와 김이기의 증손자 대에서는 영의정 김병시, 좌의정 김병덕, 판서 김병주, 참판 김병지 등이 배출되었다.

따라서 김달행 묘와 김달행의 아들 김이기의 묘가 연달아 천조명당의 역량을 갖춘 명혈명당 자리에 조성됨에 따라 두 묘의 명당발복으로 추정되는 인물들은 고손자 대까지 정승 5명, 대제학 1명, 판서 4명, 참판 3명 등이 배출되어 조선에서 신 안동 김 씨가 세도 명문가문을 형성하는데 김달행의 묘가 명당발복의 주도적인 역할을 한 것으로 추정해 볼 수 있다.

〈김달행 묘 : 경기도 양평군 개군면 향리〉

3) 정유길(鄭惟吉) 묘

정유길은 동래東萊 정鄭 씨 17세 손孫으로 조선 중종때부터 선조 때까지 살았던 인물로 좌의정을 역임했으며 임당유고林塘遺稿라는 저서를 남긴 분이다. 조부는 영의정을 지낸 정광필이고 아들 또한 좌의정을 역임한 정창연이다.

정유길의 묘는 서울특별시 동작구 사당동 산 32-83번지 동작고등학교 위쪽 까치산 공원 내 동래 정 씨 임당공파林塘公派 묘역에 조성되어있다. 혈자리의 규모는 가로가 대략 300cm, 세로 대략 400cm 정도로서 넓이는 9.4㎡(약 2.8평) 정도이고 혈장은 대략 13,144㎡ (약 3,976평) 정도이다. 좌청룡과 우백호의 수려한 능선은 후덕하게 명당자리를 감싸고 있었으며 주산은 문필봉 형상인 어좌사 형태의 산이다. 그러나 임당공파 묘역 앞은 도시로 개발되어 있어 안산 등의 지세를 제대로 파악할 수는 없었다.

이 묏자리로 들어간 혈맥은 백두산에서 덕유산으로 흘러가는 대간맥이 강원도 정선군 정선읍에 위치한 청옥산(1,256m)에서 분맥을 한 혈맥이 서쪽으로 흘러와 경기도 하남시 배알미동의 검단산 (657m) 연봉에서 분맥을 해 입수맥이 되어 경기도 하남시 감이동 천마산 연봉을 거쳐 인터넷 지도상 직선거리로 약 25.4km 정도를 흘러 명혈명당의 상혈처인 일월혈지에 천조명당의 역량을 갖춘 월혈자리를 만들고 혈맥으로서 임무를 다하였다. 이 묘 아래에는 명혈명당의 하혈처가 형성되어 있는데 현재까지는 활용이 되지 않고 있었으며, 또한 이 묘 좌측에도 명혈명당이 상하로 형성된 2개의 혈처가 형성되어 있으나 이 명혈명당 역시 활용이 되지 않고 있었다.

정유길 묘에 의해 명당발복을 받았다고 추정되는 후손들을 보면 정유길의 아들이며 정유길의 조부 정광필의 증손자인 정창연이 좌의정을 역임했고, 정유길의 손자 대이고 정광필의 고손자 대이며 정창연의 아들 대에는 판서 정광성, 참판 정광명 등이 배출되었고, 정유길의 증손자 대와 정창연의 손자 대에서는 영의정 정태화, 좌의정 정치하, 좌의정 정지화, 참판 정만화 등이 배출되었으며, 정유길의 고손자 대와 정창연의 증손자 대에서는 우의정 정재숭, 참의 정재대, 도총관 정재윤, 정돈영, 정재악 등이 배출되었다. 그러나 정유길의 아들인 정창연의 명당발복은 조부 정광필 묘의 명혈명당 자리에 의한 명당발복을 더 크게 받았다고 할 수 있다. 아울러 정유길의 조부인 정광필 묘, 정유길 묘, 정유길의 아들인 정창연 묘 등도 명혈명당 자리에 연이어 조성되어 혈은 혈을 불러들이고 명당발복은 다시 명당발복을 불러들여 명당발복의 시너지 효과를 유발시켜 명당발복의 위력이 커져서 후손들이 대대로 조선시대 고위 관직을 역임한 훌륭한 인물들이 배출되는 등 음택지가 명당발복을 주도하고 있는 명당발복의 신비한 현상이 이 묘에서도 나타난 것으로 추정해 볼 수 있다.

따라서 정유길 묘의 명당발복의 발현으로 추정되는 후손들로는 정유길의 자식대에서 고손자 대까지 정승 4명, 판서 1명, 참판 2명, 참의 1명, 도총관 1명 등이 배출되어 동래 정 씨 가문을 빛내고 조선의 조정을 이끌어온 훌륭한 인물들이 많이 배출되었고 오늘날에 와서도 지속적으로 훌륭한 인물들이 배출되고 있어 명혈명당의 명당발복의 위력을 입증해 주고 있는 곳 중의 한 곳이라 할 수 있다.

4) 이집(李集) 묘

광주廣州 이李 씨 시조 이당李唐의 둘째 아들인 둔촌遁村 이집은 광주 이 씨 가문에서 중시조中始祖로 모시고 있는 분으로 조선에서 의정부 좌찬성에 추증追贈된 인물이다.

둔촌 이집은 고려말 문신으로 시詩가 뛰어난 학자이자 문인이다.

이집의 저서인 둔촌유고遁村遺稿는 1995년에 보물 제 1,218호로 지정되어 있다. 광주 이 씨 시조 이당 묘는 경상북도 영천시 북안면 도유리 산 85번지에 있는데 이 묘에도 천조명당 74개가 한 곳에 모여 있어 혈자리의 역량이 커 명당길지라고 할 수 있는 명혈명당의 월혈자리에 조성되어 있으며, 광주 이 씨 중시조 둔촌 이집의 묘는 경기도 성남시 중원구 하대원동 243-11번지의 명혈명당 자리에 부인 영주 황 씨와 단봉으로 합장 되어있다. 둔촌 이집 묘역은 2008년 5월 경기도 기념물 제 219호로 지정되어 보존되고 있으며 광주이씨 재실齋室을 비롯한 묘역은 비교적 양호하게 잘 관리되고 있었다.

명혈명당은 음양의 조화에 의해 반드시 네 곳에 명당처가 형성되어 있는데 이집 묘가 자리한 혈처와 혈자리는 상하 및 좌우로 형성된 혈처 중 좌측 하혈처의 일월혈지인 월혈자리에 조성되어 있었으며, 좌측 일혈자리와 일월혈지 바로 아래에 형성된 성혈지의 72개 혈자리와 다른 세 곳의 혈처에 있는 대명당 자리들은 활용이 되지 않고 있었다. 이 묘의 좌향坐向은 을좌乙坐 신향辛向으로 놓여 있었으며, 묘의 혈자리 규모는 가로와 세로가 각각 약 4m 정도로 넓이는 12.6㎡(약 3.8평)정도로 혈자리가 상당히 큰 편이다.

명혈처를 둘러싸서 울타리 역할을 하고 있는 좌청룡은 수려한 일자문성사가 병풍처럼 둘려쳐져 있으며 우백호도 아늑하게 혈자리를 감싸고 있다. 안산도 좌청룡에서 이어진 수려한 일자문성사 형태이며 묘 우측 앞으로는 고층 아파트가 들어서 있어 바람길을 막아주고 있는 등 사격砂格 또한 감탄사가 나올 정도로 잘 어우러져 있었다. 그러나 이 묘역 뒤편 약 120여 미터 밑으로 둔촌터널이 뚫려 있는 것이 흠이라 할 수 있다.

이집의 묏자리로 흘러 들어온 혈맥은 백두대간에서 흘러온 대간맥이 강원도 정선군 여량면의 옥갑산(1,258m)에서 분맥되어 서쪽으로 흘러오다 경기도 양평군 개군면 개군산 연봉에서 다시 분맥을 해 입수맥으로 된 혈맥이 경기도 여주시 산북면 양자산(712m) 서쪽 연봉을 지나 인터넷 지도상 직선거리로 약 32.8km 정도를 달려와 천조명당의 역량을 가진 월혈자리를 만들었다.

광주 이 씨 시조인 이당과 중시조인 둔촌 이집의 후손들 중에서 배출된 인물들을 보면 둔촌 이집의 아들 이지직은 참의를 지냈고, 이지강은 좌참찬을 역임했으며, 이당의 증손자이며 이집의 손자 대에서는 우의정을 역임한 이인손과 관찰사를 지낸 이예손을 들 수 있고, 시조 이당의 고손자이고 이집의 증손자 대에 와서는 영의정 이극배, 좌의정 이극균, 판서 이극감, 이극증, 참판 이극기 등이 배출되었으며, 이집의 고손자 대에서는 판서 이세좌, 관찰사 이세우, 이세정, 부제학 이세광 등이 배출되었다.

시조 이당 묘와 더불어 중시조 이집 묘로부터 명당발복을 받았다고 추정할 수 있는 인물들은 조선시대에서 삼정승 3명, 판서 2명, 부제학 1명, 참판 1명, 관찰사 3명 등이 배출된 것으로 획인되고 있다. 따라서 이 가문도 2대에 걸쳐 연이어 천조명당의 역량을 갖춘 명혈명당의 일월혈지인 월혈자리에 묘가 조성됨으로써 두 묘가 광주 이 씨의 명당발복의 발혈처發穴處라 추정해 볼 수 있으며, 아울러 광주 이 씨를 조선시대의 명문가문으로 도약하게 했으며 오늘날에도 대법원장을 역임한 이용훈 등 훌륭한 인물들이 지속적으로 배출되고 있는 등 이집 묘도 음택지 명당발복의 신비한 현상을 입증할 수 있는 대표적인 묘 중의 한 곳이라 할 수 있다.

〈이집 묘 :경기도 성남시 중원구 하대원동〉

5) 정광필(鄭光弼) 묘

문익공 정광필은 동래東萊 정鄭 씨 가문의 15세 손孫으로 조선시대 세조에서 중종때까지 현재의 국무총리 지위라고 할 수 있는 영의정을 역임한 인물로서 이조판서를 역임하고 서예書藝로도 이름을 남기기도 한 정난종鄭蘭宗의 둘째 아들이다.

경기도 군포시 속달동 산 3-1번지에는 동래 정 씨 14세 손인 정난종 부부를 비롯해 후손들의 묘가 사당祠堂과 함께 조성되어 있으며 정난종 묘역과 신도비는 경기도 기념물 제 115호로 지정되어 있다. 정광필의 묘는 길게 형성된 능선에 상하로 배열된 명혈명당의 4개 혈처중 네 번째 혈처인 하혈처의 월혈자리에 조성되어 있다. 이 묘역은 한남정맥漢南正脈의 끝에 우뚝 솟은 수리산 남쪽 능선에 17기의 묘가 조성되어 있는데 정난종 부부의 묘 아래쪽에 후손들의 묘 3기가 있고 위쪽으로는 12기의 묘가 조성되어 있어 풍수지리에서 말하는 역장逆葬으로 묘역이 조성되어 있는 곳이기도 하다. 역장은 조선시대 성리학자들의 고집스러운 주장에 의해 나쁜 것으로 치부되었으나 천조명당 자리가 조상 묘의 위쪽에 있다면 가문의 영광을 위해서 또한 후손들의 부귀영화를 위해서도 역장은 흠이 될 것이 없을 것이므로 마땅히 활용되어야 할 것이다.

풍수지리에 의한 사격을 보면 주산은 수락산 정상으로 귀인봉의 형태를 하고 있으며 현무봉도 귀인봉의 형태로 보이는 어좌사 형태의 산이다. 좌청룡은 외산용호外山龍虎로 다소 떨어져 혈처를 감싸고 있으며 우백호는 현무봉에서 갈라진 능선인 본신용호本身龍虎로 가깝게 혈처를 감싸 돌고 있고, 안산은 일자문성사 형태의 산으로 앞에서 부는 바람을 적당히 막아주고 있다. 명혈명당이 있는 능선과 우백호가 만나는 지점에는 사계절 물이 솟아나는 우물이 있어 근처 마을에 사는 사람들과 등산객들의 갈증을 덜어주고 있으며 우물에서 수백 미터 떨어진 곳에는 갈치호수라고 불리운 아담한 호수가 물을 가득 채우고 있다.

필자의 미천한 안목으로는 정광필 묏자리는 풍수지리학상 혈자리의 역량이 크다는 천교혈天巧穴로 추정된다. 천교혈은 천기天氣는 하림下臨하고 지기地氣는 상승上昇하여 상호 융합融合하는 곳에 혈자리가 만들어져 있어 이러한 혈자리에다 조상의 유해를 모시면 자자손손子子孫孫 나라의 큰 인재가 배출된다는 그야말로 천하대지라고 전해오는 명당자리로 전해오고 있다.

정광필 묘에 오르기 위해서는 가파른 능선을 한참동안 올라가야 하고 묘 앞에는 낭떨어지가 급경사로 되어있고 묘마다 높은 턱이 만들어져 있는 등 천교혈의 여러 여건 등을 갖추고 있는 곳으로 볼 수 있다. 정광필 묘로 흘러 들어온 혈맥의 경로를 추적해 보면 백두대간에서 덕유산으로 흘러가는 대간맥이 강원도 평창군 청옥산(1,256m) 연봉에서 분맥을 당해 강원도 영월군 백덕산, 횡성군 치악산 등을 거쳐 경기도 여주시 산북면 양자산(712m) 연봉에서 마지막으로 분맥을 해 입수맥으로 용인시 수지구 고기동 백운산(567m) 연봉을 지나 의왕시 이동 오봉산 서쪽 능선을 거쳐 수리산(489m)으로 흘러와 귀인봉을 현무봉으로 하는 어좌사 형태의 산봉우리에서 좌측 능선을 따라 흘러들어 인터넷 지도상 직선거리로 약 54.8km 정도를 달려와 천조명당의 역량을 가진 혈자리를 만들고 혈맥으로서의 소임을 다 한 곳이다.

　정광필 묘는 유혈乳穴 형태로 형성된 음혈인 월혈자리에 조성되어 있는데 우측에는 배우자인 은율송 씨의 묘가 조성되어 있었다. 그러나 정광필 묘에서 약 7m 정도 떨어진 왼쪽에 명혈명당의 일혈자리가 공지로 있는데도 미세한 수맥으로 된 생기보호맥이 감싸고도는 비혈지非穴地에 부인의 묘가 조성되어 있었다. 아울러 정난종 부부의 쌍분과 정광필 외의 다른 후손들의 묘들도 한 능선에 4개나 명혈처가 연달아 형성되어 있었지만 모두 비혈지에 조성되어 있어 천하대지는 아무에게나 함부로 내어 주지 않는 다는 것을 보여주는 곳이기도 하다. 정광필 묘의 좌향은 해좌亥坐 사향巳向으로 놓여 있었으며, 묘 자리의 크기는 가로 약 300cm 세로 약 340cm로 넓이는 약 8㎡(약 2.4평) 정도이며 생기보호맥 등을 포함한 혈장의 규모는 대략 12,348㎡(약 3,735평) 정도이다.

　정광필 묘의 명당발복의 입증을 위해서는 후손들 중에서 어떤 인물들이 배출되었는지를 추적해 보아야 한다. 동래 정 씨 15세 정광필의 손자 정유길은 좌의정을 지냈고, 정광필의 증손자 이며 17세 정유길의 아들 세대에서는 좌의정 정창연과 우의정 정지연 등이 배출되었고, 정광필의 고손자이며 정유길의 증손이고 18세 정창연의 아들 세대에서는 판서 정광성과 참판을 지낸 정광경 등이 배출되었다. 따라서 정괄필 묘의 명당발복의 발현으로 추정할 수 있는 후손들로서 손자 대부터 고손자 대 까지 정승 3명, 판서 1명, 참판 1명 등이 배출된 곳이다. 또한 동래 정 씨 15세 정광필, 정괄필의 손자인 좌의정 정유길, 정광필의 증손자인 좌의정 정창연과 우의정 정지연, 정광필의 고손자인 좌의정 정지화 등 정광필과 그의 후손들 4명 등 5명의 정승을 지낸 분들의 묘에도 천조명당의 역량을 가진 명혈명당의 월혈자리에 묘가 조성되어 있었다.

따라서 이 분들의 후손들 중에서 연이어 13명의 정승과 판서 등이 배출되어 조선시대 명문가문으로 우뚝 서게 된 것은 혈은 혈을 불러들여 명당발복은 다시 명당발복을 불러 들이는 시너지 효과의 유발에 의한 명당발복의 위력이 커지는 명당발복의 신비한 현상이 일어난 명당자리로 추정되는 곳 중의 한 곳이라 할 수 있다.

또한 명혈명당에 의한 명당발복을 자자손손 대대로 받은 동래 정 씨 가문은 조선시대의 전주 이 씨 가문, 안동 김 씨 가문, 청송 심 씨 가문 등과 함께 정승들을 비롯해 훌륭한 인물들을 많이 배출시켜 세도 명문가문으로서 가문의 번창을 가져온 음택지 명당발복을 입증할 수 있는 대표적인 가문 중의 하나라 할 수 있다.

〈정광필 묘 : 경기도 군포시 속달동〉

6) 김사형(金士衡) 묘

익원공翼元公 김사형은 구 안동安東 김金 씨 5세 손으로 고려 말과 신라 초기에 살았던 문신으로 조선의 개국 공신이며 좌정승을 역임한 인물로 혼일강리역대국도지도混一疆理歷代國都之圖라는 세계지도를 동양에서 처음으로 만들었다고 전해오는 인물이기도 하다.

김사형의 묘는 경기도 양평군 양서면 목왕리 산 49번지에 부인 죽산 박 씨 와 단봉으로 합장되어 있으며, 이 묘역에는 위쪽에 김사형 묘가 아래쪽에는 신효창 묘가 조성되어 있어 경기도 문화재 107호로 지정되어 있다. 김사형 묘는 명혈명당의 우측 상혈처의 월혈자리에 조성되어 있었다. 이 묘의 봉분은 바람에 의한 봉분의 훼손을 방지하고 심신산골에 많이 사는 산짐승들로부터 묘를 보호하기 위한 것인지 봉분 아래 부분을 장대석을 이용해 3단으로 둘레석을 사각형 모양으로 쌓아올려 봉분을 만들었다.

김사형의 묘에서 약 30m 정도 아래에는 조선 초기 문신으로 대사헌과 풍수학風水學 제조提調를 역임한 신효창의 묘가 조성되어 있다. 신효창은 김사형의 사위로 장인의 묏자리는 대명당의 역량을 가진 명혈명당의 월혈자리에 정확하게 안치되도록 그야말로 명당길지에 묏자리를 잡아주는 등 조선시대 명풍수사名風水師로 명성이 자자한 분이라고 전해오는데 정작 본인이 죽어서 들어간 묏자리는 명당자리가 아니고 생기저지선이라는 작은 수맥들이 흐르는 곳에 묻혀 있으니 참 아이러니한 풍수사의 일생이 아닐 수 없다. 김사형 묘의 혈자리의 규모는 세로와 가로가 각각 450cm 정도로 둥그스름하게 형성된 혈자리로서 넓이는 대략 15.9㎡(약 4.8평) 정도로 상당히 커 혈자리의 역량 또한 클 것으로 추정해 볼 수 있다.

이 묘로 흘러 들어온 혈맥은 백두대간을 따라 흘러온 대간맥이 강원도 평창군에 위치한 청옥산(1,256m)에서 분맥된 혈맥이 서쪽으로 흘러가다 강원도 횡성군 청일면에 있는 운무산(980m)에서 다시 한번 분맥되어 서쪽으로 계속 흘러가다 강원도 홍천군 남면의 매봉산 연봉에서 입수맥으로 분맥을 해 경기도 가평군 설악면의 유명산(862m)을 거쳐 인터넷 지도상 직선거리로 약 28.5km 정도를 흘러와 명혈명당이 형성된 곳에 이르러 흐름을 멈추고 천조명당 자리를 만들어 놓고 한 줄기 수맥으로 변하면서 혈맥으로서 소임을 마친 곳이다. 이 묘는 상하로 나란히 혈처가 형성된 네 개의 명혈명당 중 상혈처의 일월혈지의 월혈자리에 조성되어 있으나 하혈처의 74개의 대명당 자리는 그대로 남아있다.

김사형 묘의 후손들을 보면 손자 김종숙은 좌찬성을 지냈고, 증손자인 김질이 좌의정을 역임했으며 김작과 김무는 판서를 지냈으며, 고손자인 김수동이 영의정을 역임하였고, 김성동은 대사헌을 역임하는 등 이 묘가 조성된 이후 직계 후손 2명이 연이어 정승에 올라 구 안동 김 씨의 명문가문을 계승하고 있으며 대한민국에서는 25세 후손인 김구 선생이 임시정부 주석으로 독립운동에 헌신 하였고, 26세인 김신은 공군참모총장과 교통부장관을 역임하는 등 구 안동 김 씨 가문은 고려시대, 조선시대 및 대한민국에서 훌륭한 인물들이 계속해서 배출되고 있는 명문가문이라 할 수 있다.

〈김사형 묘 : 경기도 양평군 양서면 목왕리〉

7) 강회백(姜淮伯) 묘

강회백은 진주晉州 강姜 씨 박사공파 7세 손으로 대사헌과 이조 판서를 역임한 고려 말과 조선 초기의 문신이다. 강회백의 묘는 경기도 연천군 왕징면 강내리 산 175-3번지에 천조명당의 역량을 가진 명혈명당의 월혈자리에 조성되어 있으며, 이 묘는 민간인들이 누구나 마음대로 들어갈 수 없는 민통선 통제구역 안에 있다. 이 곳의 명혈명당은 상하로 일렬로 길게 뻗은 능선에서 4개의 혈처가 형성되어 있는 곳 중 마지막 혈처인 하혈처에 조성되어 있다. 강회백의 묘에 대해 전해오는 말로는 조선 개국시 한양 천도를 위해 무학대사가 개성에서 한양을 오고 가면서 눈여겨 본 명당자리를 강희백에게 알선해 준 곳이라고 한다. 풍수지리학의 형국론에서는 이곳의 묏자리를 연꽃이 물위에 떠 있는 형상인 연화부수형국蓮花浮水形局의 명당이라 전해오고 있으며, 동종이나 가마솥을 엎어 놓은 것처럼 볼록하게 생긴 곳에 혈을 맺는다는 돌혈突穴로서 우리나라의 대표적인 돌혈 형태의 명당자리라고 알려진 곳으로서 풍수가들이 한번쯤은 답사를 하고 가는 곳이기도 하다.

강회백의 묏자리를 만든 혈맥은 강원도 철원군 갈말읍 명성산(923m)연봉에서 입수맥으로 분맥이 되어 경기도 포천시 영북면 은장산과 종자산(643m)을 거쳐 경기도 연천군 연천읍을 지나 인터넷 지도상 직선거리로 약 26km 정도 흘러와 능선의 끝자락에 우뚝 솟은 봉우리 정상으로 흘러들어 천조명당의 역량을 가진 명혈명당 자리를 만들고 한 줄기 수맥이 되어 흘러간 곳이다. 풍수지리학에 의한 사격들의 형상을 보면 주산은 단아하고 수려한 귀인봉 형태를 한 어좌사이고 내청룡은 상혈처의 혈자리만 감싸 주고 있으나 강회백 묘는 외청룡만 싸고 돌았다. 우백호는 멀리서 감싸면서 안산과 연결되고 있으며 안산은 수려한 귀인봉의 형태를 한 어좌사가 두 곳이나 보인다.

강회백의 묏자리는 가로 세로 약 3m 정도의 둥근 형태이며 묏자리의 넓이는 약 7.1㎡(약 2.1평) 정도이고 좌향坐向은 자좌子坐 오향午向으로 놓인 것으로 보인다. 강회백의 묘역 끝에서 약 30m 정도 뒤쪽 능선에 형성된 명혈명당의 상혈처는 아직은 활용되지 않고 있는 곳으로 풍수지리학에서는 마치 혈이 용의 등을 타고 있는 모습과 흡사하다고 해 기룡혈이라고 일컫는 곳에 혈자리들이 모여 있는 곳으로서 아직은 주인이 없다. 강회백의 셋째 아들인 강석덕의 묘는 강회백 묘의 주산 중턱 명혈명당의 상혈처에 형성된 일혈자리에 조성되어 있으며, 하혈처에 형성된 명혈명당 자리들은 아직도 그대로 남아 있다. 강희백 부자는 대를 이어 천조명당의 역량을 가진 명혈명당 자리에 묘가 조성되어 있었다. 따라서 혈은 혈을 불러들이는 신비한 현상이 강희백 부자에게도 나타나 강희백 묘와 그의 아들 묘는 진주 강 씨 가문의 명당발복의 발혈처로서 훌륭한 후손들이 대를 이어 배출되었을 것으로 추정 해 볼 수 있다. 강회백 묘의 명당발복의 발현을 입증하기 위해서는 강희백의 후손들이 그 시대에서 어떤 사회적 지위를 누리면서 활동했는지를 살펴보아야 한다.

강회백은 아들 5형제를 두었는데 장남인 진주 강 씨 8세 강종덕은 감찰을 역임했고, 둘째 아들 강우덕은 예안 현감을 지냈으며, 셋째 아들 강진덕은 좌부승지, 넷째 아들 강석덕은 대사헌을 역임했으며, 다섯째 아들 강순덕은 사헌부감찰을 지내는 등 강회백의 아들 때부터 조선시대에서 관계에 진출해 두각을 나타나기 시작했다. 강회백의 손자 대인 진주 강 씨 9세 때는 강맹경이 영의정에 올랐고, 조선 시대 시詩 ,서書, 화畵 삼절三絕로 불리운 강희안은 황해도 관찰사를 지냈으며, 조선시대에 뛰어난 문장가로 이름을 떨친 강희맹은 좌찬성을 역임해 조선시대에서 진주 강 씨가 명문가문으로 자리매김하는데 크게 기여한 인물들이 속속 배출되었다. 강회백의 증손자 대인 진주 강 씨 10세에서는 강윤범이 경상도 관찰사를 지냈고, 강귀손은 우의정에 올라 조선시대 조정을 이끌어가는 훌륭한 인물들이 배출되었다. 또한 강회백의 고손자이고 진주 강 씨 11세인 강혼도는 대제학에 올라 진주 강 씨의 가문을 빛내는 인물 중의 한분이기도 하다. 그 외에 손자 중에서는 강자신이 마전군수에 올랐고,

강자의는 창령현감, 강자보는 절충장군에 오르는 등 강희백의 후손들은 아들에서 고손까지 삼정승 2명, 대제학 1명, 관찰사 2명, 장군 1명, 대사헌 1명 사헌부감찰 1명 등을 배출한 가문으로서 조선시대 명문가문으로 입지를 굳히게 된 음택지 명당발복처 중의 한 곳이라 할 수 있다.

진주 강 씨 가문 전체에서는 조선 시대에서 삼정승 5명, 대제학 1명, 장군 25명, 공신 51명, 문과급제자 227명, 청백리 7명 등을 배출하였고 대한민국에서도 강영훈 국무총리를 배출하는 등 훌륭한 인물들이 지속적으로 배출됨으로써 명당발복의 발현이 지금도 진행 중인 명문가문이라 할 수 있다.

〈강회백 묘 :경기도 연천군 강징면 연천리〉

8) 윤승례(尹承禮) 묘

파평波平 윤尹 씨 14대 손인 윤승례는 고려 시대에 판도판서를 역임했고 조선시대에 와서는 후손들의 현달顯達에 의해 영의정에 추증追贈 되었으며 파평 윤 씨 판도공파의 시조가 된 분이다.

윤승례의 묘는 경기도 파주시 당하동 산 4-20번지에 조성되어 있다. 이 묏자리는 상하로 나란히 좌우로 형성된 4개의 명혈명당 중 하혈처의 성혈지인 일혈자리에 조성되어 있다. 이 묘로 들어온 혈맥 역시 백두산에서 백두대간을 따라 남으로 흘러오던 대간맥이 강원도 평창군 진부면의 오대산 남쪽 연봉에서 분맥되어 서쪽으로 흘러가 소계방산에서 다시 한번 분맥을 한 혈맥이 서쪽으로 계속 흘러가다 경기도 파주시 광탄면에 위치한 계명산(560m)으로 흘러와 이 산의 연봉에서 또다시 분맥을 한 혈맥이 경기도 파주시 당하동 412번지를 지나가다 분맥을 해 입수맥이 되어 인터넷 지도상의 직선거리로 약 1.8km 정도를 흘러서 명혈명당의 성혈지의 첫 번째 줄에서 7번째에 자리한 일혈자리를 만들었다. 명혈명당의 성혈지로 들어온 입수맥은 대부분이 명혈명당 혈처의 인근으로 흘러가는 혈맥에서 분맥되어 들어오는 혈맥들로서 대부분이 2km 내외에서 분맥된 입수맥이다.

윤승례 묘역에 형성된 명혈명당은 상하로 좌우에 형성된 네 곳의 명혈명당 중 상혈처에 형성된 곳이며, 이 명혈명당에 형성된 296개의 천조명당 자리 중 유일하게 윤승례 묏자리만 명당자리에 조성되어 있었고 여타 수 십기의 묘들은 모두 무혈지에 조성되어 있어 이곳 역시 천조명당 자리는 역시 하늘이 숨기고 땅이 감추어 아무에게나 내어주지 않는다고 전해오는 말을 실감할 수 있는 곳 중의 한 곳이라 할 수 있다.

조선시대 고위 관직을 지낸 조상의 대부분의 묘는 명혈명당의 일월혈지에 조성되어 있다. 그러나 윤승례 묘는 명혈명당의 일월혈지 아래에 있는 성혈지의 양혈 자리에 묘를 조성했다는 것이 다른 일반적인 묏자리와는 비교가 되는 명당자리이다. 명혈명당의 성혈지에는 한 줄에 8개씩 9줄로 72개의 천조명당 자리가 모여 있는 곳이어서 땅 속 혈자리의 형성 구조와 혈맥의 흐름을 정확히 감지해 구별 하지 못할 경우에는 벌집같이 연이어 들어 있는 혈자리들로 인해 정확하게 명당자리를 찾아 정혈正穴하기가 매우 어려웠을 터인데 성혈지의 첫째 줄 좌측에서 7번째 혈자리에 정확하게 묘가 조성되었다는 것은 당시의 풍수사의 명당자리를 찾는 능력이 돋보인 곳이다.

윤승례의 묘는 명혈명당의 성혈지에 조성된 혈자리라 하지만 일월혈지의 일혈자리와 월혈자리 못지않게 혈자리의 규모가 큰 혈자리다. 혈자리의 넓이를 확인해보니 가로가 약 270cm이고 세로가 약 300cm로서 혈자리의 넓이는 약 6.4㎡(약 1.9평) 정도로서 다른 성혈지의 혈자리 규모 보다는 큰 것으로 확인되었다. 따라서 성혈지에 만들어진 혈자리라 하더라도 명혈명당에 따라 혈자리의 역량이 다르므로 성혈지에 있는 혈자리가 다른 명혈명당의 일월혈지에 자리한 혈자리 못지않은 역량을 가진 명당자리가 있다는 것을 확인한 곳이라 할 수 있다.

윤승례 묘의 명당발복의 실증實證을 확인하기 위한 후손들의 활동상을 추적해 보면 윤승례의 직계 후손인 아들 윤번은 부원군이 되었으며, 손자 대에서는 우의정 및 파천부원군 윤사흔, 우의정 윤사분 등이 있으며, 증손자 대에서는 공조판서 윤계겸, 파성군 윤우 등이 있고, 고손자 대에서는 파원부원군 윤여필, 호조판서를 역임한 윤흠 등이 있다. 또한 윤승례의 5대손으로는 파산부원군 윤지임과 좌의정을 역임한 윤개 등이 있고, 6대 손으로는 영의정 윤원형이 있다.

따라서 윤승례의 묘로 인한 명당발복이 발현되었다고 할 수 있는 후손들 중에서 삼정승 5명, 판서 1명, 부원군 4명 등이 배출되어 명혈명당의 성혈지의 명당자리에서 명당발복이 발현된 것을 입증할 수 있는 좋은 사례라 할 수 있는 곳이다.

특기 할만한 것은 윤승례 묘가 명혈명당의 성혈지 중에서 양혈인 일혈자리에 조성되어 있다는 것이다. 조선시대 고위 관직을 역임한 분들의 조상 묘는 대부분이 음혈인 월혈자리에 조성되어 있어 관직을 역임한 후손들 대부분이 귀貴로 명당발복이 발현되었는데 윤승례의 묘는 양혈인 일혈자리에 조성되어 있어 부富로 명당발복이 일어날 수 있는 확률이 높은 명당자리라 할 수 있기 때문이다. 그래서인지 윤승례의 손자인 윤사윤은 조선시대 4대 갑부 중의 한 사람으로 불리울 만큼 조선시대에서 부자였다고 하니 윤승례의 후손들은 부귀겸전富貴兼全으로 명당발복이 발현된 것으로 볼 수 있다.

다만 윤승례의 손자인 우의정을 역임한 윤사흔 묘도 천조명당의 역량을 가진 명혈명당의 월혈자리이며, 6대 손인 영의정을 지낸 윤원형의 조부인 윤욱 묘에도 천조명당의 역량인 명혈명당의 월혈자리로서 윤원형의 명당발복은 조부 묘에 의한 명당발복으로 추정되며, 윤원형과 부인 정난정의 묘도 명혈명당의 성혈지의 월혈자리에 묘가 조성되어 있어 혈은 혈을 불러 들여 냉낭발복의 시너지 효과에 의해 후손들이 부귀겸전으로 명당발복이 일어난 가문으로 볼 수 있는 사례라 할 수 있다.

〈윤승례 묘 : 경기도 파주지 당하동〉

9) 황균비(黃均庇) 묘

장수長水 황黃 씨 2세인 황균비는 고려 시대에 참찬參贊을 지낸
분이다. 황균비의 묘는 무학대사의 스승인 나옹선사가 점지點指해
주었다는 일화逸話가 있는 묘로서 전라북도 남원시 대강면 풍산리
산 8-2번지에 조성되어 있다. 이 묘는 길게 뻗은 능선에 상하 형태
로 4개의 혈처가 형성된 명혈명당 중 맨 끝인 하혈처의 일월혈지인
월혈자리에 조성되어 있으며, 위쪽에 형성된 3개 혈처에 형성된 혈
자리들은 현재까지 한 곳도 활용이 되지 못하고 있었다.

이 묏자리의 규모는 가로가 대략 400cm에 세로가 대략 500cm
정도로서 넓이는 15.7㎡(약 4.7평) 정도로 상당히 큰 편이다. 혈자
리의 규모가 크다는 것은 생기를 많이 모아서 분출시킬 수 있기 때
문에 혈자리의 역량이 크다고 할 수 있으며 따라서 혈자리의 역량

이 큰 만큼 명당발복의 발현도 클 것으로 추정해 볼 수 있다. 이 묏자리로 흘러온 혈맥의 경로를 보면 백두산에서부터 백두대간으로 흘러온 대간맥이 덕유산에서 분맥을 하고 분맥된 간맥은 남덕유산을 거쳐 전라북도 남원시 아영면 봉화산(919m) 연봉에서 분맥을 한 혈맥이 입수맥이 되어 남원시 산곡동의 교룡산(518m)을 거쳐 인터넷 지도상 직선거리로 약 31km를 흘러와 천조명당 자리로 입수를 하면서 혈맥으로서의 사명을 완수한 곳이다.

즉, 백두산에서부터 수 십차례의 분맥을 해 달려온 간맥이 오랜 흐름의 여정을 끝내고 천조명당의 역량을 가진 명혈명당의 일월혈지 중 음혈자리인 월혈자리를 만들어 조선시대 최고의 정승이라고 찬사를 받은 황희 정승을 배출시킨 천하대지를 만든 후 혈맥으로서의 긴 여정을 마친 곳이라 할 수 있다.

황균비의 손자인 황희 정승은 조선 태조부터 문종까지 5대에 걸쳐 조선의 조정을 이끌었고 세종대왕 즉위 시는 18년간 영의정을 맡은 조선 최고의 재상으로 전해오고 있는 분이다. 황균비의 증손자이고 황희의 아들인 황수신도 영의정을 역임했고 황치신은 판서를 지냈으며 고손자 대에서는 현령을 지낸 황사령을 배출하였다.

따라서 이 묘의 명당발복은 2대에 걸쳐 2명의 영의정과 판서 1명 등을 배출한 명당발복지로 알려져 있는 명당길지라 할 수 있다.

〈황균비 묘 : 전라북도 남원시 대강면 풍산리〉

10) 김번(金璠) 묘

신 안동安東 김金 씨 또는 장동壯洞 김金 씨라고 불리운 김번은 안동 김씨 12세 손으로 조선 중기 문신이었으며 사후에 이조판서와 대제학에 추증追贈된 인물이다. 김번의 손자인 김극효金克孝가 신 안동 김 씨의 중시조로서 조선 후기 신 안동 김 씨가 60여 년간의 세도 정치로 조선의 정사政事를 주도하는데 시발점이 된 분이며 김번의 증손인 김상헌과 김상용 및 후손인 김수항, 김창집 등이 세도 정치를 주도하는 중심에 선 인물들이다.

김번의 묘는 경기도 남양주시 와부읍 덕소리 산 5번지에 천조명당의 역량을 가진 명혈명당의 좌측 상혈처의 월혈자리에 부인인 남양 홍 씨 와 단봉으로 합장되어 있으며, 이 묘가 조선 8대 명당 중의 한 곳이라는 소문이 있어 많은 풍수지리 애호가愛好家들의 현장

답사 코스 중의 한 곳이기도 하다. 이 묘의 혈자리는 혈맥이 산의 능선을 타고 내려오다 약간 낮은 등성이에 혈자리를 만들어 놓아 혈자리 앞이 약간 높은 곳으로서 풍수지리서에 전해오는 괴교혈怪巧穴 중의 하나인 기룡혈騎龍穴에 묘를 조성하였다.

이 묘로 입수한 혈자리의 규모는 가로 450cm에 세로는 500cm 정도로 넓이는 17.7㎡(약 5.3평) 정도로서 혈자리의 규모가 매우 커 혈자리의 역량 또한 클 것으로 추정해 볼 수 있다. 이 묘의 좌향坐向은 자좌子坐 오향午向이나 묘의 상석床石에서 가리키는 좌향은 계좌癸坐 정향丁向으로 놓여 있었다. 이 묘로 흘러온 혈맥을 엘로드로 추적해 보면 경기도 가평군 설악면의 곡달산(630m) 연봉에서 분맥된 혈맥이 입수맥이 되어 경기도 양평군 서종면의 고동산(600m)을 거쳐 인터넷 지도상 직선거리로 대략 25.7km 정도 흘러와 김번의 묏자리를 만들어놓고 한 줄기 수맥으로 변해 흘러갔다. 이 묘역에 조성되어 있는 김번의 손자인 김극효의 묘는 무혈지無穴地이나 김번의 증손이며 김극효의 아들로 좌의정을 역임한 청음淸陰 김상헌의 묏자리는 천조명당의 역량을 가진 명혈명당의 우측 상혈처의 월혈자리에 조성되어 있고 혈자리의 규모는 4.7평 정도로 상당히 큰 편이며 좌향은 축좌丑坐 미향未向으로 놓여 있다.

김번 묘에 의한 명당발복을 입증할 수 있는 후손들로는 김번의 증손사 내이며 김극효 아들 대에서 우의정 김상용, 좌의정 김상헌, 부사 김상관, 경주부윤 김상필 등이 배출되었다. 또한 김번의 고손자 대에는 참판 김광현이 배출되었으며, 17세에서는 대사헌 김수흥, 현감 김수민, 참판 김수증, 영의정 김수흥과 김수항이 배출되었으며, 18세에서는 영의정 감창집, 대제학 김창협, 관찰사 김성주, 참의 김창성 등이 배출되었다. 따라서 신 안동 김씨의 명당발복지인 김번의 묘를 조성한 이후부터 삼정승 3명, 대제학 1명, 관찰사 1명,

대사헌 1명, 참판 2명, 현감 1명, 참의 1명 등 문과급제자만 136명 등이 배출된 것으로 되어 있어 김번 묘가 신 안동 김 씨의 명당발복의 발혈처發穴處라 추정해 볼 수 있다. 김번의 손자인 김상헌 묘에도 천조명당의 역량을 가진 월혈자리에 조성되어 있어 신 안동 김 씨의 후손들은 김번의 묘 뿐만이 아니라 김상헌 묘에 의한 명당발복도 크게 영향을 받았을 것으로 추정된다.

따라서 김번의 묘가 명혈명당의 월혈자리에 조성된 이후 손자인 김상헌 묘도 명혈명당의 월혈자리에 조성됨으로써 신 안동 김씨 가문은 수 대에 걸쳐 조선시대에서 영의정 등 고위 관직에 오르는 후손들이 계속 배출되어 신 안동 김 씨의 60년 세도정치勢道政治를 가능하게 한 세도 명문가문으로 정착할 수 있게한 명당발복처라할 수 있다.

〈김번 묘 : 경기도 남양주시 와부읍 덕소리〉

11) 정부(鄭苻) 묘

정부는 고려 말과 조선 초기의 문신으로 조선시대 한성부윤을 역임한 동래 정 씨 12세 손이다. 정부의 묘는 경기도 남양주시 진접읍 장현리 산 99번지에 있으며 우측 하혈처에 형성된 명혈명당의 일월혈지에 천조명당의 역량을 가진 월혈자리에 조성되어 있었다. 정부의 묏자리에서 좌측으로 약 8m 정도 떨어진 곳에 만들어진 일혈자리와 일월혈지로부터 약 8m 정도 아래에 형성된 72개의 혈자리가 모여있는 성혈지도 활용이 되지 않고 있었으며, 우측 상혈처와 좌측 상혈처 및 하혈처에 형성된 명혈처의 많은 명당자리들도 활용을 못하고 있었다. 혈자리 규모는 가로가 400cm에 세로는 500cm 정도로서 혈자리 넓이는 15.7㎡(약 4.7평) 정도로 상당히 크다. 혈자리의 좌향坐向은 곤좌坤坐 간향艮向으로 보이나 묏자리 앞 상석에서 확인한 좌향坐向은 묘좌卯坐 유향酉向으로 놓여져 있었다.

정부의 묘로 들어온 혈맥의 흐름을 보면 백두대간을 따라 남쪽으로 흘러온 대간맥이 강원도 평창군 진부면에 위치한 오대산 남쪽 연봉에서 간맥으로 분맥되어 흘러와 경기도 가평군 가평읍 주말봉(489m)에서 입수맥으로 분맥된 혈맥이 가평군 상면 축령산(886m)과 남양주시 수동면 철마산을 거쳐 남양주시 진접읍 장현리의 천겸산을 지나 인터넷 지도상 직선거리로 약 29km 정도 흘러와 명혈명당의 혈자리로 입수하면서 혈맥으로서 소임을 다하고 흐름을 멈춘 곳이다.

정부의 묏자리에 의한 명당발복으로 추정 할 수 있는 후손들을 보면 아들이 형조판서를 역임한 정흠지이고, 손자 대에서는 영의정을 역임한 정창손과 좌참찬과 대사헌을 지낸 정갑손이 있으며, 증손자 대에서는 좌의정을 역임한 정괄 등 훌륭한 인물들이 속속 배출되었다. 따라서 정부의 묘가 명혈명당의 월혈자리에 조성된 이후 명당발복으로 추정되는 직계 후손들 중에서 영의정 1명, 좌의정 1명, 대사헌 1명, 형조판서 1명 등을 배출하여 동래 정 씨 가문이 조선시대의 세도 명문가문의 입지를 굳혀준 명당자리로 추정해 볼 수 있는 곳이라 할 수 있다.

〈정부 묘 : 경기도 남양주시 진접읍 장현리〉

아래의 표는 조선시대 정승 2명 이상을 배출한 묘 11곳의 명당발복 현황을 표로 만든 것이다. 이 표의 순서는 묘 주인의 직계 후손인 손자 대에서부터 고손자 대까지 정승을 배출한 인원이 많은 묘의 명당발복 순서로 나열 했으며 정승 인원이 같으면 판서와 대제학 등을 많이 배출한 순서로 나열한 것이다. 혹시라도 오기나 잘못된 내용이 있으면 고의가 아님을 밝혀드린다.

명혈명당의 명당발복 혈처는 11곳 중 상혈처가 4곳이고 하혈처가 7곳으로 하혈처가 더 많았다. 묘가 조성된 혈지는 11곳 중 10곳이 2개의 혈자리로 형성된 명혈명당의 일월혈지에 조성되어 있었으며 72개의 혈자리가 형성되어 있는 명혈명당의 성혈지에 조성된 묘는 1곳 뿐이어서 조선시대에서 삼정승을 2명 이상을 배출한 명당발복 혈지는 명혈명당의 일월혈지가 대부분이었다. 또한 묏자리가 조성된 혈자리는 음혈인 월혈자리가 10곳으로 대부분이었으며 양혈인 일혈자리는 한 곳 뿐이었다. 혈자리 규모는 앞에서 설명할 바와 같이 명혈명당 90곳의 평균 혈자리 규모가 4.7㎡(1.4평)인데 비해 정승 2명 이상을 배출한 묏자리의 규모는 3평 이상으로 대부분이 혈자리의 넓이가 상당히 큰 혈자리에서 명당발복이 크게 발현되었음을 알 수 있다.

아울러 혈맥이 마지막으로 분맥되어 입수맥으로 흘러와 혈자리를 만들기 위해 흘러온 거리를 인터넷 지도에서 엘로드를 통해 직선거리를 조사 해보면 명혈명당의 성혈지로 들어온 혈맥이 가장 짧은 거리로 1.8km 정도였으며 가장 먼 거리를 흘러와 혈자리를 만든 혈맥의 거리는 69.3km로 조사되어 입수맥으로 흘러온 혈맥의 거리도 대부분이 20km 이상으로 상당히 먼 거리로부터 흘러오면서 생기를 모아 역량이 큰 명당자리를 만들었다고 볼 수 있다. 따라서 조선시대 삼정승 2명 이상을 배출한 묘의 명당발복 조사에서 명당발복의 혈처는 주로 능선에 형성되는 상혈처와 하혈처였으며, 혈자리는 음혈인 월혈자리가 대분이었고, 혈자리의 규모는 다른 명혈명당의 혈자리에 비해 상당히 큰 편이었으며, 아울러 대부분이 남녀가 한 봉분에 합장된 묘였고, 입수맥으로 분맥되어 혈자리까지 흘러온 거리도 상당히 먼 거리인 20km 이상을 흘러와 명당자리를 만들어 낸 곳으로 조사되었다.

조선시대 삼정승 2명 이상을 배출한 조상 묘의 명당발복 현황

묘	지 번	혈처, 혈자리규모	혈맥거리	명당발복
김징(金澄) *풍산 김 씨 *관찰사 역임	경기도 의왕시 왕곡동 200-2	上,月 14.1㎡ (4.3평)	69.3km	정승 6명 판서 1명 참판 1명 등
김달행(金達行) *안동 김 씨	경기도 양평군 개군면 향리 128-3	下,月 6.9㎡ (2.1평)	39.5km	정승 5명 판서 4명 대제학 1명 참판 3명 등
정유길(鄭惟吉) *동래 정 씨 *좌의정 역임	서울시 동작구 사당동 산 32-83	上,月 9.4㎡ (2.8평)	25.4km	정승 4명 판서 1명 참판 2명 등
이집(李集) *광주 이 씨 *좌찬성 추증	경기 도 성남시 중원구 하대원동 243-11	下,月 12.6㎡ (3.8평)	32.8km	정승 3명 판서 2명 부제학 1명 참판 1명 관찰사 3명 등
정광필(鄭光弼) *동래 정 씨 *영의정 역임	경기도 군포시 속달동 산 3-1	下,月 8㎡ (2.4평)	54.8km	정승 3명 판서 1명 참판 1명 등
김사형(金士衡) *안동 김 씨 *좌의정 역임	경기도 양평군 양서면 목왕리 산 49	上,月 15.9㎡ (4.8평)	28.5km	정승 2명 좌찬성 1명 판서 2명 대사헌 1명 등
강회백(姜淮伯) *진주 강 씨 *이조판서 역임	경기도 연천군 왕징면 강내리 산 175-3	下,月 7.1㎡ (2.1평)	26km	정승 2명 대제학 1명 대사헌 1명 관찰사 2명 등
윤승례(尹承禮) *파평 윤 씨 *영의정 추증	경기도 파주시 교하동 산 4-20	下,星,日 6.4㎡ (1.9평)	1.8km	정승 2명 판서 1명 부원군 2명 등

묘	지 번	혈처, 혈자리규모	혈맥거리	명당발복
황균비(黃均庇) *장수 황 씨 *참찬 역임	전라북도 남원시 대강면 풍산리 산 8-2	下,月 15.7㎡ (4.7평)	31Km	정승 2명 판서 1명 등
김번(金璠) *안동 김 씨 *대제학 추증	경기도 남양주시 와부읍 덕소리 산 5	上,月 17.7㎡ (5.3평)	25.7km	정승 2명 참판 1명 등
정부(鄭符) *동래 정 씨 *한성부윤 역임	경기도 남양주시 진접읍 장현리 산 99	下,月 15.7㎡ (4.7평)	29km	정승 2명 대사헌 1명 등

*위의 표에서 혈처 및 혈자리에서 上은 명혈명당의 상혈처, 下는 명혈명당의 하혈처, 星은 명혈명당의 성혈지, 日은 명혈명당의 일월혈지의 일혈자리, 月은 명혈명당의 일월혈지의 월혈자리를 표시한 것이며, 혈자리 규모는 혈자리의 넓이를 표시한 것이고, 혈맥 거리는 혈맥이 간맥에서 마지막으로 분맥되어 입수맥으로 흘러와 혈자리를 만든 곳 까지의 인터넷 지도상의 직선거리임.

4. 한국의 삼부 요직 역임자의 음택지 및 양택지 명당발복

(1) 한국의 역대 대통령 등의 음택지 및 양택지 명당발복

대한민국은 정부 수립이후 초대 대통령부터 제 19대 대통령까지 모두 12명의 대통령을 탄생시켰다. 대통령은 하늘이 내려 주신다는 말이 전해오고 있다. 대통령이 되려면 천기天氣, 지기地氣, 인기人氣를 받아야 한다고들 한다. 하늘의 기인 천심天心과 땅의 기인 명당자리에서 나오는 생기生氣와 대중들의 인기인 인심人心을 얻어야 대통령이 될 수 있다는 말일 것이다. 한국의 역대 대통령들은 어떤 곳에서 어떤 명당발복을 받았기에 하늘이 내려 주신다는 대통령이 되었는지에 대해 풍수지리학적인 관점으로 접근해 대통령의 조상묘와 생가 및 거주 가옥에 대해 명당길지 여부를 조사해 보았다.

초대 이승만 대통령의 고향은 황해도 평산군 마산면 대경리로서 북한 지역에 선영과 생가가 있어 현재의 남북 분단의 상황으로는 명당 여부를 조사 할 수 없어 10명의 전직 대통령과 현직 대통령 1명 등 11명의 대통령 조상 묘와 생가 및 거주 가옥에 대해서만 명당 여부를 조사하게 되었다.

역대 대통령들의 조상 묘와 생가 및 거주 가옥의 명당 여부를 조사한 바 로는 11명 모두가 음택지인 조상의 묘와 양택지인 생가와 거주 가옥 모두가 신기하게도 하늘이 감추고 땅이 지킨다는 천하대지天下大地라고 전해오는 천조명당인 대명당 자리임이 확인되었다. 따라서 대한민국의 대통령이 되기 위해서는 음택지와 양택지 모두에서 천조명당 자리에 의한 명당발복을 반드시 받아야만 대통령이 될 수 있다는 조사 결과가 나온 것이다. 즉, 한국에서 대통령이 되기 위해서는 반드시 생기가 강하게 서려있는 천조명당 자리에 조상의 묘가 조성되어 있어서 동기감응에 의한 명당발복을 우선적으로 받아야하고, 아울러 출생지에도 조상의 묘와 유사한 생기가 강하게 서려있는 천조명당 자리여야 하며, 생활하는 거주지에도 생기가 감도는 천조명당 자리여야 한다는 것을 아래의 〈표 1-1〉에서 입증해 주고 있다.

한국의 대통령이 집무하는 청와대 집무실에는 대명당이라고 불리운 천조명당이 74개나 모여 있어 강한 생기가 감도는 명당길지이다. 따라서 강한 생기가 서려있는 청와대에서 집무를 하기 위해서는 강한 생기에 적응할 수 있는 인물 즉, 하늘이 내려주신 분이 대통령이 되어야 대통령직을 제대로 수행할 수 있다는 것을 통계적으로 입증하고 있다고 할 수 있다.

한국의 역대 대통령들의 조상 묘가 조성되어 있는 명당의 종류를 보면 쌍혈명당에 조성된 묘가 4곳으로 36.4%이고 명혈명당에 조성된 묘가 7곳인 63.6%로 쌍혈명당 보다는 명혈명당에 조상 묘를 조성한 집안에서 대통령이 많이 배출 된 것으로 조사 되었다. 대통령을 배출 시킨 조상 묘의 혈처를 보면 명혈명당에 조성된 조상의 묘 7곳은 모두 상혈처에 조성되어 있었으나 쌍혈명당에 조성된 조상의 묘 4곳은 모두 하혈처에 조성되어 있었다. 또한 우리나라에서 대통령을 역임한 11명의 조상 묘 중 음혈인 월혈자리에 조성된 묘가 10곳이고 양혈인 일혈자리에 조성된 묘는 19대 문재인 대통령의 부친 묘 뿐이다.

아울러 대통령을 역임한 11명이 어느 조상의 묘로부터 명당발복을 받아 대통령이 되었는지를 조사해 본 바로는 고조부모 묘 1명, 증조부모 묘 4명, 조부모 묘 5명, 부모 묘 1명으로 되어있어 대통령을 역임한 분들의 대부분인 9명이 증조부모 묘나 조부모 묘에 의한 명당발복으로 대통령이 된 것으로 추정해 볼 수 있다. 다만 부모 묘의 명당발복으로 조사된 19대 문재인 대통령의 경우에는 북한 지역에 있을 것으로 여겨지는 조부모 이상의 조상 묘의 명당 여부를 추정해보면 한 곳 이상이 천조명당 자리에 조성되어 있을 깃으로 볼 수도 있다. 또한 노무현 대통령의 조부 묘는 필자가 현지답사를 하지 못해 인터넷에 올려져 있는 답사기 등을 참고로 인터넷 지도상으로 묘를 찾아 탐지한 곳이기 때문에 이 묘가 노무현 대통령의 조부 묘인지에 대해선 확신이 없다.

우리나라에서 대통령을 역임한 분들은 모두 조상의 음덕으로 대통령이 되었다는 것을 통계적으로 입증 되고 있기 때문에 대통령이 되려면 조상 묘를 잘 써야 한다는 항간巷間에 회자膾炙되고 있는 말들이 이번 조사로 인해 사실로 확인되었다고 할 수 있다.

통계는 과학으로 통계 수치는 거짓말을 하지 못한다. 혈자리인 명당자리에 대해 요즈음의 풍수가들의 현지답사는 과학기술적인 방법에 의해 명당 여부를 조사해서 판단하고 있기 때문에 통계가 잘못되는 일은 거의 없을 것으로 보아지기 때문이다. 따라서 풍수지리학적인 관점에서 볼 때 대한민국에서 대통령이 되기위한 필수 요건의 하나로 조상의 묏자리가 천조명당인 대명당의 역량을 가진 쌍혈명당의 월혈자리이거나 명혈명당의 월월자리여야 한다는 것이다.

한국에서 부통령을 역임한 분들은 모두 4명인데 북한 출신의 부통령과 조상 묘의 위치를 파악 할 수 없는 3명의 역대 부통령에 대해서는 명당 여부를 조사할 수 없었다. 다만 2대 김성수 부통령의 증조부모 묘가 명혈명당의 상혈처인 월혈자리에 조성되어 있다는 것만을 확인할 수 있었다. 유엔사무총장을 역임한 반기문 총장의 선대 묘와 조부 묘는 충북 음성군 원남면 상당리 문중門中 묘역에 조성 되어 있다. 선대 묘는 천조명당의 역량을 가진 명혈명당의 상혈처의 월혈자리에 조성되어 있었고, 조부 묘도 천조명당의 역량을 가진 명혈명당의 상혈처의 월혈자리에 조성되어 있어 반기문 유엔사무총장 역시 조상 묘에 의한 명당발복을 받아 지구촌을 누비면서 많은 업적을 남긴 세계적으로 존경받는 인물이 된 데에는 조상의 음덕이 컸을 것으로 추정해 볼 수 있다.

〈표 1-1〉 한국의 역대 대통령 등 조상 묘의 명당 현황

대 수	성 명	조상묘	혈 처	지 번
〈대통령〉				
4	윤보선	고조부모	上,月	충남 아산시 음봉면 동천리 산 28-2
5-9	박정희	조모	上,月	경북 구미시 상모동 산 24-2
10	최규하	증조부	上,月	강원 원주시 호저면 주산리 산 149-5
11-12	전두환	조부	双,下,月	경남 합천군 율곡면 내천리 산 28-8
13	노태우	증조부모	上,月	대구 동구 신용동 산 51
14	김영삼	조모	双,下,月	경남 거제시 장목면 외포리 1334
15	김대중	증조모	双,下,月	전남 신안군 하의면 후광리 산 337
16	노무현	조부	上,月	경남 김해시 진례면 산본리 985
17	이명박	조부	上,月	경북 포항시 북구 신광면 만석리 산 27
18	박근혜	증조모	上,月	경북 구미시 상모동 산 24-2
19	문재인	부	双,下,日	경남 양산시 상북면 상삼리 산 8-10
	(11명)			
〈부통령〉				
3	김성수	증조부	上,月	전북 부안군 변산면 지서리 산 38-1
	(1명)			
〈유엔사무총장〉				
8	반기문	조부모	上,月	충북 음성군 원남면 상당리 산 74
	(1명)			
	계:13명			

*위의 표 혈처에서 双은 쌍혈명당, 上은 명혈명당의 상혈처, 下는 쌍혈명당의 하혈처, 月은 명혈명당 및 쌍혈명당의 월혈자리, 日은 명혈명당의 일혈자리를 표시한 것임

다음은 한국의 역대 대통령의 양택지인 생가와 거주 가옥에 대한 명당 여부를 조사한 것이다. 조상의 묘를 천조명당인 대명당 자리에 조성하게 되면 조상의 유전인자와 가장 유사한 유전인자를 가진 후손의 생가와 생활하는 장소의 모두가 조상의 묏자리와 유사한 생기의 역량을 가진 천조명당 자리에 있을 확률이 높아진 것으로 조사되었다. 이러한 현상은 명당은 명당을 불러들여 명당발복의 시너지 효과를 발생시키는 명당발복의 신비스러운 현상들이라고 할 수 있는데 한국에서 대통령을 역임한 분들도 모두 출생지와 생활했던 가옥이 신기하게도 천조명당 자리로 조사되어 명당발복의 신비한 현상들이 예외 없이 나타난 것으로 확인되었다.

이승만 초대 대통령의 생가 등이 북한 지역에 있어 조사 대상에서 제외한 11명의 역대 대통령 중 명혈명당의 상혈처인 일월혈지에서 출생한 분은 윤보선 대통령을 비롯해 6명이고 쌍혈명당의 하혈처인 일혈자리와 월혈자리에서 출생한 분들은 전두환 대통령 등 5명이다. 또한 11명의 역대 대통령이 거주한 가옥 12곳(2명은 거주 가옥이 각각 2곳이며, 1명은 거주 가옥의 위치를 파악하지 못했음)에 대한 명당 여부를 조사한 바로는 명혈명당의 일월혈지에 있는 가옥이 7곳이고 쌍혈명당의 일혈자리와 월혈자리에 있는 가옥이 5곳이었다. 또한 거주 가옥의 혈처를 보면 상혈처가 9곳이고 하혈처가 3곳으로 조사 되었다.

따라서 역대 대통령 11명의 생가와 거주한 가옥에는 조상의 묏자리와 생기의 역량이 유사한 명혈명당과 쌍혈명당의 일혈자리와 월혈자리라는 것이 확인되어 우리나라에서 대통령이 되기위해서는 조상의 묏자리와 함께 생가와 거주 가옥에도 반드시 천조명당의 역량을 가진 쌍혈명당 또는 명혈명당의 일혈자리와 월혈자리가 들어 있어야 한다는 것이 확인되었다.

다음의 〈표 1-2〉는 한국의 역대 대통령 등의 생가 및 거주 가옥의 명당 현황을 정리한 것이다.

〈표 1-2〉 한국의 역대 대통령 등의 생가 및 거주 가옥의 명당 현황

대수	성 명	생가	지 번	혈 처
〈대통령〉				
4	윤보선	생가	충남 아산시 둔포면 신항리 143-1	上,日月
4	윤보선	가옥	서울 종로구 안국동 8-1	上,日月
5-9	박정희	생가	경북 구미시 상모동 171	上,日月
5-9	박정희	가옥	대구 중구 삼덕동 1가 5-2	上,日月
5-9	박정희	가옥	서울 중구 신당동 62-43	上,日月
10	최규하	생가	강원 원주시 봉산동 836-1	上,日月
10	최규하	가옥	서울 마포구 서교동	上,日月
11-12	전두환	생가	경남 합천군 율곡면 내천리 258	双,下,日月
11-12	전두환	가옥	서울 서대문구 연희동	双,下,日月
13	노태우	생가	대구 동구 신용동 596	双,下,日月
13	노태우	가옥	서울 서대문구 연희동	双,下,日月
14	김영삼	생가	경남 거제시 장목면 외포리 1383-3	双上,日月
14	김영삼	가옥	서울 동작구 상도동	双,下,日月
15	김대중	생가	전남 신안군 하의면 후광리 121-2	双上,日月
15	김대중	가옥	서울 마포구 동교동	双,上,日月
16	노무현	생가	경남 김해시 진영읍 본산리 30	双,上,日月
16	노무현	가옥	서울 종로구 명륜1가	双,上,日月
17	이명박	생가	경북 포항시 흥해읍 덕성리 563	上,日月
17	이명박	가옥	서울 강남구 논현동	上,日月

대수	성 명	생가	지 번	혈 처
18	**박근혜**	생가	대구 중구 삼덕동 1가 5-2	上,日月
18	**박근혜**	가옥	서울 중구 신당동 62-43	上,日月
18	**박근혜**	가옥	서울 강남구 삼성동	上,日月
19	**문재인**	생가	경남 거제시 거제면 명진리 694-1	上,日月
		(11명, 23곳)		
〈부통령〉				
1	**이시영**	생가	서울 중구 명동 1가 4-2	上,日月
2	**김성수**	생가	전북 고창군 부안면 봉암리 435	下,日月
2	**김성수**	가옥	전북 부안군 줄포면 줄포리 445	上,日月
2	**김성수**	가옥	서울 종로구 계동 132-1	上,日月
4	**장면**	가옥	서울 종로구 명륜1가 36-1	双,上,日月
		(3명, 5곳)		
〈유엔사무총장〉				
8	**반기문**	생가	충북 음성군 원남면 상당리 600-1	上,日月
8	**반기문**	가옥	충북 충주시 문화동 751	上,日月
8	**반기문**	가옥	서울 동작구 사당동	上,日月
		(1명, 3곳)		
계:15명, 31곳 *생가 14곳, 가옥 17곳				

*위 표 혈처에서 上은 명혈명당의 상혈처, 下는 명혈명당의 하혈처, 双은 쌍혈명당, 日月은 명혈명당 및 쌍혈명당의 일혈자리와 월혈자리를 표시한 것임

우리나라에서 부통령을 역임한 4명 중 두 분의 생가와 두 분의 거주 가옥이 천조명당 자리로 확인 되었으며, 반기문 유엔사무총장의

생가와 거주 가옥 모두가 천조명당 자리라는 것도 확인되었다. 따라서 한국의 역대 대통령과 부통령 및 세계의 대통령으로 불리운 유엔사무총장은 조상의 묘를 비롯해 생가와 거주 가옥 모두가 천조명당 자리에 있다는 것은 음택지 명당이 명당발복을 주도하면서 명당은 명당을 불러들이고 명당발복은 다시 명당발복을 불러들여 음택지와 양택지의 명당발복의 시너지 작용에 의해 명달발복의 위력이 크게 발현되어 한국의 대통령과 부통령이 될 수 있었을 것이라는 명당발복의 신비한 발현 현상을 확인할 수 있었다.

또한 대한민국에서 대통령이 되기 위한 필수적인 요건의 하나로 태어난 생가와 거주한 가옥에는 반드시 천조명당의 역량을 가진 쌍혈명당 또는 명혈명당의 일혈자리와 월혈자리에 있어야 한다는 것도 확인할 수 있었다.

(2) 한국의 역대 국무총리 등 삼부 요직자의 음택지 및 양택지 명당발복

1) 한국의 역대 국무총리의 음택지 및 양택지 명당발복

대한민국 건국이후 국무총리를 역임한 분들의 조상 묘에 의한 명당발복의 발현 여부를 조사하기 위해 조상 묘의 위치를 알아 보았으나 오래전에 국무총리를 역임했던 분들의 조상 묘에 대해서는 묘의 위치를 파악할 수 없어 명당 여부를 조사하지 못하였다. 그러나 근래 들어 풍수지리에 대한 애호가들이 많아지면서 이분들의 활동이 활발해 짐에 따라 우리나라 주요 인물들의 조상 묘와 생가 등에 대한 관심이 커져 풍수지리 동우회나 연구회 등을 중심으로 현지답사를 통한 답사기가 인터넷에 많이 올라오고 있다.

따라서 인터넷에 올라온 답사기 등을 통해 주요 인물들에 대한 조상 묘의 위치가 알려지게 됨에 따라 명당 여부를 일부나마 조사 할 수 있게 되어 우리나라 주요 인물들의 조상 묘의 명당발복을 확인하는데 많은 도움이 되고있다.

한국의 역대 국무총리는 초대 이범석 총리부터 제 45대 이낙연 총리까지 45명이다. 그러나 김종필 총리 등 두 번 이상 국무총리를 역임한 3명을 제외하면 대한민국에서는 42명의 국무총리가 배출된 셈이다. 그러나 국무총리 서리, 내각수반, 국무총리 직무대행 등을 역임한 분들까지 합치면 65명이 넘지만 이분들의 조상 묘를 모두 확인하는데 어려움이 있어 우선 42명의 국무총리를 역임한 분들 중에서 13명의 조상 묘가 명혈명당 자리에 조성되어 있다는 것을 확인할 수 있었다.

역대 국무총리를 역임한 13명의 조상 묘를 조사한 바로는 3명의 조상 묘가 명혈명당의 상혈처인 월혈자리에 조성되어 있었고, 10명의 조상 묘가 명혈명당의 하혈처인 월혈자리에 조성되어 있었으며, 명혈명당의 좌혈처와 우혈처에서는 한 분도 확인 되지 않았다. 또한 13명의 조상 묫자리가 모두 음혈인 월혈자리였으며, 이 중 명혈명당의 일월혈지의 월혈자리가 11곳이고 성혈지의 월혈자리가 2곳이었다. 따라서 13명의 역대 국무총리의 조상 묘는 모두 명혈명당의 상혈처 또는 하혈처의 월혈자리에 조성되어 있었다는 것을 확인 할 수 있었다.

또한 국무총리를 배출한 명당발복지로 추정되는 조상 묘로는 증조부모 묘가 5곳이며 조부모 묘가 7곳이고 1곳은 부모 묘였다. 부모 묘의 명당발복으로 추정되는 분은 제 44대 황교안 국무총리 부모의 묘로서 황교안 국무총리의 모친은 총리가 유아 때 돌아가셨고 부친도 대학생 때 돌아가셔서 합장으로 조성된 묫자리가 천조명당의 월혈자리이다. 황교안 총리가 부모를 잃고 어려운 시기에도 좌절하지 않으면서 사법고시에 합격해 법무부장관을 거쳐 국무총리 까지 역임 할 수 있었다는 것은 명혈명당에 모신 부모님의 음덕도 작용했으리라 추정 해 볼 수 있지만 아마도 북한 지역에 모셔진 조부모 이상 분들의 묏자리도 천조명당 자리에 조성되어 있음으로서 명당발복이 발현된 것이 아닌가 추정해 볼 수 있다. 이와 같은 조사 결과로 볼 때 우리나라에서는 대통령과 마찬가지로 국무총리가 되기 위해서는 반드시 조상의 묘가 찬조명당 자리에 조성되어 있어야 한다는 것으로 조사되었다.

역대 국무총리들 중에서도 제 41대에서 제 45대까지 5명의 국무총리는 가혹하리 만큼 속속들이 신상身上을 파헤치는 국회의 청문회를 거쳐서 국무총리가 되었는데 이분들 모두의 조상 묘에는 신기하게도 하늘이 내어준다는 천조명당의 역량을 가진 명혈명당 자리였다는 것이 확인되어 조상덕이 없으면 국무총리가 되기 위한 험난한 관문의 하나인 청문회 통과가 어렵다는 말이 나올 정도가 되었다.

조선시대에서도 지금의 국무총리 지위인 삼정승(영의정, 좌의정, 우의정)을 역임한 366명 중에서 조상의 묘 위치가 확인되어 천조명당자리로 조사된 분들이 153명이나 된다. 따라서 조선시대의 삼정승과 대한민국에서 국무총리가 되기 위해서는 조상 묘를 명혈명당 자리에 모셔야 한다는 것이 확인된 셈이다.

〈표 1-1〉 한국의 역대 국무총리 조상 묘의 명혈명당 현황

대수	성 명	조상묘	혈 처	지 번
5	변영태	조부	下,星,月	경기 부천시 고강동 산 63-9
11,31	김종필	조부모	下,月	충남 부여군 내산면 지티리 산 83
16	김상협	증조부	下,月	전북 고창군 아산면 삼인리 산 77
25	황인성	증조부	上,月	전북 무주군 무풍면 은산리 산 6-5
29	이수성	조모	下,星,月	경북 칠곡군 지천면 신리 산 17-3
30	고건	조부모	上,月	전북 군산시 임피면 월하리 산 32-1
36	이해찬	증조부모	下,月	충남 청양군 대치면 주정리 산 5-4
39	한승수	조부	上,月	강원 춘천시 서면 금산리 산 68
41	김황식	증조부	下,月	전남 장성군 동화면 구림리 171-2
42	정홍원	증조부	下,月	경남 하동군 금남면 대송리 산 55
43	이완구	조부	下,月	충남 청양군 비봉면 양사리
44	황교안	부모	下,月	경기 파주시 월롱면 영태리 19
45	이낙연	조부	下,月	전남 영광군 법성면 법성리 894-2

계:13명

*위의 표 혈처에서 上은 명혈명당의 상혈처, 下는 명혈명당의 하혈처, 日은 명혈명당의 일월혈지의 일혈자리, 月은 명혈명당의 일월혈지의 월혈자리를 표시한 것임

다음은 한국의 역대 국무총리의 생가와 거주한 가옥의 위치를 알아내어 대명당의 역량을 가진 명혈명당 터로 확인된 분들 중 생가터가 명혈명당의 일월혈지로 확인된 분은 제 3대 장택상 국무총리 등 17명으로 조사 되었고, 거주한 가옥의 터가 명혈명당의 일월혈지로 조사된 분은 제 11대 김종필 국무총리와 제 16대 김상협 국무

총리 두 분으로 조사되었다. 생가와 거주 가옥에 있는 명혈명당의 혈처를 보면 16곳이 상혈처이고 2곳이 하혈처인데 비해 신현학 국무총리의 생가만이 유일하게 우혈처로 조사되었다. 현재 우리나라의 서울정부청사와 세종정부청사에서 국무총리가 집무하는 곳은 모두 명혈명당이 들어 있어 생기가 충만한 곳으로 조사되었다.

따라서 생가와 거주했던 가옥의 주소가 확인된 17명의 생가 터와 거주한 가옥 터가 모두 명혈명당의 일월혈지로 확임됨에 따라 한국에서 국무총리가 되기 위해서는 대통령과 마찬가지로 천조명당의 역량을 가진 명혈명당의 일월혈지에서 출생 되어야하고 아울러 생기가 강하게 서려 있는 명혈명당 터에서 생활을 해야만이 국무총리 집무실에 서려있는 강한 기에 적응할 수가 있게되어 국무총리라는 직을 원만하게 수행할 수 있을 것으로 추정해 볼 수 있다. 따라서 대한민국에서 국무총리가 되기 위해서는 음택지 명당발복과 함께 양택지 명당발복을 반드시 받아야 한다는 것을 확인해준 조사라 할 수 있다.

〈표 1-2〉 한국의 역대 국무총리 생가 및 거주 가옥의 명혈명당 현황

대수	성명	구분	지 번	혈 처
3	장택상	생가	경북 구미시 진평동 28-9	上,日月
11	김종필	생가	충남 부여군 외산면 반교리 365	上,日月
11	김종필	가옥	서울 중구 신당동	下,日月
13	신현학	생가	경북 칠곡군 왜관읍 왜관리 230-30	右,日月
16	김상협	생가	전북 부안군 줄포면 줄포리 445	上,日月
16	김상협	가옥	서울 종로구 혜화동	上,日月
17	진의종	생가	전북 고창군 공음면 선동리 산 119-21	上,日月

대수	성명	구분	지 번	혈 처
25	황인성	생가	전북 무주군 무풍면 증산리 593-1	上,日月
26	이회창	생가	충남 예산군 예산읍 예산리 55	上,日月
29	이수성	생가	경북 칠곡군 지천면 신리 134	上,日月
30	고건	생가	서울 종로구 청진동 206-3	上,日月
32	박태준	생가	부산 기장군 장안읍 임랑리 173	上,日月
36	이해찬	생가	충남 청양군 청양읍 읍내리 118-1	上,日月
39	한승수	생가	강원 춘천시 서면 금산리 936	上,日月
40	정운찬	생가	충남 공주시 탄천면 덕지리 499	上,日月
41	김황식	생가	전남 장성군 황룡면 황룡리 137	上,日月
42	정홍원	생가	경남 하동군 금남면 대송리 226	上,日月
43	이완구	생가	충남 청양군 비봉면 양사리 165	上,日月
45	이낙연	생가	전남 영광군 법성면 용덕리 386	下,日月

계:17명, 19곳

*위 표 혈처에서 上은 명혈명당의 상혈처, 下는 명혈명당의 하혈처, 右는 명혈명당의 우혈처, 日月은 명혈명당의 일월혈지를 표시한 것임

2) 한국의 역대 국회의장과 정당 대표의 음택지 및 양택지 명당발복

한국의 역대 국회의장을 역임한 분들은 제헌국회를 포함해 현재까지 20대에 걸쳐 31명이 국회의장직을 수행 했으나 한 사람이 2대에 걸쳐 국회의장을 역임한 4명을 제외하면 27명이 국회의장직을 수행하였다. 우리나라에서 27명의 국회의장직을 역임한 분들 중 대부분은 조상 묘의 위치가 확인되지 않아 명당 여부를 확인하지 못했다. 그러나 다행히 근래에 들어 풍수가들의 노력으로 묏자리의 위치가 확인되어 명당 여부를 조사한 6명의 조상 묘가 명혈명당 자리로 조사되었다. 명혈명당 자리에 조성되어 있는 역대 국회의장 6

명의 조상 묘를 보면 명혈명당의 상혈처에 조성된 묘가 3곳이고, 하혈처에 조성된 묘가 3곳이며, 명혈명당의 일월혈지의 월혈자리에 조성된 묘가 4곳이고, 성혈지의 월혈자리에 조성된 묘가 2곳이다. 아울러 국회의장을 역임한 6명의 조상 묘에 대한 명당발복지로 추정되는 조상 묘로는 증조부모 묘가 4곳이고 조부모 묘가 2곳으로 조사되었다.

현대 민주주의 국가의 입헌민주 정치에는 정당을 바탕으로하는 정치제도로서 복수정당제가 필수요건으로 되어 있다. 따라서 우리나라의 민주정치에서도 정당 대표는 정당정치를 하는데 중요한 역할을 하고 있는 인물들이므로 최근에 정당 대표를 역임한 분들의 조상 묘에 대해서도 명당 여부를 조사해 본 바로는 6명의 조상 묘가 명혈명당 자리에 조성된 것으로 확인되었다. 즉, 정당 대표를 역임한 6명의 조상 묘 중 명혈명당의 상혈처에 조성된 묘가 3곳이고 명혈명당의 하혈처에 조성된 묘가 3곳이었다.

그런데 우리나라에서 국무총리와 국회의장을 역임한 분들의 조상 묘가 모두 명혈명당의 일월혈지의 월혈자리에 조성된 것으로 조사되었는데, 정당 대표의 조상 묘는 명혈명당의 일월혈지의 일혈자리가 3곳이고 월혈자리가 3곳으로 조사되었다는 것이 특이한 현상이라고 할 수 있다. 즉, 국무총리와 국회의장을 역임한 분들의 조상 묘는 모두가 명혈명당의 월혈사리에 조성되어 있있는데 반해 정당 대표를 역임한 6명의 조상 묘의 명당자리 중 양혈일 일혈자리가 3곳으로 조사된 것이 국무총리와 국회의장을 역임한 분들과는 다른 점이라 할 수 있다. 아울러 정당 대표를 역임한 6명 중 5명이 증조부모 묘의 명당발복을 받았을 것으로 추정되고, 1명은 조부모 묘의 명당발복을 받았을 것으로 조사되었다. 따라서 아래의 〈표 1-1〉에서 보는 바와 같이 한국에서 국회의장이나 정당 대표를 하기 위한 요건의 하나로 조상의 묘가 명혈명당의 일월혈지의 일혈자리 또는 월혈자리에 조성되어야 한다는 것으로 확인되었다.

〈표 1-1〉
한국의 역대 국회의장 및 정당 대표 조상 묘의 명혈명당 현황

대수	성 명	조상묘	혈 처	지 번
〈국회의장〉				
2	신익희	증조부	下,星,月	경기 광주시 초월읍 무갑리 806-7
16	이만섭	조부	上,月	경남 합천군 야로면 하림리 산 119-1
16	박관용	조모	上,月	충북 영동군 죽산면
18	김형오	증조부모	下,月	경남 고성군 고성읍 신월리 산 34
19	강창희	증조부모	上,月	충남 예산군 봉산면 금치리
20	정세균	증조부모	下,星,月	전북 진안군 동향면 능금리
(6명)				
〈정당 대표〉				
새누리당	서청원	증조부	上,月	충남 천안시 동남구 장산리 산 22-4
새누리당	홍준표	증조부모	上,月	경남 창녕군 남지읍 학계리 227
새누리당	김무송	증조부모	上,日	경남 함양군 함양읍 이은리 산 57
새누리당	이정현	증조부모	下,星,月	전남 곡성군 용봉리 산 64
국민의당	안철수	조부	双,下,日	부산 기장군 정관면 용수리 산 11-10
더불어민주당	김종인	증조부	下,日	전북 순창군 복흥면 하리 산 10
(6명)				
계:12명				

*위의 표 혈처에서 上은 명혈명당의 상혈처, 下는 명혈명당의 하혈처,

双은 쌍혈명당, 星은 명혈명당의 성혈지, 日은 명혈명당과 쌍혈명당의 일혈자리, 月은 명혈명당과 쌍혈명당의 월혈자리를 표시한 것임

역대 국회의장을 역임한 분들의 생가와 거주 가옥의 위치가 확인된 2명과 당 대표를 역임한 4명의 생가와 거주했던 가옥의 위치가 확인되어 명당 여부를 조사한 바로는 아래의 〈표 1-2〉의 "한국의 역대 국회의장 및 정당 대표 생가와 거주 가옥의 명혈명당 현황"과 같다. 그러나 조사 대상이 적어 통계의 신빙성은 약하지만 조사한 분들의 생가와 거주 가옥이 명혈명당의 일월혈지에 있는 것으로 확인되어, 역시 우리나라에서 국회의장이나 정당 대표를 하려면 조상 묘와 더불어 생가와 거주 가옥에도 천조명당에 의한 명당발복의 발현이 있어야 한다는 것을 어느 정도 시사時事하는 조사라 할 수 있다.

〈표 1-2〉
한국의 역대 국회의장 및 정당 대표 생가와 거주 가옥의 명혈명당 현황

대수 등	성 명	구분	지 번	혈처
〈국회의장〉				
2	신익희	생가	경기 광주시 초월읍 서하리 160-2	上,日月
18	김형오	생가	경남 고성군 고성읍 수남리 47-6	上,日月
(2명, 2곳)				
〈정당 대표〉				
한국민주당	조병옥	생가	충남 천안시 병천면 용두리 261-6	下,日月
새누리당	이정현	생가	전남 곡성군 목사동면 동암리 196	下,日月
국민의당	안철수	가옥	부산 부산진구 범천동	下,日月
자유한국당	홍준표	생가	경남 창녕군 남지읍 학계리 270	上,日月
(4명 4곳)				
계 : 6명 6곳 (생가 5곳, 거주 가옥 1곳)				

*위의 표 혈처에서 上은 명혈명당의 상혈처, 下는 명혈명당의 하혈처, 日月은 명혈명당의 일월혈지를 표시한 것임

3) 한국의 역대 대법원장의 음택지 및 양택지 명당발복

우리나라는 정부 수립 이후 초대 김병로 대법원장부터 15대까지 모두 15명의 대법원장을 배출했다. 그러나 역대 대법원장의 조상 묘의 위치가 대부분 확인되지 못해 명당 여부를 조사하지 못했으나, 다행히 3명의 대법원장을 역임한 조상 묘의 위치가 확인되어 명혈명당 여부를 조사할 수 있었다.

아래의 〈표 1-1〉은 "한국의 역대 대법원장을 역임한 조상 묘의 명혈명당 현황"으로서 대법원장을 역임한 세 분의 조상 묏자리는 명혈명당의 상혈처의 일월혈지인 월혈자리에 조성된 분이 2명이고 하혈처의 일월혈지인 월혈자리에 조성된 분이 1명이며, 이 중 1명은 성혈지의 월혈자리에 조상의 묘가 조성되어 있는 것으로 확인되었다. 또한 한국에서 역대 대법원장을 역임한 분들의 명당발복을 발현시킨 조상 묘를 보면 증조부모 묘가 2곳이고 조부모 묘가 1곳으로 확인되었다.

그러나 역대 대법원장을 역임함 분들의 조상 묏자리에 대해서는 조사된 인원이 적어 대법원장이 되기 위해서는 반드시 명당발복의 발현이 있어야 한다는 당위성을 설명하기에는 역부족인 조사라 할 수 있으나, 묘의 위치를 몰라 확인하지 못했을 뿐 묘의 위치가 알려진다면 대부분의 역대 대법원장들의 조상 묏자리도 명혈명당 자리에 조성되어 있을 것으로 추정해 볼 수 있다. 따라서 대한민국에서 대법원장이라는 사법부의 수장이 되기 위해서는 조상의 묏자리가 명혈명당의 일월혈지의 월혈자리에 조성 되어야 한다는 것이 어느 정도 확인되었다고 할 수 있다.

〈표 1-1〉 한국의 역대 대법원장 조상 묘의 명혈명당 현황

대수	성명	조상묘	혈 처	지 번
1	**김병로**	증조부	上,月	전북 순창군 복흥면 상송리 산 60-2
8	**유태흥**	증조부	下,星,月	충남 홍성군 홍동면 효학리 산 66-1
9	**김용철**	조부모	上,月	경북 성주군 벽진면 문정리 산 60
	계:3명, 3곳			

*위의 표 혈처에서 上은 명혈명당의 상혈처, 下는 명혈명당의 하혈처,
星은 명혈명당의 성혈지, 月은 명혈명당의 일월혈지의 월혈자리를 표시한
것임

아래의 〈표 1-2〉는 한국의 역대 대법원장의 생가의 위치가 알려
져 명혈 명당으로 확인된 현황이다. 조사 대상자는 초대 김병로 대
법원장 등 4명으로 생가지 모두가 명혈명당의 하혈처인 일월혈지로
확인되었다. 따라서 한국에서 대법원장 직을 수행하려면 명혈명당
자리에서 출생되어야 한다는 것이 어느 정도 확인된 것이라 할 수
있다.

〈표 1-2〉 한국의 역대 대법원장 생가의 명혈명당 현황

대수	성명	구분	지 번	혈 처
1	김병로	생가	전북 순창군 복흥면 하리 519	下,日月
8	유태흥	생가	충남 홍성군 홍동면 효학리 71	下,日月
9	김용철	생가	경북 성주군 초전면 용싱리 444-1	下,日月
14	이용훈	생가	전남 보성군 득량면 오봉리 399	下,日月
	계:4명, 4곳			

*위의 표 혈처에서 上은 명혈명당의 상혈처, 下는 명혈명당의 하혈처,
日月은 명혈명당의 일월혈지를 표시한 것임

4) 한국의 역대 서울시장과 시도지사의 음택지 및 양택지 명당발복

서울특별시, 광역시 등의 시장과 각도의 지사를 역임한 분들의 조상 묘의 위치가 알려진 묘에 대해서 천조명당의 역량을 가진 명혈명당 자리로 확인된 묏자리는 6곳이다. 그러나 서울특별시장과 도지사를 역임한 분들 중에는 대통령으로 당선된 분이나 당 대표 등을 역임하다 대통령에 당선된 분들의 조상 묏자리도 명혈명당 자리로 확인되었으나 여기서는 제외했다.

역대 서울특별시장 및 도지사들의 조상 묘 6곳 중 명혈명당의 상혈처의 일월혈지인 월혈자리에 조성된 묘가 4곳이고 하혈처인 일월혈지의 월혈자리에 조성된 묘가 2곳으로 확인되었다. 따라서 서울특별시장이나 광역시장 및 각도의 도지사가 되기 위한 요건의 하나로 조상의 묏자리가 명혈명당의 일월혈지인 월혈자리에 조성되어 있어야 한다는 것이 어느 정도 확인된 셈이다.

〈표1-1〉 역대 시장 및 도지사 역임자 조상 묘의 명혈명당 현황

시 도	성 명	조상묘	혈처	지 번
서울시장	박원순	조부	下,月	경남 창녕군 장마면 장가리 984
인천시장	송영길	증조부모	上,月	전남 고흥군 대서면 안남리 140-11
경기지사	김문수	증조부	上,月	경북 영천시 자양면 용산리 산 45
충남지사	안희정	증조부	上,月	충북 청주시 현도면 우록리 177
경남지사	김두관	증조부	下,月	경남 남해군 남해읍 고현면 이어리
경남지사	김태호	조부	上,月	경남 거창군 가조면 수월리 산 28

계:6명, 6곳

*위의 표 혈처에서 上은 명혈명당의 상혈처, 下는 명혈명당의 하혈처, 月은 명혈명당의 일월혈지의 월혈자리를 표시한 것임

역대 서울특별시와 광역시의 시장 및 각도의 도지사들의 생가 위치가 다음 〈표 1-2〉와 같이 단 두 분만의 확인 되어 명당 여부를 조사한 바, 명혈명당의 상혈처인 일월혈지로 확인되었다. 그러나 많은 분들이 서울특별시장과 각도의 지사를 역임하였으므로 이분들의 주소가 확인 된다면 아래의 표 보다는 더 많은 분들의 생가와 거주 가옥이 명혈명당 자리에 있었을 것으로 추정해 볼 수 있다.

〈표 1-2〉 역대 시장 및 도지사 생가의 명혈명당 현황

시 도	성명	생가	지 번	혈처
서울특별시장	박원순	생가	경남 창녕군 장마면 장가리 1178	上,日月
경상남도지사	김태호	생가	경남 거창군 가조면 일부리 670	上,日月
	계:2명, 2곳			

*위의 표 혈처에서 上은 명혈명당의 상혈처, 日月은 명혈명당의 일월혈지를 표시한 것임

(3) 한국의 삼부 요직 역임자의 음택지 및 양택지 명당발복 현황

1) 한국의 삼부 요직 역임자의 음택지 명당발복 현황

앞에서 설명할 바 있는 한국의 역대 대통령, 국무총리, 국회의장, 대법원장 등을 역임한 분들의 음택지인 조상 묘가 어떤 종류의 명당인지 어떤 명당의 혈처인지 어떤 명당자리에 조성되어 있는지 등을 종합하여 어떤 특징적特徵的인 점들이 있는지를 알아보았다.

아래의 〈표 1-1〉을 보면 한국에서 삼부 요직 등을 역임한 분들 중 조상 묘의 위치가 확인되어 천조명당의 역량을 가진 명당자리로

조사된 47명 중 쌍혈명당에 조상의 묘를 조성한 4명의 대통령을 포함 모두 5명으로 전체 조사대상 인원의 10.6%이나, 명혈명당에 조상의 묘를 조성한 7명의 대통령을 포함 모두 42명으로 전체 조사대상 인원의 89.4%나 되어 대부분이 74개의 천조명당이 한 곳에 모여 있는 명혈명당 자리에 조상의 묘가 조성된 이후 명당발복의 발현이 있었다는 것을 확인할 수 있었다.

또한 조상 묘의 명당처를 보면 상혈처에 조성된 조상의 묘가 24곳으로 51.1%이고, 하혈처에 조상의 묘를 조성한 곳이 23곳으로 48.9%로서 우리나라 삼부 요직을 역임한 분들의 조상 묘의 명당처는 상혈처와 하혈처가 비슷한 분포로 조성되어 있는 것으로 확인되었다. 그러나 분지나 평지에서 주로 혈자리가 형성되어지는 좌혈처나 우혈처에는 한 곳도 없었다.

아울러 조상의 묏자리가 조성된 혈자리로는 양혈인 일혈자리에 조성된 묘는 대통령의 조상 묘 1곳, 당 대표의 조상 묘 3곳 등 모두 4곳인데 비해 음혈인 월혈자리에 조성된 묘는 대통령의 조상 묘 10곳 등 모두 43곳으로 전체 조사 대상자의 91.5%를 차지하고 있어 한국에서 대통령 등 삼부요직을 역임한 분들의 조상 묘는 대부분이 음혈일 월혈자리에 조성됨으로써 후손들에게 음택지의 명당발복의 발현이 있었던 것으로 조사되었다. 또한 명혈명당의 일월혈지에 조상의 묘가 조성된 곳이 36곳으로 조사되었으며, 성혈지에 조성된 곳은 6곳으로 조사되어 조사대상자의 대부분이 명혈명당의 일월혈지에 조상의 묘를 조성한 것으로 확인되었다.

〈표 1-1〉 한국의 삼부 요직 역임자 음택지 명당발복 현황

(단위:곳)

구 분	명 당			혈 처				혈자리		성혈지
	双	明	계	上	下	左	右	日	月	星
대통령	4	7	11	7	4	-	-	1	10	-
부통령	-	1	1	1	-	-	-	-	1	-
유엔사무총장	-	1	1	1	-	-	-	-	1	-
국무총리	-	13	13	3	10	-	-	-	13	2
국회의장	-	6	6	3	3	-	-	-	6	2
당대표	1	5	6	3	3	-	-	3	3	1
대법원장	-	3	3	2	1	-	-	-	3	1
시장 및 도지사	-	6	6	4	2	-	-	-	6	-
계	5	42	47	24	23	-	-	4	43	6

*위의 표 명당에서 双은 쌍혈명당, 明은 명혈명당, 혈처에서 上은 명혈명당의 상혈처, 下는 명혈명당의 하혈처, 左는 명혈명당의 좌혈처, 右는 명혈명당의 우혈처, 혈자리의 日은 명혈명당의 일혈자리, 月은 명혈명당의 월혈자리, 성혈지의 星은 명혈명당의 성혈자리를 표시한 것임

　다음의 〈표 1-2〉는 한국에서 대통령과 국무총리 등 삼부 요직 등을 역인한 분들이 어떤 조상의 묘에 의해 명당발복이 발현되었는지를 추정해 볼 수 있는 조사로서 천조명당 자리로 확인된 47곳 중 증조부모 묘의 명당발복으로 추정되는 분들의 조상 묘가 25곳으로 53.2%로 가장 많았고, 그 다음이 조부모 묘로 40.4%인 19곳 이었으며, 고조부모 묘나 부모 묘는 단 3곳에 불과하였다. 그러나 부모 묘로 조사된 3곳은 부모 윗대의 조상 묘의 위치를 파악하지 못해 조사를 하지 못한 것이 있기 때문에 아마도 부모 윗대의 조상 묏자

리를 조사한다면 명당발복을 발현 시킨 조상의 묘가 달라질 수 있을 것으로 추정해 볼 수 있다. 따라서 한국에서의 삼부 요직을 역임한 분들의 조상 묘는 대부분이 증조부모 묘나 조부모 묘에 의해 명당발복이 발현된 것으로 추정해 볼 수 있다.

〈표 1-2〉 한국의 역대 삼부 요직 역임자를 배출한 조상 묘 현황

(단위:곳)

구분	고조부모묘	증조부모묘	조부모묘	부모묘	계
대통령	1	4	5	1	11
부통령	-	1	-	-	1
유엔사무총장	-	-	1	-	1
국무총리	-	5	7	1	13
국회의장	-	4	2	-	6
당대표	-	5	1	-	6
대법원장	-	2	1	-	3
시장및도지사	-	4	2	-	6
계	1	25	19	2	47

2) 한국의 삼부 요직 역임자의 양택지 명당발복 현황

앞에서 설명할 바 있는 한국의 역대 대통령, 국무총리, 국회의장, 대법원장 등을 역임한 분들의 양택지인 생가와 거주 가옥이 어떤 종류의 명당인지,어떤 명당의 혈처에 생가와 거주한 가옥이 들어서 있는지 등을 조사해 명당발복을 받은 분들의 공통점을 찾아보고자 생가와 거주한 가옥에 대한 명당 터를 조사 한 사항을 종합한 것이다.

아래의 표와 같이 조사 대상 인원 44명에 대한 생가와 조사대상

가옥 62곳에 대한 명당을 보면 쌍혈명당 터가 11곳으로 17.7%를 보이고 있으며, 명혈명당 터는 51곳으로 82.3%를 보이고 있어 한국에서 삼부 요직을 맡았던 분들의 양택지 대부분이 명혈명당 터에서 출생하고 거주 했던 것으로 조사되었다.

또한 삼부 요직 역임자의 생가나 거주한 가옥의 명당처를 보면 상혈처가 46곳으로 조상 대상의 74.2%를 보이고 있으며, 하혈처는 15곳으로 24.2%였으며, 우혈처는 1곳으로 1.6%애 불과하였고 좌혈처는 한 곳도 없었다.

우리나라에서 명혈명당이 형성되는 혈처 중 좌혈처나 우혈처가 약 6% 정도뿐인 점을 감안한다면 좌우로 형성된 명당발복처는 현저하게 적다는 것을 보여주고 있다. 따라서 한국에서 대통령이나 국무총리 등 삼부 요직을 역임한 분들의 양택지인 출생지나 거주했던 가옥의 명당처는 대부분이 상하로 형성된 상혈처와 하혈처로 확인되었다.

한국의 삼부 요직 등 역임자의 양택지 명당발복 현황

(단위:곳)

구 분		명 당			혈 처				
		双	明	計	上	下	左	右	計
대통령	생가	5	6	11	9	2	–	–	11
(11명)	가옥	5	7	12	9	3	–	–	12
*23곳	소계	10	13	23	18	5	–	–	23
부통령	생가	–	2	2	1	1	–	–	2
(3명)	가옥	1	2	3	3	–	–	–	3
*5곳	소계	1	4	5	4	1	–	–	5

구 분		명 당			혈 처				
		双	明	계	上	下	左	右	계
유엔사무총장 (1명) *3곳	생가	-	1	1	1	-	-	-	1
	가옥	-	2	2	2	-	-	-	2
	소계	-	3	3	3	-	-	-	3
국무총리 (17명) *19곳	생가	-	17	17	15	1	-	1	17
	가옥	-	2	2	1	1	-	-	2
	소계	-	19	19	16	2	-	1	19
국회의장 (2명) *2곳	생가	-	2	2	2	-	-	-	2
	가옥	-	-	-	-	-	-	-	-
	소계	-	2	2	2	-	-	-	2
당대표 (4명) *4곳	생가	-	3	3	1	2	-	-	3
	가옥	-	1	1	-	1	-	-	1
	소계	-	4	4	1	3	-	-	4
대법원장 (4명) *4곳	생가	-	4	4	-	4	-	-	4
	가옥	-	-	-	-	-	-	-	-
	소계	-	4	4	-	4	-	-	4
시장 및 도지사 (2명) *2곳	생가	-	2	2	2	-	-	-	2
	가옥	-	-	-	-	-	-	-	-
	소계	-	2	2	2	-	-	-	2
계(44명) *62곳	생가	5	37	42	31	10	-	1	42
	가옥	6	14	20	15	5	-	-	20
	계	11	51	62	46	15	-	1	62

*위의 표에서 명당의 双은 쌍혈명당, 明은 명혈명당의 표시이며, 혈처에서 上은 명명명당의 상혈처, 下는 명혈명당의 하혈처, 左는 명혈명당의 좌혈처, 右는 명혈명당의 우혈처를 표시한 것임

5. 우리나라 저명인사들의 양택지 명당발복

삼국시대부터 현재까지 우리나라 저명인사들의 생가에 대한 명당발복과의 연관관계를 확인하기 위해 신라 김유신 장군과 고려의 강민첨 병부상서, 조선 건국공신 정도전, 조선시대 고위 관직자와 장군, 일제 강점기 시대의 독립운동가, 정치인, 종교인, 학자, 시인, 명창 등의 생가에 대한 위치가 파악되어 천조명당 역량을 가진 명혈명당 터로 확인된 저명인사들은 아래 〈표 1-1〉과 같다. 특히 세계적인 종교로 알려진 기독교나 불교 등을 창시한 분들의 생가 터와 같이 신기하게도 우리나라에서 종교를 창시한 분들과 불교나 천주교 지도자들의 생가도 명혈명당의 일월혈지가 들어 있는 터로 조사되었다. 즉, 최제우 동학 교조 생가, 강일순 증산교 교주 생가, 박중빈 원불교 교조 생가, 문선명 통일교 총재 생가 등이 모두 명혈명당 터라는 사실이 확인되었다. 아울러 불교의 성철 스님이나 천주교의 김수환 추기경의 생가도 명혈명당 터로 조사되었다.

여기서는 저명인사 생가의 명당발복 중에서 현재까지 가옥이 보존되어 있는 곳은 생가生家로 표현 했으며, 가옥은 없고 집터만 남아 있는 곳을 생가지生家地라 표현 하였고, 생가와 생가지를 모두를 생가로 통일해 표현 하였다.

명혈명당 터는 강한 생기가 서려있는 명당길지라고 할 수 있는 곳이다. 이러한 명당 터에서 출생한 분들의 공통적인 특징은 기氣가 세다는 것이다. 기가 센 사람들은 자기의 주관과 목표가 뚜렷해 어떠한 시련을 겪더라도 오뚜기 같이 다시 일어나서 더욱더 강한 의지를 갖고 목적을 달성하기 위해 강한 집념으로 피나는 노력을 했다는 것이 공통적인 특징이라 하겠다.

삼국통일의 주역인 김유신 장군 등 유명한 장군들의 출생지를 비롯해 조선시대 정승을 역임한 유성룡 선생의 생가, 서재필 등 독립운동가의 출생지와 우리에게 잘 알려진 시인이나 학자 및 국악 명창들의 생가가 천조명당의 군혈지인 명혈명당의 일월혈지의 일혈자리와 월혈자리 위에 지어진 가옥에서 잉태되고 출생하고 성장한 곳이 생기가 분출되어 서려있는 명혈명당 터라는 공통점을 가지고 있는 것으로 보아 명혈명당에 의한 명당발복의 위력이 대단하다는 것을 입증 해주고 있다하겠다.

〈표 1-1〉 우리나라 저명인사 생가의 명혈명당 현황

성 명	지 번	혈 처
김유신 장군 생가지	충북 진천군 진천읍 상계리 18	下,日月
강민첨 고려 병부상서 생가	경남 진주시 옥봉동 622	上,日月
정도전 조선건국 공신 생가	경북 영주시 가흥동 9-2	上,日月
맹사성 좌의정 생가	충남 아산시 배방읍 중리 298	右,日月
유성룡 영의정 생가	경북 의성군 점곡면 사촌리 207	上,日月
이이 율곡선생 생가	강원 강릉시 죽헌동 201	下,日月
퇴계 이황 선생 생가	경북 안동시 도산면 온혜리 604	下,日月
다산 정약용 생가	경기 남양주시 조안면 능내리 93	上,日月
하연 영의정 생가	경남 산청군 단성면 남사리 261	上,日月
강감찬 장군 생가지	서울 관악구 봉천동 218-14	上,日月
곽재우 장군 생가	경남 의령군 유곡면 세간리 817	下,日月
어재연 장군 생가	경기 이천시 율면 산성리 74	上,日月
김좌진 장군 생가	충남 홍성군 갈산면 행산리 산 17-4	下,日月
민자영 명성황후 생가	경기 여주시 능현동 250-2	上,日月

성 명	지 번	혈 처
이항로 성리학자 생가	경기 양평군 서종면 노문리 535-6	下,日月
홍범식 장군 및 홍명희 생가	충북 괴산군 괴산읍 동부리 450-1	上,日月
김옥균 개화사상가 생가지	충남 공주시 정안면 광정리 38	下,日月
조식 주자학자 생가지	경남 합천군 삼가면 외토리 489	上,日月
정여창 성리학자 생가	경남 함양군 지곡면 개평리 262-1	上,星
최제우 동학 교주 생가지	경북 경주시 현곡면 가정리 314	上,日月
강일순 대순진리교 교주 생가	전북 정읍시 덕천면 신월리 438-1	上,日月
박중빈 원불교 교주 생가	전남 영광군 백수읍 길룡리 3	上,日月
문선명 통일교 교주 생가	평북 정주군 덕언면 상사리 2221	上,日月
성철 대종사 생가지	경남 산청군 단성면 묵곡리 175	上,星
김수환 추기경 생가지	경북 군위군 군위읍 용대리 238-10	上,日月
서재필 독립운동가 생가	전남 보성군 문덕면 용암리 528	上,日月
권준 독립운동가 생가	경북 상주시 함창읍 척동리 168-2	上,日月
채기중 독립운동가 생가	경북 상주시 이안면 소암리 290-1	上,日月
이상재 독립운동가 생가	충남 서천군 한산면 종지리 263	上,日月
이남규 독립운동가 생가	충남 예산군 대술면 상항리 334-2	上,日月
이종일 독립운동가 생가	충남 태안군 원북면 반계리 808	上,日月
이종회 독립운동가 생가	전북 김제시 금산면 원평리 225-1	下,日月
이기 독립운동가 생가	전북 김제시 성덕면 대석리 340-1	上,日月
서상돈 독립운동가 생가	대구 중구 계산동 2가 100	上,日月

성 명	지 번	혈 처
황현 독립운동가 생가	전남 광양시 봉강면 석사리 758	上,日月
안희제 독립운동가 생가	경남 의령군 부림면 입산리 168	上,日月
신채호 독립운동가 생가지	대전 중구 어남동 233	左,日月
이종희 양명학자 생가	전북 김제시 금산면 원평리 225-1	上,日月
이병기 국문학자 생가	전북 익산시 여산면 원수리 573	上,日月
이육사 시인 생가지	경북 안동시 도산면 원천리 706	上,日月
신석정 시인 생가	전북 부안군 부안읍 선은리 560	上,日月
진채선 명창 생가	전북 고창군 심원면 월산리 522	上,日月
김소희 명창 생가	전북 고창군 흥덕면 사포리 414	上,日月
(43곳)		

*위의 표 혈처에서 上은 명혈명당의 상혈처, 下는 명혈명당의 하혈처, 左는 명혈명당의 좌혈처, 右는 명혈명당의 우혈처, 日月은 명혈명당의 일월혈지, 星은 명혈명당의 성혈지를 표시한 것임

우리나에서 저명인사로 알려진 분들의 생가 43곳의 명혈명당 터를 분석해 보면 아래의 〈표 1-2〉와 같이 명혈명당의 일월혈지인 일혈자리와 월혈자리를 중심으로 생가가 들어서 있는 곳이 39곳으로 조사 대상 생가의 대부분인 95.1% 였으며, 성혈지의 혈자리에 생가가 들어서 있는 곳은 2곳으로 4.9%로 조사되었다. 따라서 저명인사들의 대부분의 생가에는 명혈명당의 일월혈지의 일혈자리와 월혈자리가 들어 있었다는 것이다. 그러나 규모가 큰 집은 일월혈지 바로 밑에 형성 되어있는 성혈지에 있는 일부의 혈자리까지 생가가 지어진 곳도 있었다.

아울러 저명인사들의 생가 터에는 명혈명당의 상혈처가 33곳으로 76.7%를 차지하고 있으며, 하혈처에는 8곳으로 18.6%였으며,

좌혈처와 우혈처가 각각 한 곳이었다. 따라서 우리나라 저명인사들의 대부분이 강한 생기가 서려있는 명혈명당의 상혈처에 있는 일혈자리 및 월혈자리 터에서 출생한 것으로 확인되었다.

〈표 1-2〉 우리나라 저명인사 생가의 명혈명당 현황

(단위:곳)

구 분	上혈처	下혈처	左혈처	右혈처	계	(星)
저명인사	33	8	1	1	43	(2)

*위의 표에서 (星)은 명혈명당의 성혈지를 표시한 것임

6. 조선시대 갑부 및 한국 대기업 창업자의 명당발복

(1) 조선시대 갑부 및 한국 대기업 창업자의 음택지 명당발복

조선시대에서 갑부라고 소문이 난 분들의 조상 묘와 한국에서 재벌이라고 불리운 대기업 창업자들의 조상 묘에 대한 위치가 확인된 곳을 대상으로 명당 여부를 조사한 바, 조선시대 갑부 6명과 한국의 대기업 창업자 11명 등 17명의 조상 묘가 천조명당인 대명당의 역량을 가진 명혈명당 자리로 조사 되었다.

우리나라에서의 대부분의 부자들은 조상 묘의 위치가 외부에 노출 되는 것을 꺼리고 있어 대기업을 창업한 분들의 조상 묘의 위치를 확인하기는 매우 어려운 일이다. 다행이도 풍수지리를 연구하고 공부하는 풍수지리 애호가들의 현장 답사기 등을 통해 조상 묘의 위치가 인터넷상에 노출되어 명당 여부를 조사 한 "조선 시대 갑부 및 한국 대기업 창업자의 음택지 명혈명당 현황"을 보면 다음의 〈표 1-1〉과 같다.

〈표 1-1〉

조선시대 갑부 및 한국 대기업 창업자의 음택지 명혈명당 현황

구 분	성명	조상묘	혈처	지 번
〈조선시대 갑부〉				
조선갑부	박종우	부	下,日	서울 도봉구 도봉동
조선갑부	윤사윤	조부	下,星,日	경기 파주시 교하읍 당하리
조선갑부	정인지	부	下,日	충남 부여읍 능산리
경주부자	최진립	조부	下,日	경북 경주시 현곡면 남사리
공주갑부	김갑순	모	下,日	충남 공주시 계룡면 구왕리
고창부자	김경준	조모	下,日	전북 순창군 쌍치면 시산리
(6명)				
〈한국 대기업 창업자〉				
삼성그룹	이병철회장	증조부	下,日	경남 의령군 유곡면 마두리
SK그룹	최태원회장	조부모	下,日	경기 화성시 봉담읍 왕림리
LG그룹	구인회회장	조모	下,日	경남 진주시 지수면 청담리
롯데그룹	신격호회장	증조모	下,日	울산 울주군 언양읍 반천리
GS그룹	허창수회장	증조모	下,日	경남 진주시 진성면 천곡리
한화그룹	김승연회장	조부모	下,日	충남 공주시 정안면 보물리
두산그룹	박두병회장	조부모	下,日	경기 광주시 탄벌동

구 분	성명	조상묘	혈처	지 번
LS그룹	**구자홍회장**	증조모	下,日	경남 진주시 지수면 청담리
금호그룹	**박인천회장**	증조부모	下,日	전남 나주시 왕곡면 송죽리
효성그룹	**조홍제회장**	증조부모	下,星,日	경남 함안군 군북면 명관리
부영그룹	**이중근회장**	부	下,日	전남 순천시 서면 운평리

(11명)

계:17명

*위의 표 혈처에서 上은 명혈명당의 상혈처, 下는 명혈명당의 하혈처, 星은 명혈명당의 성혈지, 日은 명혈명당의 일월혈지의 일혈자리를 표시한 것임

조선시대에는 양반兩班과 상민常民 등의 신분제도身分制度가 엄연히 존재한 계급사회였다. 따라서 조선시대에는 양반인 사대부士大夫들이 득세한 시대여서 농업, 어업, 공업, 상업 등에 종사하는 상민常民들에 대한 배려가 미약해 돈을 벌어 출세하려는 부자들이 많이 배출되지 못했다고 할 수 있다. 위의 〈표 1-1〉에서 보는 바와 같이 조선시대와 구 한말(대한제국)까지 갑부 또는 부자라고 전해오는 분들의 조상 묘가 확인 된 곳은 겨우 6곳에 불과하다.

조선의 4대 부자로 전해온 박종우, 윤사윤, 정인지의 조상 묘와 경주 최부자의 조상 묘 및 고창의 만석군 집의 조상 묘 등 6곳을 조사한 바로는 공교롭게도 모두 명혈명당의 하혈처인 일혈자리에 조상의 묘가 조성되어 있었고, 명혈명당의 상혈처 및 월혈자리에 조상의 묘가 조성된 곳은 한 곳도 확인되지 않았으며, 또한 쌍혈명당 자

리에도 한 곳도 없는 것으로 조사되었다.

우리나라 공정거래위원회가 2017년도 대기업집단大企業集團 지정기준에 의해 대기업으로 지정된 기업의 창업자의 조상 묘위 위치가 확인되어 천조명당의 역량을 가진 명혈명당으로 조사된 조상 묘는 11곳이다. 다만 삼성그룹과 CJ그룹 및 신세계그룹을 경영하는 회장들의 조상 묘는 동일한 묘이기 때문에 창업자의 조상 묘에 한해서만 언급하였다.

아래의 〈표 1-2〉에서 보는 바와 같이 한국에서 현재 대기업으로 분류된 기업의 창업자 11명의 조상 묘는 천조명당의 역량을 가진 명혈명당의 상혈처인 일월혈지의 일혈자리에 조성된 묘가 10곳이고 한 곳은 성혈지의 일혈자리에 조성된 것으로 조사되었다. 따라서 우리나라 대기업 창업자의 조상 묏자리도 조선시대 갑부들의 조상 묏자리와 같이 모두 명혈명당의 하혈처인 양혈인 일혈자리에 조성되어 있었다.

앞에서 언급한 조선시대 고위 관직을 역임한 분들과 대한민국에서 삼부 요직을 역임한 분들의 조상 묏자리는 대부분이 명혈명당의 음혈인 월혈자리에서 명당발복이 발현된 것으로 조사되었는데 조선시대 갑부와 한국의 대기업 창업자들의 조상 묘는 무두 양혈인 일혈자리에서 부자로 명당발복이 발현된 것으로 조사되었다는 것이 특기 할만한 점이라 할 수 있다. 다시 설명하면 조선시대 갑부나 한국의 대기업을 창업한 분들과 같이 부자로 명당발복이 발현된 명당자리는 양혈인 일혈자리로 조사되었다는 것이 음택지 명당자리의 부귀富貴 발현에 대한 시사점示唆點이 큰 조사 통계라 할 수 있다.

아래의 〈표 1-2〉는 "조선시대 갑부와 대기업 창업자 조상 묘의 명혈명당 현황"이다.

〈표 1-2〉

조선시대 갑부와 한국의 대기업 창업자 조상 묘의 명혈명당 현황

(단위:곳)

구 분	명 당			혈 처				혈자리		성혈지
	双	明	計	上	下	左	右	日	月	星
조선시대갑부	-	6	6	-	6	-	-	6	-	1
대기업창업자	-	11	11	-	11	-	-	11	-	1
계	-	17	17	-	17	-	-	17	-	2

*위의 표에서 명당의 双은 쌍혈명당, 明은 명혈명당, 혈처의 上은 명혈명당의 상혈처, 下는 명혈명당의 하혈처, 左는 명혈명당의 좌혈처, 右는 명혈명당의 우혈처, 혈자리의 日은 명혈명당의 일혈자리, 月은 명혈명당의 월혈자리, 성혈지의 星은 명혈명당의 성혈자리를 표시한 것임.

아래의 〈표 1-3〉은 조선시대 갑부들과 한국의 대기업 창업자의 조상 묘 중 어느 代의 조상 묘에 의해 명당발복을 받아 갑부나 재벌이 되었는지를 조사 한 것이다. 조선시대 갑부들에 대해 명당발복을 발현 시킨 것으로 추정되는 조상 묘로는 조부모 묘와 부모 묘가 각각 3명으로 조사 되었고, 한국의 대기업 창업자에 대해 명당발복을 발현시킨 것으로 추정되는 조상 묘로는 증조부모 묘가 6명, 조부모 묘가 4명, 부모 묘가 1명으로 조사되었다. 그러나 부모 묘에 의한 명당발복에 대해서는 더 확인이 필요할 것으로 보인다. 왜냐하면 증조부모의 묘나 조부모 묘의 위치가 확인되지 않아 명당 여부를 다 조사 할 수 없었기 때문이다.

따라서 조선시대의 갑부들이나 우리나라 대기업을 창업한 분들의 조상 묘로 인해 명당발복이 발현되어 갑부나 재벌이 되었을 것으로 추정되는 조상의 묘를 조사 한 바로는 조부모 묘가 7명으로 41.2%

로 가장 많았고, 다음이 증조부모 묘로 35.3%인 6명이었으며, 부
모 묘는 4명으로 23.5%를 보이고 있다.

〈표 1-3〉 조선시대 갑부와 한국 대기업 창업자의 명당발복을 발현
시킨 조상 묘 현황

(단위:곳)

구 분	고조부모묘	증조부모묘	조부모묘	부모묘	계
조선시대 갑부	-	-	3	3	6
대기업 창업자	-	6	4	1	11
계	-	6	7	4	17

(2) 조선시대 갑부 및 한국 대기업 창업자의 양택지 명당발복

조선시대 갑부로 알려진 5명의 거주 가옥과 우리나라의 2017년
도 기준 자산 규모 5조원 이상 되는 55개 대기업 중 9개 대기업 창
업자의 생가와 거주했던 가옥들에 대해 천조명당 여부를 조사한 현
황은 아래의 〈표 1-1〉과 같다.

대기업 창업자의 생가나 거주 가옥이 천조명당으로 확인된 대기
업 창업자들의 생가나 거주 가옥의 위치는 매스콤이나 풍수지리 애
호가들에 의해 이미 확인된 곳에 한해서만 조사를 할 수 있었다. 그
러나 대부분의 대기업은 조상 묘와 마찬가지로 창업자의 생가나 거
주지가 노출 되는 것을 꺼리고 있어 대부분 명당 여부를 조사를 할
수가 없어 아쉬웠다. 또한 조선시대 부자 또는 갑부라고 전해오는
분들의 생가는 위치가 전혀 확인 되지 않아 조사를 할 수 없었으나
다행이도 거주 가옥의 위치가 파악된 5명의 갑부들이 명혈명당 터
로 조사되었다.

〈표 1-1〉 조선시대 갑부 및 한국의 대기업 창업자의 양택지 명당 현황

구 분	지 번	혈 처
〈조선시대 갑부〉		
경주 부자 최진립 가옥	경북 경주시 교동 69	上,日月
보은 부자 선병국 가옥	충북 보은군 장안면 개안리 155-1	下,日月
공주 부자 김갑순 가옥	충남 공주시 반죽동 257	上,日月
고창 부자 김경준 가옥	전북 고창군 부안면 봉암리 435	下,日月
여수 부자 김한영 가옥	전남 여수시 봉강동 245	下,日月
(5명, 5곳)		
〈한국의 대기업 창업자〉		
삼성그룹 창업자 이병철 생가	경남 의령군 정곡면 중교리 723	上,日月
삼성그룹 창업자 이병철 가옥	서울 중구 장충동 1가	上,日月
현대그룹 창업자 정주영 가옥	서울 종로구 청운동	上,日月
SK그룹 창업자 최태원 생가	경기 수원시 권선구 평동 7	下,日月
LG그룹 창업자 구인회 생가	경남 진주시 지수면 승산리 365	左,日月
GS그룹 창업자 허만정 생가	경남 진주시 지수면 승산리 361	右,日月
한진그룹 창업자 조중훈 생가	인천 중구 남북동 872-1	下,日月
효성그룹 창업자 조홍제 생가	경난 함안군 군북면 동촌리 962-2	上,日月
부영그룹 창업자 이중근 생가	전남 순천시 서면 운평리 489	下,日月
금호그룹 창업자 박인천 생가	광주 동구 금남로 5가 212	上,日月
(9명, 10곳)		
계:14명, 15곳		

*위의 표에서 명당의 双은 쌍혈명당, 明은 명혈명당, 혈처에서 上은 명혈명당의 상혈처, 下는 명혈명당의 하혈처, 左는 명혈명당의 좌혈처, 右는 명혈명당의 우혈처를 표시한 것임

조선시대 부자 또는 갑부로 전해오는 5명의 거주 가옥 터와 우리
나라 대기업 창업자의 생가 터와 거주 했던 가옥의 터를 조사한 바
로는 아래의 〈표1-2〉와 같이 14명의 생가 8곳과 거주 가옥 7곳 등
15곳 모두가 명혈명당으로 확인되었으며, 명당처를 보면 상혈처가
7곳으로 46.7%였고, 좌혈처는 6곳으로 40%였으며, 좌혈처 및 우
혈처는 각각 1곳으로 13.3%였다. 따라서 한국의 대기업 창업자와
조선시대 부자 또는 갑부의 양택지의 대부분이 천조명당의 역량을
가진 명혈명당의 상혈처 또는 좌혈처의 일월혈지로 조사되었다.

〈표 1-2〉
조선시대 갑부 및 한국 대기업 창업자 양택지의 명혈명당 현황

(단위:곳)

구 분		명 당			혈 처			
		双	明	계	上	下	左	右
조선시대 갑부 가옥		-	5	5	2	3	-	-
대기업 창업자 생가		-	8	8	3	3	1	1
대기업 창업자 가옥		-	2	2	2	-	-	-
소계		-	10	10	5	3	1	1
계	생가	-	8	8	3	3	1	1
	가옥	-	7	7	4	3	-	-
합계(14명, 15곳)		-	15	15	7	6	1	1

*위의 표에서 명당의 双은 쌍혈명당, 明은 명혈명당, 혈처에서 上은 명
혈명당의 상혈처, 下는 명혈명당의 하혈처, 左는 명혈명당의 좌혈처, 右는
명혈명당의 우혈처를 표시한 것임

7. 한국 기업의 양택지 명당발복

(1) 대기업의 양택지 명당발복

2017년도 기준 자산 규모 5조원 이상으로 공정거래위원회에서 대기업 집단集團으로 지정한 1위에서 56위까지의 대기업 중 공기업에서 민간기업으로 전환된 6개 대기업(매출 순위 6위 포스코, 11위 KT, 19위 대우조선해양, 21위 에스오일, 26위 KT&G, 28위 대우건설)을 제외한 50개 대기업의 그룹 본사, 계열사 사옥, 사업장 및 공장 등에 대해 명당 여부를 조사 하였다.

아래의 〈표 1-1〉은 그룹별 본사의 위치와 계열사별 사옥 등의 위치를 인터넷 검색에 의해 지번을 확인하여 천조명당인 대명당의 역량을 가진 명혈명당으로 확인된 건물 현황이다. 그러나 각 그룹과 계열사 등의 위치가 확인되지 않았거나 계열사들의 인수합병引受合併이 수시로 진행되고 있어 그룹별 모든 계열사들의 사옥이 들어있는 건물들을 모두 탐지 할 수는 없었다.

아래의 표와 같이 우리나라 2017년도 기준 자산규모가 5조원 이상인 50대 대기업 중 48개 대기업의 본사 사옥에는 많게는 네 개에서 적게는 한 개의 명혈명당이 들어있는 것으로 조사되었으며, 그룹 본사에 명혈명당이 한 개도 들어있지 않은 대기업은 2개 그룹 뿐이었다. 그러나 그룹 본사에 명혈명당이 들어있지 않은 2개 그룹도 2017년도 전반기 까지는 명혈명당이 들어 있는 건물에 본사가 있었으나 본사 사옥을 신축해 이사를 한 재계 순위 5위인 롯데그룹과 56위인 한솔그룹의 신사옥新社屋에는 명혈명당이 들어있지 않는 것으로 조사되었다.

아래의 표에서 보는 바와 같이 한국의 50개 대기업 중 2개 그룹

을 제외한 48개 그룹들의 본사 건물이 천조명당의 역량을 가진 명
당자리가 적게는 74개에서 많게는 296개가 들어있는 명당길지라
는 점과 대부분의 계열사들의 건물도 명혈명당이 들어있는 명당길
지라는 것은 참으로 신기하고 놀라운 일이 아닐 수 없다. 따라서 재
벌 그룹을 창업한 분들은 하늘이 내려 준 재운財運과 음택지와 양택
지의 명당자리에서 분출되는 생기가 서려있는 명혈명당에 의한 명
당발복의 발현에 힘입어 재벌그룹으로 성장했을 것이라고 추정해
볼 수 있다.

〈표 1-1〉 한국 대기업 본사 및 계열사 사옥 등의 명혈명당 현황

순위	사 옥	지 번	혈처(개)
1	**삼성그룹 (27개사, 12개 건물, 33개 혈처)**		
	삼성전자 서초본사	서울 서초구 서초동 1320-10	上下(4)
	삼성생명 본사	〃	
	삼성증권 본사	〃	
	삼성 자산운용 사옥	〃	
	삼성 벤처투자 사옥	〃	
	삼성 비피화학 사옥	〃	
	삼성 헤지자산운용 사옥	〃	
	삼성종합화학 서울사업장사옥	〃	
	삼성 SDI 서울사옥	〃	
	삼섬전기 서울사옥	〃	
	삼성생명 사옥(서초타워)	서울 강남구 서초동 1321-15	上下(4)
	삼성에버랜드 사옥	〃	
	삼성선물 사옥	〃	

순위	사 옥	지 번	혈처(개)
1	삼성경제연구소 사옥	〃	上下(4)
	삼성 SRA자산운용 사옥	〃	
	호암재단 사옥	〃	
	삼성카드 본사	서울 중구 태평로 2가 250	上下(2)
	삼성물산 건설부문 사옥	경기 성남시 분당구 백현동 530	上上下 (3)
	호텔신라 본사	서울 중구 장충동 2가 202	上下(4)
	제일기획 본사	서울 용산구 한남동 736-1	右(1)
	삼성메디슨 본사	서울 강남구 대치동 1003	上(1)
	삼성 SDS 본사	서울 강남구 삼성동 157-1	上(1)
	이마켓코리아 본사	〃	
	삼성중공업 본사	경기 성남시 분당구 삼평동 615	上下(4)
	삼성전자서울R&D캠퍼스C동	서울 서초구 우면동 689	上下(4)
	삼성생명 잠실월드지점 사옥	서울 송파구 신천동 7-22	上(1)
	삼성전자 수원사업장	경기 수원시 영통구 매탄동 416	上下(4)
2	현대자동차그룹(14개사, 6개 건물, 14개 혈처)		
	현대자동차글로벌비즈니스센터	서울 강남구 삼성동 167	上下(4)
	현대자동차 본사	서울 서초구 양재동 231	左右(2)
	기아자동차 본사	서울 서초구 양재동 231	左右(2)
	현대제철 본사	〃	
	현대글로비스 본사	서울 강남구 역삼동 701-2	上(1)
	현대모비스 본사	서울 강남구 역삼동 679-4	下(1)
	현대건설 본사	서울 종로구 계동 140-2	上下(4)
	현대엔지니어링 본사	〃	

순위	사 옥	지 번	혈처(개)
2	**현대중공업 서울사옥**	〃	上下(4)
	현대종합상사 사옥	〃	
	현대미포조선 서울사옥	〃	
	현대건설기계 본사	〃	
	현대중공업그린에너지 본사	〃	
	현대자원개발 본사	〃	
	현대일렉트릭앤에너지시스템 사옥	〃	
3	SK그룹(19개사, 6개 건물, 17개 혈처)		
	SK그룹 본사	서울 종로구 서린동 99	左右(2)
	SkC&C 본사	〃	
	SK이노베이션 사옥	〃	
	SKE&S 사옥	〃	
	SK에너지 사옥	〃	
	SK종합화학 사옥	〃	
	SK유화 사옥	〃	
	SK에너지 아시아 사옥	〃	
	SK유화 본사	〃	
	SK플래닛 본사	경기 성남시 분당구 삼평동 623	上(1)
	SK가스 본사	경기 성남시 분당구 삼평동 687	上下(4)
	SK이디앤디 사옥	〃	
	SK어드밴스드 지사 사옥	〃	
	SK케미컬컴소시엄 사옥	〃	
	SK케미컬 본사	경기 성남시 분당구 삼평동 686	上下(2)

순위	사 옥	지 번	혈처(개)
3	SK케미컬 연구소 사옥	〃	上下(2)
	SK증권 본사	서울 영등포구 여의도동 45-1	上下(4)
	SK하이닉스 본사	경기 이천시 부발읍 아미리 712-7	上下(4)
	SK하이닉스인재개발원 사옥	〃	
4	LG그룹(26개사, 6개 건물, 14개 혈처)		
	LG그룹 본사(트윈타워)	서울 영등포구 여의도동 20	左右左 (3)
	LG전자 본사	〃	
	LG디스플레이 본사	〃	
	LG상사 본사	〃	
	LG화학 본사	〃	
	LG전자베스트샵 사옥	〃	
	LG경제연구원 사옥	〃	
	LG경영개발원 사옥	〃	
	LG연암학원 사옥	〃	
	LG광하문 사옥	서울 종로구 신문로 2가 92	上下(2)
	LG생활건강 사옥	〃	
	LG생명과학 사옥	〃	
	THE FACE SHOP 본사	〃	
	서브원 본사	〃	
	LG하우시스 본사	서울 영등포구 여의도동 23	上下(2)
	LG MMA 본사	〃	
	LG복지재단 사옥	〃	
	LG상록재단 사옥	〃	

순위	사 옥	지 번	혈처(개)
4	LG연암문화재단 사옥	〃	上下(2)
	LG U플러스 본사	서울 용산구 한강로 3가65-228	右(1)
	LG텔레콤 본사	〃	
	LG엔시스 본사	서울 마포구 공덕동 275	左右(2)
	LG히다찌 본사	〃	
	지투알 본사	〃	
	HS애드 본사	〃	
	루셈 본사	경북 구미시 구포동 1050	上下(4)
5	롯데그룹(13개사, 8개 건물, 20개 혈처)		
	롯데백화점 본점	서울 중구 소공동 1	上下(4)
	롯데호텔 서울	〃	
	롯데건설 본사	서울 서초구 잠원동 50-2	上下(2)
	롯데칠성음료 본사	〃	
	롯데알미니움 본사	서울 동작구 신대방동 395-67	上(1)
	롯데제과 본사	서울 영등포구 양평동 5가 21	上下(4)
	롯데홈쇼핑 서울본사	〃	
	롯데푸드 본사	〃	
	롯데제과 영등포 공장	서울 영등포구 양평동 4가 16-1	上下(2)
	롯데손해보험 본사	서울 중구 남창동 51-1	上下(2)
	롯데카드 본사	〃	
	롯데백화점 관악점	서울 관악구 봉천동 729-22	下(1)
	롯데백화점센텀 시티점	부산 해운대구 우동 1496	上下(4)

순위	사 옥	지 번	혈처(개)
7	GS그룹(16개사, 5개 건물, 17개 혈처)		
	GS그룹 본사	서울 강남구 역삼동 679	上下上 (3)
	GS리테일 본사	〃	
	GS칼텍스 본사	〃	
	GSEM 본사	〃	
	GS글로벌 본사	〃	
	왓슨스 본사	〃	
	GS엔텍 서울사옥	〃	
	GSE&R 서울지점 사옥	〃	
	GS파워 서울사옥	〃	
	GS25 본사	〃	
	GS수퍼마켓 본사	〃	
	GS건설 본사	서울 종로구 청진동 70	上下(2)
	GS홈쇼핑 본사	서울 영등포구 문래동 6가 10	上下(4)
	GSEPS 본사	충남 당진시 송악읍 부곡리 564	上下(4)
	GS오엔엠 본사	서울 강서구 가양동 1498	上下(4)
	이지빌 본사	〃	
8	한화그룹(13개사, 2개 건물, 6개 혈처)		
	한화그룹 본사	서울 중구 장교동 1	上下(4)
	한화케미컬 본사	〃	
	한화L&C 본사	〃	
	한화큐셀 본사	〃	
	한화건설 본사	〃	

순위	사 옥	지 번	혈처(개)
8	한화화약 본사	〃	上下(4)
	한화지상방산 본사	〃	
	한화첨담소재 본사	〃	
	한화시스템 서울사업장 사옥	〃	
	한화케미컬오버시즈홀딩스본사	〃	
	한화큐셀코리아 본사	〃	
	한화호텔앤리조트 사옥	〃	
	한화투자신탁운용 본사	서울 영등포구 여의도동 23	上下(2)
9	현대중공업그룹(3개사, 3개 건물, 12개 혈처)		
	현대중공업 본사	울산 동구 전하동 1	上下(4)
	현대미포조선 본사	울산 동구 방어동 1381	上下(4)
	현대삼호중공업 본사	전남 영암군 삼호읍 삼포리 1237-1	上下(4)
10	신세계그룹(10개사, 5개 건물, 12개 혈처)		
	신세계그룹 본사	서울 중구 충무로 1가 52-5	下(1)
	신세계백화점 본점	〃	
	신세계백화점 본점(신관)	서울 중구 충무로 1가 54	上下(2)
	신세계면세점 명동점	〃	
	이마트 본사	서울 성동구 성수동 2가 333-16	上下(4)
	신세계이마트몰 본사	〃	
	이마트 성수점	〃	
	에브리데이리테일 본사	서울 성동구 성수동 2가 301-51	上(1)
	신세계푸드 서울사옥	〃	
	신세계백화점 마산점	경남 창원시마산합포구산호동10-3	上下(4)

순위	사 옥	지 번	혈처(개)
12	두산그룹(6개사, 2개 건물, 6개 혈처)		
	두산그룹 본사	서울 중구 을지로 6가 18-12	上下(4)
	두산모트롤 본사	〃	
	두산인프라코어 본사	〃	
	네오홀딩스 본사	〃	
	두타 면세점	〃	
	네오플럭스 본사	서울 강남구 대치동 946-1	上下(2)
13	한진그룹(9개사, 2개 건물, 7개 혈처)		
	대한한공 본사	서울 강서구 공항동 1370	上下(4)
	칼호텔네트워큰 본사	〃	
	대한항공직업훈련원 사옥	〃	
	항공종합서비스 본사	〃	
	진에어 본사	서울 강서구 등촌동 653-25	上下上(3)
	대한항공인력개발센터 사옥	〃	
	한진정보통신 본사	〃	
	대한한공교육원 사옥	〃	
	한국글로발로지서틱스시스템 사옥	〃	
14	CJ그룹(15개사, 3개 건물, 7개 혈처)		
	CJ그룹 본사	서울 중구 남대문로 5가 500	右(1)
	CJ건설 본사	〃	
	CJ올리브영 본사	〃	
	CJ 문화재단 사옥	〃	
	CJ제일제당 본사	서울 중구 쌍림동 292	上下(4)

순위	사 옥	지 번	혈처(개)
14	CJ프레시웨이 본사	〃	上下 (4)
	CJ헬스케어 본사	〃	
	CJ엠디원 본사	〃	
	CJ이엔시티 본사	〃	
	CJ엔시티 본사	〃	
	CJ제일제당바이오 본사	〃	
	CJ에뉴케션즈 본사	〃	
	CJ제일제당생물자원 본사	〃	
	CJ파워캐스트 본사	경기 분당구 서현동 256	上下(2)
	CJCGV 서현점	〃	
15	부영그룹(6개사, 3개 건물, 5개 혈처)		
	부영그룹 본사	서울 중구 서소문동 120-23	上下(2)
	부영건설 본사	〃	
	부영주택 본사	〃	
	부영파이낸스 본사	〃	
	부영환경산업 본사	〃	
	부영주택관리 본사	〃	
	부영태평 사옥	서울 중구 태평로 2가 150	上下(2)
	부영을지 사옥	서울 중구 을지로 1가 87	右(1)
16	LS그룹(10개사, 6개 건물, 17개 혈처)		
	LS그룹 본사	경기 안양시 동안구 호계동 1026-6	上下(2)
	LS 전선 본사	〃	
	LS산전 본사	〃	
	LS엠트론 본사	〃	

순위	사 옥	지 번	혈처(개)
16	LS전선아시아 본사	〃	上下(2)
	LS글로벌 본사	경기 군포시 산본동 1026-8	上(1)
	LS자산운용 사옥	서울 영등포구 여의도동 27-2	上下(2)
	토리컴 사옥	충남 아산시 둔포면 운용리 180	下(4)
	모보 사옥	경기 오산시 갈곶동 292-1	上下(4)
	E1컨테이너 터미널 사옥	인천 중구 항동 7가 112	上下(4)
17	대림그룹(3개사, 2개 건물, 3개 혈처)		
	대림그룹 본사	서울 종로구 수송동 146-12	上(1)
	대림산업 본사	〃	
	대림산업플랜트 사업본부	서울 종로구 청진동 246	下下(2)
18	금호아시아나그룹(12개사, 1개 건물, 2개 혈처)		
	금호아시아나 본사	서울 종로구 신문로 1가 115	上下(2)
	금호건설 본사	〃	
	금호타이어 본사	〃	
	금호폴리켐 본사	〃	
	에어서울 본사	〃	
	금호리조트 본사	〃	
	금호타이어 천진유한공사 본사	〃	
	금호아시아나 문화재단 사옥	〃	
	아시아나항공 한국지역 본부 사옥	〃	
	아시아나세이버 본사	〃	
	아시아나 IDT, ICT융합연구소 사옥	〃	
	금호아트홀 사옥	〃	

순위	사 옥	지 번	혈처(개)
20	미래에셋그룹(7개사, 2개 건물, 6개 혈처)		
	미래에셋그룹 본사	서울 중구 수하동 67	上下(4)
	미래에셋캐피탈 본사	〃	
	미래에셋대우 본사	〃	
	미래에셋컨설팅 사옥	〃	
	미래에셋대우 WM센터원 사옥	〃	
	미래에셋박현주재단 사옥	〃	
	미래에셋은퇴연구소 사옥	〃	
	미래에셋벤처 사옥	경기 성남시 분당구 삼평동 685	上下(2)
22	현대백화점그룹(3개사, 3개 건물, 5개 혈처)		
	현대백화점 본사	서울 강남구 압구정동 458	左右(2)
	현대백화점 압구정 본점	서울 강남구 압구정동 429	上下(2)
	현대백화점그룹인재개발원사옥	서울 강동구 암사동 513-16	上(1)
23	OCI그룹(4개사, 2개 건물, 4개 혈처)		
	OCI그룹 본사	서울 중구 소공동 50	上下(2)
	OCI정보통신 본사	〃	
	유니온 본사	〃	
	OCI스페셜티 서울사옥	〃	
	OCI스페셜티 본사	충남 천안시 서북구 직산읍 신갈리 263	下下(2)
24	효성그룹(10개사, 4개 건물, 5개 혈처)		
	효성그룹 본사	서울 마포구 공덕동 450	左右(2)
	효성굿스프링스 본사	〃	
	효성에바라 본사	〃	

순위	사 옥	지 번	혈처(개)
24	효성투자개발 본사	〃	左右(2)
	효성씨앤티 본사	〃	
	효성중공업PG 본사	서울 마포구 도화동 565	右(1)
	효성종합건설 본사	서울 서초구 반포동 63-7	上(1)
	노틸러스효성 본사	서울 강남구 수서동 715	上(1)
	효성FMS 본사	〃	
	갤러시아커뮤니케이션즈 본사	〃	
25	영풍그룹(5개사, 2개 건물, 2개 혈처)		
	영풍그룹 본사	서울 강남구 논현동 142	上(1)
	영풍정밀 본사	〃	
	영풍개발 본사	〃	
	고려아연 본사	〃	
	영풍문고 본사	서울 강남구 논현동 141-1	上(1)
27	한국투자그룹(5개사, 1개 건물, 4개 혈처)		
	한국투자금융지주그룹 본사	서울 영등포구 여의도동 27-1	上下(4)
	한국투자증권 본사	〃	
	한국투자신탁운용 사옥	〃	
	한국투자밸류자산운용 사옥	〃	
	한국투자캐피탈 사옥	〃	
29	하림그룹(3개사, 2개 건물, 8개 혈처)		
	하림 본사	전북 익산시 망성면 어랑리 13-14	上下(4)
	하림홀딩스 본사	〃	
	하림펫푸드 공장	충남 공주시 정안면 사현리 515	上下(4)

순위	사 옥	지 번	혈처(개)
30	KCC그룹(1개사, 1개 건물, 2개 혈처)		
	KCC 본사	서울 서초구 서초동 1301-4	上上(2)
31	코오롱그룹(11개사, 2개 건물, 3개 혈처)		
	코오롱제약 본사	경기 과천시 별양동 1-22	上上(2)
	코오롱패션 본사	〃	
	코오롱패션머티리얼 본사	〃	
	코오롱피오로드프로세싱 본사	〃	
	코오롱아로마프릭스 본사	〃	
	코오롱에코원 본사	〃	
	코오롱아이포토니스 본사	〃	
	코오롱플라스틱 본사	〃	
	에프앤씨코오롱 본사	〃	
	코오롱스포츠렉스 본사	서울 서초구 서초동 1324-2	上(1)
	코오롱에코에너지연구소 사옥	〃	
32	한국타이어그룹(3개사, 1개 건물, 1개 혈처)		
	한국타이어 본사	서울 강남구 역삼동 647-14	上(1)
	신양월드레저 본사	〃	
	티스테이션 본사	〃	
33	교보생명그룹(8개사, 1개 건물, 2개 혈처)		
	교보그룹 본사	서울 종로구 종로 1가1	上上(2)
	교보생명보험 본사	〃	
	교보악사자산운용 본사	〃	
	교보투자신탁운용 본사	〃	
	교보리얼코 본사	〃	

순위	사　옥	지　번	혈처(개)
33	교보문고 본점	〃	上上(2)
	다산문화재단 사옥	〃	
	교보증권광화문금융센터 사옥	〃	
34	중흥건설그룹(13개사, 1개 건물, 1개 혈처)		
	중흥건설 본사	광주 북구 신안동 122-3	上(1)
	중흥산업개발 본사	〃	
	중흥종합건설 본사	〃	
	중흥에스클래스 본사	〃	
	중흥주택 본사	〃	
	증흥개발 본사	〃	
	세종중흥건설 본사	〃	
	세종산업개발 본사	〃	
	세종건설사업 본사	〃	
	에코세종 본사	〃	
	다운개발 본사	〃	
	중본산업개발 본사	〃	
	그린세종 본사	〃	
35	동부그룹(11개사, 1개 건물, 1개 혈처)		
	동부그룹 본사	서울 강남구 대치동 891-10	右(1)
	동부화재 본사	〃	
	동부대우전자 본사	〃	
	동부문화재단 사옥	〃	
	동부씨에스아이손해배상 본사	〃	
	동부증권동부금융센터 사옥	〃	

순위	사　옥	지　번	혈처(개)
35	동부생명금융센터 사옥	〃	右(1)
	동부메탈 본사	〃	
	동부특수강 본사	〃	
	동부제철 본사	〃	
	동부스탁인베스트먼트 본사	〃	
36	한라그룹(9개사, 1개 건물, 4개 혈처)		
	한라그룹 본사	서울 송파구 신천동 7-19	上下(4)
	한라건설 본사	〃	
	한라개발 본사	〃	
	한라엠티스 본사	〃	
	한라아이앤씨 본사	〃	
	한라마이스터스 본사	〃	
	한라홀딩스 본사	〃	
	한라홀딩스마이스터 서울사옥	〃	
	한라콘크리트 서울사옥	〃	
37	동원그룹(13개사, 4개 건물, 10개 혈처)		
	동원그룹 본사	서울 서초구 양재동 275	上(1)
	동원산업 본사	〃	
	동원홈푸드 본사	〃	
	동원시스템즈 본사	〃	
	동원건설산업 본사	〃	
	동원씨앤에스 본사	〃	
	테크팩솔루션 본사	〃	
	동원F&B 사옥	〃	

순위	사 옥	지 번	혈처(개)
37	동원에터프라이즈 본사	〃	上(1)
	동원와인플러스 본사	〃	
	동원팜스 본사	충남 논산시 가야곡면 야촌리 483-46	上下(4)
	동원CNS 본사	서울 서초구 양재동 277-1	上(1)
	동원냉장 본사	부산 서구 암남동 740	上下(4)
38	세아그룹(6개사, 1개 건물, 4개 혈처)		
	세아그룹 본사(메세나폴리스)	서울 마포구 서교동 490	上下(4)
	세아홀딩스 본사	〃	
	세아제강 본사	〃	
	세아FS 서울사옥	〃	
	세아창원특수강 서울사옥	〃	
	세아베스틸 본사	〃	
39	태영그룹(2개사, 2개 건물, 6개 혈처)		
	태영그룹 본사	고양시 일산동구 장항동 868	上下(4)
	미디어크리에이트 본사	서울 종로구 종로 1가1	上上(2)
40	한국GM그룹(4개사, 1개 건물, 4개 혈처)		
	GM코리아 본사	인천 부평구 청천동 193	上下(4)
	한국GM 본사	〃	
	GM오토월코리아 사옥	〃	
	한국GM기술연구소 사옥	〃	
41	이랜드그룹(7개사, 1개 건물, 2개 혈처)		
	이랜드그룹 본사	서울 마포구 창전동 19-8	上下(2)
	이랜드리테일 본사	〃	
	이랜드월드 본사	〃	

순위	사 옥	지 번	혈처(개)
41	이랜드파크 본사	〃	上下(2)
	이랜드 면세점 본사	〃	
	이랜드 서비스 본사	〃	
	이랜드복지재단 사옥	〃	
42	아모레퍼시픽그룹(9개사, 2개 건물, 3개 혈처)		
	아모레퍼시픽그룹 본사	서울 중구 수표동 99	上下(2)
	아모레퍼시픽재단 사옥	〃	
	이니스프리 본사	〃	
	태평양에스앤에스 본사	〃	
	에뛰드 본사	〃	
	에스쁘아 본사	〃	
	에스트라 본사	〃	
	아모스프로페셔널 본사	서울 강남구 논현동 114	左(1)
	태평양개발 지사	〃	
43	태광그룹(5개사, 1개 건물, 3개 혈처)		
	태광그룹 본사	서울 중구 장충동 2가 162-1	上下上 (3)
	태광산업 본사	〃	
	대한화섬 본사	〃	
	한국케이블텔레콤 본사	〃	
	세광패션 본사	〃	
44	동국제강그룹(2개사, 1개 건물, 2개 혈처)		
	동국제강그룹 본사	서울 중구 수하동 66	下下(2)
	동국제강 본사	〃	

순위	사 옥	지 번	혈처(개)
45	SM그룹(13개사, 5개 건물, 8개 혈처)		
	SM그룹 본사	서울 강서구 마곡동 795	上(1)
	SMR&D센터 사옥	〃	
	대한해운 본사	〃	
	티케이케미컬 본사	〃	
	하이플러스타드 본사	〃	
	우방건설 지점	서울 영등포구 당산동 2가 160-2	上(1)
	삼라마이다스 본사	〃	
	삼라자원개발 본사	〃	
	남선알미늄 지사	〃	
	경남모직 지사	〃	
	우방산업 본사	대구 수성구 지산동 563-3	右(1)
	삼선글로벌 본사	서울 종로구 수송동 146-1	上(1)
	바로코사충주물류센터 사옥	충북 충주시 목행동 490	上下(4)
46	호반건설그룹(4개사, 1개 건물, 1개 혈처)		
	호반건설그룹 본사	서울 강남구 역삼동 837-11	上(1)
	호반건설주택 본사	〃	
	아브뉴프랑 본사	〃	
	코너스톤투자파트너스 본사	〃	
47	현대산업개발그룹(2개사, 1개 건물, 4개 혈처)		
	현대산업개발 본사	서울 용산구 한강로 3가 40-999	上下(4)
	현대아이파크몰 용산점	〃	
48	셀트리온그룹(2개사, 2개 건물, 8개 혈처)		
	셀트리온 본사	인천 연수구 송도동 13-6	上下(4)

순위	사 옥	지 번	혈처(개)
48	셀트리온제약 본사	충북 청주시 청원구 오창읍 송대리 330	上下(4)
49	카카오그룹(3개사, 2개 건물, 6개 혈처)		
	카카오그룹 본사	제주시 영평동 2181	上下(4)
	카카오스페이스닷원 본사	〃	
	디케이비즈니스 본사	서울 금천구 가산동 459-11	上下(2)
50	네이버그룹(5개사, 2개 건물, 4개 혈처)		
	네이버 본사	경기 성남시 분당구 정자동 178-1	上下(2)
	네이버I&S 본사	〃	
	네이버비즈니스플랫폼 사옥	〃	
	네이버웹툰 사옥	〃	
	NHN테크놀러지써비스 본사	경기 성남시 분당구 서현동 254-1	上下(2)
51	한진중공업그룹(1개사, 1개 건물, 4개 혈처)		
	한진중공업조선부문 본사	부산 영도구 봉래동 5가3	上下(4)
52	삼천리그룹(8개사, 2개 건물, 4개 혈처)		
	삼천리그룹 본사	서울 영등포구 여의도동 35-6	上上(2)
	삼천리이에스 본사	〃	
	삼천리이엔지 본사	〃	
	휴세스 본사	〃	
	삼천리자산운용 사옥	〃	
	삼탄 본사	서울 강남구 대치동 947-7	上上(2)
	찌레본파워홀딩스 사옥	〃	
	에너마인글로벌 본사	〃	

순위	사 옥	지 번	혈처(개)
53	금호석유화학그룹(4개사, 1개 건물, 2개 혈처)		
	금호석유화학 본사	서울 중구 수표동 99	上下(2)
	금호개발상사 본사	〃	
	금호피에비화학 서울사옥	〃	
	금호미쓰이화학 본사	〃	
54	하이트진로그룹(2개사, 1개 건물, 1개 혈처)		
	하이트진로그룹 본사	서울 강남구 청담동 132-12	上(1)
	하이트진로 본사	〃	
55	넥슨그룹(6개사, 2개 건물, 4개 혈처)		
	넥슨코리아 본사	경기 성남시 분당구 삼평동 627	上上(2)
	넥슨스페이스 본사	〃	
	엔도어즈 본사	경기 성남시 분당구 삼평동 631	上下(2)
	넥슨레드 본사	〃	
	넥슨지티 본사	〃	
	넥슨네트웍스판교센터 사옥	〃	
56	한솔그룹(2개사, 2개 건물, 3개 혈처)		
	한솔개발 지사	서울 강남구 역삼동 736-1	上(1)
	한솔신택 본사	경남 창원시 성신구 상남동 74-6	上下(2)

(50개 그룹)

*위의 표의 혈처에서 上下는 명혈명당의 상혈처와 하혈처, 左右는 명혈명당의 좌혈처와 우혈처, 上은 명혈명당의 상혈처, 下는 명혈명당의 하혈처, 左는 명혈명당의 좌혈처, 右는 명혈명당의 우혈처, ( )숫자는 명혈명당 혈처의 개수를 표시한 것임

한국에서 2017년도 기준 자산 순위 첫 번째인 삼성그룹을 창업한 이병철 회장의 생가는 경상남도 의령군 정곡면 중교리에 있다. 이 생가에는 천조명당의 역량을 가진 명혈명당의 상혈처와 하혈처에 형성된 2개의 명혈처에 모두 148개의 명당자리가 들어있는 생가로서 강한 생기가 분출되어 서려있는 명당길지이다.

삼성그룹을 창업한 이병철 회장을 비롯해 이 생가에서 출생하고 어린 시절을 보낸 범凡 삼성그룹을 이룬 분들은 우리나라의 재벌 중에서도 제일가는 부자이고 세계적인 부자의 반열에 오른 사람들로서 이병철 삼성그룹 창업자, 이건희 삼성그룹 회장, 이맹희 CJ그룹 명예회장, 이명희 신세계 그룹 회장, 이인희 한솔그룹 고문 등을 들수 있다. 이병철 회장과 이맹희 명예회장 및 이건희 회장이 거주했던 서울특별시 중구 장충동 가옥도 천조명당인 대명당의 역량을 가진 명혈명당 터이며, 전에는 이건희 회장이 거주했으나 현재는 이재용 부회장이 거주한 용산구 한남동 가옥도 대명당의 역량을 가진 명혈명당 터이다. 삼성그룹은 삼성전자 서초 사옥을 비롯해 27개의 계열사 사옥과 사업장 및 공장 등 12개 건물에 33개의 명혈명당이 들어있어 우리나라 대기업 중에서 가장 많은 명혈명당을 보유한 것으로 조사되었다. 그러나 삼성그룹은 근래 들어 삼성그룹 본사 등이 입주해 있었던 서울특별시 중구 태평로와 을지로에 있는 건물 2동을 부영그룹에 매도 함으로써 이병철 회장이 아끼던 4개의 명혈명당 혈처를 잃게 된 것은 매우 아쉽다고 할 수 있다.

2017년 자산 순위 10위인 이명희 회장의 신세계그룹도 신세계그룹 본사와 신세계백화점 본점 등 10개 계열사가 입주해 있는 5개 건물에 10개의 명혈명당이 들어있다.

자산 순위 14위인 이재현 회장이 이끄는 CJ그룹 본사 등 15개 계열사가 입주해 있는 3개 건물 등에도 6개의 명혈명당이 들어있어 범

삼성가에는 삼성그룹의 본사와 계열사가 보유하거나 입주해 있는 20개 건물에 모두 52개의 명혈명당처가 들어있는 것으로 조사되었다.

한국의 대기업 중 2017년 기준 자산 순위 2위인 현대자동차와 기아자동차 본사가 있는 서울특별시 서초구 양재동 사옥에는 좌우로 형성된 명형명당 4개가 들어있어 모두 296개의 천조명당에서 분출되는 생기가 충만한 명당길지이다. 또한 현재 신축되고 있는 서울특별시 강남구 삼성동 구 한국전력 부지에 105층으로 현대자동차그룹 사옥 등 현대자동차 글로벌 비즈니스센터를 신축하고 있는 부지에도 양재동 사옥과 같이 4개의 명혈명당이 들어있는 명당길지이다. 그러나 명혈명당의 상혈처 2곳에는 코엑스 앞 도로에 인접해 있어 건물의 배치 관계로 인해 144개의 천조명당 자리를 모두 활용할 수 없을 것으로 예상된다. 그러나 하혈처에 형성된 2개의 명혈명당에는 천조명당 자리를 모두 활용할 수 있으므로 2개의 명혈명당 혈처 안에다 설계를 해서 건물을 세워야 144개의 대명당 자리들로부터 솟아나는 생기를 온전하게 받을 수 있을 것이다. 다시 말하자면 건물 배치가 잘못되면 수많은 수맥이 흘러가는 수맥길 위에다 건물을 잘못 배치하는 우愚를 범犯할 수 있으므로 반드시 명혈명당의 혈처 안에 건물을 배치해서 대명당 자리들로부터 분출되는 생기를 완전히 활용할 수 있도록 하는 것이 현대자동차그룹의 발전을 위해 필요한 명당활용의 방안이 될 것이다.

한국의 대기업 중 자산 순위 3위인 SK그룹은 본사와 19개 계열사가 입주한 6개 건물에 모두 17개의 명혈명당이 들어있는 것으로 조사 되었으며, 대기업 순위 4위인 LG그룹은 본사와 26개 계열사가 입주한 6개 건물에 14개의 명혈명당이 들어있는 것으로 조사 되었다. 한국의 대기업 중 자산 순위 5위인 롯데그룹은 서울시 중구 을지로 1가에 롯데호텔과 롯데백화점 등 13개 계열사의 본사 등이 입주해 있는 8개 건물에 20개의 명혈명당이 들어있다. 롯데그룹의 본사가 있었던 서울시 중구 을지로에 있는 롯데백화점과 롯데호텔에는 북한산과 인왕산을 거쳐 흘러온 혈맥들이 모여들어 4개의 명혈명당을 형성해 강한 생기가 항상 서려있는 곳으로서 롯데그룹의 양택지 명당발복을 주도하고 있는 명당길지이다.

그러나 롯데그룹은 서울시 송파구 잠실에 우리나라에서 가장 높은 555m 높이의 123층 롯데타워가 준공됨에 따라 신격호 명예회장과 신동빈 롯데그룹 회장의 집무실 등 롯데그룹 본사를 2017년 7월에 롯데타워로 옮긴 것으로 알고 있다. 롯데타워는 고층 빌딩으로서는 높이나 규모 면 등에서는 세계적인 명성은 떨칠 수 있겠지만 롯데 그룹의 본사가 옮겨 가야 할 만큼의 좋은 터가 못되는 곳이다. 즉, 롯데타워 부지에는 수맥들이 흐르기 때문에 이 곳으로 본사를 옮긴다는 것은 롯데그룹의 앞날이 순탄치만은 않을 것으로 예상되는 것은 필자만의 기우杞憂인지 모르겠다.

다시 말하면 롯데그룹이 잠실의 롯데타워로 본사를 옮기게 됨으로서 서울시 중구 을지로 1가에 있는 롯데백화점 건물에 본사가 있을 때 보다는 양택지 명당발복의 발현을 기대하기가 어려워 롯데그룹의 장래가 불안정할 것으로 예상되기 때문이다.

우리나라 2017년도 자산 순위 49위인 카카오그룹과 55위인 넥슨그룹은 2017년도에 자산규모 5조원 이상의 대기업 반열班列에 진입한 기업으로 우리나라 미래의 먹거리를 창출해 내고 있는 기업들이다. 카카오그룹은 제주도에 있는 본사를 비롯해 3개 계열사가 입주해 있는 2개 건물에 6개의 명혈명당이 들어있으며, 넥슨그룹도 경기도 분당구 삼평동에 본사를 비롯해 6개 계열사가 입주한 건물에 4개의 명혈명당이 들어있어 양택지 명당발복이 발현되고 있는 대표적인 벤처기업이라 할 수 있다.

<표 1-2> 한국의 대기업 본사와 계열사들의 명혈명당 혈처 현황

순위	그룹명	계열사(개)	건물(개)	혈 처(개)						
				上下	左右	上	下	左	右	계
1	삼성	27	12	8(29)	-	3(3)	-	-	1(1)	12(33)
2	현대자동차	14	6	2(8)	2(4)	1(1)	1(1)	-	-	6(14)
3	SK	19	6	4(14)	1(2)	1(1)	-	-	-	6(17)
4	LG	26	6	3(8)	2(5)	-	-	-	1(1)	6(14)
5	롯데	13	8	6(18)	-	1(1)	1(1)	-	-	8(20)
7	GS	16	5	5(17)	-	-	-	-	-	5(17)
8	한화	13	2	2(6)	-	-	-	-	-	2(6)
9	현대중공업	3	3	3(12)	-	-	-	-	-	3(12)
10	신세계	10	5	3(10)	-	1(1)	1(1)	-	-	5(12)
12	두산	6	2	2(6)	-	-	-	-	-	2(6)
13	한진	9	2	2(7)	-	-	-	-	-	2(7)
14	CJ	15	3	2(6)	-	-	-	-	1(1)	3(7)
15	부영	6	3	2(4)	-	-	-	-	1(1)	3(5)
16	LS	10	6	5(16)	-	1(1)	-	-	-	6(17)
17	대림	3	2	1(2)	-	-	1(1)	-	-	2(3)
18	금호아시아	12	1	1(2)	-	-	-	-	-	1(2)
20	미래에셋	7	2	2(6)	-	-	-	-	-	2(6)
22	현대백화점	3	3	1(2)	1(2)	1(1)	-	-	-	3(5)
23	OCI	4	2	2(4)	-	-	-	-	-	2(4)
24	효성	10	4	-	1(2)	2(2)	-	-	1(1)	4(5)
25	영풍	5	2	-	-	2(2)	-	-	-	2(2)
26	한국투자	5	1	1(4)	-	-	-	-	-	1(4)
29	하림	3	2	2(8)	-	-	-	-	-	2(8)

순위	그룹명	계열사 (개)	건물 (개)	혈 처(개)						
				上下	左右	上	下	左	右	계
30	KCC	1	1	2(2)	-	-	-	-	-	1(2)
31	코오롱	11	2	1(2)	-	-	1(1)	-	-	2(3)
32	한국타이어	3	1	-	-	1(1)	-	-	-	1(1)
33	교보생명	8	1	1(2)	-	-	-	-	-	2(1)
34	중흥건설	13	1	-	-	1(1)	-	-	-	1(1)
35	동부	11	1	-	-	-	-	-	1(1)	1(1)
36	한라	9	1	1(4)	-	-	-	-	-	1(4)
37	동원	13	4	2(8)	-	2(2)	-	-	-	2(10)
38	세아	6	1	1(4)	-	-	-	-	-	1(4)
39	태영	2	2	2(6)	-	-	-	-	-	2(6)
40	한국GM	4	1	1(4)	-	-	-	-	-	1(4)
41	이랜드	7	1	1(2)	-	-	-	-	-	1(2)
42	아모레퍼시픽	9	2	1(2)	-	-	-	1(1)	-	2(3)
43	태광	5	1	1(3)	-	-	-	-	-	1(3)
44	동국제강	2	1	1(2)	-	-	-	-	-	1(2)
45	SM	13	5	1(4)	-	3(3)	-	-	1(1)	5(8)
46	호반건설	4	1	-	-	1(1)	-	-	-	1(1)
47	현대산업개발	2	1	1(4)	-	-	-	-	-	1(4)
48	셀트리온	2	2	2(8)	-	-	-	-	-	2(8)
49	카카오	3	2	2(6)	-	-	-	-	-	2(6)
50	네이버	5	2	2(4)	-	-	-	-	-	2(4)
51	한진중공업	1	1	1(4)	-	-	-	-	-	1(4)
52	삼천리	8	2	2(4)	-	-	-	-	-	2(4)

순위	그룹명	계열사 (개)	건물 (개)	혈 처(개)						
				上下	左右	上	下	左	右	계
53	**금호석유화학**	4	1	1(2)	-	-	-	-	-	1(2)
54	**하이트진로**	2	1	-	-	1(1)	-	-	-	1(1)
55	**넥슨**	6	2	2(4)	-	-	-	-	-	2(4)
56	**한솔**	2	2	1(2)	-	1(1)	-	-	-	2(3)
	계:50개그룹	399	132	89 (272)	7 (15)	23 (23)	5(5)	1(1)	7(7)	132 (323)

*위의 표에서 순위는 2017년도 기준 자산 5조원 이상인 대기업 순위, 계열사는 명혈명당에 있는 본사 및 계열사 수, 건물은 본사 또는 계열사가 입주해 있는 건물 수, 혈처에서 上下는 명혈명당의 상혈처와 하혈처, 左右는 명혈명당의 좌혈처와 우혈처, 上은 명혈명당의 상혈처, 下는 명혈명당의 하혈처, 左는 명혈명당의 좌혈처, 右는 명혈명당의 우혈처를 표시한 것이며, ( )는 혈처의 개수임

위의 〈표 1-2〉에서 보는 바와 같이 한국의 50개 대기업의 본사와 399개의 계열사가 입주해 있는 132개 건물에는 천조명당의 역량을 가진 명혈명당이 323개나 들어있어 모두 23,902개의 천조명당 자리에서 분출되는 생기가 서려있는 건물에 대기업들의 본사와 계열사 등이 입주 해 있는 것으로 조사되었다. 그러나 그룹 본사 및 계열사의 사옥, 사업장, 공장 등을 전수조사全數調査를 하지 못했으므로 실제로는 이보다 더 많은 명혈명당이 들어있을 것으로 추정해 볼 수 있다.

우리나라 대기업의 건물에 들어있는 명혈명당을 보면 건물의 규모가 커서 한 개의 건물에 명혈명당이 2-4개씩 上下, 上上, 下下 등으로 형성 되어있는 89개의 건물에 총 272개의 명혈명당 혈처가 들어있어 전체 건물의 67.4%를 차지하고 있으며, 左右로 형성된 명혈명당이 한 개의 건물에 2-4개씩이나 들어 있는 7개 건물에는

15개의 명혈명당이 들어있어 전체 건물의 5.3%를 보이고 있다. 또한 상혈처 한 개가 들어있는 건물은 23개로 17.4%를 점하고 있으며, 하혈처 한 곳에 자리한 건물은 5개로서 3.4%이다. 아울러 좌혈처 한 곳에 자리한 건물은 1개 건물 뿐이었으며, 우혈처 한 곳에 세워진 건물은 7개로 5.3%를 보이고 있다.

우리나라 50대 대기업의 본사나 계열사 사옥, 사업장, 공장 등의 건물에는 주로 상하로 형성된 명혈명당이 한 개의 건물에 2-4개씩 들어있어 대명당의 역량을 가진 명당자리가 한 개의 건물에 적게는 148개에서 많게는 296개가 들어 있어 강한 생기가 쉼 없이 분출되어 서려있는 명당길지이다. 따라서 대기업을 경영하려면 천조명당의 역량을 가진 명혈명당의 상혈처나 하혈처에 형성된 수 백개의 명당자리에 그룹의 본사, 계열사의 사옥 및 공장이나 사업장 등을 입주시켜 기업체의 임직원들이 명당자리에서 분출되는 생기라는 활력소를 받을 수 있도록 양택지 명달발복의 여건을 조성해 주어야 대기업으로서 성장 발전할 수 있다는 것을 암시해주는 조사 결과라 할 수 있다.

(2) 중견기업 등의 양택지 명당발복

한국의 중견기업中堅企業과 중소기업中小企業, 벤처기업 등 매스컴이나 인터넷에서 다루어진 기업체들 중 기업체의 본사 사옥과 사업장 등이 천조명당의 역량을 가진 명혈명당으로 조사된 기업체는 아래의 〈표 1-1〉과 같이 67개 기업으로 조사되었다. 그러나 이번에 조사한 67개 기업 이외에도 대기업으로 성장하고 있는 중견기업과 중견기업으로 성장하고 있는 중소기업들의 본사에 대해 위치가 파악되어 조사를 해 본다면 이보다 더 많은 기업들의 본사에도 명혈명당이 들어있을 것으로 추정되나 기업의 명칭이나 위치 등을 모두 다 파악하지 못해 전수조사를 할 수 없었음을 매우 아쉽게 생각한다.

경기도 성남시 분당구 삼평동에는 3만평 정도의 면적에 미국의 실리콘밸리와 유사한 한국의 테크노밸리가 조성되어 있다. 이 곳에는 2017년 7월 현재 벤처기업과 스타트업 기업(신생 벤처기업)등 1,200여 개의 기업들이 입주해 7만여 명의 일자리가 창출되고 연간 70조원의 부가가치를 생산하고 있는 첨담 연구개발 단지가 조성되어 있다. 삼평동 테크노밸리는 금토천과 운중천이 합수合水 되는 곳에 조성되어 있는데 이 곳에는 74개의 천조명당이 한 곳에 모여 있는 명혈명당 혈처가 72개나 형성되어 있어 모두 5,328개의 천조명당으로 혈밭을 이루고 있는 생기의 보고지로서 우리나라에서는 드물게 볼 수 있는 명당길지 중의 한 곳이라 할 수 있다. 삼평동에 입주한 벤처기업과 스타트업 기업에서 근무하는 인재들이 명혈명당의 수많은 대명당 자리에서 분출되는 생기를 받아가면서 창의적인 아이템을 개발해 우리나라의 먹거리를 창출해 내고 있다.

천조명당으로 이루어진 명혈명당에서는 강한 생기가 쉼 없이 분출되는 곳이므로 이러한 곳에서는 만물을 활성화 한다는 자연이 준 생기라는 선물을 최대한 활용할 수 있다는 큰 이점이 있는 곳이다. 따라서 삼평동의 명혈명당에 본사와 계열사나 연구소 등을 마련한 벤처기업과 신생 창업기업들은 명당길지의 명당발복에 힘입어 미래 우리나라의 경제발전을 주도해가면서 세계적인 기업으로 성장해 갈 것으로 기대해도 좋을 것이다.

현재 삼평동에는 아래의 〈표 1-1〉에서 보는 바와 같이 넥슨코리아 본사, 쏠리테크 본사, 스마일게이트게임즈 본사, 쏠리드 본사 등 6개 벤처기업의 본사가 있으며, 이 외에 많은 벤처기업들과 스타트업 기업들이 입주해 있다.

〈표 1-1〉 한국의 중견기업 본사 사옥의 명혈명당 현황

기 업	지 번	혈처(개)
현대그룹 본사	서울 종로구 연지동 1-7	上下(4)
동원그룹 본사	서울 서초구 양재동 275	上(1)
오리온 본사	서울 용산구 문배동 30-10	左右(2)
매일유업 본사	서울 종로구 중학동 19	上下(2)
대상그룹 본사	서울 동대문구 신설동 96-48	左右(2)
카버코리아 본사	서울 마포구 대흥동 500-9	上(1)
MBK파트너스 본사	서울 종로구 청진동 246	下(1)
삼천리 본사	서울 영등포구 여의도동 35-6	上上(2)
서연이화 본사	서울 강남구 역삼동 718-2	左(1)
에스에이엠티 본사	서울 강남구 대치동 983-10	上(1)
일신방직 본사	서울 영등포구 여의도동 15-15	上下(2)
동양 본사	서울 중구 수표동 99	上下(2)
BGF리테일 본사	서울 강남구 삼성동 141-32	上(1)
옐로모바일 본사	서울 강남구 신사동 538	上(1)
쿠팡 본사	서울 송파구 신천동 7-30	上下(2)
한샘 본사	서울 서초구 방배동 757-1	上上(2)
일진글로벌 본사	서울 강남구 삼성동 128-5	右(1)
매일유업 본사	서울 종로구 중학동 19	上下(2)
신한금융그룹 본사	서울 중구 삼각동 66-1	上下(2)
한솔그룹 본사	서울 강남구 역삼동 736-1	上上(2)
한국제지 본사	서울 강남구 대치동 942	左(1)
메가스터디 본사	서울 마포구 상암동 1647	上(1)
SPC그룹 본사	서울 서초구 양재동 11-149	左(1)

기 업	지 번	혈처(개)
유풍 본사	서울 구로구 구로동 416-1	上(1)
전한 본사	서울 서초구 서초동 1540-11	上(1)
AIG손해보험 본사	서울 영등포구 여의도동 23	上下(4)
파나소닉 코리아 본사	서울 서초구 서초동 1553-5	左(1)
SNP 본사	서울 강서구 등촌동 647-26	上下(2)
동원산업 본사	서울 서초구 양재동 275	上(1)
더본코리아 본사	서울 강남구 논현동 165-17	上(1)
BNK금융지주 본사	부산 남구 문현동 1231	上下(4)
세정그룹 본사	부산 금정구 부곡동 11-1,11-24	上上(2)
희성전자 본사	대구 달서구 호산동 710	上下(4)
DGB금융지주 본사	대구 북구 칠성동 2가 2-4	上下(4)
한온시스템 본사	대전 대덕구 신일동 1689-1	上下(4)
경동도시가스 본사	울산 북구 진장동 939	上下(4)
세종공업 본사	울산 북구 효문동 800-1	上下(4)
한양정밀 본사	경기 김포시 양촌면 학운리 3048	上下(4)
영안모자 본사	경기 부천시 오정동 202-1	上下(4)
시몬느 본사	경기 의왕시 고천동 317-1	上上(2)
대원강업 본사	충남 천안시 성거읍 모전리 278-5	上下(4)
넥센타이어 본사	경남 양산시 유산동 30	上下(4)
유한양행 본사	서울 동작구 대방동 46-4	上下(4)
GC녹십자 본사	경기 용인시 기흥구 보정동 303	上下(4)
광동제약 본사	서울 서초구 서초동 1577-4	上(1)
대웅제약 본사	서울 강남구 삼성동 163-3	上(1)

기 업	지 번	혈처(개)
한미약품 본사	서울 송파구 방이동 45	上(1)
종근당 본사	서울 서대문구 충정로 3가 368-2	上下(2)
동아ST 본사	서울 동대문구 용두동 249-1	上(1)
CJ헬스케어 본사	서울 중구 쌍림동 292	上下(4)
JW중외제약 본사	서울 서초구 서초동 1424-2	上下上(3)
일동제약 본사	서울 서초구 양재동 60	上上(2)
제일약품 본사	서울 서초구 반포동 745-5	上(1)
보령제약 본사	서울 종로구 원남동 66-21	上(1)
마더스제약 본사	서울 금천구 가산동 550-1	上下(2)
스마일게이트 본사	경기 성남시 분당구 삼평동 673	上下(2)
엔시소프트 본사 (R&D센터)	경기 성남시 분당구 삼평동 668	上下(2)
슈피겐코리아 본사	서울 금천구 가산동 371-37	左右(2)
컴투스 본사	서울 금천구 가산동 371-17	左(1)
웹젠 본사	경기 성남시 분당구 삼평동 624	上(1)
프로텍이노션(여기에)	본사 서울 금천구 가산동 60-15	上下(2)
넷마블컴퍼니 본사	서울 구로구 구로동 188-25	上下(2)
엔엑스씨(NXC) 본사	제주 제주시 연동 1354-12	上(1)
안랩 본사	경기 성남시 분당구 삼평동 673	上下(2)
쏠리드 본사	경기 성남시 분당구 삼평동 673	上下(2)
시티케이코스메틱스 본사	경기 분당구 삼평동 618	上下(2)
에디스생명공학 본사	서울 강서구 등촌동 647-26	上下(2)

(67개 기업)

 *위의 표 혈처에서 上下는 명혈명당의 상혈처와 하혈처, 左右는 명혈명당의 좌혈처와 우혈처, 上은 명혈명당의 상혈처, 左는 명혈명당의 좌혈처를 표시 한 것이며, (개)는 명혈명당의 혈처의 개수임

아래 〈표 1-2〉의 한국의 중견기업 등 본사 사옥에 들어있는 명혈 명당을 보면 명혈명당의 상혈처와 하혈처 또는 상혈처와 상혈처 형태로 형성되어진 2-4개의 혈처가 들어있는 건물에 입주한 기업체는 39개 동에 109개의 혈처가 들어있어 전체의 58.2%로 가장 많았고, 좌혈처와 우혈처 형태로 형성되어진 2개의 혈처의 건물에 입주한 기업체의 건물은 3개 동에 6개의 혈처가 들어있어 4.4%를 보이고 있다. 또한 상혈처 한 곳에 본사 건물이 입주해 있는 기업체는 18개 건물로 26.9%였으며, 하혈처 한 곳에 본사 건물이 입주해 있는 기업체는 1개 건물로 1.5%이며, 좌혈처 한 곳에 본사가 입주한 기업체는 5개 건물로 7.5%이고, 우혈처에 한 곳에 본사가 입주한 기업체는 1개 건물로 1.5%이다.

아래의 〈표 1-2〉의 통계에 의하면 우리나라에서 중견기업, 중소기업 및 벤처기업 등의 본사가 입주해 있는 건물에는 대기업의 본사와 마찬가지로 대부분이 상하로 형성된 명혈명당 혈처가 1-4개씩 들어있는 것으로 조사되었다.

따라서 우리나리에서 기업들이 스타트업 기업에서 중소기업으로 중소기업에서 중견기업으로 중견기업에서 대기업으로 대기업에서 세계적인 대기업으로 성장하기 위해서는 필수적으로 천조명당의 역량을 가진 명혈명당이 1-4개가 상하로 형성된 건물에 본사 등이 입주해 이 곳에서 근무하는 분들이 명혈명당에서 분출되는 생기라는 활력소를 받을 수 있는 환경여건을 조성해 주어야 세계적인 기업으로 성장할 수 있다는 것을 보여주는 통계라 할 수 있다.

〈표 1-2〉 한국의 중견기업 등 본사 사옥의 명혈명당 혈처 현황

구 분	기업수 (개)	건물수 (개)	혈 처(개)						
			上下	左右	上	下	左	右	계
중견기업등	67	67	39 (109)	3 (6)	18 (18)	1(1)	5(5)	1(1)	67 (140)

*위 표에서 기업 수는 중견기업 등의 기업 수, 건물수는 중견기업 등의 본사가 입주해 있는 건물 수, 혈처의 上下는 명혈명당의 상혈처와 하혈처, 左右는 명혈명당의 좌혈처와 우혈처, 上은 명혈명당의 상혈처, 下는 명혈명당의 하혈처, 左는 명혈명당의 좌혈처, 右는 명혈명당의 우혈처를 표시한 것이며, ( )는 혈처 개수임.

(3) 서민갑부의 양택지 명당발복

동아일보 종합편성TV 채널A에서 2014년 12월 20일부터 매주 목요일 밤 9시 50분에 방영되는 서민갑부庶民甲富 프로그램이 2017년 11월9일까지 모두 151회를 방영 했다. 필자가 이 책을 쓰는 시한時限 때문에 더 이상의 방영 회수를 포함시킬 수 없었으나 이 프로그램은 시청율이 높기 때문에 앞으로도 계속 방영이 될 것으로 보여진다.

필자는 채널A에서 방영되고 있는 서민갑부라는 프로그램을 시청하다 서민 갑부라고 소문이나 이 프로그램에 주인공으로 선정되기까지는 남다른 노력 외에 우리가 알 수 없는 그 무엇이 있지 않을까 하는 호기심을 갖고 주인공이 활동하는 영업장이나 사는 집에 대한 위치를 인터넷상에서 찾아 서민갑부가 된 과정을 풍수지리적인 관점에서 풀어보고자 서민갑부의 영업장 등에 대해 명당여부를 조사하게 되었다. 그러나 영업장이나 거주지의 위치가 확인되지 않은 경우에는 방영된 TV 화면을 통해 천조명당의 역량을 가진 명혈명당 여부를 확인할 수 밖에 없었다. 2017년 11월 9일까지 채널A의 서

민갑부라는 TV 프로그램에 방영된 횟수는 151회였으나 주인공은 152명이었다. 매주 1회씩 1명의 서민갑부를 등장 시켰는데 2회 방영 때만 2명을 등장 시켜 152명이 서민갑부 프로그램의 주인공이 된 것이다. 놀랍고도 기이한 일은 서민갑부 프로그램에 나온 주인공들의 영업장 또는 거주지가 예외 없이 모두 천조명당의 역량을 가진 명혈명당이라는 사실이다. 채널A에서 풍수지리 전문가의 자문을 받아 어떤 종류의 명당이 영업장에 들어 있는지를 사전에 조사했거나, 아니면 그야말로 명당을 찾는데 혜안慧眼이 있는 분의 사전 추천과 검증 등에 의해 명혈명당 터에서만 영업을 해서 성공하는 사람들만 선정해 서민갑부 프로그램에 주인공으로 섭외를 해서 촬영을 했는지 의심이 들 정도로 이 프로그램에 등장 시킨 주인공들의 영업장 또는 거주지가 한결같이 모두 명혈명당으로 확인이 된 것이다. 따라서 현재까지 방영된 서민갑부 프로그램의 주인공들은 모두 천조명당의 역량을 가진 명혈명당에서 영업을 한 이후부터 서민갑부가 되어 이 프로그램의 주인공이 되었다는 신기하고도 놀라운 사실을 발견하게 된 것이다.

　서민갑부 주인공들의 성공사례를 들어보면 대부분이 우연이든 계획적이든 새로운 영업장으로 이사를 하게되어 영업을 시작하게 되었고 거주지를 옮기면서부터 그동안 겪었던 가난, 건강 악화, 사업 실패, 크고 작은 사건사고 등에 의한 좌절과 혹독한 시련에서 벗어나기 시작해 서민갑부라는 성공담을 말할 수 있게 된 영예를 안은 주인공이 될 수 있었다는 것은 주인공들의 재운財運도 있었겠지만 명혈명당에서 분출되는 생기의 영향에 의한 양택지 명당발복의 발현도 분명히 있었을 것이다.

　다시 말하면 어떤 계기로든 명혈명당으로 이사를 하게 된 후부터 잘 살아야겠다는 강한 집념을 갖게되고 창의적인 사업 아이템이나 손님을 끄는 참신한 아이디어가 생겨나서 끈질긴 노력과 적극적이고 긍정적인 사고로 영업활동을 한 것 등으로 인해 성공할 수 있었다는 것이다.

그러나 천조명당의 역량을 가진 명혈명당이 들어있는 건물에는 여러 사람들이 다양한 사업을 하고 있는데도 특별히 서민갑부의 주인공이 되어 방영된 사람들만이 명당발복이 발현되었다는 신기한 일에는 아마도 조상의 묘나 서민갑부가 출생한 생가에도 생기의 역량이 유사한 명당자리였을 것으로 추정해 볼 수 있다. 따라서 조상의 묘와 생가지 및 영업장에 들어있는 혈자리가 서로 유사해 시너지 효과에 의한 명당발복의 위력이 강했거나, 인생에서 10년마다 찾아오는 길ㅎ한 대운을 만났다던지 또는 재복을 타고 난 운명이라든지 등등 우리 인간이 인지하지 못하는 여러 요인들이 복합적으로 작용했을 것으로 추정할 수 밖에 없는 그야말로 드라마틱한 인생사를 살아온 한 편의 이야기들이라고 할 수 밖에 없을 것이다.

채널A에서 151회까지 방영된 서민갑부 프로그램에 주인공으로 발탁된 분들은 대부분이 지독한 인생이라고 할만큼 혹독한 시련과 고난을 겪거나 또는 겪은 후 명혈명당이 들어있는 곳으로 이사를 하게된 이후부터 시련과 고난을 극복하면서 반드시 성공을 해야겠다는 강한 집념과 참신한 아이디어와 성실함을 바탕으로 서민갑부의 반열에 오를 만큼 재물을 모은 입지적인 사람들이라 할 수 있다.

서민갑부로 선정된 분들 중에는 명혈명당에 들어 있는 영업장의 윗층에 거주하는 분들이 상당 수였다. 이 분들은 낮에는 영업장에서 수 십개의 명당자리에서 분출되는 생기를 받아가면서 일을 하고 밤에도 영업장과 같은 생기를 접하면서 생활하고 있는 주인공들이 많았다는 것이다. 사람들이 생기를 자연스럽게 항상 접하게 되면 심리적인 안정을 찾고 긍정적인 마음과 강한 집념 등이 자연스럽게 생겨나 생기를 받지 못하고 생활하는 사람들 보다는 평안한 마음과 긍정적인 마음을 갖게되고 자신감이 생겨나 삶의 질이 향상되는 명당발복의 신비한 현상이 일어난다고 할 수 있다.

서민갑부들이 돈을 벌어들인 영업의 종류를 보면 음식과 관련된 업종에 종사하는 분들이 60여 명으로 가장 많았다. 이 분들의 사업 확장 비법을 보면 운영하는 음식점이 소문난 맛집으로 알려지게 되면 체인점을 만들어 사업을 확장해 돈을 벌고 있었으며 또한 이 분들이 운영하는 대부분의 채인점들도 소문난 맛집으로 알려진 곳이 많았다. 서민갑부들의 연간 매출액을 보면 서민갑부 마다 차이가 나지만 대략 8천만원부터 100억원 대까지 다양했으며, 자산도 5억에서 90억원까지를 보유하고 있었고, 명혈명당으로 이사 오기 전에 있었던 수 십억원대의 부채도 명혈명당 자리로 이사 온 후 변제한 예도 많았다. 아래의 〈표 1-1〉은 채널A에서 방영했던 서민갑부의 영업 종류와 연간 매출액 및 영업장 등에 들어있는 명혈명당의 현황을 정리한 것이다.

〈표 1-1〉 서민갑부 영업장의 명혈명당 현황

( )는 자산액

방영	영업종류	영업자	연매출 (억)	지 번	혈처
1회	반찬가게	허미자	10	충북 청주시 서원구 사창동 286-22	上
2회	손짜장식당	박영수	(13)	경남 창원시 의창구 중동 5	左
2회	등산화수선	김기성	7	경기 고양시 일산동구 설문동 262-33	上
3회	빈병분류공장	김재웅	8	경기 포천시 내촌면 음현리 396-1	上

방영	영업종류	영업자	연매출 (억)	지 번	혈처
4회	수제만두식당	권태중	11	강원 원주시 중앙동 48-1	上
5회	산더덕재배	조남상	(90)	경기 양평군 서종면 문호리 367-1	上
6회	가발사업	장만우	20	서울 영등포구 영등포동 426-85	上
7회	황태가공	김재식	14	강원 인제군 북면 용대리 411-13	上
8회	대장간운영	전만배	(30)	서울 동작구 노량진동 328	上
9회	샌드위치식당	정주백	50	서울 양천구 목4동 736-8	上
10회	떡집운영	최길선	(27)	서울 마포구 망원1동 378-7	上
11회	칼국수식당	박민수	수억	인천 남동구 구월동 1264-39	上
12회	돼지갈비식당	김갑례	40	전남 담양군 담양읍 객사리 226-1	上
13회	닭집가게	원승만	12	강원 속초시 중앙동 474-1	左
14회	한우구이식당	장미란	수억	서울 성동구 마장동 510-3	上
15회	족발가게	최선자	(50)	충북 청주시 상당구 석교동 492	上
16회	횟집식당	강매자	1	경북 포항시 북구 죽도동 573-14	左
17회	빵집	김정현	수억	전남 여수시 중앙동 806	上
18회	식당	서영열	100	경기 수원시 권선구 입북동 631-7	上
19회	애견조련	조성진	1	경기 남양주시 조안면 조안리 470	上
20회	잡화점	김 재	수억	충남 예산군 예산읍 예산리 522	上
21회	구두닦이	성오봉	1.2	경기 수원시 영통구 매탄4동 231-15	上

방영	영업종류	영업자	연매출 (억)	지 번	혈처
22회	묵식당	김찬영	1	경기 포천시 소흘읍 고모리 221-6	上
23회	세탁소	조수웅	10	서울 마포구 용강동 444-8	上
24회	꽃집	성주환	90	서울 성동구 행당동 29-4	上
25회	바다속관청소	김 구	수십억	집	—
26회	양봉업	윤옥자	(10)	경북 군위군 군위읍 대북리 744	上
27회	꼼장어식당	주순자	100	부산 사하구 신평동 631-2	上
28회	매운탕집식당	권세국	1	경북 문경시 점촌동 269-9	上
29회	식당	윤영달	18	인천 강화군 길상면 선두리 1043-19	上
30회	의류수선	박재길	6	경기 군포시 당정동 1011-1	上
31회	가구점	정환숙	10	강원 원주시 무실동 710	上
32회	과일판매	김경복	10	경북 포항시 흥해읍 학천리 4	上
33회	팥빙수집	김성수	1	부산 남구 용호3동 85-1	上
34회	치킨가게	김점심	6	경기 의정부시 의정부동 150-9	右
35회	산머루재배	서우석	15	경기 파주시 적성면 객현리 67-1	上
36회	베트남쌀국수	전티마이	11	서울 동작구 노량진동 89-2	上
37회	수제화가게	유홍식	1	서울 성동구 성수2가 1동 322-15	上
38회	철물점	천세석	5	전남 신안군 팔금면 대심리 116	上
39회	매운짬뽕식당	임주성	6	서울 영등포구 신길동 48-20	上

방영	영업종류	영업자	연매출 (억)	지 번	헐처
40회	고물상	정유정	10	강원 춘천시 사농동 89-1	上
41회	매운탕집	류경석	2	인천 서구 원당동 276-3	上
42회	생선가게	4인방	수억	인천 강화군 강화읍 갑곶리 849	上
43회	수제이불가게	조성훈	(20)	전북 군산시 평화동 104-4	上
44회	국수집	김순남	2.4	서울 용산구 효창동 245	右
45회	외벽도장업	유영욱	1	집	—
46회	피혁제품점	박상기	1	경기 오산시 오산동 856-8	上
47회	식당및제과점	주덕현	20	경기 남양주시 진접읍 부평리 751-1	左
48회	숯불구이집	임만서	2.4	전북 무주군 안성면 진도리 348-5	上
49회	미용실	김미선	3.6	전북 전주시 완산구 효자동 1가 205-118	上
50회	연탄배달및식당	권홍식	(10)	강원 원주시 우산동 123-5	上
51회	빈대떡집	최영경	1.4	대구 서구 비산동 303-11	上
52회	주물공장	김흥열	8	서울 중구 을지로 3가 225-6	上
53회	백반집	하명숙	3	경기 의정부시 호원동 252	上
54회	채소가게	양왕식	10	서울 강동구 성내동 284-3	上
55회	떡방앗간등	경순할매	3	경남 통영시 태평동 421	上
56회	곱돌제조	오창근	3.6	전북 장수군 장수읍 식천리 474-3	上
57회	순대국밥집	마정순	3.6	전북 익산시 중앙동 103-2	上
58회	수제버거집	송두학	2	경기 평택시 신장동 322-8	上
59회	열쇠가게	백상흠	0.6	경기 안성시 영동 444-3	上
60회	떡방앗간	홍종희	18	전북 익산시 망성면 내촌리 478	上

방영	영업종류	영업자	연매출 (억)	지 번	혈처
61회	생선가게	최갑남	(10)	전남 광양시 옥곡면 신금리 1337-1	上
62회	만물트럭가게	손병철	3	강원 영월(집)	―
63회	중고주방물품	박제원	(10)	경기 시흥시 조남동 103-1	上
64회	어시장배달	최대영	(10)	강원 강릉시 주문진읍 주문리 312-341	上
65회	목욕관리사	김상섭	7.2	서울 송파구 문정동 628	上
66회	목제가구제조	김윤래	(10)	서울 마포구 창전동 436-7	上
67회	청소업	김선민	1	경기 의정부시 신곡동 567-14	上
68회	흙돼지구이	양정기	30	제주 재주시 노형동 3086-3	上
69회	횟집	이연배	10	충남 당진시 석문면 장고항리 620-15	上
70회	나물가게	김순실	4.7	광명시 광명3동 158-1156	上
71회	도배업	장재영	5	서울 중구 방산동 101-8	上
72회	출장요리	강인숙	1	서울 구로구 구로2동 710-52	左
73회	미용실	윤성준	50	태국 방콕	―
74회	부동산경매업	안정일	15	집	―
75회	족발집	유해준	10.8	대구 수성구 지산동 1194-14	上
76회	양봉	이병로	수억	집	―
77회	푸드트럭	김성호	2.5	집	―
78회	반품제품판매	박종관	10	경기 안산시 단원구 고잔동 676-4	上
79회	빵집	조유성	1.4	전남 화순군 이서면 야사리 165-1	上
80회	인테리아업	허성수	5	경북 군위군 군위읍 서부리 124-1	上

방영	영업종류	영업자	연매출 (억)	지 번	혈처
81회	고기뷔페	윤명순	90	경기 평택시 신장동 314-14	上
82회	반찬가게	현 숙	1	경기 광명시 광명동 158-96	上
83회	POP글씨	이병상	0.8	서울 도봉구 쌍문동 88-2	右
84회	냉면식당	안수동	2	경남 창원시 진해구 충무동 25-40	上
85회	김구이판매	이옥화	5.4	경기 부천시 심곡동 535-10	上
86회	주방용품제조	박재신	2	대전 서구 가수원동 176-1	上
87회	세탁소	백남옥	4	경기 부천시 괴안동 187-2	上
88회	조경업	박건영	5	광주 광산구 우산동 204-10	上
89회	중국집	김진혁	9	서울 강북구 미아동 707-2	上
90회	유기공방	김완수	6	경북 경주시 하동 201-25	上
91회	한과제조판매	최은희	수억	강원 강릉시 사천면 사기막리 46-2	上
92회	어탕집	오덕순	(5)	경남 함양군 함양읍 용평리 607-18	上
93회	수제돈까스집	박보성	6	경기 안양시 만안구 안양동 676-192	上
94회	쇼파등천갈이	박병환	2	경기 성남시 분당구 정자동 36-1	上
95회	텐트섹탁	노준호	1.2	경기 화성시 비봉면 자안리 559-5	上
96회	떡집	심재승	12	충남 공주시 산성동 186-40	上
97회	분식집	곽정호	7.2	대구 동구 신암동 100-1	上
98회	밥차	박해성	8	충남 공주시 교동 108-11	上
99회	뜨개질가게	정문호	(37)	서울 중구 충무로 1가 51-57	上

방영	영업종류	영업자	연매출(억)	지 번	헐처
100회	트럭칼갈이	박경목	0.8	경기 김포시 사우동 385	上
101회	호떡가게	고석원	4.2	강원 속초시 중앙동 493-161	上
102회	한우식당	김창일	10	대구 달서구 성당동 392-44	上
103회	기와대리점	이덕희	10	전북 익산시 남중동 302-1	上
104회	명품가방수선	이현석	수억	서울 송파구 석촌동 183-3	右
105회	국수집	김미령	4	서울 동대문구 제기동 1019	上
106회	어묵판매좌판	송일형	4	경기 안양시 만안구 안양동 467-242	上
107회	피조개양식	김일용	8	경남 창원시 진해구 제황산동 24-21	上
108회	전복추어탕집	김남영	12	경기 광주시 남한산성면 엄미리 632	上
109회	홍어가게	김지훈	9	전남 나주시 영산동 272-6	上
110회	활인매장	김광열	12	경기 양주시 삼숭동 561-1	上
111회	수제만두가게	김양휴	5	인천 남동구 만수동 1082	上
112회	재래식순두부	지영순	5	강원 양주군 양구읍 학조리 257-7	上
113회	감자튀김판매	윤혁진	3	서울 마포구 성산동 159-2	左
114회	우동가게	강순희	5	충북 충주시 연수동 888	上
115회	샐러드전문점	장지만	4	서울 관악구 봉천동 1620-27	下
116회	장어가게	주길선	30	전북 고창군 심원면 월산리 548	上
117회	학습지교사	조성희	1.2	경기 오산시	—
118회	돌담쌓기	김범영	10	제주 제주시 한림읍 협재리 196	上
119회	카센터	김용완	4	대전 동구 가양동 293-12	上

방영	영업종류	영업자	연매출 (억)	지 번	혈처
120회	이사짐센터	한해용	5	대구 수성구 성동로 101-2	上
121회	곱창집	김현숙	6	서울 강서구 화곡동 929-4	上
122회	산닭구이집	김명래	6	전남 화순군 이서면 영평리 610	上
123회	대게집	김봉철	24	강원 속초시 노학동 843-2	上
124회	꼬마김밥집	한동철	30	인천 남동구 구월동 1268-2	上
125회	폐백음식	최승옥	(20)	충남 천안시 동남구 영성동 94-6	上
126회	해녀횟집	최명숙	10	경남 거제시 일운면 지세포리 371	上
127회	갈비집	강병원	30	울산 울주군 삼남면 교동리 1576-12	上
128회	생선가게	이재원	12	서울 강북구 수유동 50-77	上
129회	그릇가게	나영주	10	경기 화성시 봉담읍 왕림리 91-5	上
130회	콩국수가게	조성철	(20)	전남 목포시 대안동 11-5	上
131회	양봉농가	박근호	8	대전 서구 장안동 287	上
132회	야식집	김미강	24	경기 파주시 금촌동 496-1	右
133회	돌잔치출장	김승주	3	인천 남동구 장수동	—
134회	막국수식당	강봉진	18	경기 여주시 대산면 천서리 419-2	上
135회	수제도장	장운식	10	서울 종로구 관훈동 196-6	上
136회	애견미용실	최덕황	4	서울 성동구 행당동 251-2	上
137회	정육점	박제호	100	부산 수영구 광안동 565-11	右
138회	빵집	구재정	5	서울 강동구 암사동 472-8	上
139회	캠핑업	정서영	16	광주 광산구 비아동 602	上

방영	영업종류	영업자	연매출 (억)	지 번	혈처
140회	한정식식당	윤미월	15	일본 동경도 은좌 8-5-1	—
141회	닭강정집	한재순	16	강원 영월군 영월읍 영흥리 947-56	上
142회	과일가게	이경화	18	강원 춘천시 동내면 거두리 1108-2	上
143회	이동급식	장창윤	7	부산 기장군 정관면 매학리 766-11	上
144회	꽃게잡이	민경모	12	충남 당진시 신평면 운정리 962-1	上
145회	족발집가게	신근식	20	서울 영등포구 신길동 3573	上
146회	낚시배	김귀철	12	경남 거제시 일운면 지세포리 931-57	上
147회	송이채취	정정섭	11	경북 안동시 예안면 정산리 756-1	上
148회	수제떡갈비집	김진수	5	서울 중랑구 망우동 463-45	上
149회	뜨게용품판매	조성진	30	서울 중구 방산동 4	上
150회	도마제작판매	지영흥	4	경북 안동시 와룡면 태리 536-2	上
151회	순댓국집	김영애	(50)	경북 예천군 용궁면 읍부리 299-2	上

계:152명

*위 표에서 영업자는 부부나 모자 등이 함께 운영할 때는 대표자 한분만 표기했으며, 연매출에서 매출액 단위는 억원이며, ( )는 보유 자산액이고, 혈처에서 上은 명혈명당의 상혈처, 左는 명혈명당의 좌혈처, 右는 명혈명당의 우혈처를 표시 한 것임

서민갑부의 영업장 등에 들어있는 명혈명당 현황은 아래의 〈표 1-2〉와 같다. 서민갑부로 선정되어 방영된 대상자 152명 중 10명 에 대해서는 인터넷으로 방영된 사진 등에 의존해 명혈명당이 들어

있다는 것만 확인 하였으나 영업장 등에 대한 주소를 파악할 수가 없어 142명에 대해서만 명당처를 조사 할 수 밖에 없었다. 서민갑부의 영업장 142곳의 명혈명당 중 상혈처가 129곳으로 90.8%로 대부분을 차지하고 있었으며, 하혈처에는 한 곳 뿐이었고 좌혈처와 우혈처는 각각 6곳씩 모두 12곳으로 8.5%였다. 따라서 서민갑부로 선정된 152명 중 영업장에 대한 명혈명당 혈처를 탐지 할 수 없는 10명을 제외한 142명의 서민갑부 영업장의 대부분이 명혈명당의 상혈처에 형성된 곳에서 영업을 한 후로부터 재물을 모아 서민갑부라는 주인공으로 발탁된 것으로 볼 수 있다.

앞에서 설명한 바 있는 조선시대 갑부의 생가나 거주 가옥 및 대기업과 중견기업 등의 본사에 들어있는 명혈명당이 서민갑부의 영업장에도 동일한 역량의 명혈명당이 들어있어 양택지의 명당발복이 발현되었다는 것이다. 따라서 서민갑부와 같이 재물을 모우기 위해서는 명명혈명당의 상혈처의 일월혈지가 들어있는 건물에서 영업을 해야 서민갑부라는 이름을 얻을 만큼 재물을 모을 수 있다는 사실이다.

그러나 한가지 유의할 점은 서민갑부로 선정된 분들의 조상 묘와 생가 등을 조사 해보면 대부분 서민갑부의 영업장에 들어있는 명혈명당의 역량과 유사한 명당이 들어 있을 확률이 높다고 할 수 있다. 왜냐하면 음택지 명당이 양택지 명당을 주도하고 있으며, 명당은 명당을 불러들여 명당발복의 상호 작용에 의해 명당발복의 시너지 효과를 유발 시킨다는 명당발복의 발현 현상 때문이라 할 수 있다.

<표 1-2> 서민갑부 영업장의 명혈명당 혈처 현황

(단위:개)

구분	上혈처	下혈처	左혈처	右혈처	계	미확인	계
서민갑부	129	1	6	6	142	10	152

(4) 소문난 맛집의 양택지 명당발복

명혈명당에서 음식업을 하는 사람의 경우에는 독특한 나만의 레시피를 개발해 손님들에게 맛있는 음식을 제공하게 되고 톡톡 튀는 아이디어로 손님들에게 서비스를 함으로서 손님을 모우게되고 한번 온 손님은 또 다른 손님을 불러들여 그야말로 문전성시門前成市의 소문난 맛집으로 만들어 돈을 모아 부자 소리를 듣는 맛집들이 전국 곳곳에 많이 있다. 이러한 식당들은 맛집으로 소문이 나기 전에는 혹독한 시련을 겪기도 하고 레시피를 개발하기 위해 많은 시행착오도 겪기도 했으며 손님들에게는 다른 음식점에서 보지 못한 서비스로 손님을 찾아오게하는 독특한 아이디어를 생각해 내어 손님들을 끌어들이고 있다는 것 등이 소문난 맛집들의 공통적인 경영 노하우라 할 수 있다.

여러 채널의 TV의 생방송 맛집 소개 프로그램을 보면 맛집이라고 소문이 난 곳은 손님들이 줄을 서서 기다리는 모습이 방영되고 있었으며, 연간 수 억원에서 수 백억원의 매출을 올리고 있는 소문난 맛집들이다. 100명의 미식 전문가가 맛을 보고 선정한 한국 대표 미식 랭킹 코릿(KOREAT) 50위(2016-2017년), KBS 2TV의 "생방송 생생정보통" 프로그램에서 소개한 맛집, MBC TV "생방송 오늘 저녁" 프로그램에서 소개한 맛집, SBS TV "생방송 투데이" 프로그램에서 소개한 맛집, e-book [땅 이야기 맛 이야기]에서 소개된 맛집, 미쉐린 가이드 서울 "빕구르망 2018"에 오른 맛집들의 주소를 확인해 인터넷 지도에서 명혈명당으로 확인된 전국의 맛집은 모두 225곳이다. 다만 서민갑부 프로그램에서 맛집으로 방영한 60여 곳의 맛집들은 여기서는 제외 시켰다.

명혈명당에 있는 맛집 225곳에는 식당(한식당, 양식당, 중국식당 등), 빵집, 치킨집 등 먹거리로 소문이난 음식점들을 2017년 12월까지 조사해 아래의 〈표 1-1〉과 같이 "소문난 맛집의 명혈명당 현황"을 만들었다. 시도별로는 서울이 58곳으로 가장 많이 조사 되었고, 경기도가 33곳으로 두 번째이며, 다음으로는 전라북도가 24곳으로 조사되었다. 그러나 계속해서 전국의 소문난 맛집의 위치를 확인해 명혈명당 여부를 탐지한다면 소문난 맛집은 계속 많아지리라 예상되나 이 책을 쓰는 시한이 있어 225곳의 맛집으로만 한정하였다. 어느 한 지역의 매스컴이나 그 지역의 택시 가사 등에 의해 소문난 맛집으로 이름이 알려진 곳들 중에는 천조명당인 대명당의 역량을 가진 명혈명당 자리도 있고, 지조명당인 중명당의 역량을 가진 명혈명당 자리도 있으며, 인조명당인 소명당의 역량을 가진 명혈명당 자리도 있고, 아예 명당이 아닌 곳에서도 소문난 맛집으로 알려져 손님들이 많은 곳도 있다.

명당이 아닌 곳에서도 소문이 난 맛집들을 보면 유동 인구가 많은 소위 목이 좋은 곳에서 음식업을 하거나 오랜 전통으로 한 곳에 수십년 이상 가업을 이어오면서 음식업을 하는 곳으로서 그 지역에서는 맛집으로 소문이 나 있는 음식점들이다.

천조명당의 역량을 가진 명혈명당이면서 항간에서 말하는 목 좋은 곳에 식당을 열어 소문이 난 맛집들도 많지만 시골의 한적한 곳에 교통이 좋지 않은 곳에서도 소문난 맛집으로 이름이 난 곳도 있으며, 강가나 호수가 및 바닷가의 한적한 곳에서도 소문난 맛집들이 많다는 것은 천조명당의 역량을 가진 명혈명당에서 분출되는 생기의 작용에 의해 양택지의 명당발복이 발현된 현상이라 할 수 있다.

〈표 1-1〉 시도별 소문난 맛집의 명혈명당 현황

시도	지 번	맛 집 명	혈처
서울	종로구 통인동 118-15	길리나데이지(양식)	上
	종로구 원서동 219	다이닝인스페이스(양식)	下
	종로구 부암동 175-1	국시랑만두집	右
	종로구 부암동 245-2	지하손만두(한식)	上
	종로구 가회동 1-29	떼라노(양식)	上
	종로구 돈의동 27	찬양집(칼국수)	左
	종로구 종로 3가 167	계림식당 종로 본점(감자탕)	右
	중구 수하동 67	고산면옥	下
	중구 명동 2가 3-3	곰국시집	上
	중구 주교동 118-1	우래옥(한식)	上
	중구 장충동 2가 202	라연(모던한식)	上
	중구 장충동 2가 2-2	팔선(중식)	上
	용산구 이태원동 119-10	산토리니(양식)	右
	용산구 한남동 31-3	수마린(양식)	上
	용산구 동빙고동 1-54	오늘(모던한식)	上
	강남구 청담동 96-22	리스토란테에오(양식)	右
	강남구 청담동 118-9	뚜또베네(양식)	上
	강남구 청담동 90-25	레스쁘아뒤이브(양식)	上
	강남구 청담동 83-4	르챔버(양식)	上
	강남구 청담동 85	메종드라카테고리(양식)	上
	강남구 청담동 96-22	리스토란데에노(양식)	右

시도	지 번	맛 집 명	혈처
서울	강남구 청담동 63-11	익스퀴진(모던한식)	上
	강남구 청담동 18-3	주옥(모던한식)	右
	강남구 청담동 50-8	테라13(양식)	上
	강남구 신사동 651-24	가온(모던한식)	上
	강남구 신사동 645-1	그라노(양식)	左
	강남구 신사동 645-1	보트르메종(양식)	左
	강남구 신사동 655-4	더그린테이블(양식)	上
	강남구 신사동 653-7	디리트리(디저트카페)	左
	강남구 신사동 628-16	라미띠에(양식)	上
	강남구 신사동 657	루이쌍끄(양식)	左
	강남구 신사동 520-1	류니끄(양식)	上
	강남구 신사동 643-18	권숙수(모던한식)	右
	강남구 논현동 94-9	밍글스(모던한식)	下
	강남구 논현동 165-7	본가 논현 본점	上
	강남구 논현동 94-9	밍글스(모던한식)	上
	강남구 논현동 167	강남곱창이야기 강남본점	上
	강남구 논현동 145-12	반피차이(태국식)	上
	강남구 역삼동 636-13	해남천일관(한식)	上
	서초구 방배동 876-41	메종엠오(디저트)	上
	서초구 방배동 1-138	제로컴프렉스(양식)	左
	서초구 반포동 549-17	스와니예(모던한식)	上
	서초구 반포동 110-1	테이블포포 (양식)	上
	관악구 신림동 10-518	강강수월래 신림점	左
	마포구 서교동 377-20	로칸다몽로(양식)	上

시도	지 번	맛 집 명	혈처
서울	마포구 공덕동 256-30	청학동부침개마포 본점	上
	마포구 현석동 1-9	꽃게랑새우랑	左
	마포구 상수동 93-110	사이드쇼(떡볶이)	上
	마포구 노고산동 109-69	연남서 식당	上
	마포구 염리동 147-6	을밀대 본점(한식)	上
	강동구 성내동 448-24	차이나린찐(중식)	上
	송파구 문정동 29-3	야곱293(한식)	上
	송파구 방이동 205-8	벽제갈비(한식)	左
	서대문구 연희동 132-28	목란(중식)	上
	강서구 등촌동 654-95	등촌칼국수	上
	강서구 내발산동 723-10	경상도집	上
	영등포구 영등포동 3가 4-6	장어생각	上
	노원구 중계동 140-14	돈까스먹는용만이 본점	右
	(58)		
부산	해운대구 우동 1367	호텔포레 해운대점	上
	해운대구 우동 1359	춘하추동면밀 해운대직영점	上
	해운대구 중동 1502-12	메르씨엘(양식)	上
	연제구 연산동 603-3	황제해물탕찜	上
	영도구 영선동 4가 1470	달뜨네(한식)	上
	(5)		
인천	연수구 선학동 99-7	용두레	上
	중구 항동 7가 58-42	목포신안18호횟집	上
	강화군 내가면 외포리 385	충남서산집	上
	(3)		

시도	지 번	맛 집 명	혈처
대구	동구 효목동 1014	마루막창	上
	동구 백안동 573	산골기사 식당	上
	동구 신암동 100-1	꽃분이의식탁 동구청점	左
	동구 덕곡동 744-2	뚜레박 식당	下
	서구 내당동 219-20	손복자부산할매낚지	左
	남구 봉덕동 694-4	길선회초밥	左
	남구 봉덕동 948-13	대동강 식당	上
	남구 봉덕동 536-19	생오리 식당	上
	남구 봉덕동 955-25, 955-27	봉덕시장 청도손칼국수	下
	남구 대명동 552-7	대덕 식당	上
	남구 대명동 553-7	앞산할매손칼국수	上
	북구 읍내동 495-3	소문난부자돼지국밥 본점	上
	달성군 다사읍 부곡리 118-2	손중헌논메기매운탕	上
		(13)	
광주	서구 치평동 245-35	강촌(매운탕)	下
	서구 쌍촌동 1363-6	27년 쌍촌점	上
	서구 쌍촌동 871-3	홍애집 식당	上
	서구 풍암동 1121	베비에르(빵)	上
	북구 대촌동 531-1	넓으실(한정식)	上
	북구 누문동 72	일송정(한정식)	上
	북구 용봉동 1205-47	맛있는 감자탕	上
	광산구 장덕동 1421	해궁	上
		(8)	
대전	중구 대사동 69-24	별 뜨는집	上
	중구 은행동 145-1	성심당빵집 본점	上

시도	지 번	맛 집 명	혈처
대전	서구 장안동 416-5	산막골 가든	上
	서구 흑석동 283-6	금평추어탕	下
	서구 탄방동 620	소담애 본점	上
	서구 갈마동1동 261-1	푸짐한조개찜	上
	서구 갈마동 266-1	오한순손수제비	上
	유성구 용산동 413-2	용산골	下
	유성구 노은동 564-5	토종칼국수	上
	유성구 관평동 554	산골묵집	上
		(10)	
경기	수원시 장안구 파장동 575-8	구가면옥	上
	수원시 팔달구 우만동 51-20	본수원갈비	上
	성남시 분당구 정자동 129-4	서울24시감자탕삼계탕점	上
	고양시 일산동구 장항동 736-4	청춘구락부(한식)	上
	고양시 일산동구 풍동 588-1	미덕원	上
	안산시 상록구 사동 1401-7	삼계탕하우스 사동점	右
	안산시 단원구 초지동 733	엉클짱왕해물탕 초지직영점	上
	용인시 수지구 고기동 439-1	장원막국수(한식)	上
	부천시 역곡동 86-9	갈비씨 역곡본점	上
	동두천시 탑동동 827-4	매초산성	上
	평택시 신장동 319-42	명가부대찌개	上
	평택시 포승읍 만호리 266-5	만호호성 식당	上
	구리시 수택동 433-52	엄니옛날전통육개장구리본점	左
	구리시 진접읍 부평리 602-1	광릉한옥집	左
	오산시 세교동 528-41	초계탕집	左
	남양주시 별내면 청학리 505-1	간장계장 식당	上

시도	지 번	맛 집 명	혈처
경기	의왕시 포일동 505-17	낙생초남원추어탕	上
	이천시 모가면 서경리 327-3	서경들순두부	上
	이천시 송정동 72-4	류재열의명품코다리찜	上
	이천시 부발읍 무촌리 122-4	매지울묵밥	下
	화성시 장안면 독정리 952-7	두오즈	下
	화성시 정남면 보통리 12-26	왕골남서문곰탕	上
	광주시 퇴촌면 영동리 575	숲속의 정원	上
	광주시 남한산성면 불당리 80	주먹순두부	上
	광주시 퇴촌면 도수리 93	쇠뫼기(한정식)	下
	포천시 소흘읍 이동교리 690	밀천지칼국수하밀회 1호점	下
	연천군 연천읍 고문리 832	불탄소가든	上
	연천군 신서면 도신리 285-25	대호식당	右
	연천군 신서면 대광리 170-30	약수오리	上
	가평군 가평읍 하색리 500	양태봉촌두부	下
	가평군 청평면 청평리 424-4	밤나무집	下
	양평군 강상면 화양리 104-1	호박골오리집	上
	양평군 옥천면 용천리 산 12	민기남집	下
		(33)	
강원	춘천시 낙원동 30-1	체엔롱 중화요리	上
	춘천시 효자동 673	동서해물칼국수	上
	춘천시 신북읍 천전리 38-26	춘천통나무집 닭갈비	下
	원주시 무실동 710	친절한나나씨원주 본점	上
	강릉시 구정면 어단리 973-1	테라로사강릉본점(커피)	下
	속초시 영랑동 570-37	아바이오징어찐빵 본점	下

시도	지 번	맛 집 명	혈처
강원	속초시 영랑동 148-30	봉포머구리집 본점	左
	횡성군 안흥면 안흥리 600-3	심순녀안흥찐빵	下
	평창군 방림면 계촌리 546-1	동강매운탕	上
	평창군 봉평면 무이리 837	흔들바위(한정식)	下
	평창군 진부면 동산리 18	오대산가마솥식당	下
	철원군 갈말읍 내대리 227-2	내대막국수	上
	화천군 화천읍 대이리 339-1	미륵바위쉼터(한식)	左
	고성군 토성면 백촌리 162	백촌막국수	下
	양양군 강현면 적은리 90	솔거리추어탕	上
	양양군 손양면 송전리 81-1	옛뜰(두부전문점)	上
		(16)	
충북	청주시 상당구 산성동 159	상당집(순두부집)	下
	청주시 청원구 사천동 73-2	대추나무집	右
	제천시 봉양읍 학산리 300	동원가든(닭요리)	右
	영동군 심천면 고당리 992-1	폭포가든	下
		(4)	
충남	천안시 서북구 성정동 937	꽃핀한우	上
	공주시 산성동 186-39	부자떡집	左
	보령시 남곡동 851-12	바닷가횟집	下
	당진시 석문면 장고항리 615-24	민영이네포장마차횟집	下
	논산시 연무읍 황화정리 971-38	한국회관식당	下
	청양군 청양읍 학당리 473-4	별장 가든	下
	청양군 운곡면 후덕리 103-4	구기자우렁쌈밥집	下
	청양군 운곡면 모곡리 310-4	자매곱창	下

시도	지 번	맛 집 명	혈처
충남	청양군 대치면 작천리 63	까치네홍부 가든	下
	청양군 대치면 대치리 79-1	바닷물순두부	下
	(10)		
전북	전주시 완산구 중화산동 2가 533-2	목포홍어횟집	上
	전주시 완산구 중화산동 2가 757-3	현대옥전주중화산동 본점	上
	전주시 완산구 교동 84-10	배테랑분식 본점	上
	전주시 완산구 효자동 2가 1156-6	반야돌솥밥 본점	上
	전주시 완산구 서신동 40-7	다래면옥	上
	전주시 완산구 서노송동 616-16	명랑불고기	上
	전주시 완산구 경원동 1가 40-5	PNB풍년제과경원동 본점	右
	전주시 완산구 경원동 3가 17-16	연지회관 본관	上
	전주시 완산구 전동 237	진미집	上
	전주시 완산구 태평동 13-2	태평진미집	上
	전주시 덕진구 금암동 455-23	김판쇠전주우족탕 본점	右
	전주시 덕진구 금암동 728-215	감로헌	上
	전주시 덕진구 팔복동 2가 7-3	가운데집	上
	군산시 중앙로 177	이성당(빵집)	上
	군산시 문화동 918-10	왕산중화요리	左
	군산시 나운동 549-9	바다횟집	上
	정읍시 연지동 259-31	국화회관(우렁이쌈밥)	上
	남원시 주천면 호경리 110	내촌 식당(닭요리)	左
	완주군 비봉면 소농리 541	비봉가든	下

시도	지 번	맛 집 명	혈처
전북	진안군 정천면 월평리 940-9	월평댁	上
	무주군 무주읍 당산리 303	천지 가든	上
	무주군 무주읍 읍내리 1357-1	섬마을	左
	무주군 무주읍 대차리 80-1	차산식당	左
	순창군 금과면 방축리 974-3	방축리토종순대	下
	(24)		
전남	여수시 교동 563	봉정식당(물메기탕)	左
	순천시 장천동 35-11	대원식당	右
	광양시 봉강면 지곡리 266	지곡산장	下
	광양시 진월면 신아리 1192-15	성호횟집	右
	구례군 구례읍 봉동리 106-8	봉성 식당	上
	구례군 산동면 좌사리 86	당골 식당	上
	보성군 조성면 축내리 356	주월 가든	上
	영암군 덕진면 덕진리 203-1	텃밭 가든	上
	함평군 해보면 광암리 329	시골집(닭요리)	下
	장성군 북하면 쌍웅리 418-23	호반 가든	下
	진도군 진도읍 남동리 777-13	신호등회관	上
	영광군 영광읍 도동리 236-5	문정한정식	上
	신안군 증도면 대초리 1770	반올림 식당	下
	(13)		
경북	포항시 북구 청하면 미남리 383-5	시장식육 식당	上
	경주시 황오동 347-1	황남빵	上
	경주시 황성동 552-14	굼터	上
	구미시 진평동 28-9	굼터상회구미본점	左

시도	지 번	맛 집 명	혈처
경북	구미시 송정동 456-10	청담	上
	상주시 외서면 관동리 247-13	청자가든	下
	문경시 문경읍 상초리 288-60	새재할매집	左
	안동시 서부동 178-10	명가찜닭	上
	영주시 동부리 117	풍기왕손짜장	上
	봉화군 봉화읍 석평리 713	인하원(송이돌솥밥)	上
	성주군 성주읍 성산리 717-1	날마다잔치	上
	울릉군 북면 천부리 524-1	신애분식	上
	(12)		
경남	창원시 마산합포구 오동동 251-30	쌍용복집	上
	창원시 마산합포구 동성동 15-1	경북복집	上
	창원시 진해구 제황산동 24-21	동호횟집	上
	통영시 무전동 1055-6	장어마을	上
	통영시 광도면 죽림리 1570-4	은혜숯불갈비	上
	거제시 고현동 1003-3	삼송횟집	上
	밀양시 내일동 174	단골집(돼지국밥)	上
	함안군 가야읍 말산리 127-4	사랑묵아구찜	上
	함안군 가야읍 말산리 123-1	아라밀면	上
	의령군 의령읍 서동리 490-23	목화반점	上
	하동군 화개면 탑리 591-1	연화장식당	右
	(11)		
제주	제주시 연동 303-30	고니식당	上
	제주시 연동 293-58	국수만찬	上

시도	지 번	맛 집 명	혈처
제주	제주시 연동 272-35	간또제주 본점	上
	제주시 일도2동 320-14	돌하르방식당 본점	左
	제주시 구좌읍 동복리 1502-1	해녀촌	上
		(5)	
		(계:225)	

*위의 표 혈처에서 上은 명혈명당의 상혈처, 下는 명혈명당의 하혈처, 左는 명혈명당의 좌혈처, 右는 명혈명당의 우혈처를 표시한 것임

아래의 〈표 1-2〉에서와 같이 전국의 맛집에 들어있는 명혈명당을 보면 상혈처의 일월혈지에 있는 소문난 맛집이 전체 맛집의 63.6%인 143곳이었으며, 하혈처의 일월혈지에 있는 맛집은 39곳으로 17.3%, 좌혈처의 일월혈지에 있는 맛집은 26곳으로 11.6%, 우혈처의 일월혈지에 있는 맛집은 7.5%인 17곳으로 조사되었다. 즉, 전국의 소문난 맛집은 명혈명당의 상혈처와 하혈처의 일월혈지에 있는 소문난 맛집이 182곳으로 80.1%이고, 명혈명당의 좌혈처와 우혈처의 일월혈지에 있는 소문난 맛집은 43곳인 19.1%이다.

따라서 음식업을 해서 소문난 맛집으로 이름을 얻어 돈을 벌려고 한다면 반드시 천조명당의 역량을 가진 명혈명당의 상혈처 또는 하혈처의 일월혈지인 일혈자리와 월혈자리가 들어 있는 건물을 찾아서 음식업을 해야만이 명당자리에서 분출되는 생기의 작용에 의한 명당발복이 발현되어 문전성시를 이루는 맛집으로 이름이나 부자가 될 수 있다는 것을 확인해 주는 조사라 할 수 있다.

〈표 1-2〉 시도별 소문난 맛집의 명혈명당 혈처 현황

(단위:곳)

시 도	上혈처	下혈처	左혈처	右혈처	계
서울	38	3	9	8	58
부산	-	-	-	-	5
인천	3	-	-	-	3
대구	8	2	3	-	13
광주	7	1	-	-	8
대전	8	2	-	-	10
경기	21	7	3	2	33
강원	7	7	2	-	16
충북	-	2	-	2	4
충남	1	8	1	-	10
전북	16	2	4	2	24
전남	6	4	1	2	13
경북	9	1	2	-	12
경남	10	-	-	1	11
제주	4	-	1	-	5
계	143	39	26	17	225

(5) 세계적인 대기업의 양택지 명당발복

지구촌에서 가장 재산을 많이 보유한 글로벌 재벌들의 재산 보유 순위 1위에서 9위까지의 글로벌 기업을 창업한 사람들의 생가와 경영하는 기업체의 본사 위치가 파악된 8개의 글로벌 기업과 세계 각국의 대기업들의 본사 위치가 확인된 기업을 중심으로 인터넷 지도

에 의해 명당 여부를 조사 한 바로는 명혈명당으로 확인된 26개 기업 오너의 생가와 기업의 본사 32곳이 확인되었다. 그러나 세계적인 대기업의 본사 위치를 모두 파악할 수는 없어 명당 여부를 탐지를 하지 못했을 뿐이지 아마도 세계적인 대기업들의 본사에는 대부분이 명혈명당이 들어있어 양택지 명당발복의 발현이 반드시 있었을 것으로 추정해 볼 수 있다. 세계적인 대기업들도 우리나라 대기업들과 마찬가지로 창업자의 생가나 본사에는 하늘이 감추고 땅이 숨긴다는 천하대지라고 불리운 천조명당이 한 곳에 수 십개 또는 수 백개씩 모여 있어 생기의 보고지라 할 수 있는 명혈명당이 들어있는 것으로 조사되었다.

세계적인 저명인사의 생가, 세계적인 종교 창시자의 생가, 미국 대통령의 생가, 세계의 부강한 국가들의 대통령이나 수상의 집무실과 관저, 우리나라 역대 대통령들의 생가, 우리나라 재벌그룹의 본사가 있는 곳과 마찬가지로 세계적인 재벌들이 경영하는 기업체의 본사에도 천조명당의 역량을 가진 명혈명당이 들어 있다는 것은 그야말로 신기한 현상이 아닐 수 없다.

세계적인 대기업의 본사 등에도 명혈명당이 들어있는 현상은 대기업의 창업자나 경영자의 재운에 따른 우연의 일치에 의한 것인지, 자연을 활용하는 방법을 터득해서 본사의 터를 명혈명당에 잡은 것인지, 풍수지리를 활용해 본사의 터를 정한 것인지는 알 길이 없다. 그러나 만물을 생성시킨다는 생기의 보고인 명혈명당에 세계적인 대기업들의 본사가 있다는 자체가 자연이 인간에게 주는 선물인 생기를 활용하고 있다는 점에서 풍수지리적인 관점에서는 분명히 양택지의 명당발복에 힘입어 세계적인 대기업으로 성장했을 것이라는 사실을 부인 할 수는 없을 것이다.

아래의 표는 33개의 세계적인 대기업의 명혈명당 현황이다. 재벌 순위는 매스컴 등에서 발표한 2017년 3월을 기준으로 한 것이며 그 외의 대기업들은 매스콤을 통해 본사의 위치가 확인된 기업을 무無 순위로 나열한 것이다.

세계적인 대기업의 명명명당 현황

순위	회사(회장)	국가 및 본사	혈처
1위	마이크로소프트 본사	미국 워싱턴주 시애틀	日月
	빌게이츠 회장 생가	미국 워싱턴주 시애틀	日月
	빌게이츠 회장 가옥	미국 워싱턴주 시애틀	日月
2위	아마존 닷컴 본사 (회장:제프 베조스)	미국 워싱턴주 시애틀	日月
3위	버크셔 해서웨이 본사	미국 네브레스카주 오마하	日月
	워렌 버핏 회장 생가	미국 네브레스카주 오마하	日月
4위	자라 본사 (회장:아만시오 오르데가)	스페인 La Coruna	日月
5위	페이스북 본사 (회장:마크 저커버그)	미국 캘리포니아주 팔로알토	日月
6위	멕시코 통신재벌 본사 (회장:카를로스 슬림)	멕시코 멕시코시티	日月
8위	코크 인더스트리스 본사 (회장:데이비드 코크)	미국 캔사스주 위치타	日月
9위	오라클 본사(오라클 파크웨이)	미국 캘리포니아주 레드우드	日月
	애플 본사	미국 캘리포니아주 쿠퍼티노	日月
	애플 신사옥(애플 파크)	미국 캘리포니아주	日月
	애플 창업자스티브 잡스 생가	미국 캘리포니아주 알토스시	日月
	코카콜라 본사	미국 조지아주 애틀란타	日月
	구글 본사	미국 캘리포니아주 실리콘벨리	日月
	나이키 본사	미국 오리건주포틀랜드 비버튼	日月
	록펠러 센터	미국 뉴욕	日月

순위	회사(회장)	국가 및 본사 위치	혈처
	존 록펠러 가문 생가	미국 뉴욕주 웨스터체스터	日月
	도요타 본사	일본 아이치현 도요타시	日月
	소니 본사	일본 도쿄 미나토구 코난1간	日月
	소프트뱅크 본사(일본 1위)	일본 동경	日月
	스미토모 케미컬 본사(일본 3위)	일본 나고야	日月
	아리바바 및 타오방오 본사	중국 항주	日月
	아리바바 창업 사무실	중국 항주 후판화위안 아파트	日月
	완다그룹 본사	중국 광저우	日月
	화웨이 본사	중국 심천	日月
	샤오미 본사	중국 북경	日月
	하이난항공사 본사	중국 북경	日月
	승홍카이그룹 본사	홍콩	日月
	다이슨 본사	영국 맘스버리	日月
	타타그룹 본사(인도 1위)	인도 뭄바이	日月
	릴라이언스그룹회장저택(인도2위)	인도 뭄바이	日月
	파버카스텔	독일 뉘른벨크	日月
	계:34		

*위의 표에서 혈처의 日月은 명혈명당의 일월혈지를 표시한 것임

8. 부강한 국가의 양택지 명당발복

세계 주요 71개 국가의 대통령, 총리, 수상 등의 집무실과 관저 및 각국의 주요 기관들의 청사 등을 구글 지도나 인터넷에 올라온 사진 등에 의해 엘로드로 명혈명당 여부를 조사해 보았다. 우리나라는 국민소득 3만불 시대에 살고 있어 해마다 세계 각국으로 여행하는 인구가 늘어남에 따라 각국의 대통령 궁이나 총리 관저 및 주

요 정부청사 앞에서 기념사진을 찍어 인터넷에 올리는 경우가 많아졌다. 따라서 인터넷에 올라온 사진과 여행기와 구글지도 등을 통해 대통령, 총리(수상) 등이 집무하고 거주하는 집의 위치를 파악해 명혈명당 여부를 탐지하여 부강한 국가들의 양택지 명당발복의 발현 현상을 알아보고자 하였다.

2017년 현재 UN에 가입한 국가는 192개국이다. 이들 나라 중 선진 7개국과 함께 G20 주요 경제국에 포함된 국가는 EU(유럽연합)를 포함해 20개국이다. G20 주요 경제국에 들어있는 20개국은 전 세계 GDP의 90%를 차지하고 있으며, 전 세계 교역의 80%를 점하고 있고, 전 세계 인구의 삼분의 이에 달하는 사람들이 살고 있는 국가들로서 미국, 영국, 프랑스, 독일, 이탈리아, 일본, 캐나다(이상 선진 7개국)를 비롯해 러시아, 중국, 한국, 아르헨티나, 호주, 브라질, 인도, 인도네시아, 멕시코, 사우디아라비아, 터키, 남아프리카공화국, 유럽연합 등 모두 20개 국가이다.

놀랍고도 기이한 일은 G20 주요 경제 국가의 대통령, 총리(수상) 등이 집무하고 기거하는 집무실, 관저 및 주요 중앙 행정기관의 청사 32곳이 모두 천조명당인 대명당의 역량을 가진 명혈명당이 들어있다는 점이다. 또한 G20의 주요 경제국가에는 포함되어 있지는 않지만 경제 규모나 인구 등으로 보아 비교적 부강한 국가로 알려진 덴마크나 벨기에 등 20개국의 대통령이나 수상의 집무실과 관저 등 20곳도 명혈명당이 들어있는 것으로 조사되었다. 또한 바티칸시국의 교황청, 중국의 청나라 황제와 황후가 생활했던 자금성의 태화전, 보화전과 교태전, 일본의 천황이 현재 거주하고 있는 황궁, 영국의 여왕이 거주하는 버킹엄궁전 등도 명혈명당이 들어 있는 것으로 조사되었다.

따라서 부강한 나라의 지도자가 집무하고 기거하는 곳은 모두 풍수지리에서 천하대지天下大地라고 불리운 명혈명당이 들어 있다는 것은 그야말로 놀랍고도 신기한 일이 아닐 수 없다. 그러나 캄보디아, 필리핀, 네팔, 스리랑카, 카자흐스탄, 미얀마 등 31개국의 대통령이나 총리 집무실 및 관저 등에서는 명혈명당이 탐지되지 않았다.

즉, 명혈명당이 탐지되지 않은 국가들은 모두 G20 주요 경제국가 안에 들어가지 못한 나라이며 인구나 경제 규모나 국민들의 생활수준 및 국력으로 보아 대통령이나 수상의 집무실 및 관저에 명혈명당이 들어 있는 부강한 국가들에 비해서는 각 분야에서 뒤처진 국가들이라 할 수 있다. 한 나라의 대통령이나 총리 등의 지도자나 지도자를 보좌하는 사람들이 활동하는 곳이 천조명당의 역량을 가진 명혈명당 자리가 적게는 74개에서 많게는 296개가 들어 있는 명당길지라는 것은 이들 국가들이 풍수지리를 믿든 믿지 않든 간에 강한 생기가 분출되어 서려있는 명혈명당을 최대한 활용하고 있다는 사실이며 풍수지리학적 관점으로 볼 때는 분명히 생기의 작용에 의한 양택지의 명당발복이 발현되고 있는 명당 터라는 것이 확인되었다.

다시 말하면 많은 명당자리에서 분출되는 생기를 항상 접하면서 한 국가의 지도자와 지도자를 보좌하는 분들이 국민의 안녕과 국가의 번영을 위해 올바른 정책을 결정하고 추진할 수 있는 지혜와 용기를 얻어 국가를 부강하게 만드는 역할을 하는데 생기의 작용이 분명히 있었을 것으로 추정해 볼 수 있다. 따라서 생기가 분출되는 혈자리에서 생활하게 되면 개인의 운명뿐만이 아니라 국가와 운명까지도 변화 시킬 수 있는 힘을 발휘할 수 있는 양택지 명당발복의 신비한 현상을 우리는 간과해서는 않될 것이다.

풍수지리학은 허황된 것이 아니고 동양사상의 하나인 음양오행陰

陽五行에 바탕을 둔 우주의 섭리와 대자연의 이치에 따라 만들어진 명당자리를 2천여 년 이상을 연구 발전 시켜온 생활과학으로서 인류에게 살기 좋은 환경을 갖춘 곳을 찾아주는 것이 풍수지리의 지향점이다. 따라서 풍수지리를 잘만 활용한다면 부강한 국가는 물론이요 국태민안國泰民安의 나라를 만들어 갈 수 있다는 것을 분명하게 말해주는 신비한 현상들을 세계 각국에서 확인 할 수 있었다.

세계 각국의 지도자들의 집무실이나 관저 등을 탐지 하면서 명혈명당을 만들어 낸 혈맥이 어느 곳에서부터 흘러와 최종적으로 분맥한 곳에서부터 어느 쪽으로 얼마 정도의 거리를 흘러가 각국의 대통령이나 총리 집무실 등이 있는 곳에 명혈명당을 형성했는지를 함께 조사하였다.

아래의 "세계 각국 주요 청사의 명혈명당 현황"에서 보는 바와 같이 대부분의 국가는 상혈처와 하혈처로 형성된 명형명당에 대통령이나 총리 집무실 등이 있는 것으로 조사되었다. 아울러 혈맥이 최종적으로 분맥되어 입수맥으로 흘러간 방향을 조사 한 바로는 한국, 미국, 영국, 일본 등에서는 동쪽에서 서쪽으로 혈맥이 흘러가 명혈명당을 만들었으나 유럽 국가인 독일, 프랑스, 이탈리아 등과 중국에서는 서쪽에서 동쪽으로 혈맥이 흘러가 명혈명당을 형성하고 있었다.

모든 혈맥들을 수 없이 분맥을 하면서 흘러가는데 마지막으로 분맥된 혈맥 즉, 입수맥이 혈자리를 만든 곳까지 흘러간 거리를 인터넷 지도에 의해 직선거리를 조사해 보면 가장 먼 곳에서 흘러온 혈맥은 미국 워싱턴의 백악관으로 들어온 입수맥으로서 약 205km 정도 흘러와 백악관과 그 주변에 명혈명당 혈처를 네 개나 형성해서 모두 296개의 천조명당 자리가 만들어져 있는 것으로 조사되었다.

한국의 청와대에 들어있는 명혈명당의 입수맥이 흘러온 거리는 인터넷 지도상의 직선거리로 약 65km 정도로 조사 되었으며, 영국의 수상 관저인 다우닝가 10번지에 들어있는 명혈명당으로 혈맥이 흘러들어온 거리는 약 20km 정도였고, 중국의 인민대회당에 들어있는 명혈명당으로 흘러온 혈맥의 이동거리는 약 114km 정도였다. 혈맥이 흘러온 거리를 인터넷 지도상의 직선거리로 측정한 것이지만 혈맥은 산과 바다와 강을 건너 구불구불하게 흘러오므로 실제상으로 혈맥이 흘러온 거리는 지도상의 직선거리보다 훨씬 멀리 흘러왔을 것이다. 혈맥이 흘러온 거리가 길다는 것은 혈맥이 흘러오는 도중에 계속 생기를 모아 정제하면서 흘러온 만큼 생기의 역량이 크다고 할 수 있으므로 명당발복의 발현도 클 것으로 추정해 볼 수 있는데 공교롭게도 부강한 국가 일수록 먼 거리에서 혈맥이 흘러들어온 것으로 조사되었다.

　세계 각국의 대통령 집무실 등으로 혈맥이 흘러들어온 경로의 측정測定상 또는 지면상 모두 설명할 수는 없지만 미국의 백악관에 들어있는 명혈명당을 예로 들어 혈맥 경로를 설명하면 다음과 같다. 미국의 수도 워싱턴에 있는 백악관과 그 주변에 형성된 4개의 명혈명당 혈처로 흘러온 혈맥(입수맥)의 대략적인 혈맥 경로를 조사해 보면 카자흐스탄, 기리키스탄, 우즈베키스탄 등에 걸쳐있는 텐산산맥의 연봉에서부터 시발始發된 혈맥이 몽고와 러시아를 지나 태평양을 건너 알라스카로 흘러가 캐나다를 거쳐서 미국의 동부까지 흘러가 백안관 동쪽인 인터넷 지도상 직선거리로 약 205km 떨어진 곳인 메릴랜드 이스터만 로마코크 근처 산에서 마지막으로 분맥한 혈맥이 입수맥이 되어 백악관으로 흘러온 혈맥이다. 그러나 혈맥이 백악관으로 흘러온 경로에는 산과 바다와 호수와 강을 건너는 등 구불구불하게 흘러 왔기 때문에 백악관으로 흘러온 혈맥의 실제상의 거리는 수 백km가 훨씬 넘을 것으로 추정된다.

미국 대통령의 관저는 백악관의 본관에 있다. 백악관은 명혈명당의 상혈처에 지어졌으며, 백악관 본관 뒷편 정원에는 명혈명당의 하혈처가 형성되어 있다. 또한 백악관 서편에 있는 연방정부 청사에는 대통령, 각료 및 비서실 직원들이 근무하고 있는 곳으로서 이곳에도 명혈명당의 상혈처가 들어 있으며, 연방정부 청사 뒷편 정원에는 명혈명당의 하혈처가 들어있는 등 백악관에는 모두 4개 혈처에 296개의 천조명당 자리가 모여 있는 천하대지로서 강한 생기가 서려 있는 곳이다. 따라서 백악관의 주인이 되기 위해서는 기가 강한 사람이어야 주어진 임무를 무난히 수행할 수 있지만 기가 약한 사람이 백악관의 주인이 될 경우에는 백안관의 강한 기를 오래 견디지 못하고 비운의 주인이 될 수 있는 곳이 백악관이라 할 수 있다.

실제로 미국의 초대 죠지 워싱턴 대통령부터 45대 도널드 트럼프 대통령까지 대통령들의 생가의 주소가 파악되어 명혈명당 여부를 조사한 바로는 백악관의 주인이 된 17명의 대통령 생가에는 백악관에 들어있는 명혈명당의 생기와 역량이 유사한 명혈명당 자리에서 출생한 것으로 확인되어 역시 기가 강한 분들이 백악관의 주인이 될 수밖에 없다는 사실을 확인하게 되었다.

백악관은 위싱턴 내셔널캐피털 공원의 일부에 자리해 부지가 약 72,000㎡(약 21,800여 평)로서 1791년 제임스 로빈이 설계해 지어진 건물로 130여개의 방이 있다. 백악관은 1814년 영국군의 침입으로 불태워졌으나 1817년에 확장 보수한 건물로서 2대 대통령부터 현재까지 미국의 연방대통령 집무실과 관저 등으로 사용되어지고 있다. 백악관은 1791년 건축 당시에는 중국으로부터 풍수가 들어오지 못한 시기에 공원의 일부 부지에다 건축한 것으로 보여진다. 그러나 풍수에 대해 문외한門外漢인 사람들이 천하대지라 할 수 있는 명혈명당에다 백악관을 설계해 신축한 것은 미국의 국운이라 할 수 밖에 달리 설명할 길이 없다.

미국이 독립된지는 지금으로부터 234년에 불과하다. 그러나 오늘날 미국은 세계 최강국이고 경제 부국이며 자유민주주의로서 인권을 중시하는 위대한 다민족 국가라는 것이다. 미국이 오늘날 이러한 기적의 역사를 이룬데는 수 백개의 명당자리에서 생기가 분출되어 서려 있는 백악관을 비롯해 대통령 보좌진과 연방공무원들이 집무하는 건물에서 생기라는 활력소를 계속 받아가면서 기가 강한 대통령을 비롯한 공직자들이 국민에게 무한의 봉사를 실행함으로써 부국강병의 강대국으로 우뚝 설 수 있다는 것은 풍수지리학적 견해로 볼 때 양택지 명당발복의 신비한 현상이 분명히 있었을 것으로 추정할 수 밖에 없다.

세계 각국 주요청사의 명혈명당 현황

(혈맥 거리:km)

국 가	주 요 청 사	혈처	혈맥거리
〈G20 20개국 33곳〉			
한국	청와대(대통령 집무실)	右,日月	東,65
한국	정부서울 청사(총리 집무실)	左右,日月	東,52
한국	정부세종 청사(총리 집무실)	右,日月	東,14
한국	기획재정부 청사	左,日月	-
한국	외교부 청사	左右,日月	-
미국	백악관(대통령집무실 및 관저)	上下,日月	西,205
미국	연방정부청사	上下,日月	〃
중국	주석 관저	上下,日月	西,107
중국	인민대회당	上下,日月	西,114
중국	외교부	上下,日月	-

국 가	주 요 청 사	혈처	혈맥거리
일본	총리 관저	上下,日月	東,92
일본	내각청사	上下,日月	-
영국	다우닝가 10번지(총리 관저)	上下,日月	東,20
영국	버킹엄 궁전(여왕 관저)	上下,日月	東,27
프랑스	엘리제 궁전(대통령 관저)	上下,日月	西,115
독일	연방수상 집무실	上下,日月	西,56
이탈리아	퀴리날레 궁(대통령 관저)	上下,日月	西,35
캐나다	수상 관저	上,日月	-
캐나다	총독 관저	上下,日月	-
러시아	크레믈린 궁(대통령 관저)	上下,日月	西,35
아르헨티나	카사 로사다(대통령 집무실)	上下,日月	-
아르헨티나	대통령 관저	日月	-
호주	총리 관저	日月	-
호주	연방총독 관저	日月	-
브라질	플라나토 궁전(대통령 집무실)	上,日月	-
인도	대통령궁(대통령 관저)	上下,日月	東,26
인도	총리 관저	上,日月	-
인도네시아	메르드카 궁전(대통령 관저)	日月	-
멕시코	로스 피노스(대통령 관저)	日月	-
사우디아라비아	왕궁	日月	-
남아프리카공화국	대통령 관저	日月	-
터키	대통령궁(대통령 관저)	日月	-
유럽연합 본부	벨기에 브뤼셀 청사	日月	-
〈기타 20개국 20곳〉			
덴마크	아말리엔보르 궁전(왕궁)	日月	-
벨기에	브뤼셀 왕궁	日月	-
모로코	왕궁	日月	-

국 가	주 요 청 사	혈처	혈맥거리
스페인	마드리드 왕궁	日月	-
말레이시아	이스타나 네가라(왕궁)	日月	-
필란드	대통령 관저	日月	-
폴란드	대통령 관저	日月	-
체코	대통령 관저	日月	-
베트남	주석궁	日月	-
포루투칼	벨렝 궁전(대통령 관저)	日月	-
이집트	연방 궁전(대통령 관저)	日月	-
이란	대통령 관저	日月	-
사우디아라비아	왕궁(캉사우드 궁)	日月	-
아랍에미래이트	대통령 궁	日月	-
칠레	모네다 궁전(대통령 관저)	日月	-
불가리아	에프크시노그라드(대통령 관저)	日月	-
오스트리아	호프부르크 궁전(대통령 관저)	日月	-
콜롬비아	나리노 궁전(대통령 관저)	日月	-
대만	총통 관저	日月	-
북한	위원장 관저 및 서기실(비서실)	日月	-
〈기타:3곳〉			
바티칸 시국	교황청	日月	-
IMF 본부	미국 위싱턴 청사	日月	-
세계은행 본부	미국 위싱턴 청사	日月	-

〈계:56곳〉

　*혈처에서 上下는 명혈명당의 상혈처 및 하혈처, 左右는 명혈명당의 좌혈처 및 우혈처, 日月은 명혈명당의 일월혈지를 표시한 것이며, 혈맥 거리에서 東은 혈맥이 동쪽에서 서쪽으로 이동한 표시이고, 西는 혈맥이 서쪽에서 동쪽으로 이동한 것을 표시한 것임.

9. 세계적인 위인들의 양택지 명당발복

풍수지리에서는 생기가 모아져서 분출噴出되는 곳을 혈자리 또는 명당자리라고 하는데 이러한 혈자리에서 출생을 하거나 생활하는 사람들은 혈자리에서 분출되는 생기를 항상 접함으로써 긍정적인 마인드와 합리적인 판단력을 갖게하는 등 생기가 사람의 생활에 활력소 역할을 하게되어 개인의 삶은 물론이요 가문의 번창과 국가의 번영과 인류의 발전에 큰 힘을 발휘한다는 신비스러운 현상을 양택지 명당발복의 발현이라고 수차 설명을 한 바 있다. 다시 말하면 생기의 보고인 명혈명당에서 생활하는 사람들은 판단력, 집중력, 집념 등이 강화되고, 적극적이고 긍정적인 마인드로 변화되어 혹독한 시련이 있어도 불굴의 의지로 이를 극복하며, 주어진 목표를 끈질긴 노력으로 성취하는 등 하늘이 준 운명까지도 변화 시킬 수 있다는 것이 천조명당의 역량을 가진 명혈명당에 의한 명당발복의 발현 현상이라고 말할 수 있다.

세계적인 위인偉人(great man)들은 한결 같이 혹독한 시련을 극복하고 불굴의 의지와 집념으로 인류의 삶을 위해 훌륭한 업적을 일구어 낸 분들로서 세계적으로 존경을 받고 있는 인물들이다.

지구촌에 사는 수 많은 사람들이 믿는 종교로는 기독교, 불교, 이슬람교, 유교, 도교 등을 들 수 있다. 세계 각국의 많은 사람들로부터 존경을 받는 위대한 인물들과 지구촌 곳곳에 수 많은 신도들을 가진 세계적인 종교의 창시자創始者들 모두가 천조명당의 역량을 가진 명혈명당의 일월혈지에서 출생한 것으로 조사되었다. 그러나 세계적인 종교라고 할 수 있는 유대교나 힌두교는 창시자가 분명치 않아 생가를 확인할 수 없어 명혈명당 여부를 조사하지 못하였다.

인류를 구원하고자 창시한 종교 지도자들의 탄생지는 모두가 천조명당의 역량을 가진 명혈명당이라는 사실은 종교적으로는 기적이라고 말 할 수도 있겠지만 종교 지도자들의 탄생지가 생기가 분출되는 명혈명당 자리라는 것이 공통적인 점이라 할 수 있다. 또한 사상가인 맹자를 비롯해 세계적인 문학가인 섹스피어, 톨스토이, 화가인 세잔, 피카소, 고호, 다빈치, 과학자인 뉴턴과 아인슈타인, 맥아더 장군 등 생가의 위치가 확인되어 조사한 세계적인 위인들의 생가에는 모두 명혈명당의 일월혈지에서 출생되었다는 것으로 조사된 것은 놀라운 일이 아닐 수 없다.

우리나라는 화려한 금수강산으로 불리운 수려한 어좌사 형태의 산들이 곳곳에 많이 있어 세계 어느나라 보다도 생기의 보고인 명혈명당이 전국 각지에 수 없이 많이 형성되어 있다. 이러한 수려한 산세 덕분에 이 땅에 살았던 조상들은 풍수지리에 많은 관심을 보여 명당자리를 찾는데 인생을 걸기도 했다. 그러나 중국이나 대만, 홍콩, 일본 등 일부 동양 국가를 제외하고는 세계의 많은 나라들은 풍수지리를 적극적으로 받아들이지 않아 풍수지리에는 문외한門外漢의 국가들이 대부분이다. 다만 생활여건을 개선하기 위해 환경적인 측면에서 바람을 피하고 물을 활용할 수 있도록 집이나 빌딩을 배치하고 도시를 형성하는 등 큰 틀에서의 풍수지리가 활용되었다고는 할 수 있다.

그러나 풍수지리의 핵심인 혈자리의 활용에 대해서는 전혀 고려하지 않은 서방 국가에서 출생한 세계적인 위인들의 생가가 명당자리 인지 아닌지에 대해선 관심이 없었을 것이다. 또한 앞에서 언급한 부강한 서방 국가의 대통령이나 수상 등이 집무하고 기거하는 관저 등도 혈자리 여부를 가리지 않고 생활하는데 필요한 환경적인 여건 등 만을 고려해 신축되었을 것으로 추정된다.

그러나 공교롭게도 G20 국가 등 세계의 주요 국가의 지도자들이 집무하거나 기거하는 곳이 명혈명당이라는 것과 세계적인 위인으로서 위대한 업적을 남긴 인물들과 세계적인 종교를 창시한 분들의 생가가 모두 명혈명당 자리는 것은 우연이 일어난 현상이라고만 할 것인지 많은 의문을 가질 수 밖에 없다. 풍수지리에서는 바로 이러한 일들을 신비한 명당발복의 현상이라고 하는데 이러한 현상을 한 나라의 국운이며 종교적인 기적이며 한 개인의 운명이라고 할 수 밖에 없는 현상을 유발한 근원지가 오늘날 과학기술적인 방법에 의해 명혈명당에서 분출되는 생기의 작용으로 밝혀져 감에 따라 풍수지리의 신비한 명당발복 현상도 어느 정도 베일이 벗겨지고 있다고 할 수 있다.

세계적인 위인들의 생가가 명혈명당 자리라는 것은 우연하게도 조상의 묘가 명혈명당 자리에 조성 되어 있었다고 추정해 볼 수도 있으며, 아울러 이 분들이 출생하고 거주했던 곳도 대부분 명혈명당 자리였을 거라고 추정해 볼 수도 있다. 왜냐하면 명당발복은 음택지 명당이 주도하면서 명당은 명당을 불러들여 명당발복의 시너지 효과를 발생시켜 훌륭한 인물들이 배출되는 명당발복의 신비한 현상이 일어나기 때문이다.

세계적인 위인들 생가의 명혈명당 현항

성 명	국 적 및 장 소	혈처
예수(기독교 창시자)	요르단 베들레헴	日月
석가모니(불교 창시자)	네팔 룸비니	日月
공자(유교 창시자)	중국 산동성 곡부	日月
노자(도교 창시자)	중국 허난성 정저우시 루이현	日月
무함마트(이슬람교 창시자)	아리비아반도 중부 메카	日月
맹자(사상가)	중국 산동성 쩌우청	日月

성 명	국 적 및 장 소	혈처
섹스피어(문학가)	영국 스트렛퍼드 어폰 에이븐	日月
뉴턴(과학자)	영국 링컨셔카운티 울소프	日月
세잔(화가)	프랑스 프로방스	日月
괴테(문학가)	독일 프랑크푸르트	日月
베토벤(음악가)	독일 본	日月
비스마르크(정치가)	독일 함부르크	日月
단테(문학가)	이탈리아 피렌체	日月
톨스토이(문학가)	러시아 야스나야 폴랴나	日月
마하트라 간디(민족운동가)	인도 구자라트 포르반다르	日月
피카소(화가)	스페인 말라카	日月
반 고흐(화가)	네델란드 쥔데르트	日月
레오나르도 다빈치(화가)	이탈리아 피렌체	日月
아인슈타인(과학자)	스위스 베른	日月
맥아더(장군)	미국 알칸사스주 리틀락	日月
	(20명)	

*위 표에서 혈처에 日月의 표시는 명혈명당의 일월혈지의 日혈자리와 月혈자리를 표시한 것임.

10. 세계 주요 국가 지도자들의 양택지 명당발복

　한국을 비롯해 미국, 중국, 일본, 영국, 프랑스, 독일, 러시아, 인도 등 세계 주요 국가의 대통령이나 수상 등 지도자들이 출생한 생가가 명혈명당으로 조사되었다.

　앞에서도 언급 하였듯이 부강한 국가의 대통령이나 총리의 집무실과 관저 등에는 모두 명혈명당이 들어있는 것으로 확인된 바가 있다. 미국의 백악관, 대한민국의 청와대, 영국의 다우닝가 10번지, 일본의 총리 관저, 중국의 중난하이 주석 관저 등이 모두 생기의 보고지라 할 수 있는 명혈명당에 자리하고 있다.

이와같이 천조명당의 역량을 가진 명당자리가 한 개도 아니고 적게는 74개에서 많게는 296개가 모여 있는 곳일수록 생기가 강하게 서려 있는 곳이므로 기가 강한 지도자가 주인이 될 수밖에 없다. 만약 기가 약한 지도자가 주인이 될 경우 강한 기에 적응을 하지 못해 능력을 발휘할 수 없는 곳으로서 이변異變이 발생해 중도中途에 물러날 수 밖에 없을 것이다. 이러한 곳은 하늘이 만들어 땅에다 숨겨 놓는다는 천하대지로서 하늘이 가려서 주인에게 내려 준다는 곳이므로 세계 주요 국가의 지도자의 생가 터에는 반드시 명혈명당이 들어 있을 수 밖에 없다는 것이 밝혀지고 있다.

한국의 역대 대통령은 제 1대 이승만 대통령으로부터 제 19대 문재인 대통령까지 총 13명이 청와대의 주인이 되었다. 초대 이승만 대통령의 생가는 북한 지역으로 명당 여부를 조사 하지 못한 것을 제외하고는 12명 모두의 생가는 천조명당인 대명당 자리였다. 이중 전두환 대통령 등 5명이 쌍혈명당의 천조명당 자리고 7명은 명혈명당의 천조명당 자리이다. 제 18대 박근혜 대통령은 여성 대통령으로서 청와대 본관에서 집무하는 것을 꺼려서 수맥이 많이 통과해 수기水氣가 집중되어 있어 사기邪氣가 많이 퍼져있는 관저에서 주로 집무를 한 것으로 알려졌다. 따라서 박근혜 대통령은 관저에 가득한 사기를 견디어내지 못하고 탄핵이라는 불명예를 안고 퇴장한 최초의 대통령이 되었다고 할 수 있다.

박근혜 대통령의 출생지는 대구시 삼덕동으로 이 생가에는 명혈명당의 일월혈지인 일혈자리와 월혈자리가 들어 있고, 거주지마다 모두 명혈명당의 일월혈지로서 강한 생기가 응결되어 분출되는 곳에서 출생하고 성장한 분으로 생기가 강하게 서려있는 청와대의 주인까지는 가능했으나 관저의 강한 사기에 의해 판단력이 흐려져 중도에 대통령직을 그만 둔게 아닌가 추정해 볼 수 있다.

미국의 수도 위싱턴의 백악관은 제 2대 대통령부터 제 45대 도널드 트럼프 대통령까지 42명(1명은 두 번 역임)의 대통령이 백악관의 주인이 되어 미국의 번영을 주도해 세계에서 가장 강력한 경제력과 군사력을 가진 부국강병富國強兵의 국가를 만드는 주인공들의 집무실과 숙소이다. 그러나 이 중 제 9대 핸리 해리슨 대통령, 제 10대 존 타일러 대통령, 제 12대 재커리 테일러 대통령, 제 13대 밀러드 필모어 대통령, 제 35대 존 F. 캐네디 대통령 등 5명은 중도 하차를 하게되는 불운을 겪은 대통령이 되었다.

미국의 역대 대통령 중에서 백악관의 주인공이 된 42명의 대통령 중 대통령 생가의 위치가 알려져 명당 여부를 조사한 바로는 초대 죠지워싱턴 대통령 생가, 제 16대 아브라함 링컨 대통령 생가 등 15명의 대통령은 천조명당이 모여 있는 명혈명당의 일월혈지의 명당자리에서 출생한 것으로 확인 되었다. 따라서 미국의 대통령 관저인 백악관의 주인이 되기 위해서는 반드시 명혈명당의 일월혈지의 천조명당 자리에서 출생한 분들만이 백악관의 주인공이 될 수 있었다는 것이 이번 조사로 확인되있다.

제 35대 존 F.캐네디 대통령의 생가는 매사추세주 브룩라인에 있는데 이 생가에는 수맥이 강하게 통과해 수기水氣인 사기邪氣가 강한 집이다. 따라서 풍수지리적 견해로는 백안관의 주인은 되었지만 출생지가 명혈명당 자리가 아니어서 강한 기가 서려 있는 백악관을 끝까지 지키지 못하고 총탄에 의해 불운의 일생을 마감함 비운의 대통령이 아닌가 추정해 볼 수 있다.

19세기 식민지를 개척해 방대한 영토를 가져 한때는 해가지지 않는 나라로 불리운 대영제국의 산실인 다우닝가 10번지는 영국 총리 관저와 외무부와 내무부 등 정부 주요 부서가 있는 청사에도 명혈명당이 상하혈처 형태로 두 개의 명혈처가 형성된 곳이다. 이 관저의 주인공들이었던 윈스턴 처칠을 비롯해 마가렛 대처 수상의 생가에도 다우닝가 10번지의 총리 관저에 들어있는 것과 유사한 역량을 가진 명혈명당의 일월혈지인 천조명당 자리에서 출생한 분들이다. 또한 장개석과 국공내전國共內戰의 승리로 중국을 통일해 중화인민공화국을 수립해서 초대 국가 주석을 지낸 모택동을 비롯해 흑묘백묘黑苗白苗론을 펴서 실용주의 경제 정책과 중국 중심 사회주의를 주장하면서 13억의 중국 인민의 먹는 문제를 해결한 등소평과 2013년부터 중국 국가 주석과 중국공산당 중앙군사위원회 주석으로 당黨, 정政, 군軍을 모두 장악해 막강한 권한과 권력을 갖고 집권하고 있으면서 미국과 패권을 다투고 있는 시진핑 주석도 명혈명당 자리에서 출생해 강한 생기가 응결되어 솟아나는 중국 주석의 집무실과 관저의 주인공들이 된 인물들이다.

　아래의 표는 세계 주요 국가들의 지도자가 출생한 생가가 천조명당의 역량을 가진 명혈명당의 일월혈지에서 출생한 것으로 조사된 30명의 출생지를 정리한 표이다. 아래의 표에서 보는 바와 같이 세계의 주요 국가인 미국, 중국, 영국, 프랑스, 독일, 일본, 캐나다, 대한민국 등 지구촌의 정치, 경제, 군사 분야를 이끌어갈 수 있는 힘을 가진 주요 국가의 지도자들은 어김없이 명혈명당의 일월혈지에서 출생했다는 사실이 확인 되었다. 따라서 세계의 선진 7개국을 비롯해 G20의 주요 경제국의 대통령이나 수상의 집무실, 관저, 및 정부 주요 부서 청사에 들어있는 명혈명당에서 쉼 없이 솟아나는 강한 생기를 받아가면서 주요 정책을 결정하고 추진하는 국가 지도자가 되려면 반드시 강한 생기가 서려있는 명혈명당에서 출생해 양택지 명당발복의 발현이 있어야 한다는 사실이 이번 조사로 확인 되었다고 할 수 있다.

세계 주요 국가 지도자 생가의 명혈명당 현황

국명	성 명	지 역	혈처
미국	초대 대통령 죠지 워싱턴	버지니아주 웨스트모어랜드	日月
	3대 대통령 토마스 제퍼슨	버지니아주 몬티셀로	日月
	16대 대통령 아브라함 링컨	이리노이주 스프링필드	日月
	26대 대통령 디어도어 루즈벨트	뉴욕 사가모어 힐	日月
	31대 대통령 허버트 후버	아이오와주 웨스턴브랜	日月
	32대 대통령 프랭크린 루즈벨트	뉴욕 하이드파크	日月
	34대 대통령 드와이트아이젠하워	텍사스주 데니슨	日月
	37대 대통령 리차드 닉슨	캘리포니아주 요버린더	日月
	39대 대통령 지미 카터	죠지아주 아트란타	日月
	40대 대통령 로널드 레이건	이리노이주 딕손	日月
	41대 대통령 조지 허버워커부시	텍사스주 미드랜드	日月
	42대 대통령 빌 클린턴	알칸사스주 호프시허버스트리트	日月
	43대 대통령 조지 워커 부시	텍사스주 미드랜드	日月
	44대 대통령 버락오바마(거주지)	쉬카고 이리노이스	日月
	45대 대통령 도널드 트럼프	뉴욕 퀸스	日月
중국	주석 모택동	호남성 장사시 샤오산(韶山)	日月
	주석 등소평	사천성 광안시 협흥진 패방촌	日月
	주석 후진타오	안휘성 지시	日月

국명	성 명	지 역	혈처
중국	주석 시진핑	북경	日月
대만	총통 장개석	절강성 시코우진(溪口眞)	日月
일본	초대 총리 이토 히로부미	야마구치현 히카리시	日月
영국	수상 윈스턴 처칠	옥스퍼드셔주 우두탁브레넘궁전	日月
	수상 마가렛 대처	랭컨셔주 그랜샘	日月
프랑스	황제 나폴레옹	코르시카섬 아작시오	日月
	21대 대통령 미테랑	파리 쿠르브부	日月
독일	수상 빌리 브란트	뤼벡주 헤르비르트 칼프람	日月
	수상 콘라드 아데나워	본	日月
러시아	수상 스탈린	그루지아 고리	日月
	수상 레닌	울라노프스크	日月
인도	수상 자와할랄 네루	알라하바드	日月

(30명)

*위 표에서 혈처의 日月은 명혈명당의 일월혈지의 日혈자리와 月혈자리를 표시한 것임

제5장
명당발복의
신비

제5장 명당발복의 신비

1.명당발복의 신비한 현상

명당자리에서 생기가 모아져 응결되는 곳에 조상의 유해遺骸를 안치安置 하게되면 생기를 받은 조상의 유해에 있는 유전인자遺傳因子와 후손들의 유전인자 간의 음양교합陰陽交合을 통해 동기감응同氣感應을 일으켜 후손들의 운명運命을 좋은 방향으로 변화시킬 수 있도록 유도誘導하는 신비神秘스러운 현상을 음택지陰宅地 명당발복明堂發福이라 한다. 아울러 생기가 모아져 응결되어 땅위로 분출되는 혈자리 위에 가옥家屋이나 건물建物 등을 지어서 사람들이 그 안에서 생활하게 되면 혈자리에서 나오는 생기를 자연스럽게 접接하게 되는데 이러한 생기를 접한 사람들은 생활에 활력소를 얻게 되어 사람들의 운명을 좋은 방향으로 유도하는 신비스러운 현상을 양택지陽宅地 명당발복이라 한다.

이러한 생기의 위력威力은 혈자리에서 발생하는 생기의 역량이 크면 클수록 운명을 개척하고 변화시키는 힘 즉, 명당발복이 더 크게 발현發現된다고 할 수 있다. 따라서 혈자리 즉, 명당자리 중에서 명당발복의 역량이 가장 큰 명당은 천조명당天造明堂인 대명당大明堂이며, 두 번째로 역량이 큰 명당은 지조명당地造明堂인 중명당中明堂이고, 세 번째 위력이 있는 명당은 인조명당人造明堂인 소명당小明堂이다.

그러나 명당발복은 어디까지나 풍수지리학적인 관점觀點에서 지구의 기氣라고 할 수 있는 생기에 의해 사람들의 운명을 좋은 방향으로 변화시키는 역할을 할 뿐이지 사람들이 삶을 영위營爲하고 운명을 개척開拓 나가는 데에는 혈자리에서 생성되는 생기 외에 유전인자, 가족관계, 지리적인 여건, 생활환경, 인간관계, 노력 및 시대적인 요인 등과 우주와 대자연의 오묘한 섭리攝理 및 음양의 조화와 질서 등 수 많은 작용들과 변수들의 상호 관여關與에 의해 영향을 주고 받으면서 운명이 변화되고 개척開拓 된다는 것을 간과看過해서는 안될 것이다.

사람을 포함해 지구상에 존재하는 모든 물체가 생물체生物體이건 미생물체微生物體이건 간에 탄소, 질소, 수소, 물 등 고유의 원소元素로 구성되어 있으며, 아울러 모든 물체는 제 각각 고유의 파장波長 즉, 파동波動을 가지고 있다. 또한 모든 물체는 고유의 유전인자를 가지고 있으며, 이러한 유전인자마다 제 각각 고유의 파장을 가지고 있다. 따라서 사람도 특유의 원소로 된 물질로 구성되어 있기 때문에 사람마다 고유의 물질인 유전인사에 의한 파장을 갖고 있다. 따라서 직계直系의 조상과 후손後孫은 동일 또는 유사한 원소로 된 유전인자로 구성되어 있으므로 동일한 파장을 갖고 있으며, 파장을 전달하는 매체인 조상의 유해가 있는 땅 속의 지리적地理的 여건與件과 땅 위의 환경環境 여건與件 및 후손이 살고 있는 생활여건生活與件 등에 따라 후손에게 전달되는 파장의 강약, 파장의 양과 질 및 파장의 속도 등이 달라진다고 할 수 있다.

물리학적으로 보면 파장은 음파音波, 광파光波, TV파, 라디오파, 지자기파地磁氣波, 지진파地震波 등이 있는데, 지진파와 음파 등은 파장을 전달해주는 물질이 있어야 하지만, 광파, TV파, 라디오파나 지자기파 등은 파장을 전달해 주는 매체媒體 없이 진공眞空에서도 전파된다.

사람의 뼈를 화학적으로 분석하면 단백질, 칼슘, 인, 마그네슘, 나트륨, 수산화인화석, 수산화탄산, 불소 등으로 구성되어 있다. 사람을 포함해 모든 생물은 유전정보遺傳情報가 담겨져 있는 유전형질遺傳形質을 윗대로부터 물려 받게 되는데 이러한 생물의 유전정보가 담겨져 있는 것을 유전인자(DNA)라 한다. 생물은 세포의 분열과정에서 DNA를 복제하여 자신의 유전정보를 자손에게 물려준다. 드물게는 조상의 유전인자와는 다른 돌연변이가 발생할 수도 있지만 대부분은 조상의 유전인자를 물려받게 되고 이러한 유전인자가 다시 후손들에게 전달되는 것이 유전의 법칙이다.

따라서 돌아가신 직계 조상의 유해에 남아있는 유전인자와 살아있는 후손은 동일한 원소로 구성되어 있어 동일한 파장을 갖게되므로 돌아가신 조상과 살아있는 후손들이 상호 접촉을 하지 않아도 음陰으로 된 조상의 뼈에 남아있는 유전인자와 양陽으로 된 살아있는 후손의 유전인자가 동일한 파장에 의해 서로 음양교합陰陽交合을 함으로써 동기감응同氣感應이 이루어진다고 보는 것이다.

예를 들면 동기감응을 받은 후손들은 우연한 기회에 조상의 유해가 모셔진 명당자리와 역량이 유사한 명당자리가 있는 집으로 이사를 하게 되는 일이 일어난다는 것이다. 즉, 사는 집이 수해水害를 당하거나, 화재火災가 나거나, 사업이 부도가 나서 사는 집이 경매에 붙여지거나, 아니면 돈을 많이 벌어 더 좋은 집을 사서 이사를 가거나, 집을 새로 지어서 옮기게 된다거나, 자식이 결혼을 해 이사를 한다거나 하는 등 여러 경우의 일들이 발생하게 되면 조상의 유해가 모셔진 명당자리와 유사한 역량을 가진 명당자리가 들어있는 집으로 이사를 갈 확률이 높아진다는 것이다.

또한 이미 조상의 유해가 안치된 명당자리와 유사한 명당자리가 있는 집에 사는 사람은 후손이 잉태孕胎 될 무렵에 우연히 명당자리가 있는 방으로 옮겨지게 되고, 명당자리가 안채에 있는데 며느리가 별채에서 살게되는 경우에도 우연한 기회에 며느리가 명당자리가 있는 안채로 방을 옮기는 경우 등이 발생한다는 것이다. 또한 조상의 유해와 유사한 역량의 명당자리가 있는 곳으로 이사나 방을 옮긴 후에는 조상의 유해와 유전인자가 유사한 후손이 잉태되어 출생하게 되고, 조상의 유해와 역량이 비슷한 명당자리가 있는 집에서 성장하게 될 확률이 높아지게 된다는 것이다.

명당자리에서 잉태되고 출생해 미성년인 18세까지 명당자리에서 사는 것이 생기를 가장 많이 접할 수 있는 좋은 시기이지만 일곱 살이 될 때까지만이라도 명당자리에서 생활하는 것이 명당발복의 발현에는 매우 유익하다는 것이다. 그러나 요즈음은 이사를 자주 하게되고 명당자리에서 거주한다 해도 다중이 사는 아파트나 빌라 등 다 주택에서 생활하는 사람이 많아 생기를 제대로 접할 수 없게 되고, 보통 7세가 되면 초등학교에 입학하므로 집 보다는 학교나 학원에서 생활하는 시간이 많아져 명당자리가 있는 집에서 분출되는 생기를 온전하게 받지 못하는 등 자연이 준 혜택을 제대로 활용하지 못하고 있는 것이 현실이다.

또한 성인이 되어 사회활동을 하면서도 이사를 할 경우에는 명당자리에 모셔진 조상 유해의 유전인자와 가장 유사한 후손은 조상의 유해가 모셔진 명당자리의 역량과 유사한 명당자리로 우연한 기회에 이사를 해서 생활하게 되고 직장이나 학교 등 생활하는 곳마다 조상의 유해가 안치된 곳과 유사한 명당자리에서 활동하는 확률이 높아진다는 것이다. 이러한 신비한 명당발복의 현상은 병원에 입원을 할 때도 명당자리에 있는 입원실이 배정되고, 출장을 가거나 여행을 할 때 잠자는 방에도 명당자리가 있는 방으로 배정되고, 심지어 맛집 등 명당자리가 있는 집에서 식사를 하는 경우에도 대부분 명당자리에서 식사를 하는 등 생기를 접할 수 있는 기회가 많아질 확률이 높다는 것이다.

그러나 위와 같은 일들을 경험을 해보지 못한 사람들은 전혀 믿을 수 없는 허황된 말이라고 할 수 있겠지만 필자는 수 년동안 전국의 맛집과 서민갑부의 영업장, 복권명당과 대통령 가문과 재벌 가문의 음택지와 양택지 등을 답사를 하면서 이러한 신비한 현상들을 수 없이 많이 경험해보고 확인할 수 있었기 때문에 양택지 명당과 음택지 명당과는 상호 연계되어 명당발복의 시너지 작용에 의해 명당발복이 더 크게 발현된다고 믿고 있다.

음택지의 혈자리에 모셔진 조상의 유해와 유사한 유전인자를 가진 후손과의 동기감응에 의해 양택지의 잉태지, 출생지, 성장지의 혈자리에서 생기를 받은 사람들은 생기에 대한 적응력適應力이 높아지고, 어디에서 활동을 하더라도 음택지와 양택지의 혈자리에서 발생하는 생기가 상호 연계되어 상승 작용을 함으로써 정신적인 영역이 더욱 더 활성화되어 긍적적인 사고, 판단력, 추진력, 집중력 등이 좋아져 사회생활을 하는데 남보다 한발 앞서 나가는 등 생기를 받지 못하는 사람들의 삶 보다는 보다 나은 삶을 살아 갈 수 있어 삶의 질이 높은 생활을 하게된다는 것도 명당발복의 신비한 현상들이라 할 수 있다.

우리나라는 1990년대 까지는 음택지에 대한 부정적인 인식이 많지 않아 돌아가신 분들을 양지바른 명당자리에 모시려는 경향이 있었으나 2000년대 이후부터는 화장火葬을 하는 비율이 점점 높아져 현재는 80%이상이 화장에 의존하고 있어 명당자리를 찾는 일부를 제외하고는 거의가 화장을 선호하고 있는 실정이다. 따라서 화장에 의존하는 분들이 많을수록 명당자리에 조상의 유해를 모시는 분들의 후손들은 명당발복의 발현 현상이 뚜렷하게 나타나게 되어 있어 오늘날과 같이 치열한 경쟁사회에서는 명당발복을 받는 사람들은 받지 못하는 사람들에 비해 여러 면에서 성공할 확률이 높아지므로 항간에서 회자되는 개천에서 용이 나는 명당발복의 신비한 현상은 계속될 것이다.

그러나 명당자리에 의해 명당발복을 받았다고 해서 병마病魔와 싸우는 시련이 없는 것도 아니며 불의의 사고를 당하지 않는 것도 아니다. 다만 이러한 일을 당하더라도 시련을 견디어내고 삶의 의지를 북돋아 주는 힘이 명당자리에서 생성되는 생기의 작용이기 때문에 우리는 이러한 생기의 힘을 받아 삶을 적극적으로 영위營爲해 주어진 운명을 좋은 방향으로 변화시켜 나가고 개척해 나가는 것이 바로 명당발복의 발현 현상이라 할 수 있을 것이다.

다시 말하면 명당발복은 우리의 인생에서 일어나는 희로애락喜怒愛樂과 생로병사生老病死를 관장하고 조절하는 만능의 도깨비 방망이가 아니고 우주를 창조하신 하느님 같은 전지전능全知全能의 신도 아닌 오직 자연의 일부인 혈자리에서 생성되는 시기地氣의 하나인 생기의 활용에 의해 일어나는 현상일 뿐이다. 따라서 혈자리에서 발생하는 생기를 활용함으로써 운명에 노예가 되지 말고 우리의 인생에서 희로애락과 생노병사를 조절하고 극복할 수 있는 힘을 줄 수 있는 생기의 역량이 큰 혈자리를 적극적으로 찾아서 활용함으로써 보다 복된 삶을 살아보자는 것이 풍수지리가 지향하는 것이라 할 수 있다.

명당발복의 신비한 현상은 풍수지리가 중국에서부터 발전되어온 이래 대략 2천여 년이 지났지만 지금까지 과학적으로 완벽하게 실증이 되지 않고 있다는 것이 오늘날의 안타까운 현실이다.지금까지 전해오는 대부분의 명당발복 사례들을 전설이나 그 지방에 사는 사람들의 말을 통해서만 전해 오는 등 명당발복이 과학적으로 입증되지 못하고 있는 실정이어서 풍수지리가 사람들의 생활에 뿌리를 내리지 못하고 허황虛荒된 일이라고 아예 등한시 해버리고 일제강점기日帝强占期 시대에는 일본의 식민지 지배정책에 따라 미신迷信으로까지 치부恥部되어 많은 사람들로부터 불신을 받고 있다는 것은 참으로 안타까운 일이 아닐 수 없다.

　이와 같이 풍수지리가 불신을 받게 된데는 명당발복의 신비한 현상들을 이용해 명당자리가 아닌 곳을 명당이라고 속여 돈벌이 수단으로 이용해 온 얼 풍수사들의 혹세무민惑世誣民하는 일들이 비일비재 했었고 풍수지리에 득도得道를 했다는 분들도 명당자리를 찾는 방법과 명당발복의 현상들을 입증하지 못하고 아울러 후손들에게 전수하지 못한 것도 풍수지리가 오늘날 불신을 받게된 큰 요인들 중의 하나라 할 수 있다. 따라서 풍수지리에 대한 불신을 불식不息시키기 위해서는 풍수지리를 연구하고 공부하는 사람들의 부단한 노력으로 과학기술적인 방법을 통해 투명하게 혈자리를 찾아주어 보다 많은 사람들이 명당자리를 활용할 수 있도록 부단한 노력이 있어야 할 것이다.

　아울러 명당발복을 입증할 수 있는 사례들을 모아 과학적으로 입증하고 기록들을 모아 많은 사람들에게 널리 알려 풍수지리가 생활과학生活科學으로 우리들의 생활에 정착되어 인간의 삶의 질을 향상시키는데 기여하는 성과를 차곡차곡 쌓아 나가야 지금까지 쌓여진 불신을 다소나마 해소 실키 수 있을 것으로 본다.

또한 음택지 명당발복의 현상을 과학적으로 입증立證하기 위해서는 조상들의 유해가 안치되어 있는 묘를 과학기술적인 방법으로 명당자리 여부를 알아내고 명당자리에 안치 되었다고 확신이 되면 어떤 종류의 명당자리 인지를 과학적인 방법으로 밝혀내서 명당자리가 천조명당인 대명당인지, 지조명당인 중명당인지, 인조명당인 소명당인지를 구분해 생기의 역량을 추정하고, 또한 명당자리가 74개가 모여 있는 명혈명당인지 두 개의 명당자리로 된 쌍혈명당인지 등을 구분해서 적극적으로 활용되도록 해야 할 것이다.

아울러 명당자리가 간맥에서 마지막으로 분맥되어 입수맥으로 흘러오기 시작한 곳에서 명당자리까지의 거리가 어떻게 되는지, 명당자리의 넓이와 혈장의 규모가 어느정도 되는지, 명당자리가 있는 지리적 여건과 환경여건 등을 종합적으로 검토해서 알려주어야 음택지의 명당발복 현상이 과학적으로 입증될 수 있을 것이다.

또한 후손들의 활동경력을 족보族譜, 가계도家系圖 및 세계도世系圖 등을 통해 누가 (고손, 증손, 현손 등) 어떻게(부와 귀) 명당발복을 받게되었는지 등을 조사해 명당발복의 발현 여부를 기록으로 남기고 이러한 기록들을 가능한 한 많이 수집해 명당발복의 사례들을 통계화해서 과학적인 방법으로 명당발복의 신비를 밝혀내야 풍수지리가 생활과학의 일부분이라는 믿음을 주게 될 것이라 여겨진다.

아울러 양택지의 명당발복 현상도 과학적으로 실증하기 위해서는 우리나라의 삼국시대부터 지금까지의 왕궁과 명문 세도가들의 생가나 거주 가옥, 우리나라에서 삼부요직을 역임한 대통령, 총리 등의 생가, 재벌기업 창업자 등의 생가 및 정부청사, 지방청사, 기업들의 본사와 세계 주요 국가들의 지도자들의 생가와 집무실, 세계적인 위인들의 생가 등에 대해 과학기술적인 방법으로 혈자리 유무를 알아내고 혈자리가 확인 되면 어떤 종류의 혈자리인지를 구별해서 혈자리의 역량의 대소를 구분하고, 쌍혈명당인지 명혈명당인지 등도 알아내서 명당발복으로 발현된 결과를 밝혀내야 풍수지리가 생활과학의 한 분야라는 것이 입증이 될 수 있을 것으로 여겨진다.

아울러 명당발복의 발현의 근원인 생기가 왜 혈자리에서만 생성되는지, 생기의 성분과 성질은 무엇이며 생기가 만물을 활성화하는 작용은 어떻게 이루어지는지 등을 과학적으로 밝혀져야 명당발복의 신비한 현상이 입증될 것으로 본다.

2. 명당발복의 전제조건

명당발복을 온전히 받기 위해서는 다음과 같은 몇가지 전제조건 前提條件들이 충족充足 되어야 한다는 것이다.

첫째 돌아가신 조상의 유해를 명당자리에 모셔야 한다. 음택지의 명당자리가 명당발복을 주도主導하고 있으므로 돌아가신 조상의 유해를 명당자리에 모신 이후부터는 후손들의 출생지나 거주하는 집에도 조상의 유해가 있는 명당자리와 유사한 명당자리가 우연한 기회에 주어지게 된다는 것이다. 즉, 이러한 현상은 음택지 명당이 명당발복을 주도하는 명당발복의 발현 현상으로서 명당자리는 다시 명당자리를 불러 들여 명당발복의 시너지 효과를 유발시켜 명당발복의 발현이 일정기간 지속적으로 나타나는 명당발복의 신비한 현상이라 할 수 있다.

둘째 조상의 음택지 명당자리와 후손들이 생활하는 양택지 명당자리에서 생성되는 생기의 역량이 유사할수록 온전한 명당발복이 발현될 수 있다는 것이다. 즉, 조상의 유해를 모신 명당자리와 후손들의 잉태지와 생가 및 거주 가옥의 명당자리에서 생성되는 생기와 유사한 역량을 가진 명당자리여야 조상의 유해에 있는 유전인자와 후손들의 유전인자간의 상호 음양교합에 의한 동기감응이 활발하게 이루어져서 명당발복이 온전하게 발현 될 수 있다는 것이다.

셋째 명당자리에 안치된 조상의 유해와 가장 유사한 유전인자를 가진 후손일수록 온전한 명당발복을 받을 수 있다는 것이다. 즉, 조상의 유전인자와 후손의 유전인자가 상호 유사할수록 음양교합에 의한 동기감응이 활발하게 이루어져 명당발복이 온전하게 발현된다는 것이다.

넷째 조상의 유해가 생기를 오롯이 받을 수 있도록 조상 묘에 대한 관리가 잘 되어 있어야 한다. 조상의 묘에 물이 들어가거나 묘 바로 밑에 지하수를 개발한다거나 오염물질이 주변에 많이 있거나 바람을 막아주는 사격의 훼손 등 으로 인해 명당자리에 이상이 발생해 생기가 제대로 모아져서 응결되지 않아 생기의 작용이 약해지면 조상의 유해가 생기를 제대로 받을 수 없게되어 명당발복을 온전하게 받을 수 없다는 것이다.

위에서 열거列舉한 명당발복의 전제조건인 음택지의 명당자리와 후손의 잉태지, 출생지, 성장지, 거주지 등 생활하는 양택지의 명당자리들과 생기의 역량이 유사하고, 조상의 유전인자와 후손의 유전인자가 유사할 경우에는 조상과 후손 간에 음양교합에 의한 동기감응이 활발하게 작용되어 명당발복의 시너지 효과를 온전하게 발휘할 수 있게 됨으로써 하늘이 내려 준다는 인간의 숙명宿命까지도 변화시킬 수 있다는 대단한 위력을 가진 명당발복이 온전하게 발현된다고 할 수 있을 것이다. 그러나 이 경우에도 조상의 유전인자와 후손의 유전인자가 매우 유사한 후손에게 가장 크게 명당발복이 발현되며, 조상의 유전인자와 후손의 유전인자가 다를수록 명당발복이 약하게 발현된다고 할 수 있다.

예를 들어 한 집안의 같은 형제간이라도 명당발복의 발현이 서로 달라 명당발복의 차이가 날 수 밖에 없는 것이 이러한 예라고 할 수 있다.

즉, 어떤 집안에서 어느 한 사람은 명당이 명당을 불러들여 명당 발복의 시너지 효과를 완전하게 받아 대통령이나 재벌도 될 수 있지만, 다른 형제들은 명당자리가 아닌 곳에서 잉태 되었거나, 출생을 했거나, 성장을 했거나, 조상의 유해의 유전인자와 유사하지 못한 유전인자를 받았다면 명당자리에서 생성되는 생기의 시너지 효과가 충분히 발휘되지 못해 명당발복이 온전히 작용을 할 수 없는 경우라고 할 수 있다. 그러나 위에서 말한 명당발복의 전제조건들이 충분히 충족되었다 하더라도 온갖 고난과 시련들이 따르는 것이 인생사人生事라 할 수 있기 때문에 명당발복이 인간의 삶을 완전하게 지배支配하거나 제어制御할 수는 없을 것이다.

즉, 명당발복의 발현 현상은 인간의 운명을 어느 정도 개척하고 변화시킬 수는 있지만 완전히 바꿀 수는 없다는 것이다. 왜냐하면 명당자리에서 생성되는 생기의 위력으로 나타난 명당발복의 발현 현상은 우리가 살아가는 인생을 마음대로 좌지우지하는 창조주도 아니고 인생사를 해결해주는 만능의 해결사도 아니기 때문이다.

한 국가 또는 세계의 지도자 및 지구촌의 경제를 어느 정도 좌우할 수 있는 글로벌 기업가들은 흔히 하늘이 내려준다는 말이 전해오고 있다. 따라서 이러한 걸출한 지도자와 위인偉人들과 재벌들이 배출되려면 천심天心, 지심地心, 인심人心이 맞아야 하고, 음양오행에 의한 하늘의 운기運氣와 땅의 지기地氣와 시기時期가 맞아야하는 등 인간이 설명할 수 없는 온갖 인연과 수많은 환경 여건과 지리적 여건, 자연의 이치와 우주의 섭리 등에 의해 변하고 결정되어지기 때문에 완전하게 명당발복의 충분조건을 충족했다 하더라도 명당자리가 인간의 삶을 완벽하게 제어하고 통제하고 지배하고 관리할 수는 없을 것이다.

명당발복에 있어 명당발복의 충분조건 중 일부만 충족시키는 경우에는 음택지인 조상의 묘는 명당자리에 조성되어 있으나 후손의 양택지 중 잉태지, 출생지, 성장지, 거주 가옥 등 일부 또는 전부가 음택지와 같은 역량의 명당자리에서 생활을 하지 못한 경우를 들 수 있을 것이다. 이 경우에는 명당발복의 전제조건인 충분조건을 다 갖추지 못하고 일부만 충족 시키게 되어 온전한 명당발복이 발현되지 못하고 부분적인 명당발복만 발현되는 경우이다.

즉, 조상의 유전인자와 후손의 유전인자 사이에 동기감응이 활발하게 이루어질 수 없어 명당발복의 완전한 시너지 효과를 볼 수 없는 경우가 될 것이다. 예를 들어 조상의 묘가 천조명당 자리에 조성되어 있는데 후손의 양택지인 잉태지, 출생지, 성장지와 거주지 등 생활하는 곳이 명당자리가 아니거나 명당자리인 경우에도 음택지의 명당자리의 생기의 역량과 다른 명당자리에 있는 경우에는 조상과 후손과의 동기감응이 활발하게 이루어지지 않아 명당발복의 시너지 효과를 온전히 볼 수 없어 음택지나 양택지 중 한 곳의 명당발복만 발현되는 경우라 할 수 있다.

또한 명당발복의 전제로서 충분조건의 일부만 충족시키는 경우로서 음택지는 명당자리가 아니나 양택시(잉태지, 출생지, 성장지, 기주지, 근무지, 사업장 등) 중 일부가 명당자리인 경우이다. 이 경우에도 조상의 유전인자와 후손의 유전인자 사이에 동기감응이 제대로 작용하지 않아 명당발복이 온전히 일어날 수 없게 된다. 그러나 생기가 모아져서 응결된 곳에서 태어나거나 생활을 할 경우에는 만물을 활성화 시킨다는 생기의 힘을 받게됨으로서 생체 리듬이 활성화 되어 삶의 활력소를 어느 정도 얻는 등 살아가는데 많은 도움을 줄 수 있는 생기를 접할 수 있음으로써 양택지 명당발복을 받게 되는 경우이다. 또한 이 경우에도 천조명당의 양택지에서는 천조명당의 역량을 가진 생기를 받을 수 있고, 지조명당의 양택지에서는 지조명당의 역량을 가진 생기를 받을 수 있으며, 인조명당의 양택지에는 인조명당의 역량을 가진 생기를 받을 수 있는 등 명당의 종류마다 다른 생기를 받게됨으로써 명당발복의 발현 역시 다르게 나타난다는 것이다.

그러나 명당발복의 전제인 충분조건 등을 다 갖추었다고 하더라도 앞에서 말한 바와 같이 조상과 후손의 유전인자의 유사성類似性에 따라 명당발복이 달라질 수 있고, 조상과 후손과의 대수代數 즉, 고손, 증손, 손자냐에 따라 달라질 수 있고, 친가 조상이냐, 외가 조상이냐, 친가 후손이냐, 외가 후손이냐에 따라 달라질 수 있으며, 후손이 남성이냐 여성이냐에 따라서도 다르며, 사람이 태어날 때 조물주가 내린 사람의 그릇에 따라서도 다르고, 조상 묘 중에 명당자리에 모셔진 분이 몇 분인가 아니면 흉지에 모셔진 분이 몇 분인가에 따라 달라질 수 있으며, 조상 묘의 관리 상태 등에 따라 달라질 수 있고, 명당자리에서 생성되는 생기의 양量과 시기時期, 천기天氣, 후손의 운기運氣 인기人氣등 수많은 변수들에 의해 명당발복이 발현되는 경우의 수가 다양하기 때문에 천하의 명당길지라 해도 어떤 후손이 어떻게 어떤 방법으로 명당발복이 일어나는 지는 정확히 예측豫測할 수가 없을 것이다.

이와 같이 아무리 명당발복의 충분조건들과 일부의 전제조건들을 갖추었다고 하더라도 신의 영역이나 자연의 이치나 우주의 섭리를 우리 인간이 벗어날 수 는 없을 것이다. 따라서 풍수지리가 인간에게 미치는 영향은 제한적制限的으로 작용할 수 밖에 없으므로 운명을 완전하게 변화시키는 데에는 분명히 그 어떤 작용들 즉, 인간이 제어 할 수 없는 우주와 자연의 이치와 질서 등에 의한 한계가 있을 수 밖에 없다 하겠다.

3. 명당발복의 위력

명당발복의 위력威力은 혈자리에서 생성되는 생기의 역량의 크고 작음에 따라 천조명당인 대명당, 지조명당인 중명당, 인조명당인 소명당 등 명당의 종류에 따라 다르다. 명당의 종류에서는 천조명당 자리의 명당발복 위력이 가장 크고 다음이 지조명당 자리이며, 그 다음이 인조명당 자리이다. 또한 명당발복의 위력은 쌍혈명당인지 명혈명당인지에 따라 다르다. 대체적으로 명혈명당에 만들어진 혈자리의 명당발복의 위력이 쌍혈명당에 있는 혈자리의 명당발복의 위력 보다는 크다고 할 수 있다. 쌍혈명당에서도 양혈자리인지 음혈자리 인지에 따라 명당발복의 위력이 다르다. 즉, 양혈인 일혈자리가 음혈인 월혈자리보다 위력이 크다고 할 수 있다.

명혈명당에서는 일월혈지의 혈자리와 성혈지의 혈자리의 명당발복의 위력이 다르다. 즉, 일월혈지에 있는 혈자리의 명당발복의 위력이 성혈지의 혈자리 보다 명당발복의 위력이 크다고 할 수 있다. 또한 명혈명당처에서는 혈처가 싱혈처인지 하혈처인지에 따라 명당발복의 위력이 다르고, 좌혈처인지 우혈처인지에 따라서도 명당발복의 위력이 다를 수도 있다. 즉, 양혈처인 명혈명당의 좌혈처의 명당발복이 음혈처인 명혈명당의 우혈처 보다는 명당발복의 위력이 크다고 할 수 있다. 아울러 음택지 명당과 양택지 명당의 명당발복의 위력 또한 다를 수 밖에 없다.

이 책에서는 천조명당의 역량을 가진 명혈명당의 위력에 대해서만 설명하고자 한다. 지조명당과 인조명당의 위력에 대해서는 필자가 지은 "명당발복의 신비"에서 이미 설명한 바가 있어 여기서는 생략하고자 한다.

조상의 묘를 천조명당天造明堂인 대명당大明堂 자리에 조성하게 되면 후손들이 조상의 유해가 모셔진 천조명당 자리와 유사한 생기의 역량을 가진 명당자리의 집에서 잉태되고 출생되어 성장하고 생활함으로써 음택지와 양택지 두 곳 다 천조명당 자리에서 분출되는 생기를 받아서 명당발복의 시너지 효과에 의해 명당발복의 발현이 크게 나타날 확률이 높다. 또한 음택지 명당자리는 양택지 명당자리를 불러들여 음택지 명당이 양택지 명당을 주도하는 현상을 볼 수 있다. 하늘이 숨기고 땅이 감추는 자리라 할 정도로 찾기가 어렵다는 천조명당 자리의 위력은 대단히 커서 천조명당 자리에 조상의 묘를 조성한 후에 태어난 후손들 중에서는 개인의 입신양명立身揚名은 물론이고 한 가문을 빛내고, 한 나라 또는 지구촌을 이끌어갈 훌륭한 인물들이 배출되는 등 명당발복의 발현이 매우 크다고 할 수 있다.

즉, 천조명당에 모셔진 조상의 유전인자와 유사한 유전인자를 가지고 태어난 후손들이 귀貴 즉, 명예名譽로 명당발복을 받을 경우에는 세계적으로 영향력을 발휘할 수 있는 걸출한 인물이 배출 될 수도 있고, 한 국가의 대통령이나 총리 등 한 나라의 훌륭한 지도자들을 배출할 수도 있으며, 세계적인 종교인, 예술인 및 각 분야를 선도하는 전문적인 지식을 갖춘 훌륭한 위인偉人들이 배출될 수도 있고, 후손들이 부富로 명당발복을 받을 경우에는 세계적인 기업을 경영하는 재벌이 배출 될 수도 있다.

따라서 천조명당 자리의 생기를 오롯이 받아서 배출된 인물들이 지구촌의 평화와 번영을 이끌어가며, 한 나라의 정치, 경제, 사회,

교육, 문화, 과학, 기술, 예체능 등 각계 각 분야를 리더해가는 인재가 배출됨으로서 지구촌과 국가를 번영시키고 가문의 영광을 가져오고 개개인의 성공을 기약해 성취감을 맞볼 수 있는 걸출한 인물들이 배출되는 등 명당발복의 위력이 크게 발현된다는 것이다.

다행스럽게도 우리나라는 자연환경 즉, 산세가 다른 어느 나라보다도 수려하고 겹 산으로 둘러 쌓여 있는 곳이 많고 산의 형상이 어좌사御座砂라 할 수 있는 즉, 임금이 의자에 앉아있는 형상의 산들이 전국 곳곳에 산재해 있어 천조명당의 역량을 가진 명혈명당이 다른 나라에 비해 많이 형성되어 있다. 따라서 명혈명당에 형성된 혈자리들을 찾아 음택지와 양택지로 잘 활용을 한다면 세계적인 걸출한 인물들이 지속적으로 많이 배출될 수 있을 것이다.

그러나 이러한 천조명당도 혈자리와 혈장의 규모나 혈자리의 지리적 및 환경적 여건과 조상의 유해가 처해 있는 환경 및 후손들이 출생하고, 성장하고, 활동하는 환경적인 여건과 지리적인 여건, 후손들의 노력 등 수많은 요인 등에 따라 명당발복의 위력이 크게 나타날 수도 있고 명당발복의 위력을 전혀 발휘 할 수 없을 수도 있다는 것을 간과看過 해서는 안될 것이다.

양택지의 명당발복은 사람들에게 정해진 운명을 크게 거스를 수는 없다는 것이 음택지 명당과 차별되는 점이다. 즉, 음택지 명당발복은 운명을 어느정도 개척해 변화시킬 수 있는 위력을 발휘할 수 있지만, 양택지 명당발복은 운명을 보완하는 정도의 위력을 발휘할 수 있기 때문에 한번 주어진 운명을 크게는 변화 시킬 수는 없을 것이다. 그러나 우리네 인생이 살아가는데 어김없이 닥쳐오는 부정적인 운명을 다소나마 긍정적으로 변화시킬 수 있는 명당발복은 받을 수 있다는 것이다. 다만 잉태지와 생가지가 음택지의 혈자리와 같은 역량의 혈자리 일 경우에는 음택지 명당과 같이 주어진 운명을 어느 정도는 변화시킬 수 있는 위력이 있을 것으로 추정할 수 있다.

명당발복의 위력이 모든 사람들에게 동일하게 나타나는 것은 아니다. 사람은 태어날 때 운명이라는 것을 안고 나오는 것이 자연의 이치고 순리다. 사람들의 운명 안에는 그릇이라는 것이 있다. 세계의 지도자가 될 그릇이 있고 작은 마을의 지도자가 될 그릇이 있다. 세계적인 재벌이 될 그릇이 있고 한 마을에서 부자 소리를 듣는 그릇이 있어 조상의 묘를 천조명당 자리에 모셨다 하더라도 타고난 그릇에 따라 명당발복의 위력이 달라질 수 있기 때문이다. 사람들의 운명 안에 있는 그릇의 크고 작음은 자연의 이법에 따라 결정되지만 조상들의 유전인자와 덕행 등 수 많은 요인들이 관여되고 있을 것으로 추정해 볼 수 있다.

즉, 악행을 일삼는 사람들이 사후에 천조명당 자리에 들어간다 해도 그 후손들은 큰 그릇으로 태어날 수 없는 것이 자연의 이치인 것이다. 따라서 사람들의 운명 속에 있는 그릇 즉, 사람의 됨됨이는 자연의 이치에 따라 결정되지만 음택지와 양택지의 명당발복과 조상들의 유전인자와의 연계성, 자연환경, 지리적 여건, 주변 환경, 본인의 노력 등 여러 요인들에 의해 명당발복의 위력도 달라질 수 있기 때문이다.

명당길지는 사람이 선택하는 것이 아니라 하늘과 땅이 사람을 가려서 내어 준다라는 말이 있다. 또한 적덕積德한 사람은 길에서도 명당자리를 얻을 수 있고 악인惡人은 명당자리를 밟고 있어도 명당자리인 줄 모른다는 말이 전해 오고 있으며, 오랜 세월 적덕한 사람만이 명당자리가 비로서 나타나고, 명당자리를 얻었다 해도 공덕功德을 쌓지 못하고 악업惡業을 일삼는다면 명당자리도 곧 바로 흉지凶地로 변해 후손들이 화禍를 당할 수 있다는 풍수지리의 윤리를 명심해야할 것이다.

따라서 명당발복을 오롯이 받기위해서는 먼저 덕을 쌓은 후 명당자리를 구하려는 노력을 해야하고, 아울러 조상에 대한 공경심恭敬心과 부모에 대한 효심孝心이 지극하다면 언젠가는 우연한 기회에 명풍수사名風水師를 만나 그동안의 적덕과 선행과 효심에 걸맞는 숨겨져 있는 명당자리를 하늘과 땅이 내어주게 되어 노력하고 적덕한 만큼의 명당발복을 받을 수 있다는 것이다. 따라서 명당발복의 위력은 천지인天地人의 융합融合 즉, 하늘이 점지해준 명당을 땅이 열어주고 사람이 노력해서 명당길지를 얻어야 명당발복의 위력이 제대로 발휘 된다는 것이다.

요즈음 매스콤에서 우리나라는 이제 옛날과 같이 개천에서 용이 나는 시대는 지났다는 기사를 종종 접하게 된다. 그러나 오늘날에도 천조명당의 역량을 가진 명당자리에 조상의 묘를 조성한다면 명당자리에서 출생하고 거주 하게되는 후손들 중에서는 얼마든지 개천에서 용이 나는 그야말로 한 시대를 리더하는 훌륭한 인물이 배출되는 천조명당의 위력을 반드시 확인할 수 있게 될 것이다.

4. 명당발복은 음택지 명당이 주도 한다

명당발복에는 앞에서 설명한 바와 같이 음택지陰宅地 명당발복과 양택지陽宅地 명당발복으로 구분하고 있다. 음택지는 조상의 유해가 안치安置된 묘가 조성되어 있는 곳이고, 양택지는 사람이 거주하고 일하는 직장 등 일상적인 생활을 하고 있는 곳을 말한다.

음택지와 양택지 명당 중에서도 명당발복의 발현이 크게 나타나는 명당은 생기를 오롯이 받을 수 있는 조상의 유해가 안치되어 있는 땅 속의 음택지 명당자리라 할 수 있다. 따라서 동일한 종류의 명당이라면 양택지 명당보다는 생기의 영향력이 크게 미치는 유해 遺骸가 있는 곳이 생기의 작용에 의한 영향력이 크므로 음택지에서 발현되는 명당발복이 양택지의 명당발복 보다는 사람에게 미치는 영향력이 크다고 할 수 있다.

혈자리에서 모아져 응결되어 땅위로 분출되는 생기는 일부만 올라오게 되며, 땅위로 올라온 생기는 바람에 의해 흩어지는 성질이 있다. 또한 양택지인 아파트나 빌딩 등은 여러 사람들이 생활하고 있는 공간이므로 개개인이 받는 생기의 영향력이 땅 속에서 오롯이 받는 유해보다는 생기를 받는 양이 적으므로 생기의 영향력도 적게 작용한다고 할 수 있다. 그러므로 같은 역량의 명당자리라도 양택지 명당자리는 음택지 명당자리보다는 생기를 적게 받으므로 명당발복이 발현되는 힘이 음택지 명당보다는 약하다고 할 수 있다. 다만, 음택지 명당을 갖지 못한 사람들이라 해도 양택지 명당에서 생활하는 사람이라면 생활의 활력소를 불어넣어 주는 생기의 작용에 의해 어느 정도 운명을 변화시키는 영향력을 발휘할 수 있으므로 명당자리에 의한 명당발복도 어느 정도는 받을 수 있게 된다.

예를 든다면 우리나라의 성씨의 시조 묘의 명당자리와 조선시대 고위관직을 역임한 분들의 조상 묘의 명당자리 및 대한민국 대통령과 국무총리 및 대기업 창업자들의 조상 묘의 명당자리에서 나타나듯이 조상의 묘를 명당자리에 모신 이후부터 후손들 중에서 한 시대를 이끌어가는 지도자와 재벌들이 배출되었고 후손들의 출생지와 거주지 등 생활하는 곳곳마다 조상 묘의 명당자리에서 생성되는 생기의 역량과 유사한 명당자리가 들어있다는 명당발복의 신기한 현상을 볼 수 있다는 것은 그야말로 명당발복의 신비한 현상이라고 설명할 수 밖에는 없을 것 같다.

따라서 음택지의 명당자리에서는 조상의 유해가 생기를 온전히 받을 수 있기 때문에 음택지 명당에서 받은 생기의 영향력은 양택지 명당에서 받을 수 있는 생기의 영향력보다 훨씬 크기 때문에 명당발복의 시기, 명당발복의 대상, 명당발복의 과정 및 명당발복이 발현되는 위력 등으로 볼 때 음택지 명당이 명당발복의 시발점始發點으로서 명당발복의 발현을 주도主導한다고 해야 할 것이다.

음택지 명당에 모셔진 조상의 유해에 있는 유전인자는 음陰에 해당되고 땅위의 양택지 명당에 살고 있는 후손의 유전인자는 양陽에 해당된다. 음택지의 명당자리에서 모아져 응결된 생기의 영향을 받은 조상의 유전인자와 양택지의 명당자리에서 살고 있는 후손의 유전인자 사이에 상호 음양교합陰陽交合이 이루어져 동기감응同氣感應이 활발하게 작용되어야 명당발복을 온전하게 받을 수 있을 것이다. 또한 음택지 명당자라와 양택지 명당자리 간에 시너지 효과가 발생해야 명당발복이 더 크게 발현될 것이므로 조상의 유해가 있는 음택지 명당이 명당발복을 주도主導한다고 보아야 할 것이다.

앞에서도 언급한 음택지 명당발복의 신비한 현상을 입증立證하기 위해 성씨별 시조 묘와 조선시대 고위 관직과 대한민국의 정부 수립 이후 삼부 요직을 역임한 분들의 조상 묘 및 현재 우리나라의 대기업을 창업한 분들의 조상 묘가 어떤 명당자리에 조성 되어 있는지 등을 조사한 사항을 아래의 표와 같이 한 곳에 모아 보았다.

조사 대상별로는 우리나라에 현존하는 성씨별 본관별 시조 묘 94곳, 조선시대 최고의 관직인 삼정승을 역임한 분들의 묘 196곳, 조선시대 고위 관직을 역임한 분들의 조상 묘 200곳, 대한민국 정부 수립 이후 대통령, 국무총리, 국회의장, 대법원장 등 삼부 요직을 역임한 분들의 조상 묘 47곳 및 조선 시대 갑부와 현재 우리나라 재벌 그룹을 창업한 분들의 조상 묘 17곳 등 모두 554곳의 음택지 명당의 명당발복 현황을 조사한 것을 종합한 것이다.

음택지 명당의 명당발복 현황

(단위:곳)

구분	명당			혈처					혈자리			성혈지
	双	明	계	上	下	左	右	계	日	月	계	
성씨별 시조묘	1	93	94	34	57	-	3	94	9	85	94	5
조선시대 삼정승묘	-	196	196	41	155	-	-	196	9	187	196	11
조선시대 관직자 조상묘	-	200	200	80	120	-	-	200	-	200	200	6
한국 삼부요직자 조상묘	5	42	47	25	22	-	-	47	5	42	47	6
대기업 창업자등 조상묘	-	17	17	-	17	-	-	17	17	-	17	2
계	6	548	554	180	371	-	3	554	40	514	554	30

*위의 표에서 명당의 双은 쌍혈명당, 明은 명혈명당, 혈처의 上은 명당의 상혈처, 下는 명당의 하혈처, 左는 명당의 좌혈처, 右는 명당의 우혈처, 혈자리의 日은 명혈명당의 일혈자리, 月은 명혈명당의 월혈자리, 성혈지는 명혈명당의 성혈자리를 표시한 것임.

위의 표를 보면 음택지 명당자리 554곳 중 천조명당의 역량을 가진 쌍혈명당 자리에 묘를 조성한 곳이 6곳으로 전체의 1.1%인 반면 명혈명당 자리에 조성 된 묘는 548곳으로 98.9%로서 대부분의 묘가 명혈명당에 조성되어 있었다. 다음은 조성된 묏자리를 명당처 별로 보면 상혈처에 조성된 묘가 180곳으로 32.5%를 차지하고 있으며, 하혈처에 조성된 묘는 371곳으로 67% 였으며, 우혈처에 조성 된 묘는 3곳인 0.5%에 불과하고, 좌혈처에 조성된 묘는 한 곳도 없었다. 아울러 명혈명당 자리 548곳 중 94.5%인 518곳의 묏자리가 명혈명당의 일월혈지에 조성되어 있었으며 5.5%인 30곳이 성혈지에 조성되어 있었다. 또한 혈자리별로 보면 양혈인 일혈자리에 조성된 묏자리가 40곳으로 7.2%인 데 비해 음혈일 월혈자리에 조성된 묏자리는 514곳으로 92.8%에 달하고 있다.

따라서 조사 대상 묏자리를 종합적으로 분석해 보면 묏자리가 쌍혈명당 자리보다는 대부분이 74개의 천조명당이 한 곳에 모여 있는 명혈명당 자리에 조성 되어 있었으며, 명당처 별로는 대부분이 상혈처와 하혈처 조성되어 있었고, 혈지별로는 성혈지 보다는 대부분의 묏자리가 일월혈지에 조성되어 있었으며, 혈자리로는 음혈자린인 월혈자리에 대부분의 묘가 조성되어 있었음을 확인 할 수 있었다.

또한 천조명당인 대명당의 역량을 갖춘 쌍혈명당 자리나 명혈명당 자리에 조상의 묘를 조성한 분들의 후손들 중에서 명당발복이 발현된 분들은 그 시대에서 가장 명망名望이 있었든 분들이다. 즉, 개인적인 부귀영화는 물론이요 가문의 영광을 가져와 명문가문을 이루었고 또한 귀貴 또는 부富로 명당발복이 발현되어 국가의 지도자와 재벌들이 배출되어 음택지 명당이 명당발복을 주도하고 있음을 통계적으로 입증해 주는 조사 자료라 할 수 있다.

그러나 이러한 명당발복의 발현을 보여주는 조사가 통계적으로는 어느 정도 음택지의 명당이 명당발복을 주도하고 있다는 것을 입증할 수는 있지만 현재까지 과학적으로 완벽하게 입증하는데 한계가 있어 명당발복이 허황된 신기루에 불과하다는 불신을 받고 있는 것이 오늘날 우리나라 풍수지리의 한계라고 할 수 있다.

(1) 음택지 명당의 명당발복 발현 시기

음택지 명당의 명당발복 발현 시기로는 조상의 시신屍身을 명당 자리에 장사를 지낸 후 대개는 2-5년 안에 명당발복이 발현된 것 으로 추정하고 있다. 즉, 시신이 탈골奪骨이 시작되면서부터 조상의 유해와 후손 간의 유전인자에 의한 동기감응이 활발하게 이루어져 명당발복이 시작된다고 보아야 할 것이고 , 이장移葬을 한 경우에는 대략 6개월 정도 지나면 명당발복이 일어날 수 있을 것으로 추정해 볼 수 있으나 과학적으로는 입증되지 않고 있다.

명당발복의 발현 시기는 시신이 어디에 매장埋葬되어 있는지에 따라 달라질 수 있을 것이다. 즉, 따뜻한 양지에 매장되어 있다면 탈골이 빨리 진행되어 명당발복의 발현이 빠를 수도 있을 것이고, 차가운 음지에 매장되어 있으면 양지보다는 탈골이 늦어져 명당발 복의 발현이 늦어질 수도 있을 것이다. 또한 명당자리가 땅 속 깊은 곳에 있을 경우와 얕은 곳에 있을 경우에도 명당자리에서 유해遺骸 가 생기를 받는 시기와 양이 달라질 수 있으므로 조상의 유해에 있 는 유전인자에서 발산되는 파장을 후손에게 빨리 보낼 수 있는지 늦게 보내는지에 따라 명당발복의 발현 시기가 빠를 수 도 있고 늦 을 수 도 있을 것이다. 아울러 명당자리의 역량에 따라서도 다를 것 이다. 명당자리가 천조명당이냐 지조명당이냐 인조명당이냐에 따 라서 생기의 역량이 다르므로 생기의 역량에 따라 명당발복의 발현 시기와 명당발복의 대소大小가 다를 수 있을 것이다. 따라서 음택 지 명당발복의 발현 시기는 혈자리의 환경적인 여러 변수 등에 의 해 영향을 받을 수 있기 때문에 획일적으로 얼마간의 기간이 지나 야 명당발복을 받을 수 있을 것이라고 단언할 수 는 없을 것이다.

항간에 전해오는 명당발복의 이야기로는 묘를 오전에 조성했더니

오후에 발복이 일어나더라는 금시今時 발복처에 대한 이야기가 인구人口에 회자膾炙되어오고 있다. 그러나 금시 발복처는 있을 수 없고 우연의 일치로 그때 마침 좋은 일이 일어난 것이 아닌가 여겨진다. 따라서 음택지의 명당발복의 발현은 명당자리인 혈자리마다 차이가 있겠지만 일정한 기간이 지나면 명당자리의 역량에 따라 반드시 명당발복은 발현된다고 해야 할 것이다.

(2) 명당발복을 발현시킨 조상 묘

조상의 묘를 명당자리에 조성했다면 후손들은 어느 조상 묘의 명당발복을 받았는지 하는 의문 즉, 어떤 대의 후손들이 어떻게 명당발복을 받게 되는지가 큰 관심사가 아닐 수 없다. 음택지 명당에 의한 명당발복이 발현되는 후손은 돌아가신 분이 명당자리에 장사를 지낸 후 대개는 2-5년 후에 태어난 후손들부터 명당발복을 가장 많이 받는다는 것이 통계적으로 입증되고 있다. 다시 설명하면 음택지 명당자리에서 명당발복에 의한 조상덕을 가장 많이 받게되는 후손은 대개 돌아가신 분을 기준으로 2대에서 3대가 되는 손자나 손녀, 외손자나 외손녀, 증손자와 증손녀 및 외증손자와 외증손녀 등이 될 확률이 가장 높다는 것이다. 즉, 명당자리에 시신을 매장한 후에 태어난 후손들이 가장 크게 명당발복을 받을 확률이 높다는 것이다.

또한 조상의 유해를 명당자리에 모신 이후에 태어난 후손들 중에서도 돌아가신 분과 유사한 유전인자를 가장 많이 받은 후손들에게 동기감응同氣感應이 가장 활발하게 일어나므로 조상 덕을 제일 많이 본 후손들은 명당자리에 모셔진 조상의 유전인자와 가장 유사한 유전인자를 가지고 태어난 후손들이라고 할 수 있다. 즉, 조상의 유해에서 후손들에게 발산되는 동기감응의 파장은 유전인자가 유사할

수록 강하게 후손들에게 전달되어 나타나기 때문이다. 다시 말하면 조상이 돌아가신 이후에 태어난 후손들 중에서 조상과 유사한 유전인자를 갖고 태어난 후손들이 명당발복을 다른 후손들 보다는 크게 받을 수 있다는 것이다. 만약 할아버지나 할머니가 일찍 돌아 가셔서 명당자리에 모셨다면 손자나 손녀가 조상 덕을 가장 많이 볼 수 있을 것이며, 장수長壽하신 집안에서 일찍 결혼한 분이 있다면 고손자나 고손녀가 조상 덕을 제일 많이 보는 경우도 있을 것이다. 아울러 조상이 돌아가시기 전에 태어난 사람들 즉, 돌아가신 분을 기준으로 할 때 자식이나 손주나 증손들도 동기감응에 의해 명당발복을 일정부분은 받을 수는 있을 것이다. 그러나 이때도 돌아가신 분과 유전인자가 유사한 후손일수록 명당발복을 크게 받을 수 있어 조상 덕을 가장 많이 볼 수 있을 것이다.

다음의 표는 음택지 명당에서 후손들에게 명당발복을 발현시킨 조상 묘 의 현황으로 조상의 묘가 천조명당의 역량을 가진 명혈명당 자리에 조성된 이후 어떤 후손들에게 어떻게 명당발복이 발현되었는지를 조사한 것을 종합한 것이다. 조사 대상으로는 조선시대 고위 관직인 삼정승, 좌찬성, 판서, 관찰사 등을 역임한 200명의 조상 묘, 대한민국 정부 수립 이후 삼부 요직인 대통령, 국무총리, 국회의장, 대법원장과 시장 및 도지사 등을 역임한 47명의 조상 묘, 조선시대 갑부와 현재 우리나라의 대기업을 창업한 분들의 조상 묘 17명 등 모두 264명의 조상 묘를 조사하였다. 조사 대상 묘에 대해서는 후손들의 부모, 조부모, 증조부모, 고조부모의 묘가 명혈명당 자리에 조성된 이후 자식, 손자, 증손자, 고손자 등 4대까지의 후손들 중에서 어느 대의 후손들이 어떻게 명당발복을 받았는지를 조사한 것이다.

후손들에게 명당발복을 발현시킨 조상 묘 현황

(단위:곳)

구분	고조부모묘	증조부모묘	조부모묘	부모묘	계
영의정	5	43	27	–	75
좌의정	3	22	18	–	43
우의정	4	11	18	–	33
소계	12	76	63	–	151
좌찬성 등	1	2	3	–	6
판서 등	3	12	8	–	23
참판 등	6	7	7	–	20
소계	10	21	18	–	49
계	22	97	81	–	200
대통령	1	4	5	1	11
부통령	–	1	–	–	1
유엔사무총장	–	–	1	–	1
국무총리	–	5	7	1	13
국회의장	–	4	2	–	6
당대표	–	5	1	–	6
대법원장	–	2	1	–	3
시장및도지사	–	4	2	–	6
계	1	25	19	2	47
조선시대갑부	–	–	3	3	6
대기업 창업자	–	6	4	1	11
계	–	6	7	4	17
합계	23	128	107	6	264

위의 표에서 보는 바와 같이 조선시대 삼정승 등 고위관직을 역임한 분들의 조상 묘와 대한민국에서 대통령 등 삼부 요직을 역임한 분들의 조상 묘, 조선시대 갑부의 조상 묘 및 현재 우리나라에서 재벌기업을 창업한 분들의 조상 묘를 대상으로 후손들에게 명당발복을 가장 많이 발현시킨 조상 묘 현황을 보면 조사 대상자 264명 중에서 증조부모 묘가 가장 많은 128곳으로 전체 조사 대상자의 48.5%를 보이고 있고, 다음으로는 조부모 묘가 107곳으로 40.5%를 보이고 있으며, 고조부모 묘는 23곳으로 8.7%이고, 부모 묘가 6곳으로 2.3%이다.

따라서 명당발복을 후손들에게 가장 많이 발현시킨 것으로 조사된 조상 묘는 후손들이 태어나기 전에 돌아가신 분들의 유해가 명당자리에 조성된 것으로 추정되는 고조부모 묘, 증조부모 묘와 조부모 묘가 258곳으로 전체 조사 대상자의 97.7%를 차지하고 있어 후손들에게 명당발복을 가장 많이 발현시킨 조상 묘로 확인되었다.

여기서 명당발복의 근원이 된 조상의 유해 중에서 남성의 유해냐 여성의 유해냐에 따라 명당발복의 정도가 달라 지느냐 하는 의문이 생긴다.

조선시대의 삼정승과 판서 등 고위 관직을 역임한 분들과 대한민국의 역대 대통령과 국무총리, 대기업 회장들의 조상 묘에 의한 명당발복의 통계를 보면 남성 중심이었던 우리나라에서는 여성 보다는 남성이 명당자리에 많이 모셔져 있어 대부분의 명당발복처는 남성 묘에 의해 발현된 것임을 볼 수 있다. 따라서 이러한 통계 수치로는 남성의 유해냐 여성의 유해냐에 따라 명당발복의 발현 정도를 가늠하기는 어렵다고 할 수 있다. 왜냐하면 하나의 봉분에 남녀가 합장된 경우가 있었기 때문이다. 즉, 아직까지 정확히 밝혀진 것은 없지만 유해가 모셔진 명당자리의 역량과 유전인자에 따라 명당발복의 정도가 달라질 수 있지만, 남녀를 구분해서 명당발복의 발현이 달라진다는 객관적인 실증實證을 할 수 있는 자료를 찾지 못했다. 그러나 가장 많이 후손에게 명당발복의 영향을 줄 수 있는 증조할아버지 묘의 발복이냐 증조할머니 묘의 발복이냐 하는 문제이다. 그러나 항간에서는 여성으로 인한 명당발복이 크다는 주장이 제기되고 있다. 즉, 살아 계실 때 남성 보다는 여성들의 모성애가 강하기 때문에 여성들은 후손들 즉, 자식이나 손주들을 사랑하는 유전인가가 남성들 보다는 많을 것으로 보아 사후 유골 상태의 환경적 여건이 유사하다고 할 경우에는 후손들에게 주는 명당발복의 영향이 남성보다는 더 클 것으로 추정해 볼 수도 있다.

다음은 명당발복을 받는 후손의 대상이 남자냐 여자냐 하는 문제이다. 예를 들어 후손이 증손자이냐 증손녀냐 하는 문제인데, 증손자 한테는 명당발복이 100% 일어난다면, 증손녀는 결혼으로 인해 다른 집안으로 시집을 갈 경우에는 자식을 잉태할 때부터는 친가親家의 명당발복 50% 정도, 외가外家의 명당발복 50% 정도로 명당발복을 받을 수 있다고 추정해 볼 수 있다.

물론 조상의 유전인자와 유사한 인자를 가지고 태어난 여성은 친가의 영향이 클 것으로 추정해 볼 수 있으며, 결혼한 여성은 나이가 들어감에 따라 시가媤家의 영향이 커지기 때문에 시가에 의한 명당발복도 커질 것이라는 추정도 해볼 수 있다. 이와 같이 남성과 여성에 따라 명당발복이 발현되는 정도에 대해서는 앞으로 풍수지리를 연구하고 공부하는 분들의 연구와 실증이 더 필요하다고 하겠다.

(3) 음택지 명당의 명당발복 지속기간

음택지 명당의 명당발복은 언제까지 발복이 지속될 수 있느냐 하는 문제인데, 이 문제는 아직 명확히 전해오는 풍수지리서와 연구 및 실증實證들이 없는 것 같다. 명혈명당 자리에 안치된 유해는 2천 년 이상 황골黃骨로 보존 될 수 있다는 것이 남미 고대 페루 나스카 시대 차우시야 무덤에서 발굴된 시신들에 의해 입증되고 있다. 이 지역에는 비가 거의 오지 않는 곳인데 BC 400-AD 600년에 조성 된 것으로 추정되는 무덤 군群에서 많은 미이라가 황골 상태로 발견 되고 있는데 이러한 무덤은 모두 명혈명당 자리에서 발굴된 바 있 으며, 발굴된 시신의 보존 상태가 완전하기 때문에 오랜 기간 유해 가 잘 보존되어 있었던 것으로 추정된다.

최근에 매스콤에서 보도된 것을 보면 유해遺骸의 주요 성분인 탄 소는 6천년이 되면 반으로 감소하고 1만2천년이 되면 완전히 없어 진다는 기사를 읽은 일이 있어 명당발복 기간은 언제까지 지속 될 것인지를 가늠하기가 어려울 것 같다. 고고학자들이 발굴한 바와 같 이 유해의 보존기간과 보존 상태 등을 고려한다면 생기의 역량이 매우 큰 천조명당 자리에 있는 유해는 지질학적인 특성과 환경적인 여건 및 기후적인 특성 등에 따라 유해가 황골黃骨이 되어 오랜 기 간 없어지지 않는 경우가 있을 것이다. 따라서 유해가 완전히 삭아 없어져 흙으로 변하는 기간을 일률적으로 정할 수 는 없겠지만, 유 해가 존재하는 한 유전인자가 유사한 후손들에게 동기감응의 파장 이 전달될 수 있다고 추정해 볼 수 있다.

그러나 풍수지리에서 전해 내려오는 경우를 보면 천조명당의 역 량을 가진 혈자리의 경우 천년지지千年之地니 삼천년향화지지三千 年香火之地라는 말이 전해오고 있긴 하지만, 조상들의 산소가 잘 관 리 되고 있다면, 대략 150년에서 300년 정도 이상 명당발복이 지 속된다고 예상을 해 볼 수 있다. 그러나 혈자리의 역량이 천조명당 보다 작은 지조명당이나 인조명당의 경우에는 명당발복 기간이 천조명당 자리의 발복 기간 보다는 짧다고 볼 수 있다. 따라서 조상들의 유해가 명당발복의 힘을 발휘 할 수 있는 후손들은 몇 대(代)까지인가하는 의문인데, 대개 친가 4대와 외가 4대로 보고 있다. 그 이상은 조상의 유해가 삭아 없어질 확률이 높고 유전인자도 달라지기 때문에 유해가 없어지면 조상의 유전인자가 없어져 후손들에게 동기감응에 의한 파장을 보낼 수 없기 때문이다.

중국 송나라때 주희가 쓴 "문공가례(文公家禮)"에 의해 조선시대에는 유교의 조상 숭배사상에 따라 조상의 제사는 4대 봉사(奉祀)를 해온 풍습이 있었다. 이에 따라 일반적인 가정에서는 보통 기제(忌祭)도 4대까지만 봉사(奉祀)하고 그 이후에는 시제(時祭)로 대신하고 있는 것을 보면 우리 조상들의 풍수지리에 관한 의식을 엿볼 수 있다. 항간에 전해오는 말로는 외할아버지 선영보다 친 할아버지 선영이 더 큰 힘을 발휘한다는 말이 있다. 이 말은 외가보다 친가의 혈자리가 더 큰 힘을 발휘해 명당발복도 크다는 말일 것이다. 따라서 명당발복의 힘을 발휘할 수 있는 조상들은 친가 4대를 외가 4대보다 더 큰 관심을 가지고 혈자리를 찾아서 묘를 조성해 관리하면서 명당발복을 기대(期待)한 것으로 볼 수 있다.

5. 양택지 명당도 운명을 개선 시킬 수 있다

양택 풍수를 다시 설명하면 사람들이 건물 내에서 생활하는 모든 곳 즉, 사람이 잉태되고, 출생하고, 성장하고, 일하고, 공부하고, 휴양하고, 생산 활동을 하는 생가, 가옥, 아파트, 사무실, 공장, 학교, 병원, 요양 시설 등이 생기가 모여서 응결되어 분출되는 혈자리인 명당자리 위에 있으면, 이 곳에서 생활하는 사람들이 생기를 받아 생체리듬이 조절되고 활성화 되어 정신적으로나 육체적 으로 활력이 증진되어 삶의 질이 향상될 수 있도록 함으로써 주어진 운명이 개선되는 작용을 할 수 있다는 것이 양택지 명당자리의 명당발복의 발현이다. 이러한 양택지의 명당발복은 사람이 생기가 분출되는 혈자리 위에서 생활하게 되면 마치 단전호흡丹田呼吸과 요가 등을 통해 심신수련心身修鍊을 위한 명상瞑想을 할 때와 같이 뇌의 후두엽後頭葉을 활성화 시켜 올바른 사고와 판단력을 제고提高시키는 것과 유사하게 명당자리에서 생활하게 되면 만물을 활성화 시킨다는 생기를 받아들이게 되어 뇌의 활동과 생체 리듬이 조절되고 활성화 되어 판단력, 집중력, 창의력, 의지력 및 성취욕 등이 제고되는 현상 등이 일어나는데 이러한 현상을 양택지의 명당발복의 발현 현상이라고 할 수 있다.

사람은 잉태되는 시기, 출생되는 시기, 성장하는 시기에 생기가 응결되어 분출되는 명당자리에서 생활하는 것이 일생 중에서 생체리듬이 가장 활성화 될 수 있는 중요한 시기라 할 수 있다. 명당자리에서 태어나는 사람들은 생기라는 것을 어머니 뱃속부터 접接하기 때문에 어디를 가든지 생기에 대해 적응하는 능력 즉, 생기를 마시는 흡인력吸引力이 강화되어 생기를 접해 본적이 없는 다른 사람들 보다는 생기를 끌어들이는 능력이 발달되어 생기를 많이 받아들이기 때문에 명당발복의 발현도 크게 나타난다고 할 수 있다.

따라서 잉태지와 생가지의 명당자리가 음택지의 명당자리 못지 않게 사람의 운명을 좋은 방향으로 개선시키는 명당발복의 현상이 발현된다는 것이다. 즉, 생기는 땅에서 솟아오르고 하늘의 천기天氣는 땅으로 내려와 상호 화합을 하는 명당자리에서 부모의 인기人氣로 인간이 태어나는 것이야 말로 명당발복을 최대한 받게되는 것이므로 잉태지와 출생지의 명당자리가 사람의 운명을 어느 정도 변화시켜 줌으로써 사람의 운명이 좋은 방향으로 개선되는 작용을 할 수 있다는 것이다.

앞에서도 설명한 바와 같이 인류의 삶에 큰 영향력을 주는 기독교, 불교, 이스람교, 유교 등 종교 창시자와 세계적인 문학가, 음악가, 미술가와 주요 국가의 지도자, 우리나라 대통령, 세계적인 재벌, 우리나라의 재벌들의 생가가 천조명당의 역량을 가진 명혈명당 자리라는 것이 확인되는 등 명당자리에서 출생한 분들의 명당발복의 위력을 볼 때 필자는 명당발복의 신비한 현상에 놀라지 않을 수 없었다.

다시 강조해 설명한다면 조상의 유해가 명당자리에 들어가게 되면 유해가 있는 명당자리가 다시 명당자리를 불러들이게 되어 후손들의 생가, 아파트 등 거주 가옥과 사무실, 사업장 등 후손들이 생활하는 곳에도 조상의 묏자리와 유사한 생기의 역량을 가진 명당자리 위에서 생활하게 되는 확률이 높아지게 됨으로써 음택지 명당과 양택지 명당의 생기의 상호 작용이 제고 되어 명당발복의 상승효과가 발생하게 된다는 명당발복의 신비한 현상이 일어나게 된다는 것이다. 그러나 조상의 음택지가 명당자리라 할지라도 양택지 명당 중에서 잉태지나 출생지나 성장지 중 어느 한 곳이나 두 곳 정도가 명당자리 이거나 음택지에는 명당자리가 아닌데 양택지 어는 한 곳이 명당자리라면 생기를 받는 힘이 다소 떨어져 명당발복의 시너지 효과를 온전하게 볼 수 없으므로 완전한 명당발복을 받을 수 없게 된다는 것이다.

또한 조상의 묘가 명당자리에 있는 후손들 중에서도 잉태 시기나 출생 시기나 성장 시기를 명당자리에서 보낸 사람은 온전한 명당발복을 받을 수 있지만, 명당자리와 동떨어진 별채의 집이거나, 고층 아파트나, 다세대 주택이나, 고층 건물 등에서 생활하는 사람들은 완전한 명당발복을 받는 데는 한계가 있을 것이다. 다시 설명하면 명당자리에서 몇 사람만 생기를 오롯이 받아 생활하는 사람보다는 다중이 생활하거나 명당자리에서 다소 떨어진 곳에서는 생기를 받는 양이 적어지기 때문에 같은 형제간이라 해도 사회적으로 성공한 사람이 될 수도 있고, 성공적인 삶에서 다소 떨어진 삶을 사는 사람도 있을 것이다. 그러나 어느 한 곳이 명당자리라면 명당발복의 온전하게 받지는 못한다 하더라도 일부는 받을 수 있으므로 명당자리를 전혀 갖지 못한 사람들에 비해서는 명당발복을 받아 삶의 질이 높아질 수 있다는 것이다.

양택지 명당 중에서 생기를 가장 많이 받을 수 있는 곳은 단독주택이다. 단독주택은 지면과 바로 가깝게 지어져 있어 명당자리에서 분출되는 생기의 상당량을 이곳에서 사는 사람들이 받을 수 있게 된다. 아울러 명당자리가 거실에 있으면 집 전체로 생기가 퍼질 수 있고 집 전체가 명당자리와 혈장 위에 놓이게 되어 명당자리와 혈장에서 나오는 생기를 받을 수 있게 된다. 그러나 아파트 등 다중多衆이 생활하는 곳이나 빌딩 등은 규모가 크고 지하주차장을 만들기 위해 지하를 상당히 깊게 판 건물 등에서는 명당자리가 훼손 될 확률이 있고 같은 양의 생기를 여러 사람들이 나누기 때문에 생기를 온전하게 받아들이는 데에는 한계가 따를 수 밖에 없을 것이다. 특히 다중이 사용되는 큰 건물은 지하주차장을 깊이 파게 되는데 혈맥이 대략 15m 이하로 흘러가기 때문에 15m이상 지하를 깊게 파면 혈자리가 이동이 되거나 아예 혈자리가 다른 곳으로 이동해 없어지게 되는 경우가 생겨 생기를 전혀 받을 수 없게될 수도 있다.

지기地氣는 대개 아파트 6-7층 정도까지 올라가나 그 이상은 올라가지 못한다는 실험결과가 있다. 즉, 나무가 가장 높이 자라는 곳 까지는 지기가 올라간다는 것이다. 그러나 아프리카 열대우림의 밀림 지대에서는 90m이상 자라는 나무가 있고, 오래된 마을의 입구나 마을 가운데에 서 있는 당산 나무는 수 백년 이상을 살면서 100m 이상 크게 자라기 때문에 지기가 더 높이 올라갈 수 있다고 본다. 인터넷으로 지도를 검색해 명혈명당이 들어있는 고층 빌딩이나 아파트에 엘로드로 생기를 감지해 보면 대부분이 건물의 옥상에서 반응하고 있어 생기는 건물벽 등을 타고 상승해 맨 꼭대기 층이나 옥상에 서려있는 것을 알 수 있다.

생기는 공기를 만나면 흩어지는 기氣이기 때문에 혈자리에서 올라온 생기의 일부는 흩어지고 일부는 건물의 벽 등을 타고 위로 올라가게 된다. 따라서 고층 빌딩이나 타워가 아무리 높다 하더라도 맨 위쪽으로 생기가 모여서 밖으로 나와 흩어지게 되어 있으므로 고층의 아파트나 사무실에서 생활하는 사람들도 생기를 어느 정도 받을 수 있고 오히려 맨 꼭대기 층으로 생기가 모여들기 때문에 아래층서 생활하는 사람들 보다 생기를 더 받을 수 있을 것으로도 추정해 볼 수 있다. 따라서 생기는 벽 등을 타고 위로 상승하는 성질이 있기 때문에 일반적인 지기와는 다르게 하층보다는 고층으로 올라갈수록 생기를 더 받을 수 있을것으로 필자는 추정하나 과학적으로 입증 할 수 있는 연구결과가 없다는 것이 필자의 확신을 망설이게 하고 있다.

주택이나 아파트 등 생기가 분출되는 집에 사는 사람들이 생기를 좀 더 많이 받을 수 있는 방법으로는 생기가 싱승해 밤새 방안을 채우고 있는 새벽 시간대에 국선도와 요가 같은 단전호흡丹田呼吸을 하면 아랫배로 심호흡을 하게되므로 단전호흡을 하지 않는 사람들에 비해 생기를 좀 더 많이 받을 수 있을 것이다. 따라서 국선도나 요가를 하는 수련도장에 생기의 역량이 큰 명당자리가 있는 곳이라면 명당자리가 아닌 장소보다는 생기를 더 많이 접할 수 있는 여건이 되어 심신수련의 증진에 많은 도움이 될 것으로 추정해 볼 수 있다. 사람이 생기가 분출되는 명당자리에서 생활하게 되면 컨디션이 좋아져 심신이 좋아진다. 심신이 좋아지면 의욕이 생기게 되고 창조적인 아이디어도 생기는 등 판단력도 좋아지게 된다.

또한 생기가 샘솟는 명당자리에서 사업을 하게되면 좋은 아이디어가 생기고 합리적인 판단력 등으로 사업이나 영업활동을 하는 사람들은 고객을 불러 모우는 방법과 관리기법 등이 개선되어 고객에게 좋은 인상을 주게 되고, 아울러 안온함, 편안함 및 안정감 등을 주게 되어 손님이 하나씩 늘어나게 되어 사업이 번창하는 등 양택지 명당으로 인한 명당발복의 효과를 얻을 수 있게 된다.

아울러 생기가 나오는 명당자리에서 음식점 영업을 하게되면 어떻게 하면 손님들의 입맛에 음식이 맞는지 손님이 무엇을 좋아하는지 등을 항상 긍정적으로 생각해서 레시피를 개발하게 되고 종업원들도 업주의 노력을 인정하게 되면서 친절하게 손님을 모시게 됨으로서 손님이 계속 늘어나게 된다. 또한 도서관, 학교, 아파트 및 주택 등이 생기가 올라오는 명당자리 위에 있게 되면 이 곳에서 공부를 하는 사람들은 생기의 영향을 받아 긍정적인 생각과 목표 의식을 갖게되어 더욱 열심히 공부에 정진함으로서 각종 시험 등에 합격하는 확률이 높아지는 등 긍정적인 일들이 생겨나는데 바로 이러한 일들을 가능하게 하는 것들이 명당자리에서 발생하는 생기의 효력인 양택지 명당발복의 발현 현상인 것이다.

세계의 명문 대학들의 대학교 본관과 도서관 등에 대해 명혈명당을 조사해 보면 세계 15대 명문대학교와 아시아 10대 명문대학교의 본관과 도서관이 모두 천조명당의 역량을 가진 명혈명당 자리에 있다는 것은 양택지 명당의 생기의 위력을 보여주는 한 예라 할 수 있다.

사람이 줄을 서서 기다리는 음식점이 매스컴 등에서 소문난 맛집이라 해서 돈을 많이 벌어 건물을 크게 새로 지어 신장개업을 하는 경우 손님이 갑자기 줄어들어 음식점 운영이 잘 되지 않는 이상한 현상을 우리 주변에서 가끔 볼 수 있다. 이런 경우에는 음식점을 개축하거나 신축할 때 명당자리를 주차장 등으로 만들고 명당자리로 들어가거나 나가는 혈맥이나 수맥위에다 건물을 세우게 됨으로써 손님들의 발길이 끊어져 식당이 잘 되지 않는 곳이라 할 수 있다.

이렇게 잘 되던 음식점이 어느 순간 잘 되지 않는 곳으로 변한 것을 보면 조상의 묘 관리가 잘못되어 조상 묏자리로 흘러오는 혈맥이나 명당자리를 싸고 도는 생기보호맥이나 생기저지선 등이 훼손되었다거나, 조상의 묘에서 얼마 떨어지지 않은 곳에 지하수를 개발해서 조상 묘의 명당자리를 교란시키고 있거나, 사주팔자의 대운이 10년마다 바뀌어 들어오는데 나쁜 10년 대운이 들어온 경우 등을 들 수 있을 것이다. 양택지에서는 다 같은 환경적 조건이나 지역적 조건일 때 명당자리 위에서 활동하는 사람들은 생기를 접할 수 있기 때문에 명당자리가 없는 곳에서 생활하는 사람들보다는 생활환경 여건이 유리하게 작용한다고 보아야 한다.

예를 들어 동일 지역에 서로 마주보고 있는 상가나 나란히 있는 상가라 해도 명당자리가 있는 상가에서는 사람들이 북적거리고 명당자리가 없는 상가는 한산해 매출면에서도 뚜렷하게 차이가 날 수밖에 없다. 그러나 다 같은 역량의 명당자리 일지라도 서울에 있는 명당자리와 산골에 있는 명당자리와는 분명히 다르다. 특히 음식점이나 물건을 파는 곳에서는 사람들이 모여드는 지역적 여건이 무엇보다도 중요하다. 서울 명동의 상가나 시골의 한적한 마을에 위치한 상가에 생기의 역량이 같은 종류의 명당자리에 있어 생기의 받는 양과 질은 비슷하다 하더라도 서울 명동과 시골과는 월등한 차이가 난다. 즉, 지역 여건에 따라 명당자리에 의한 명당발복은 크게 차이가 난다고 할 수 있다. 또한 잉태지, 출생지, 성장지, 거주지가 비슷한 명당자리라 하더라도 부모의 유산을 많이 받고 유복한 집안에서 자라난 재벌 2세들과 어렵게 자란 사람들의 자제들과는 많은 차이가 날 수 밖에 없다.

즉, 부모, 학력, 동창, 친구, 선후배 등 주변 사람들과의 인간관계 즉, 인기人氣의 영향에 따라 많은 차이가 날 수 밖에 없어 명예를 얻고 부를 축적하는 데에는 큰 차이가 날 수 밖에 없는 것이다. 따라서 아무리 명당발복을 많이 받는 사람이라 하더라도 사주팔자, 지역적, 환경적, 인간관계와 노력 등에 의해 큰 차이가 날 수 있으나, 운명적, 환경적, 지역적, 인간관계나 노력 등이 비슷한 조건하에서는 명당자리의 역량에 따라 큰 차이는 나지 않으나 비혈지非穴地에 있는 사람들과는 확연히 다르게 명당발복이 발현되어 주어진 운명도 변화시킬 수 있는 것이다.

명당자리의 명당발복의 힘은 어떠한 고난과 시련을 만나더라도 포기하지 않고 인내해 시련을 극복하고 호기심과 도전으로 다시 일어설 수 있는 기회를 얻어 원하는 목표를 성취해 내고야 마는 불굴不屈의 의지를 갖게 하는 것이 명당발복의 힘이므로 양택지 명당의 명당발복의 위력은 사람의 운명을 개척해 나가는 하나의 중요한 요인要因이 될 것이다.

6. 명당발복의 부귀 발현

(1) 음택지 명당의 부귀 발현

명당자리에 조상의 묘를 조성한 어떤 가문家門의 후손들은 대부분이 관직官職 등 명예名譽를 중시重視하는 분야에서 활동을 하게

되어 귀貴로 명당발복을 받는 사람들이 많고, 어떤 가문의 후손들은 사업事業이나 자영업自營業 등 돈을 버는 분야에 종사를 하게되어 부富 즉, 재물財物로 명당발복을 받는 사람들이 많은 가문이 있다. 물론 한 가문의 사람들 중에서 귀貴를 추구하는 사람들과 부富를 추구하는 사람들 즉, 부귀富貴를 함께 추구하는 사람들이 있는 가문도 있다.

필자는 풍수지리를 연구하면서 조상의 묏자리에 따라 후손들이 귀로 명당발복이 발현되는지 부로 명당발복이 발현되는지가 매우 궁금하였다. 이러한 명당발복 문제는 필자뿐만이 아니라 풍수지리를 공부하고 연구한 모든 분들과 명당자리에 조상의 묘를 조성한 모든 분들의 궁금증이었을 것으로 본다.

풍수지리서 등에서 지금까지 전해온 것을 보면 명당자리 앞에 있는 안산과 조산, 명당자리 뒤에 있는 주산이나 현무봉 등 사격의 형태에 따라 부귀 발복을 추정해 왔을 뿐 과학적인 연구나 통계 등이 거의 없어 음택지 명당발복의 부귀 발현 문제를 과학적으로 입증을 하지 못하고 있는 실정이었다. 또한 전傳해오는 풍수지리서와 구전口傳 등을 통해 내려오는 말들을 보면 어떤 명당자리에다 조상의 유해를 모셨더니 대통령이나 국무총리가 배출되었고, 이러 이러한 명당자리에다 조상의 묘를 조성했더니 재벌이 나왔다더라 하는 말들과 글들은 많이 들었거나 보아 왔다. 그러나 명당자리마다 발복의 결과를 놓고 주장이 달라 논쟁만 있었을 뿐 부귀로 명당발복이 발현되는 명당자리가 어떠한 자리인지에 대해서는 속 시원하게 밝혀내지 못해 의문과 혼란만 더해가고 있는 것이 오늘날 까지의 풍수지리의 현실이라 할 수 있다. 아울러 부와 귀로 명당발복이 일어나는 명당자리에 대해 믿을만한 조사에 의한 통계도 거의 없었고 과학적으로도 부와 귀로 발현되는 명당발복의 현상을 밝혀내지 못하고 있어서 오늘날 풍수지리가 많은 사람들로부터 허황虛荒된 것으로 치부恥部되어 비웃음을 사고 있는 원인 중의 하나이기도 하다. 따라서 풍수지리학이 2천여 년 이상 연구와 발전을 거듭하면서 전해내려오는 명당발복의 부귀 발현 문제를 확실하게 밝혀내지 못하고 있는 현실이므로 이제부터라도 과학적인 방법과 통계에 의해 부귀발복이 어떤 명당자리에서 발현 되었는지를 반드시 밝혀내야 할 과제가 아닌가 한다.

필자는 음택지 명당의 명당발복에서 부귀 발복의 난해難解한 문제를 다소나마 풀어보고자 조선시대 삼정승 묘, 조선시대 삼정승 등 고위 관직을 역임한 분들의 조상 묘, 대한민국의 대통령을 비롯해 삼부 요직을 역임한 분들의 조상 묘, 조선 시대 갑부들의 조상 묘 및 우리나라에서 대기업을 창업한 분들의 조상 묘 중 위치가 파악된 묘를 중심으로 천조명당인 대명당으로 확인된 460곳의 명당자리를 대상으로 명당발복의 부귀 발현의 숙제를 풀어보고자 시도試圖 하였다.

그러나 조선시대 고위 관직을 역임한 분들의 조상 묘와 한국의 삼부 요직을 역임한 분들의 조상 묘에 대해서는 수 백기의 묘를 조사해 확인을 할 수 있어서 어느 정도 통계 자료의 신뢰성을 확보할 수 있었으나, 조선시대 갑부들과 오늘날 재벌 그룹을 창업한 조상 묘에 대해서는 묘의 위치가 노출露出되지 않아 몇 명의 조상 묘에 대해서만 조사할 수 밖에 없어서 통계 자료의 빈약으로 인해 신뢰성이 다소 떨어질 것으로 예상된다. 다음 표는 "조선시대 및 한국의 고위 관직 역임자와 재벌 조상 묘의 음양 현황"으로 앞에서 이미 설명한 음택지 명당 현황을 종합한 것이다.

조선시대 및 한국의 고위 관직 역임자와 재벌 조상 묘의 음양 현황

(단위:곳)

구분	명당			혈처 및 음양				혈자리및음양	
	双	明	計	上 (陽)	下 (陰)	左 (陽)	右 (陰)	日 (陽)	月 (陰)
〈조선시대 삼정승 묘〉									
영의정	-	87	87	16	71	-	-	5	82
좌의정	-	63	63	17	46	-	-	4	59
우의정	-	46	46	5	41	-	-	2	44
소계	-	196	196	38	158	-	-	11	185
〈조선시대 고위 관직자 조상 묘〉									
영의정	-	75	75	26	49	-	-	-	75
좌의정	-	43	43	14	29	-	-	-	43
우의정	-	33	33	9	24	-	-	-	33
좌찬성 등	-	6	6	2	4	-	-	-	6
판서 등	-	23	23	14	9	-	-	-	23
참판 등	-	20	20	15	5	-	-	-	20
소계	-	200	200	80	120	-	-	-	200
〈한국의 삼부 요직자 조상 묘〉									
대통령	4	7	11	7	4	-	-	1	10
부통령	-	1	1	1	-	-	-	-	1
유엔사무총장	-	1	1	1	-	-	-	-	1
국무총리	-	13	13	3	10	-	-	-	13
국회의장	-	6	6	3	3	-	-	-	6
당대표	1	5	6	3	3	-	-	3	3
대법원장	-	3	3	2	1	-	-	-	3

구분	명당			혈처 및 음양				혈자리및음양	
	双	明	計	上(陽)	下(陰)	左(陽)	右(陰)	日(陽)	月(陰)
시장및도지사	-	6	6	4	2	-	-	-	6
소계	5	42	47	24	23	-	-	4	43
계	5	438	443	142	301	-	-	15	428
〈조선시대 갑부와 한국의 재벌 조상 묘〉									
조선갑부	-	6	6	-	6	-	-	6	-
대기업창업자	-	11	11	-	11	-	-	11	-
계	-	17	17	-	17	-	-	17	-
합계	5	455	460	142	318	-	-	32	428

*위의 표에서 명당에 双은 쌍혈명당, 明은 명혈명당, 혈처 및 음양에서 上(陽)은 상혈처와 양혈처, 下(陰)은 하혈처와 음혈처, 左(陽)은 좌혈처와 양혈처, 右(陰)은 우혈처와 음혈처, 혈자리 및 음양에서 日(陽)은 일혈자리와 양혈자리, 月(陰)은 월혈자리와 음혈자리를 표시한 것임

위의 표에 의하면 귀貴 즉, 명예를 중시重視한 조선시대 삼정승과 고위 관직 역임자, 대한민국에서 대통령 등 삼부요직 등을 역임한 분들의 조상 묘 및 조선시대 갑부로 불리운 분들의 조상 묘와 현재 우리나라에서 재벌 그룹으로 성장시킨 대기업을 창업한 분들의 조상 묘 460곳에 대해 음양의 혈처별로 조사한 것을 보면 양혈처인 상혈처에 조성된 묘는 142곳으로 30.9%였으며, 음혈처인 하혈처에 조성된 묘는 318곳으로 69.1%를 보이고 있으나, 좌혈처와 우혈처에 조성된 묘는 한 곳도 없는 것으로 확인되었다. 또한 조선시대 삼정승 등 고위관직을 역임한 분들과 한국의 대통령 등 고위 관직을 역임한 분들의 조상 묘 443곳은 귀貴로 명당발복이 발현된 것으로 추정해 볼 수 있어 이분들 조상 묘의 혈처별 분포를 보면 양혈처

인 상혈처가 142곳으로 32.1%이며, 음혈처인 하혈처가 301곳으로 67.9%로 조사되었다. 또한 조선시대 갑부와 오늘날 재벌 그룹을 청업한 분들의 조상 묘 17곳은 부富로 명당발복이 발현된 것으로 추정해 볼 수 있는데 이분들 조상 묘의 혈처별 분포를 보면 공교롭게도 17곳 모두가 음혈처인 하혈처로 확인되었다.

　그러나 위의 표에 의한 음과 양의 혈처별 분석만으로는 부富와 귀貴로 명당발복이 발현되었을 것이라는 뚜렷한 공통점을 찾을 수는 없었다. 다만 명예로 발복이 난 분들의 조상 묘는 쌍혈명당이나 명혈명당의 양혈처인 상혈처와 음혈처인 하혈처 모두에서 명당발복이 발현된 것으로 조사 되었고, 부자나 재벌들의 조상 묘는 모두 음혈처인 하혈처에서만 명당발복이 발현된 것으로 조사되었다.

　다음은 위의 표에서 음과 양의 혈자리에 의해 부富와 귀貴로 명당발복이 발현되는 공통점을 찾아보고자 조상 묘가 조성된 혈자리가 음혈일 월혈자리 인지 양혈인 일혈자리 인지를 조사한 것을 종합한 것이다. 조사 대상 묘 460곳 중 명예 즉, 귀貴로 명당발복이 발현된 것으로 추정해 볼 수 있는 조선시대 삼정승 등 고위 관직 역임자 조상 묘와 대한민국에서 대통령 등 고위 관직을 역임한 분들의 조상 묘 443곳 중 96.6%인 428곳이 음혈인 월혈자리에 조성되어 있었으며, 3.4%인 15곳만 양혈인 일혈자리에 조성되어 있었다. 그러나 특이한 현상은 양혈인 일혈자리에 조상 묘를 조성한 후손들 중에는 조선시대 갑부로 소문난 분들이 있었다는 사실이 확인되었다. 부富로 명당발복이 발현된 것으로 추정된 조선시대 갑부와 오늘날 재벌 기업으로 알려진 대기업 창업자의 조상 묘 17곳은 모두가 양혈인 일혈자리에 조성된 것으로 확인되었다.

　따라서 귀貴로 명당발복이 발현되었을 것으로 추정되는 분들의 조상 묘는 대부분이 음혈인 월혈자리에 조상의 묘를 조성한 것으로 조사되었고, 부富로 명당발복이 발현되었을 것으로 추정되는 분들의 조상 묘는 모두 양혈인 일혈자리에 조상의 묘를 조성한 것으로 조사되었다. 따라서 위의 표를 종합적으로 분석해 보면 음택지 명당에서 귀貴 즉, 명예로 명당발복이 발현되는 혈처는 양혈처인 상혈처와 음혈처인 하혈처 모두에서 명당발복이 발현되었고, 부富 즉, 재물로 명당발복이 발현되는 혈처는 음혈처인 하혈처에서만 명당발복이 발현된 것으로 확인되었다. 다만 부富로 발현되는 음혈처인 하혈처에 대해서는 통계의 대상이 적어 부富로 명당발복이 발현되는 혈처가 반드시 하혈처라고 단정할 수만은 없는 문제점을 안고 있다.

음택지 명당에서 귀貴 즉, 명예로 명당발복이 발현되는 혈자리는 음혈인 월혈자리에서 대부분 발현되었으며, 부富 즉, 재물로 명당발복이 발현되는 혈자리는 모두 양혈인 일혈자리에서 발현된 것으로 확인되었다. 다만 부로 발현되는 양혈인 일혈자리에 대한 통계의 대상이 적어 부로 명당발복이 발현되는 혈자리라고 단정할 수만은 없는 문제점을 안고 있다.

금번 조사는 조상의 묘가 조성된 곳이 음과 양의 어느 특정 혈처에 따라 부귀의 명당발복이 발현된다고는 단정 할 수는 없지만, 음과 양의 혈자리에 따라 부귀의 명당발복이 발현된다는 것은 어느 정도 확정할 수 있는 조사였다고 할 수 있다. 다만 부로 명당발복이 발현된다는 양혈자리에 대해서는 조사 대상 묘가 적어서 통계상 문제점은 어느 정도 가지고 있다고 할 수 있다. 따라서 이와 같은 조사를 유추類推해 보면 음택지에서 양혈인 일혈자리에 조상의 묘를 조성하면 부富인 재물財物로 명당발복이 발현될 확률이 높다는 것이고, 음혈인 월혈자리에 조상의 묘를 조성한다면 귀貴인 명예名譽로 명당발복이 발현될 확률이 높다는 것을 추론推論해 볼 수 있다. 즉, 음택지 명당에서 양혈인 일혈자리에 조상의 묘를 조성하면 부富

인 재물로 명당발복이 발현될 확률이 높다고 할 수 있고, 음혈인 월혈자리에 조상의 묘를 조성하면 귀貴인 명예로 명당발복이 발현될 확률이 높다고 할 수 있다.

(2) 양택지 명당의 부귀 발현

사람들이 생활하는 터인 양택지 명당에서는 명당자리 한자리만 조상의 묘로 활용하는 음택지 명당과는 달리 건물이 들어서는 부지의 특성特性상 최소한 2개 이상의 명당자리 위에 건물이 들어설 수밖에 없다. 따라서 양택지 명당에서는 양혈자리인지 음혈자리인지로 구별해 부귀富貴 명당발복의 발현 여부를 확인할 수는 없었다. 즉, 양택지 명당에서는 혈자리 중심이 아니고 2개 이상의 혈자리가 있는 혈처를 중심으로 상하 또는 좌우로 형성되는 혈처가 양혈처인지 음혈처인지를 조사해 명당발복의 발현 여부를 확인하는 것이 합리적일 것이라고 여겨져 명당처를 중심으로 명당발복의 부귀 발현의 연관성을 풀어보고자 하였다.

양택지 명당에서 귀 즉, 명예로 발현되는 명당발복의 혈처를 확인하기 위해 대한민국 정부수립 이후 대통령, 국무총리, 국회의장, 대법원장, 시장 및 도지사 등 삼부 요직을 역임한 44명의 생가 42곳과 거주 가옥 20곳 등 62곳과, 삼국 시대부터 현재까지 저명인사로 알려진 김유신 장군, 사명대사, 최제우 동학 교조, 김소희 국악 명창 등 다양한 분야에서 저명인사라고 알려진 43명의 생가 43곳 등 모두 87명의 생가 85곳과 거주 가옥 20곳 등 모두 105곳의 명당처를 조사 한 것을 종합해서 명당발복의 부귀 발현의 연관 관계를 알아보고자 하였다. 다음 표는 "한국의 삼부 요직 역임자와 저명인사의 양택지 명당발복처 현황"이다.

한국의 삼부 요직 역임자와 저명인사의 양택지 명당발복처 현황

(단위:곳)

구 분		명 당			혈 처 및 음 양				
		双	明	계	上(陽)	下(陰)	左(陽)	右(陰)	계
한국의삼부요직자 (44명) *62곳	생가	5	37	42	31	10	-	1	42
	가옥	6	14	20	15	5	-	-	20
	소계	11	51	62	46	15	-	1	62
저명인사 (43명)*43곳	생가	-	43	43	33	8	1	1	43
계:87명 *105곳	생가	5	80	85	64	18	1	2	85
	가옥	6	14	20	15	5	-	-	20
	계	11	94	105	79	23	1	2	105

*위의 표에서 명당의 双은 쌍혈명당, 明은 명혈명당의 표시이며, 혈처 및 음양에서 上은 상혈처 및 (陽)혈처, 下는 하혈처 및 (陰)혈처, 左는 좌혈처 및 (陽)혈처, 右는 우혈처 및 (陰)혈처를 표시한 것임

위의 표에서 보는 보와 같이 조사 대상자의 생가와 거주 가옥 105곳에 대해 명당처별 분포를 보면 양혈처인 상혈처가 79곳으로 전체 조사 대상의 75.2%로 가장 많았고, 음혈처인 하혈처는 23곳으로 21.9%였으며, 양혈처인 좌혈처는 1곳 뿐이고, 음혈처인 우혈처는 2곳 이다. 위와 같은 통계에 의하면 한국에서 명예를 중시하는 대통령, 국무총리, 국회의장, 대법원장 등 삼부 요직을 역임한 분들의 생가나 거주 가옥 및 우리나라에서 장군, 종교지도자, 시인, 국악인, 독립운동가 등 저명인사로 알려진 분들의 생가와 거주한 가옥의 터는 대부분 능선이나 분지에서 상하로 형성된 양혈처인 상혈처와

음혈처인 하혈처에 가옥이 지어져 있는 것으로 확인되었다.

　따라서 양택지 명당의 명당발복은 쌍혈명당이나 명혈명당 모두에서 귀 즉, 명예로 명당발복이 발현될 확률이 높은 명당혈처는 양혈처인 상혈처라 할 수 있다. 그러나 음혈처인 하혈처에서도 21.9%나 되어 양택지 명당에서는 양혈처인 상혈처에서 귀로 발현될 확률이 높을 뿐 반드시 상혈처인 양혈처에서만 귀로 명당발복이 발현된다는 것으로는 단정할 수가 없다.

　다음은 앞에서도 설명한 바 있는 조선시대 갑부 5명의 거주 가옥과 현재 우리나라 대기업을 창업한 분들의 생가와 거주 가옥의 위치가 알려져 명혈명당 혈처로 확인된 생가와 거주 가옥 15곳의 양택지 명당발복처를 조사한 것을 종합해 보았다. 그러나 조선시대 갑부들에 대해서는 생가나 거주 가옥의 위치를 모두 파악 할 수가 없었고, 현재 우리나라 대기업을 창업한 분들의 생가와 거주 했던 곳도 일반인들에게는 잘 노출되지 않아 일부만 조사를 할 수 밖에 없어서 통계 자료의 빈약으로 신뢰성을 충분히 확보하지 못한 점은 매우 아쉽다. 아래의 표를 보면 생가와 거주 가옥의 집 터는 양혈처인 상혈처가 7곳으로 전체의 46.7%이고, 음혈처인 하혈처가 6곳으로 40%이며, 양혈처인 좌혈처와 음혈처인 우혈처가 각각 1곳으로 확인 되었다.

　따라서 양택지 명당에서 생가와 거주 가옥에서는 부자 즉, 부富로 명당발복이 발현될 수 있는 확률이 높은 명당처는 양혈처인 상혈처와 음혈처인 하혈처에서 명당발복이 발현될 확률이 높은 것으로 조사되었으나 통계 대상이 너무 적어 확정적으로 단정할 수 있는 조사라고는 할 수 없다.

조선시대 갑부 및 대기업 창업자의 생가와 가옥의 명당발복 혈처 현황

(단위:곳)

구분	혈처 및 음양				
	上 (陽)	下 (陰)	左 (陽)	右 (陰)	계
조선시대갑부 가옥	2	3	-	-	5
대기업창업자 생가	3	3	1	1	8
대기업창업자 가옥	2	-	-	-	2
계:12명,15곳	7	6	1	1	15

 *위의 표 혈처 및 음양에서 上은 명형명당의 상혈처 및(陽)혈처, 下는 명혈명당의 하혈처 및 (陰)혈처, 左는 명혈명당의 좌혈처 및 (陽)혈처, 右는 명혈명당의 우혈처 및 (陰)혈처를 표시한 것임

 현재 한국에서 대기업으로 분류된 삼성그룹, 현대자동차그룹, SK그룹 등 50개 그룹 본사와 399개 계열사의 본사 사옥, 사업장, 공장 등에 대한 명혈명당 혈처를 조사한 바 132개 건물에 323개의 명혈처가 들어있는 것으로 조사되었다는 것을 이미 앞에서 설명한 바 있다. 또한 한국의 중견기업과 중견기업으로 성장하고 있는 중소기업과 2017년도 매출 순위 10위 안에 든 제약회사 및 벤처기업 등에 대해서도 본사가 입주한 사옥의 위치가 확인되어 명혈명당 혈처에 들어있는 기업을 조사한 바 67개 기업체의 건물에 140개의 명혈처가 들어 있는 것으로 조사된 바 있다.

 그러나 대기업, 중견기업 및 중소기업 등의 그룹 본사의 사옥이나 사업장 및 공장 등의 규모가 큰 빌딩이나 건물 등에는 상하 또는 좌우로 형성된 명혈명당 혈처가 한 건물에 2-4개씩이나 들어있는 곳이 상당수여서 상하 또는 좌우로 형성된 명혈명당 중 어떤 혈처에 의해 명당발복이 발현되었는지를 특정特定할 수는 없었다.

따라서 우리나라에서 대기업이나 중견기업으로 성장하기 위해서는 필수적으로 그룹 본사와 계열사의 사업장이나 공장 등에는 명혈 명당이 들어 있어야 한다는 것만 확인 할 수 있었다.

대기업 및 중견기업 등의 본사 등에 들어있는 명혈명당 혈처 현황

(단위:곳)

구 분	기업체 수(개)	건물 수(개)	혈 처(건물수)						
			上下	左右	上	下	左	右	계
대기업 본사 등	50	132	272 (89)	15 (7)	23 (23)	5 (5)	1 (1)	7 (7)	323 (132)
중견기업 본사 등	67	67	109 (39)	6 (3)	18 (18)	1 (1)	5 (5)	1 (1)	140 (67)
계	117	199	381 (128)	21 (10)	41 (41)	6 (6)	6 (6)	8 (8)	463 (199)

*위 표에서 혈처의 上下는 명혈명당의 상혈처와 하혈처, 左右는 명혈명 당의 좌혈처와 우혈처, 上은 명혈명당의 상혈처, 下는 명혈명당의 하혈처, 左는 명혈명당의 좌혈처, 右는 명혈명당의 우혈처를 표시한 것임

위의 표를 보면 우리나라 대기업 과 중견기업 등의 본사 사옥, 사업장 및 공장 등에는 명혈명당 혈처가 상하로 형성된 2-4개의 혈처 위에 세워진 곳이 전체의 64.3%인 128개 건물이고, 명혈명당 혈처 가 좌우로 형성된 2개의 혈처위에 세워진 곳이 10개 건물로 5%이 다. 또한 상혈처 한 곳에 새워신 건물이 41개 건물로서 20.6% 였 으며, 하혈처 한 곳에 세워진 건물이 6개 건물로서 3%이고, 좌혈처 한 곳에 세워진 건물도 6곳으로 3%이며, 우혈처 한 곳에 세워진 건 물은 8곳으로 4%로 조사되었다. 위의 표에서 보는 바와 같이 한국 에서 대기업, 중견기업 및 중소기업과 벤처기업 등을 경영해 재벌 기업 및 글로벌 기업으로 성장하기 위해서는 기업의 본사가 입주한 사옥, 사업장, 공장, 연구소 등의 건물이 상하로 형성된 2-4개의 명

혈명당 혈처가 들어 있어야 하는 것으로 확인되었다.

위와 같이 양택지 명당에서는 주로 능선이나 능선 끝자락 또는 분지에서 상혈처와 하혈처로 형성되어지는 명혈명당 안에 생가, 가옥, 본사 사옥, 사업장과 공장 등이 있어야 양택지의 명당발복이 발현될 확률이 높다는 것이 확인됨에 따라 기업체의 양택지 명당에서는 명당처의 상혈처, 하혈처, 좌혈처 및 우혈처 등 모든 명당처에서 명당발복이 발현되고 있다는 것을 확인 할 수 있었다.

앞에서도 언급한 바와 같이 종합편성TV 채널A에서 2014년 12월 20일부터 매주 목요일 밤 9시 50분에 방영되는 서민갑부 프로그램이 2017년 11월9일까지 모두 151회를 방영해 152명을 서민갑부 프로그램의 주인공으로 등장시켰다. 놀라운 사실은 서민갑부 프로그램에 나온 주인공들의 영업장 또는 거주지가 모두 천조명당의 역량을 가진 명혈명당 자리라는 사실이다. 따라서 서민갑부 프로그램에 주인공으로 발탁되어 방영된 서민갑부 152명의 영업장 등 142곳에 들어있는 명혈명당에 의한 명당발복의 발현에 대해 조사한 것을 설명한 바 있다.

아울러 미식美食 전문가가 맛을 보고 선정한 한국 대표 미식 랭킹 코릿(KOREAT) 50위(2016-2017년), KBS 2TV의 "생방송 생생정보통" 프로그램에서 소개한 맛집, MBC TV "생방송 오늘 저녁" 프로그램에서 소개한 맛집, SBS TV "생방송 투데이" 프로그램에서 소개한 맛집 및 e-book [땅 이야기 맛 이야기]에서 소개된 맛집, 미쉐린 가이드 서울 "빕구르망" 2018에 오른 맛집들의 주소를 확인해 인터넷 지도에서 엘로드 및 현지 답사 등을 통해 전국의 맛집 225곳을 조사한 것도 이미 설명한 바 있다.

아래의 표를 분석해보면 명혈명당의 상혈처에서 명당발복이 발현 된 곳으로 조사된 서민갑부와 소문난 맛집은 272곳으로 전체 조사 대상 367곳 중 74.1%로 가장 높은 비율을 보이고 있으며, 하혈처에서 명당발복이 발현 된 곳은 40곳으로 10.9%이고, 좌혈처에서는 32곳으로 8.7%이며, 우혈처에서는 23곳으로 6.3%를 보이고 있다. 따라서 서민갑부와 소문난 맛집에서 부를 불러들이는 명혈명당의 혈처는 주로 능선과 분지에서 상하로 형성되는 상혈처와 하혈처가 312곳으로 전체의 85%를 차지하고 있어 우리나라에서 재물을 모을 수 있는 확률이 높은 영업장은 주로 상하로 형성된 명혈명당의 혈처가 들어 있는 곳이라 할 수 있다.

서민갑부 및 소문난 맛집의 명당발복 혈처 현황

(단위:곳)

구 분	上혈처	下혈처	左혈처	右혈처	계
서민갑부	129	1	6	6	142
소문난 맛집	143	39	26	17	225
계	272	40	32	23	367

위와 같이 양택지 명당에서는 음택지 명당의 혈자리와는 달리 부귀로 발현되는 명당발복처가 어느 혈처라고 확정할 수 있는 조사 결과는 없었다. 즉, 우리나라 대기업과 중견기업 등의 양택지 명당발복 혈처, 서민갑부와 소문난 맛집의 양택지 명당빌복 혈처, 고위 공직을 역임한 분들의 생가나 거주 가옥 등의 명당발복 혈처는 대부분이 양혈처인 상혈처와 음혈처인 하혈처 모두에서 명당발복이 발현 된 것으로 조사되어 양택지 명당에서는 부와 귀로 명당발복이 발현되는 지를 특정할 수 있는 혈처가 없는 것으로 조사되었다. 다만 양택지 명당에서는 부귀로 명당발복이 발현되는 명혈명당은 상하로 형성되는 명당처에서 발현될 확률이 높다는 것만을 확인해 줄

뿐 어느 혈처를 특정할 수 있는 혈처가 없다는 것이다. 그러나 우리나라에서 형성되는 명혈명당은 상하로 형성되는 혈처(대략 94% 정도)가 좌우로 형성되는 혈처(대략 6% 정도)보다 많다는 것을 감안한다면 양택지 명당발복이 발현되는 혈처는 대부분이 상하로 형성되는 상혈처나 하혈처에서 명당발복이 발현될 확률이 높다고 할 수 있다.

7. 명당은 명당을 불러들여 명당발복의 시너지 효과를 유발 한다.

산서山書에는 산이 산을 부른다는 말이 있다. 이 말을 빌려 혈은 혈을 불러들인다. 즉, 명당은 명당을 불러들여 명당발복의 시너지(Synergy) 효과效果를 유발誘發한다는 것이다. 조상의 음택지인 묏자리가 명당일 경우 후손의 양택인 생가, 거주 가옥 등에도 조상의 음택지와 유사한 역량을 가진 명당이 들어 있을 확률이 높다는 것을 이미 설명한 바 있다.

예를 들어 조상의 묘가 대명당인 천조명당 자리에 모셔져 있으면 후손들의 양택지인 생가나 거주 가옥 등 생활하는 곳에서도 천조명당이 들어있을 확률이 높아진다는 것이다. 즉, 직계直系 조상 중의 한 분의 묘가 천조명당 자리에 모셔진 경우에는 후손들의 양택지에도 천조명당에 들어있을 확률이 높아진다는 것이다. 그러나 직계 조상에서 2대 이상 연속적으로 음택지가 천조명당 자리에 모셔진 경우에는 후손들 모두의 양택지가 천조명당이 될 가능성이 더 높아질 수 있다는 것이다. 즉, 조상들의 유해가 대를 이어 연이어 천조명당 자리에 모셔지게 되면 직계 후손들이 생활하는 대부분의 양택지에도 천조명당이 들어 있을 확률이 높아 진다는 것이다.

명당자리에서 모아져서 응결되는 생기는 서로 유사한 역량을 가진 명당자리의 생기와는 상호 일맥상통一脈相通하여 음양교합陰陽交合이 순조롭게 이루어진다고 할 수 있기 때문에 천조명당은 천조명당인 대명당을 불러들이고 지조명당은 지조명당인 중명당을 불러들이고 인조명당은 인조명당인 소명당을 불러들여 명당발복의 상승相乘 효과 즉, 시너지 효과를 최대한 유발한다는 것이다.

이와 같은 현상은 마치 연어鰱魚가 알에서 산란 후 바다로 나갔다가 산란기가 되면 당초의 산란지로 다시 회귀回歸 하는 것과 같이 조상의 유해가 명당자리에 안치되면 조상의 영혼이 마치 후손을 조정調整이라도 하듯 후손들은 어떠한 힘에 이끌려 유사한 역량의 명당자리로 자연스럽게 찾아 가게 만든다는 것이다. 따라서 조상들의 유해와 후손들이 생활하는 곳에는 유사한 역량의 생기가 분출되는 명당자리에 있게 됨으로써 명당발복의 시너지 효과를 가져오는 신비한 현상이 일어난다고 할 수 있다.

즉, 명당발복의 시작은 선행과 덕을 쌓고 효심이 지극한 분의 조상이 돌아가시게되면 자연히 명당자리에 모시게 되고, 그 이후부터 출생한 후손들의 대부분의 생활 근거지인 양택지에도 조상의 혈자리와 유사한 역량을 가진 생기가 모아져 생성되는 명당자리에서 생활하기 때문에 조상의 음택지 명당발복으로 인해 후손의 양택지에도 명당자리에 있게 되는 신비한 현상들을 볼 수 있다는 것이다. 따라서 이러한 현상을 앞에서 설명한 음택지 명당은 양택지 명당을 불러들이는 현상으로서 음택지 명당이 명당발복을 주도하는 신비한 현상이라 할 수 있다.

우리나라의 많은 가문에서는 명당자리 하나 얻기도 힘들다고 하는데 명문가문에서는 자자손손 대대로 음택지인 조상의 묘와 양택지인 잉태지, 출생지, 성장지, 거주지 등이 천조명당 자리에 있는 것을 볼 수 있다. 그러나 이와같은 현상들은 무엇으로 설명할 것인지, 이러한 현상을 우연이라고 할 것인지, 아니면 조상의 음덕이라고만 할 것인지, 후손들이 선행과 적덕을 많이 쌓은 결과라고만 할 것인지 등의 여러 의문이 생기게 된다.

따라서 이러한 현상들을 과학적으로 증명할 방법이 없어 필자는 혈이 혈을 불러들이는 즉, 명당은 다시 명당을 불러들여 명당발복의 시너지 효과를 유발하는 신비한 현상이라고 설명할 수 밖에는 더 이상 표현할 말이 없었다. 옛날부터 뼈대가 있는 집안이라고 하는 말이 전해오고 있다. 이는 조상의 유해가 역량이 큰 명당자리의 생기를 받아 오랫동안 삭아 없어지지 않고 후손들에게 지속적으로 동기감응을 일으키게 함으로써 한 가문의 부귀영화가 무궁하다는 명당발복의 발현 현상으로서 명당발복은 명당발복을 다시 불러들이게 하여 명당발복의 시너지 효과가 계속해서 발휘되는 명문가문을 일컫는 말이라고 할 수 있다. 이러한 신비한 현상은 필자가 전국 각지를 다니면서 조상 묘와 후손들의 출생지, 성장지, 거지주, 사무실 등을 오랜 기간 답사하고 인터넷 지도에 의해 탐지해서 얻은 실증들을 통해 얻은 결론이라고 말 할 수 있다.

이와 같은 현상에 대해서는 그야말로 세상에 이런 일이 있을 수 있을까 하는 강한 의구심을 많은 사람들이 갖겠지만 실증에 의해 입증되고 있는 불가사의 不可思議한 일들이 허다하기 때문이다. 이와 같이 음택지 명당은 양택지 명당을 불러들이고 명당발복은 명당발복을 다시 불러들여, 대혈은 대발복을 받고 중혈은 중발복을 받으며 소혈은 소발복을 받게 된다는 것이 대자연의 이치가 아닌가 한다.

8. 명당발복은 만능의 해결사가 아니다

조상의 유해를 명당자리에 모시려면 적은 흉凶함을 감수해야 한다는 풍수지리에서 전해오는 경구警句가 있다. 아무리 역량이 큰 명혈대지名穴大地라 하더라도 우주와 자연의 이치와 질서 등에 의해 만들어진 혈자리이기 때문에 완벽한 자리는 없으며, 그 어떤 가문도 대대로 계속해서 천조명당 자리에다 모든 조상들의 유해를 모실 수는 없을 것이다.

풍수지리에서는 조상의 명당발복을 완전히 받으려면 친가 4대 외가 4대 등 모두 16분의 조상 묘가 명당자리에 조성되어야 한다고 전해 오는데 이러한 일은 거의 불가능한 일일 것이다. 또한 풍수지리에서 전해 오는 말 중에 덕을 3대 이상 쌓아야 대혈지지大穴之地인 천조명당 자리에 조상의 유해를 모실 수 있다고 하였다. 때문에 한 가문에서 대대로 천조명당 자리에 조상의 묘를 조성한다는 것은 거의 불가능한 일일 것이다. 따라서 한 가문에 3대 이상의 조상을 천조명당 자리에 모시는 것 만으로도 그 가문의 크나큰 영광이 될 것이다. 또한 천조명당 자리에 조상을 모셨다 하더라도 자연환경의 변화와 자연재해와 천재지변과 개발 등으로 조상의 묘를 옮기거나 명당자리의 혈맥과 혈장이 파손 되거나 주변 환경이 훼손되는 경우가 허다하다.

아울러 천년 동안 발복한다는 천년지지千年之地 또는 삼천년 동안 발복한다는 삼천년향화지지三千年香火之地라고 전해오는 대명당인 천조명당 자리에 조상의 유해를 모셨다 하더라도 대를 이어 갈수록 결혼에 의해 남녀 간의 유전인자가 섞어지기 때문에 천조명당 자리에 모셔진 조상의 유해와 유사한 유전인자를 가진 후손들이 계속해서 태어날 수 는 없을 것이므로 명당발복의 위력은 세월이 갈수록 떨어지고 명당자리의 유해도 세월이 갈수록 삭아 없어져서 후손에게 보내는 동기감응의 파장이 약화될 수 밖에 없을 것이다.

또한 후손들이 계속 덕을 쌓아 천조명당 자리에 조상의 유해를 모시는 명당자리를 주선해 줄 이름난 풍수사를 대대로 계속해서 만날 수도 없을 것이며, 지속적으로 자손이 선행만 행할 수 만은 없기 때문에 자자손손 대대로 부귀영화를 무궁하게 누릴 수는 없을 것이다. 또한 조상들 중에는 명당자리에 유해가 들어가지 못하고 흉지에 들어갈 수도 있고 명당자리라 해도 관리가 잘못되어 물이 유해가 있는 곳으로 들어 간다든지 나무뿌리가 유해로 뻗어 간다든지 벌레들이 들어 가든지 짐승 등이 묘소를 훼손 시킨다든지 자연재해나 개발 등으로 인해 명당자리나 혈장이 훼손 된다든지 하는 등등의 일들이 발생해 명당자리가 언젠가는 흉지로 변할 수도 있기 때문에 여러 대에 걸쳐 명당발복이 지속되는 일들은 불가능하다고 할수 밖에 없다.

아울러 우리가 사는 인생사에서 일어나는 생로병사生老病死와 길흉화복吉凶禍福과 시련과 고난에 따른 불행한 일들에서 모든 사람들은 자유롭지 못하며, 우주의 오묘한 섭리와 자연의 이치에 따라일어나는 자연재해 등 세상만사를 인간이 다 인지하고 예견해서 사전에 모두 대처할 수는 없을 것이다. 또한 우리 인간들이 제아무리 문명의 이기를 개발하고 과학기술이 발달되어 우주의 돌아가는 법칙과 삼라만상의 존재와 자연의 이법理法들을 알아내고 존재를 밝혀낸다 한들 인간이 인지하는 것들은 자연의 일부분일 뿐 모든 것을 찾아 알아내서 인지 하는데는 한계가 있다. 다시 설명하면 이 광대한 우주의 질서와 법칙들을 우리 인간들은 몇 십억 분의 일도 알지 못한다고 할 수 있기 때문에 아직도 우리 인류가 밝혀내지 못하는 신비의 세계는 얼마든지 존재할 수 밖에 없다.

따라서 우리가 살아가는 인생여정人生旅程에는 우주의 섭리와 자연의 법칙과 질서 등에 따라 수 많은 요인들로부터 영향을 받고 영향을 주기 때문에 우리가 흔히 말하는 사주팔자인 운명을 제아무리 좋게 태어나고, 조상을 천조명당 자리에다 모시고, 관상이나 이름이 좋다고 해도 이러한 것들이 우리에게 영향을 주는 것은 작은 한 부분에 불과하기 때문에 보통 사람들이 겪어가는 인생여정을 나만이 특별하게 갈수는 없고 우리 모두가 비슷한 인생여정을 갈 수 밖에는 없을 것이다.

그러므로 제아무리 만물을 이롭게 한다는 생기가 충만한 명당자리에 조상의 유해를 모셨다 해도 후손에게 미치는 영향은 한계가 있으며, 명당자리에서 일생동안 생활을 한다해도 생기가 만병통치약이 아니기에 인간의 삶에 긍정적으로 미치는 영향력은 일부분에 불과할 뿐이다. 따라서 우리가 살아가는 보편적인 질서 속에서 일어나는 길흉화복과 생로병사와 고난과 시련과 불행한 일들은 완전히 피할 수는 없을 것이다.

다만, 이러한 고난과 시련들이 닥쳤을 때 이를 극복해서 오히려 전화위복轉禍爲福의 계기를 삼는 데에는 명당자리에 조상의 유해를 모신 후손들은 명당자리에 조상의 유해를 모시지 못한 사람들에 비해 판단력과 사고력 등이 좋아져서 적극적이고 능동적으로 대처할 수 있는 조상의 음덕을 볼 수 있기 때문에 시련을 극복하는데 도움을 받을 수 있다는 것이지 시련과 고난의 인생살이의 온갖 굴레에서 완전히 벗어날 수는 없다는 것이다.

옛말에 부자 삼대 못 간다는 말이 있다. 아무리 명당이 명당을 불러들인다 하더라도 계속해서 좋은 명당자리에 조상의 유해를 모시어 대대로 부귀영화를 누리기란 쉽지 않다는 말일 것이다. 또한 명당자리가 있는 땅이나 집은 주인이 따로 있다는 말도 전해온다. 따라서 덕을 쌓은 사람에게만 명당자리를 내어 주어 부귀영화가 따르지만 욕심이 과도한 사람에게는 이러한 명당자리가 주어지지 않고, 설사 주어졌다고 하더라도 주변 환경의 변화와 묘소 관리가 잘못되는 등 환경적인 여건 등이 악화되어 명당이 흉지로 변하는 경우가 허다하므로 대대로 명당발복을 받기가 어렵다는 말일 것이다.

고려시대에 전성기를 맞았던 지리쇠왕설地理衰旺說과 산천순역설山川順逆說에는 "지리는 곳에 따라 쇠왕衰旺과 순역順逆이 있으므로 왕지旺地와 순지順地를 택해 거주할 것과 쇠지衰地와 역지逆地는 비보裨補해서 살아야 한다고" 도선국사의 비기도참서裨記圖讖書에서 적고 있다. 즉, 명당길지라 해도 생기가 성盛할 때가 있고 쇠衰할 때가 있기 때문에 명당발복이 지속된다고 할 수 없다는 것이다. 또한 아무리 생기의 역량이 큰 천조명당 자리라 해도 땅의 생기生氣와 하늘의 천기天氣와 사람의 인기人氣가 잘 조화되어야 하는 것이지, 어느 하나가 부족 한다든지, 걸출한 인물을 배출되는 시기가 되지 안했다든지, 사주팔자와 운이 쇠약하는 등의 여러 가지 연유로 인해 명당발복이 항상 발현될 수 없기 때문에 명당발복이 발현되는 시기와 대상이 맞아야하고 운명도 이에 따라 정해져 있어야 한다는 것이다.

또한 사주팔자에 의한 대운大運도 10년 주기로 길흉화복이 바뀐다. 아무리 좋은 운명을 타고났다 해도 평생 동안 길吉한 대운은 없으며, 사람이 70세가 넘으면 아무리 좋은 운이 온다해도 운을 제대로 받아들일 수가 없게 된다. 또한 천재지변과 주변의 환경 여건이 바뀌고, 지구촌에서 일어나는 정보 전달과 세계적인 변화 변동이 빠르게 일어나는 등 자기의 의지와 노력과 관계없이 오늘날에는 많은 고난과 시련이 기다리고 있어 이를 극복하지 못한다면 성공 할 수 없는 시대에 우리가 살고 있다.

아울러 사람들에게 영향을 주는 건강, 명예, 재물, 직장, 가족, 국가, 환경, 지역, 지구촌 등에서 끊임없이 사건사고가 발생하기 때문에 이러한 시련을 극복하지 못하고서는 본인의 성공은 물론이요, 한 가문의 영광도 지킬 수 없고, 한 국가와 지구촌의 안녕과 평화와 번영에도 기여할 수 없을 것이다.

명당발복과 흉지의 발현에는 수많은 경우의 수가 따른다. 음택지와 양택지 명당자리의 역량과 유사성, 조상과 후손과의 유전인자의 영향과 유사성, 친가와 외가의 명당 길지와 흉지 여부(여자는 친가와 시가의 명당 길지와 흉지 여부), 형제, 친척이라도 명당자리에서 태어났는지 사기邪氣가 있는 집에서 태어났는지의 여부, 조상 묘소의 관리여부, 명당자리의 자연환경에 의한 영향 여부, 지진과 화산 폭팔 등 천재지변에 의한 명당자리의 파손 여부, 사주팔자와 노력과 부모 등에 의한 수 많은 경우의 수가 발생하기 때문이다. 따라서 일률적으로 누가 언제 어떻게 명당발복을 받고, 누가 언제 어떻게 화를 당해 시련을 겪는지에 대해서는 헤아릴 수도 없는 경우의 수가 많이 발생하기 때문에 어느 누구도 인생사에서 일어나는 길흉화복을 정확하게 예측을 할 수 없을 것이다.

다만 풍수지리라는 작은 분야의 범위 내에서 인생의 길흉화복의 일부분에 대해 언급을 한 것일 뿐이므로 천조명당을 얻었다 해서 명당빌복만 일어난다고 믿는 깃은 잘못된 인식이다. 또한 흉지에 있다해도 화만 불러와 시련만 당하는 것도 아닐 것이다. 다만 풍수지리를 이해하고 접근하는 것은 우리 인간의 삶에 흉화凶禍를 다소나마 덜어보고 극복해 보자는 노력에 불과할 뿐이다. 그러므로 풍수지리의 작은 부분이라도 실행한다면 흉화凶禍를 조금이라도 줄이고 길吉함을 증대시켜서 복된 삶을 살아 삶의 질을 향상시키고 인류의 번영과 평화에 어느 정도 기여할 수 있는 것이 풍수지리라 할 수 있다.

9. 풍수사의 윤리

풍수지리에서는 다음과 같은 명당에 대한 윤리倫理의 글이 전해 내려오고 있다. "積善之家 必有餘慶, 積善不之家 必有餘殃(적선지가 필유여경, 적선불지가 필유여앙)"이란 말이다. 이 말을 풍수지리에 적용하면 명당길지는 적덕積德을 한 사람에게만 내어주고 적덕을 하지 못한 사람에게는 재앙災殃을 준다는 말로 해석할 수 있다. 적덕積德과 선행을 하는 사람들 즉, 봉사활동奉仕活動과 나눔을 실천하는 사람들에게는 명당자리를 내어주어 후손들에게 복을 주고, 악업惡業을 일삼는 사람들에게는 명당자리 대신 흉지凶地를 내어주어 후손에게까지 화禍를 미치게 한다는 말이다. 따라서 우리는 살아가면서 선행과 덕을 많이 쌓아 본인 뿐만 아니라 후대의 자손들이 부귀영화를 누려 복된 삶을 살아갈 수 있도록 해야한다는 것을 강조한 말이라 하겠다.

우리나라 풍수지리는 AD 643년 경 신라 선덕여왕 때 자장율사가 당나라에서 귀국해 풍수지리를 처음으로 왕가王家나 백성들의 생활에 적용한 것으로 추정하고 있다. 고려시대에 들어와서는 풍수지리가 본격적으로 적용되기 시작해 고려를 건국한 태조 왕건王建은 훈요십조訓要十條, 지기쇠왕설地氣衰旺說, 삼경제三京制 등 왕권강화의 수단으로 풍수사상風水思想을 이용했으며, 조선시대에 와서는 풍수가 유교儒教의 효사상孝思想과 결합하면서 풍수가 발전하게되었다. 아울러 조선시대에는 과거시험에 음양과陰陽科가 포함되어과거시험 때 마다 한 명의 풍수사를 합격 시켰으며, 조선 초기에는 풍수사風水師로 부르다 조선 후기에 들어와서는 지관地官이라 했다. 우리나라에서 활동한 유명한 풍수사 중의 한 분인 도선국사道詵國師는 신라 말과 고려 초에 살았던 인물로서 우리나라의 불교 발전사에 한 획을 긋는 고승으로서 풍수지리를 전수받아 우리나라 풍토에 맞는 자생풍수自生風水를 확립하였으며, 아울러 땅에 문제가 있으면 고치고 채워서 써야한다는 비보풍수裨補風水를 개척 한 분으로서 도선비결道詵秘訣 등을 남겼고, 도안道眼 또는 신안神眼의 높은 경지에까지 이른 도인道人으로 전해오고 있다.

도선국사 이후 우리나라의 풍수계의 대가들로는 고려 공민왕의 왕사王師인 나옹대사, 고려 말과 조선 초기에 이름을 떨친 하륜, 정도전, 무학대사 등이 있었으며, 그 이후로는 임진왜란 때의 서산대사를 비롯해 명종 때의 남사고 선생, 토정비결을 쓰신 토정 이지함 선생과 이의신, 정두경, 성유정, 윤참의, 박상의, 두사충 등이 조선시대의 이름난 풍수계의 명풍수사名風水師들이라고 전해오고 있다.

조선시대에는 풍수지리에 능통한 사람들을 풍수사風水師, 지사地師, 지관地官으로 불렀다. 풍수사는 풍수지리에 능통한 사람이라해서 스승 사자인 사師자를 붙여 풍수사로 불렀으며, 풍수사 중에서도 왕릉王陵을 조성할 때 임명된 책임자를 지관地官이라 했다. 풍수사가 되기 위해서는 전국의 모든 산을 답사를 해야 했으며, 10년이상을 풍수시리에 관련된 공부를 해서 과거시험에 합격해아 하는 등 상당히 어려운 관문을 통과해야만이 풍수사나 지관이 되었다고한다.

풍수지리에서 전해오는 말 중에 명당자리를 찾는 풍수의 실력에따라 범안凡眼, 법안法眼, 도안道眼, 신안神眼 등의 네 종류로 구분하고 있다. 범안凡眼을 가진 사람은 산세의 형세를 상식적으로 이해해서 명당자리를 잡는 수준을 말한다. 법안法眼을 가진 사람은 풍수의 이론에 맞추어 혈맥과 장풍藏風에 대한 높은 안목으로 명당자리를 잡고 수법水法에 의해 좌향坐向을 놓을 수 있는 수준을 말한다. 도안道眼을 가진 사람은 개안開眼을 통해 풍수의 정법正法에만 의존하지 않고 산세를 대강 보아 진혈眞穴을 찾는 등 눈에 명당자리가 완전히 들어오는 수준이다. 신안神眼을 가진 사람은 산매山魅(산도깨비)나 귀신의 힘을 빌려 대명당 자리를 척척 잡아내는 수준을 말한다고 되어 있다.

또한 명당자리에서 나오는 기氣를 감지해 명당자리를 찾는 사람도 있고, 땅 속을 투시透視해서 명당자리를 찾는 사람도 있으며, 수맥탐지기인 엘로드를 가지고 명당자리를 찾기도 하며, 인터넷에 의한 지도나 사진을 통해 엘로드로 지구촌 곳곳에 있는 명당자리를 찾아내는 등 보통 사람들의 일반적인 상식으로는 이해하지 못하는 특별特別한 방법 등으로 명당자리를 찾아내는 도인道人들이나 초능력超能力을 가진 분들이 있다는 것도 인정해야 한다. 그러나 풍수사의 단계가 아무리 높아 혜안慧眼을 가지고 명당자리를 잘 찾는다 해도 명당을 찾아달라고 요청을 하는 모든 사람들에게 명당자리를 찾아준다는 것은 무리이며 삼가야 한다고 한다. 특히 하늘과 땅이 감추어 놓은 명당길지인 대명당인 천조명당 자리의 경우에는 주인이 따로 있기 때문에 함부로 아무에게나 알려 준다는 것은 자연의 이치와 우주의 섭리를 거스르는 행위일 수도 있다는 것이다.

풍수사는 명당을 찾아 달라는 사람의 집안 내력 등도 보지 않고 재물에 현혹되어 욕심이 많고 효심도 없는 악행 등을 일삼는 사람들에게 명당자리를 함부로 알려 줄 경우에는 장사葬事나 이장移葬을 하는 중에 사건사고가 발생할 수도 있고, 광중壙中에 물이 흘러들 수도 있으며, 장애물障碍物이 생겨 시신이나 유해가 들어가는 것을 거부하는 경우가 발생할 수도 있다는 것이다.

또한 명당자리의 주인이 아닌 사람의 시신이나 유해를 억지로 명당에 모셨을 경우 후손이 흉화凶禍를 당할 수도 있고, 이러한 행위를 한 풍수사에게도 흉화가 닥칠 수도 있으며, 심지어는 풍수사의 후손까지 흉화가 미칠 수도 있다는 것이다. 따라서 풍수사는 명당자리를 찾아 줄 때는 풍수사의 양심에 어긋나는 일이 없어야 하며, 아울러 재물에 현혹되서는 안되는 등 신중함과 부끄러운 일을 하지 않으면서 최선을 다해 명당자리를 점지해 주되 풍수사의 윤리의식倫理意識에 벗어나는 행위를 해서는 안될 것이다. 자연의 섭리는 결코 우리 인간의 과욕과 물욕한테는 함부로 모든 것을 내어 주지 않고 용서가 없다는 것을 알아야 할 것이다.

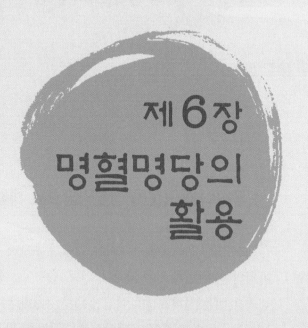

제6장
명혈명당의
활용

제6장 명혈명당의 활용

1. 우리나라 국운을 명혈명당으로 개척해 나가자

천조명당天造明堂에 대해서는 앞에서 수차례 설명한 바와 같이 혈자리의 역량이 가장 큰 대혈大穴 즉, 인구人口에 회자膾炙되어 오르내리고 있는 신비神秘의 대명당大明堂, 천하대지天下大地, 진혈대지眞穴大地 등으로 불리운 명당으로서 하늘이 만들어 땅에다 숨겨 놓고 산신山神과 지신地神이 지키고 있으며, 삼대三代 이상의 적덕積德과 선행善行을 행하고 효심孝心이 지극한 사람에게만 하늘이 가려서 내어준다는 명당길지明堂吉地이다.

위와 같이 천조명당인 대명당에 대해서는 이렇게 많은 수식어修飾語가 따라다니면서 인구에 회자되고 있는 것은 옛부터 이러한 대명당을 찾아서 활용한다는 것이 매우 어려운 일이라는 것을 알 수 있다. 그러나 조선시대부터 현재에 이르기까지의 명당발복이 발현된 실증들을 보면 대명당을 찾아서 활용했을 경우에는 반드시 명당발복이 발현되는 신비한 현상이 있었기에 위와 같은 수식어修飾語들이 나왔을 것으로 여겨진다. 따라서 많은 수식어들이 붙어다니는 천조명당이 한 곳에 74개나 모여있어 생기의 보고지인 명혈명당을 잘만 활용한다면 대대손손이 명당발복을 받을 수 있는 신비의 명당이라 할 수 있다.

명혈명당은 우리나라 곳곳에 수를 헤아릴 수 없을 정도로 많이 숨어 있으므로 누구라도 마음만 먹으면 명혈명당을 찾아서 얼마든지 활용할 수가 있다. 따라서 전국 곳곳에 있는 명혈명당을 찾아내서 모든 국민이나 국가기관 및 공공기관과 기업체 등에서 적극적으로 활용한다면 명혈명당이 우리나라 국운國運을 개척開拓해 나가는데 많은 기여를 할 수 있을 것으로 여겨진다.

(1) 공공기관 청사를 명혈명당에 조성하자

국가기관이나 지방행정 기관 등 공공의 업무를 수행하는 기관의 청사에 천조명당의 역량을 가진 명혈명당 터에 조성造成하자는 것이다. 명당자리에서는 지구의 기氣인 생기가 끊임없이 분출되는 곳이므로 생기가 서려있는 명혈명당에 국가기관이나 지방행정기관 등과 같은 청사를 조성할 경우 이곳에서 근무하는 분들은 생기를 받아 가면서 직무를 수행하게 됨으로서 합리적인 판단력과 강한 추진력이 발휘되어 국민들에 대한 무한의 봉사를 실행하는 마음이 생기게되어 나라는 부강하고 국민들은 복된 삶을 영위하여 번영된 국가를 만들어 갈 수 있을 것이므로 공공기관 청사를 명혈명당에 조성해 양택지 명당발복의 발현 효과를 대한민국의 국운 개척에 최대한 활용하자는 것이다.

생기는 앞에서도 수차례 설명을 하였지만 만물을 활성시킨다는 대자연이 우리 인류에게 내려준 귀중한 선물이다. 따라서 이러한 생기를 받게되면 판단력이 좋아지고 집중력과 추진력이 발휘되고 무엇인가 이루어 내고야 말겠다는 집념이 강해지고 혹독한 시련을 겪더라도 다시 일어설 수 있는 용기 등을 주는 등 삶에 활력소 역할을 하는 신비한 지구의 에너지라 할 수 있다.

다시 말하면 명혈명당에서 공직자들이 근무를 하게 되면 풍수지리에서 말하는 명당발복이 발현되어 공직자의 합리적인 판단력과 근무 의욕을 고취 시켜 국가와 지방자치단체의 발전에 기여하는 등 국민의 안녕과 국가의 번영을 추구하는데 긍정적이고 발전적인 힘이 발휘될 수 있도록 생기가 충만한 명혈명당 터에 공공기관 청사를 조성하자는 것이다.

우리나라는 세계사에서도 볼 수 없을 정도로 단기간 내에 경제성장과 민주화에 성공하여 한강의 기적을 가져온 기저基底에는 잘 살아 보자는 국가 지도자와 이를 뒷받침한 공직자들이 밤낮으로 성실하게 근무하면서 국민들을 이끌어간 것이 큰 힘이 되었다고 여겨진다. 특히 정부서울청사와 정부과천청사에는 4개 이상의 명혈명당이 들어있어 국가의 주요정책을 입안해서 강력한 추진력을 발휘해 경제발전을 이끌었던 원동력原動力에는 명혈명당에서 생성되는 생기의 작용도 한몫했을 것으로 추정해 볼 수 있다. 현재도 청와대 대통령 집무실, 정부서울청사, 정부과천청사와 정부세종청사의 국무총리실과 기획재정부 등에는 천조명당의 역량을 가진 명혈명당이 들어있어 명당처에서 분출되는 강한 생기를 받으면서 정부정책을 계획하고 추진하고 있는 많은 공직자들이 근무하고 있다는 것은 대한민국의 축북이 아닐 수 없다.

아울러 지방자치단체의 청사에도 정부청사와 마찬가지로 이 곳에서 근무하는 공직자들이 생기의 작용에 힘입어 지역발전과 지역주민의 안녕과 복지를 위해 적극적인 행정력을 발휘할 수 있도록 지방행정기관의 청사를 명혈명당 터에 조성하자는 것이다.

지방자치단체 중에 명혈명당이 들어있는 청사는 서울특별시 시청, 부산광역시 시청, 대구광역시 시청, 경상북도 도청과 경상남도 도청 등이다. 따라서 앞으로 국가기관과 지방행정기관 및 공공기관 등이 이전을 한다거나 새로운 청사 등을 신축할 경우에는 반드시 명혈명당이 들어있는 곳에 청사를 신축하거나 이전을 해 많은 공직자들이 생기를 받아 양택지 명당발복이 발현되도록 명혈명당을 적극 활용하자는 것이다.

우리나라의 국가기관과 지방행정기관의 청사에 대해 명혈명당 여부를 조사한 바로는 아래의 표와 같이 행정기관 청사에는 청와대, 국무조정실, 정부서울청사 등 29곳, 사법기관 청사는 수원지방법원 성남지원 1곳, 지방행정기관 청사는 서울특별시청, 부산광역시청 등 26곳으로 모두 56곳의 공공기관 청사에 명혈명당이 들어 있는 것으로 조사되었다. 그러나 모든 국가기관이나 지방행정기관 등 공공기관들을 모두 조사한 것이 아니고 정부의 주요기관 청사 및 지방자치단체의 주요기관 청사 등에 대해서만 우선적으로 조사를 한 것이므로 모든 공공기관을 대상으로 전수조사를 실시한다면 이보다 더 많은 청사에 명혈명당이 들어 있을 것으로 추정해 볼 수 있다.

공공기관 청사의 명혈명당 현황

구 분	공공기관	위 치	혈처
중앙행정기관	청와대	서울 종로구 세종로 1	上下(4)
	국무조정실(총리실)	세종 어진동 615 (정부세종청사)	上下(2)
	기획재정부	세종 어진동 555 (정부세종청사)	上下(2)
	행정자치부,통일부	서울 종로구 세종로 77-6 (정부서울청사)	左右(2)
	여성가족부,금융위원회		
	외교부	서울 종로구 도림동 95-1	左右(2)

구 분	공공기관	위 치	혈처
중앙행정 기관	법무부,방송통신위원회	경기 과천시 중앙동 1 (정 부과천청사)	上下(4)
	국립중앙도서관	서울 서초구 반포동 산 56-2	上下下(3)
	서울지방국세청	서울 종로구 수송동 104	上上(2)
	서울지방조달청	서울 서초구 반포동 520-3	上下(2)
	수원지방검찰청성남지청	경기 수원시 수정구 단대 동 75	上下(2)
	서울지방중소변처기업청	경기 과천시 중앙동 1	上下(2)
	서울지방국토관리청	경기 과천시 중앙동 1	上下(2)
	경인지방식품의약안전청	경기 과천시 중앙동 1	上下(2)
	경인지방통계청	경기 과천시 중앙동 1	上下(2)
	서울지방교정청	경기 과천시 중앙동 1	上下(2)
	서울경찰청수련장	경기 고양시 내유동 769-2	上下(2)
	중부소방서	서울 중구 무학동 43	上下(2)
	의성소방서	경북 의성군 봉양면 구미 리 706-1	上下(2)
	북창치안센터	서울 중구 북창동 93-1	上(1)
	영등포역치안센터	서울 영등포구 영등포동 618-609	下(1)
	해운대해수욕장우체국	부산 해운대구 중동 1391-92	下(1)
	봉덕1동우편취급국	대구 남구 봉덕동 627-15	上(1)
	삼일치안센터	경기 부천시 심곡본동 534-11	下(1)
	부안줄포우체국	전북 고창군 줄포면 줄포 리 411-7	上(1)
	울릉천부우체국	경북 울릉군 북면 천부리 56-3	上(1)
	(29곳)		

구 분	공공기관	위 치	혈처
사법기관	수원지방법원성남지원	경기 성남시 수정구 단대동 75	左右(2)
	(1곳)		
지방행정 기관	서울특별시청	서울 중구 태평로 1가 31	上下(2)
	종로구청	서울 종로구 수송동 146-2	上下(4)
	종로도서관	서울 종로구 사직동 1-28	上(1)
	부산광역시청,시의회	부산 연제구 연산동 1000	上下(4)
	서대신동주민센터	부산 서대신동 2가 179-1	上(1)
	대구광역시청,시의회	대구 중구 동인동 1가 2-1	上下(4)
	대구동구청	대구 신암동 36-1	左右左(3)
	광산구제2청사	광주 광산구 송정동 828	上(1)
	풍암동주민센터	광주 서구 풍암동 1125	上(1)
	경기도청제1,제2별관	경기 수원시 고등 42-85	上下(2)
	의왕시청,시의회	경기 의왕시 고천동 171	上下(4)
	의왕시중앙도서관	경기 의왕시 고천동 159	上下(2)
	수원시평동주민센터	경기 수원시 권선구 평동 350-6	上(1)
	구리시체육관	경기 구리시 교문동 3-2	下(1)
	천안시시청	충남 천안시 불당동 234	上下(4)
	완주군청	전북 완주군 용진읍 운곡리 975-78	上下(4)
	신풍동주민센터	전북 군산시 문화동 919-2	右(1)
	경상북도도청,도의회	경북 안동시 풍천면 갈전리 1155	上下(4)
	안동교육문화센터	경북 안동시 옥야동 328-2	上下(2)
	칠곡군청소년상담센터	경북 칠곡군 왜관읍 왜관리 227-8	左(1)
	경상남도도청	경남 창원시 의창구 사림동 1	上下(4)

구 분	공공기관	위 치	혈처
	경남덕유교육원	경남 함양군 서상면 상남리	上下(4)
	(26곳)		
계:56곳			

*위 표의 혈처에 上은 명혈명당의 상혈처, 下는 명혈명당의 하혈처, 上下는 명혈명당의 상혈처와 하혈처, 左右는 명혈명당의 좌혈처와 우혈처, ( )숫자는 명혈명당의 혈처가 들어 있는 개수를 표시한 것임.

(2) 대통령 집무실과 관저를 명혈명당에 신축하자

조선왕조朝鮮王朝는 1392년 태조 이성계가 조선朝鮮이라는 국호國號로 개경開京에서 개국開國을 한 이후 519년 동안 27명의 왕이 조선의 왕정王政을 이끌면서 통치해온 나라다. 조선은 개국 후 2년 만에 도읍지를 개경開京에서 한양漢陽으로 옮기게 된다. 고려말高麗末 음양오행陰陽五行에 근거를 둔 지기쇠왕설地氣衰旺說과 풍수도참설風水圖讖說에 따라 개경은 지기地氣가 이미 쇠衰하였으니 지기가 왕성旺盛한 곳으로 도읍지를 옮겨야한다는 신진新進 사대부士大夫들의 의견과 새로운 조선왕조의 면목面目과 민심民心을 새롭게 하기위해서는 천도遷都를 해야 하겠다는 태조 이성계의 강한 의지에 따라 풍수지리에 조예가 깊은 정도전, 하륜, 무학대사 등의 조언에 따라 1394년 10월에 개경에서 한양漢陽으로 천도遷都를 하게 된다.

풍수지리적으로 한양漢陽은 북한산北漢山을 중조산中祖山으로 하고 북악산北岳山을 주산主山으로 하며 좌청룡左靑龍은 낙산駱山이 되고 우백호右白虎는 인왕산仁王山이 되며 남산南山을 안산案山으로 하고 조산朝山은 관악산冠岳山으로 하며 청계천淸溪川과 한강漢江을 득수처得水處로 하여 왕조王朝의 큰 복을 누린다는 경복궁景福

宮을 북악산北岳山 아래 명혈명당의 군혈지群穴地에 건설하여 519년간의 조선왕조를 이어온 조선의 도읍지다.

경복궁은 신하들의 조하朝賀를 받는 근정전勤政殿, 왕의 침실인 강녕전康寧殿, 연회宴會 장소인 경회루慶會樓 및 광화문光化門 등 대명당인 천조명당의 역량을 가진 명혈명당이 상하 일열로 8개씩 좌우로 나란히 16개의 명혈명당처가 형성되어 모두 1,184개의 명당자리가 경복궁 내에 모여 있는 생기生氣의 보고지寶庫地로서 강한 기가 서려있는 그야말로 천하대지天下大地라 할 수 있는 명당 터이다.

한양의 사대문 안인 현재의 종로구 및 중구에는 2018년 4월 말까지 필자가 조사한 바로는 400개의 명혈명당이 형성되어 있어 모두 29,600여 개의 천조명당 자리가 형성되어 있는 명당길지이다. 이렇듯 서울은 생기의 보고지인 명혈명당이 수없이 많이 형성되어 있는 곳으로서 수 만개의 천조명당에서 밤낮으로 끊임없이 솟아나는 생기가 공기 중에 섞여 돌아다니면서 서울에서 생활하는 사람들에게 삶의 활력소를 제공해주는 명혈명당의 군혈지群穴地이다.

대한민국의 청와대青瓦臺는 1948년 정부수립 후 이승만 대통령이 경무대景武臺로 명명命名해 1960년 8월까지 대통령 관저로 사용하다가 윤보선 대통령이 본관 건물이 청기와로 되어 있다고 해서 청와대青瓦臺로 명명命名하여 현재에 이르고 있다. 청와대는 고려시대에는 남경의 이궁離宮으로 활용 되었으며, 조선시대에는 군대의 연무장鍊武場이나 과거장科擧場 및 농사를 짓는 친경지親耕地로 활용된 곳이다. 그러나 일제 강점기에는 조선총독부朝鮮總督府 관사를 건립하여 사용되었으며, 미군정시美軍政時에는 하지 준장의 관저로 사용되었던 곳이다.

현재의 청와대는 1948년 8월 정부수립과 함께 초대 이승만 대통령이 관저로 사용하기 시작한 곳이나 일본인들이 이곳에 조선총독부의 관사를 지은 것은 조성왕궁의 상징인 경복궁을 가로 막아 조선 왕실의 지기地氣를 누르기 위한 것으로 풍수지리학상으로는 용맥을 끊어 민족정기民族正氣를 말살하여 조선을 영원히 일본의 지배하에 두고자 한 속셈이었다고 할 수 있다. 청와대는 총 253,505㎡(약 76,685평)의 부지에 대통령 집무실, 대통령 숙소인 관저, 대통령비서실, 대통령경호실 및 영빈관 등으로 되어 있다. 청와대는 강원도 홍천군 남면 금학산(655m)연봉에서 마지막으로 분맥해 입수맥으로 흘러와 인턴넷 지도상 직선거리로 약 65km 정도 흘러들어 명혈명당이 형성된 곳으로서 청와대에도 생기가 강하게 분출되어 서려 있어 경복궁과 함께 천하대지天下大地라 할 수 있는 곳이다. 청와대 부지에는 하늘이 숨기고 땅이 감춘다는 천조명당이 한 곳에 74개씩 모여 있는 명혈명당의 혈처가 상하 일열로 좌우 나란히 네 개가 형성되어 있어 모두 296개의 천조명당 자리가 만들어져 있는 생기의 보고지寶庫地이다. 그러나 현재로서는 아쉽게도 청와대 내에 있는 네 개의 명혈명당 혈처 중 상혈처 한 곳만 활용을 하고 있고 생기가 강하게 발산되고 있는 세 개의 명당처는 활용을 하지 못하고 있다.

우리나라 역대 대통령들은 모두가 임기 말에는 판단력이 흐려져서 본인 또는 가족들의 불미스러운 일들로 인해 곤혹을 치러 왔다. 이럴 때마다 청와대의 터가 길지吉地가 아니고 흉지凶地라는 말이 항간巷間에 나돌곤 했다. 그러나 필자의 소견으로는 청와대 터가 흉지가 아니라 길지 중의 길지이지만 이러한 명당길지를 재대로 활용을 하지 못하고 수맥이 강하게 흘러 사기邪氣가 가득해 흉지라고 불리운 곳에다 건물을 세워 활용하고 있어 국가에 큰 사건사고만 터지면 항간에서 청와대의 흉지 탓이라는 말이 나오곤 한 것이 아닌가 한다.

현재 청와대 대통령의 숙소인 관저와 대통령비서실과 경호실 직원들이 근무하고 있는 건물 밑으로는 청와대 부지 내에 형성되어 있는 네 개의 명혈명당처로 흘러들어가는 수 십개의 수맥들과 생기보호맥 및 생기저지선 등이 통과하고 있는 곳이다. 풍수지리학적인 견해로서는 수맥이 많이 지나는 곳에 오랜 기간 생활을 하게되면 수맥에서 나오는 음습陰濕한 탁기濁氣와 사기邪氣 등을 계속 받게되어 판단력이 흐려져 국가의 주요정책 결정에 오류를 범할 수 있고, 불안과 초조함이 심해지며, 대인기피증과 불면증 등이 생겨나는 등 심신이 피로해져서 추진력도 저하되며 심지어 우울증까지 겪을 수 있는 곳이라 할 수 있다.

이러한 수맥 위에서 생활하는 대통령과 가족은 물론이요 대통령을 보좌하는 분들의 판단력도 함께 흐려져 합리적인 결정을 내리기 어렵고 추진력도 떨어져 임기말로 갈수록 불미스러운 일에 휘말리게 됨으로써 위태危殆스러운 일들이 계속 일어난 것이라 할 수 있다. 따라서 현재의 대통령 관저와 대통령비서실과 경호실 등을 강한 생기가 분출되어 서려있는 명혈명당으로 하루 빨리 옮겨서 대통령과 대통령을 보필하는 대통령비서설 등에서 근무하는 분들이 합리적인 판단으로 국가의 주요정책을 결정하고 결정된 정책을 강력하게 추진해 국민의 안녕과 국가의 발전을 도모하여 세계속에서 대한민국이 중심국가로 발전하면서 통일을 이루기 위해서는 청와대의 관저와 비서설 등이 근무할 새로운 청사의 신축이 매우 시급한 일이라고 여겨진다.

앞에서도 언급했지만 현재의 청와대 터는 천조명당이 296개나 모여 있는 천하대지天下大地이나 이를 활용하지 못하고 공교롭게도 수맥이 흐르는 곳에 건물을 지어 관저와 비서설 등으로 사용함으로써 일어나는 일시적인 혼돈混沌일 뿐이지 결코 흉지는 아니다. 다시 말하면 현재의 청와대는 명혈명당의 혈처를 3개나 바로 앞에 두고도 활용을 하지 못하는 것일 뿐 천하길지를 두고 흉지라고 여긴다면 대한민국에서는 그 어느 곳으로 대통령 집무실과 관저를 옮긴다 해도 흉지라는 말이 나올 수밖에 없을 것이다. 즉, 수맥이 흐르는 곳은 대한민국 어디든지 수 없이 많기 때문에 흉지를 피해서 생기가 분출하는 명혈명당 터에 대통령과 이를 보좌하는 분들이 근무하고 생활하도록 해서 흉지라는 말이 나오지 않도록 하는 것이 풍수지리학적으로는 시급한 문제라고 여겨진다.

새로운 대통령 집무실과 관저 자리로는 현재의 청와대 본관 집무실에 들어있는 명혈명당의 우측 상혈처인 일월혈지에서 동쪽으로 약 50여 미터와 성혈지에서 약 9미터 정도 떨어진 곳에 명혈명당의 좌측에 형성된 상혈처가 있으며, 현재의 대통령 집무실에 들어있는 명혈명당의 일월혈지에서 앞쪽으로 약 50여 미터와 성혈지에서 약 9미터 정도 떨어진 곳에 명혈명당의 우측 하혈처가 있다. 또한 명혈명당의 우측 하혈처의 일월혈지에서 동쪽으로 약 50여 미터와 성혈지에서 약 9미터 정도 떨어진 곳에 명혈명당의 좌측 하혈처가 형성되어 있다. 따라서 생기가 끊임없이 분출되어 강한 기가 서려 있는 명혈명당에 대통령 집무실과 관저 및 비서실 등을 신축해 이전한다면 대한민국의 국운이 현재보다는 더 좋은 방향으로 개척될 것으로 확신한다.

앞에서도 언급했지만 우리나라의 청와대는 세계의 부강한 국가들의 대통령이나 수상들의 집무실이나 관저와 같이 생기가 강하게 서려 있어 항간에서 회자되고 있는 천하대지라고 불리운 천조명당의 역량을 가진 명혈명당처가 4개나 형성되어 있는 곳이다. 따라서 우리나라에서 청와대의 주인이 되려면 반드시 조상의 묘가 천조명당자리에 조성되어 있어야하고, 아울러 생가나 대통령이 되기 전에 거주한 가옥에도 생기가 강하게 서려있는 천조명당 자리여야 청와대의 강한 생기를 거부감 없이 잘 받아들일 수 있을 것이다.

실제로도 우리나라 대통령을 역임한 12명 중 이승만 대통령의 조상 묘와 생가가 북한지역에 있어 조사하지 못한 것을 제외하고는 모든 대통령의 조상 묘와 생가와 대통령이 되기 전에 기거했던 가옥이 천조명당 자리 임이 확인되었다. 따라서 앞으로도 청와대의 주인이 되려면 조상의 묏자리와 생가 터와 거주하는 곳 등에는 반드시 천조명당의 역량을 가진 명혈명당 자리 여야만이 명당의 시너지 효과에 의한 명당발복의 발현을 크게 기대 할 수 있다는 것이 통계적으로 입증되고 있다.

(3) 한민족 미래의 수도 완주 모악산 기슭

아시아 대륙 동쪽 끝에 자리한 한반도에 정착해 5천년 이상 한민족韓民族의 얼을 계승해 오고 있는 우리 대한민국은 고구려 때는 한반도를 포함해 지금의 중국 영토인 길림성, 헤이룽장성, 라오닝성 등 만주의 드 넓은 벌판을 누비던 위대한 민족이다. 그러나 현재는 대한민국이 불행한 역사의 흐름을 막을 수 없어 남북한이 분단되어 있지만 한반도는 예로부터 산세가 수려하고 강에는 물이 적당하게 흘러 아름다운 금수강산이라고 불리운 아시아의 동쪽 끝에 자리해 드넓은 태평양 등 3면이 바다와 접해 있는 신비의 나라다.

우리 한민족의 염원인 남북통일은 불원간 이루어 지리라 확신한다. 따라서 통일된 한민족의 수도를 필자는 풍수지리학적 관점에서 혈자리 즉, 명당자리가 우리나라에서 가장 많이 확인되어 생기가 곳곳마다 충만한 곳인 모악산母岳山 기슭으로 정했으면 하는 바람을 가져 본 것은 풍수지리를 연구하고 있는 한 사람의 이루지 못할 꿈

이 아닐런지 모르겠다.

모악산은 전라북도 완주군 구이면과 김제군 금산면에 걸쳐 있는 산으로 전라북도 도립공원으로 지정되어 있으며 높이는 해발 794m이다. 또한 모악산은 노령산맥의 서단부西端部에 위치한 산으로서 호남평야와 전라북도 동부의 산간지대와 경계를 이루고 있는 어머니의 산으로도 불리운 산이다. 전해오는 말에 의하면 모악산 정상에서 아기를 안고 있는 형상을 한 큰 바위가 있어 모악산이라 불렀다고 한다. 모악산은 호남평야에 우뚝 솟아 있는 산이어서 예로부터 미륵신앙의 본거지가 되었으며, 서쪽 면에는 신라 불교의 5교 9산의 하나인 금산사金山寺가 있다. 모악산은 북동쪽 지역에 인구 65만여 명의 전주시를 품에 안고 있고 완주군 등 주변 지역의 인구를 다 합하면 거의 100만명에 이른다.

전주는 삼국 시대에는 비사벌 또는 비자화로 불리다가 삼국통일 후 완산주가 되었는데 신라 경덕왕 때 전주로 개칭되어 호남지역을 대표하는 도시로 발전해서 지금은 행정, 경제, 교통, 교육, 문화의 중심지로 발전해오고 있다.

모악산 서쪽 지역은 만경강과 동진강이 흘러들어와 비옥한 토지를 이루는 김제만경 평야가 펼쳐져 있고, 동쪽 지역은 덕유산 기슭인 진안군, 장수군, 무주군이 있는 산간지역이며, 남쪽 지역에는 남원시와 임실군과 연결되어 있고 우리나라의 명산인 지리산과도 접해 있다. 모악산에서 얼마 떨어지지 않은 곳에는 수량이 풍부한 옥정호가 있는 등 모악산은 주변 지역에 물을 풍족하게 공급해 주고 있어 어머니의 젖줄 역할을 하고 있는 산이기도 하다.

필자가 2017년 12월까지 조사한 우리나라의 명혈명당은 42,520 곳으로 조사 되었으며 이 수치는 지금까지 조사된 전국 명혈명당의 40% 정도만 확인된 것으로 추정하고 있다. 아울러 지금까지 조사된 명혈명당은 전라북도가 전국에서 두 번째로 많이 형성되어 있는 지역으로 조사되었으며 이 중에서도 모악산 기슭인 완주군 구이면 항가리에는 300여 곳의 명형명당이 형성되어 있어 우리나라 리里 단위 마을 중에서는 가장 많은 명혈명당이 형성되어 있어 그야말로 마을 전체가 천조명당 자리라고 말 할 수 있는 곳이다. 따라서 이 지역에서는 무려 2만 2천여 개 이상의 천조명당 자리에서 만물을 이롭게 한다는 생기가 끊임없이 솟아나는 생기의 보고지로서 우리나라에서는 그 어느 곳에서도 찾아 볼 수 없을 정도로 강한 생기가 온 마을에 서려 있는 곳이기도 하다.

모악산 주변으로 흘러와 명혈명당의 일월혈지를 형성한 혈맥의 대부분은 백두대간을 타고 흘러온 간맥이 전라북도 장수군 계북면의 덕유산(1,614m)연봉에서 마지막으로 분맥해 입수맥이 되어 인터넷 지도상 직선거리로 약 55km 정도를 흘러온 혈맥들이다.

필자의 소견은 모악산 동북쪽 기슭에 자리한 항가리를 중심으로 전주시와 완주군 등을 배후도시로 한 통일된 한민족의 수도를 정했으면 한다. 이러한 발상은 미륵신앙에 의해 수도를 정하자는 것은 절대 아니고 풍수지리학적 견해로서 명혈명당이 우리나라에서 가장 많이 집중되어 있는 곳에 수도를 정해 이곳에서 생활하는 분들이 강한 생기를 접하면서 국가를 경영토록 해 태평성대의 이상적인 국가를 만들어보자는 것이다.

다시 설명하면 생기가 충만한 땅에다 지도자가 집무하는 집무실을 비롯해 입법, 사법, 행정의 모든 주요기관들을 배치해 국가 경영에 참여하는 모든 사람들이 강한 생기를 받아가면서 국가를 운영해 나간다면 국가는 융성하고 국민은 태평성대를 구가하는 이상적인 국가가 될 수 있을 것이라는 순수한 바람에서 모악산 기슭에 한민족의 수도를 정했으면 하는 바람인 것이다.

배후 도시인 전주는 옛부터 역사적인 도시로 호남의 중심지로 발전해온 도시이다. 미래시대에는 과학기술의 급속한 발달로 획기적인 교통수단이 등장할 것이며, IT와 인공지능 등 4차 산업의 발달로 지구촌 어느 곳에 있든 모든 행정수요를 즉시 수용할 수 있을 것으로 예상되므로 한반도의 남쪽에 수도를 정한다 하더라도 크게 문제될 것은 없을 것이다.

우리나라 삼국통일을 이룬 신라도 한반도 남동쪽 끝인 경주에 도읍을 정해 삼국통일을 이루어 내는 등 천여 년간의 신라 왕국을 유지 했으며, 미국의 수도 워싱턴도 미국의 중심부가 아닌 동부지역에 치우쳐져 있는데도 자유민주국가를 건설해 세계 최대의 부강한 국가로 군림하고 있다. 또한 중국의 역사를 보더라도 중국의 수도는 중원中原이 아닌 변방에 계속 있었다. 중국의 장안은 BC1027-AD907년까지 약 800 여 년간을 수隨나라와 당唐나라 등의 도읍지였으며, 북경은 1206부터 현재까지 원나라, 명나라, 청나라 및 현재의 중화인민공화국까지 700여 년간의 수도로서 중추적인 역할을 한 실 예를 보더라도 수도가 어느 한쪽에 치우쳐 있다하더라도 국가를 통치하는 데에는 큰 문제가 없음을 보여주고 있다.

2. 인재 양성기관을 명혈명당에 조성하자

우리나라에서 박사 마을이라고 자랑스럽게 내세운 고장이 두 곳이 있다. 이 중 한 곳은 박사골 마을이라고 불리운 곳으로서 전라북도 임실군 삼계면이다. 삼계면에는 삼계리와 봉현리 등을 비롯해 16개 마을이 있는데 지금까지 157여 명의 박사가 배출되었다고 자랑스럽게 말하는 고장이다. 삼계면은 옛날부터 전해오는 생거生居 남원南原 사거死居 임실任實이라는 말이 전해오고 있듯이 명혈명당이 곳곳에 수 없이 많이 숨어 있는 곳이기도 하다. 삼계면에 대해 필자가 현재까지 조사한 바로는 천조명당의 역량을 가진 명혈명당이 332개나 형성되어 있어 약 2만5천 여 개의 천조명당 자리에서 생기가 분출되는 생기의 보고지라 할 수 있으며, 실제로는 이보다 훨씬 많은 명혈명당이 숨어 있을 것으로 추정되고 있어 옛날부터 전해오는 말이 허언虛言이 아님이 입증되고 있는 고장이라 하겠다.

삼계면 삼계리에 있는 삼계초등학교는 교실 및 운동장에 4개의 명혈명당이 들어있어 모두 296개의 천조명당 자리에서 분출되는 생기가 서려 있는 학교이다. 따라서 이 학교를 졸업한 학생들이 대부분 박사 학위를 받은 분들이므로 생기가 충만한 마을과 초등학교에서 어린 시절을 보냈을 것으로 보아 명혈명당에 의한 명달발복에 힘입어 박사학위를 받은 분들이 많이 배출된 것이 아닌가 하는 추정을 해 볼 수 있다.

또 다른 한 곳의 박사 마을은 강원도 춘천시 서면으로 현재까지 150여 명의 박사를 배출해 박사 마을로 유명세를 타고 있는 곳이다. 서면 금산리에 있는 금산초등학교도 삼계초등학교와 마찬가지로 교실과 운동장에 4개의 명혈명당이 들어있어 모두 296개의 천조명당 자리에서 생기가 솟아나오고 있는 생기의 보고지이다. 또한 서면에는 방동 마을을 비롯해 84곳에 명혈명당이 형성되어 있는 것으로 조사되었으나 실제로는 이보다 더 많은 명혈명당이 형성되어 있을 것으로 추정되고 있다. 따라서 박사 마을로 명성이 있는 두 곳 모두가 마을마다 명혈명당이 많이 확인 되었을 뿐만 아니라 공교롭게도 초등학교가 명혈명당에 자리하고 있다는 것이 공통적인 특징이라 할 수 있다.

명혈명당은 74개의 명당자리에서 올라오는 생기가 충만하게 서려 있는 곳으로서 그야말로 생기의 보고라 할 수 있는 곳이다.

생기가 충만한 곳에서 어린 시절을 보낸 학생들은 만물을 활성 시킨다는 생기를 마을에서나 학교에서 항상 접하면서 초등학교 시절을 보냈을 것이다. 따라서 생기를 지속적으로 많이 접하는 학생들은 판단력이나 의지력 등이 강해지고 자기가 하고 싶어하는 일에 집중할 수 있기 때문에 반드시 성공을 해야겠다는 집념 등이 강하게 작용되어 보통 사람들은 이루어 내기가 쉽지 않은 한 분야의 전문가라고 할 수 있는 박사 학위를 취득한 것은 개인과 가문의 영광이요 지역의 자랑이며 국가의 훌륭한 인재들이라 할 수 있다.

명혈명당은 전국 각지의 산야山野에 많이 형성되어 있으므로 명혈명당 터에다 각급 학교를 조성하거나 이전한다면 많은 학생들이 생기를 접하면서 공부와 연구에 정진함으로서 양택지 명당발복을 받아 청소년 시절에 품은 청운의 꿈을 실현하는데 큰 도움이 될 것이라 여겨진다. 따라서 각급 학교를 설립하거나 신축하거나 이전할 때는 명혈명당이 들어있는 생기가 충만한 곳에서 학생들이 공부할 수 있도록 배려 하여 우수 인력이 많이 배출됨으로써 국가경쟁력이 강화되어 세계의 중심국가로 도약할 수 있도록 각급 인재 양성기관에도 명혈명당을 많이 활용하였으면 하는 바람이다.

우리나라 전국의 각급 학교(대학교, 고등학교, 중학교, 초등학교 등)에는 천조명당의 역량을 가진 명혈명당이 들어있는 학교는 113개교로 조사되었다. 그러나 전국의 각급 학교를 인터넷 지도에서 엘로드에 의해 명당 여부를 조사하긴 했으나 모든 학교를 다 완벽하게 조사했다고 할 수는 없으며, 특히 도시에 있는 학교에 대해서는 모두를 다 확인하지 못했으므로 명혈명당이 들어있는 각급 학교는 이보다 훨씬 많을 것으로 추정된다.

우리나라의 대학교에는 영국의 대학평가 기관에서 평가해 아시아 우수 대학교 15위 안에 선정된 서울대학교, 고려대학교, 성균관대학교, KAIST 등 4개교와 연세대학교를 비롯해 11개교 22개 건물에 명혈명당이 1-4개씩이 들어있는 것으로 조사되었으며, 고등학교에는 서울의 등촌고등학교 등 19개교, 중학교는 경기도 안양시 임곡중학교 등 25개교, 초등학교는 서울의 삼릉초등학교 등 58개교에서 명혈명당이 1-4개씩 들어있는 것으로 조사되었으며 우리나라의 각급 학교의 명혈명당 현황은 아래의 〈표 1-1〉과 같다.

　우리나라의 각급 학교의 수는 2016년 현재 초등학교 6,001개교, 중학교 3,209개교, 고등학교 2,353개교, 특수학교 170개교, 전문대학 138개교, 대학교 201개교로 총 12,072개교 이다. 그러나 전국의 모든 학교를 전수 조사 하지는 못했지만 명혈명당 터에 있는 각급 학교는 113개교로 전체 학교의 0.9%에 불과하다. 대학교에서는 명혈명당이 들어있는 건물들은 대부분이 도서관, 행정관, 강의실 등으로 조사되었으나 초등학교, 중학교, 고등학교에서는 일부학교를 제외하고는 대부분의 명혈명당이 운동장에 들어있어 제대로 명당이 활용되지 못하고 있는 실정이었다.

　명혈명당이 들어있는 학교가 가장 많은 시도로는 경상북도로서 전국 초중등학교의 38.2%에 해당하는 42개교가 명혈명당 자리에 있는 것으로 조사되었다. 서울특별시 종로구 명륜동에 있는 조선시대 교육기관인 성균관成均館에도 명혈명당이 4개나 형성되어 있는데, 두 곳은 성균관 건물이 있는 곳에 들어있고, 두 곳은 성균관 우측에 형성되어 있는데 현재까지 공지로 남아 있다. 성균관은 고려시대에는 국자감으로 불리었으나 조선시대에 와서 성균관으로 명칭을 바꾸어 현재의 명륜당 자리가 조선시대에서는 최고의 인재 양성기관이었다.

〈표 1-1〉 각급 학교의 명혈명당 현황

구 분	학 교	지 번	혈처
대학	서울대학교 행정관 (본관)	서울 관악구 신림동 산 56-1	下下(2)
	서울대학교 중앙도서관 (본관)	서울 관악구 신림동 산 56-1	上上(2)
	서울대학교 중앙도서관 (관정관)	서울 관악구 신림동 산 56-1	下下(2)
	고려대학교 중앙도서관	서울 성북구 안암동 5가 1-2	上(1)
	고려대학교 경영본관	서울 성북구 종암동 29-26	上(1)
	고려대학교 삼성관	서울 성북구 안암동 5가 1-2	下(1)
	고려대학교 세종캠퍼스	세종 조치원읍 서창리 208	上下(4)
	연세대학교 중앙도서관	서울 서대문구 신촌동 134	下(1)
	연세대학교 삼성학술 정보관	서울 서대문구 신촌동 134	上(1)
	연세대학교 법학대학원	서울 서대문구 신촌동 134	上(1)
	성균관대학교 다산 경제관	서울 종로구 명륜3가 53-21	上下(2)
	성균관대학교 경영관	서울 종로구 명륜3가 53-21	上下(2)
	한양대학교 의대 제1의학관	서울 성동구 향당동 17	下(1)
	덕성여자대학교 종로캠퍼스	서울 종로구 운니동 114-7	下(1)
	동명대학교 대운동장	부산 남구 용당동 485-1	上下(4)
	KAIST 본관	대전 유성구 구성동 23	上下(4)
	KAIST 도서관	대전 유성구 구성동 23	上下(4)
	예수대학교 본부 및 예배당	전북 전주시 중화산동 1가 68-1	上上下(3)
	홍익대학교 국제연수원 (본관)	세종 조치원읍 신안리 272	上下(4)

구 분	학 교	지 번	혈처
대학	순천대학교 학생생활관 관리동	전남 순천시 매곡동 502	上下(2)
	순천대학교 학생회관 부속동	전남 순천시 매곡동 502	上(1)
	순천대학교 진리관	전남 순천시 매곡동 502	下(1)
	(11교, 22곳)		
고교	등촌고등학교 교실, 운동장	서울 강서구 등촌동 691-2	下下(2)
	대동세무고등학교 운동장	서울 종로구 계동 38-10	上下(2)
	상문고등학교 교실, 운동장	서울 서초구 방배동 1000-1	上下(2)
	경남고등학교 교실, 운동장	부산 서구 동대신동 3가 1-1	上下(4)
	부산외국어고등학교 교실 등	부산 연제구 연산동 1110-2	上下(4)
	경기외국어고등학교 기숙사 등	경기 의왕시 고천동 438-1	上下(4)
	양명고등학교 교실, 운동장	경기 수원시 만안구 안양동 64	上下(4)
	화성고등학교 교실, 기숙사	경기 화성시 향남읍 장짐리 161	上下(2)
	전주신흥중고등학교 체육관 등	전북 전주시 중화산동 1가 188	上下下(3)
	중마고등학교 교실, 운동장	전남 광양시 마동 1087	上下(4)
	광양고등학교 체육관, 운동장	전남 광양시 봉강면 석사리 75	上下(4)
	경주중고등학교 운동장	경북 경주시 황오동 51	上下(4)
	경주정보고등학교 운동장	경북 경주시 충효동 549-6	上下(4)
	청송자동차고등학교 교실 등	경북 청송군 부남면 대전리 654	上下(4)
	예천여자고등학교 체육관 등	경북 예천군 예천읍 백전리 55-1	上下(4)

구 분	학 교	지 번	혈처
고교	청도전자고등학교 교실	경북 청도군 풍각면 송서리 553-6	下(1)
	밀양고등학교 운동장	경남 밀양시 내이동 1025	上下(4)
	거제여자상업고등학교 운동장	경남 거제시 거제면 동상리 646	上下(4)
	삼천포중앙고등학교 교실 등	경남 사천시 벌리동 304-3	上下(4)
	(19교)		
중학교	서울중학교 운동장	서울 서초구 서초동 1325-1	下(1)
	길음중학교 교실	서울 성북구 길음동 635-7	上下(2)
	동래여자중학교 교실, 운동장	부산 금정구 부곡동 산 60-1	上下(2)
	신성중학교 운동장	부산 영도구 영선동 3가 110-1	下(1)
	임곡중학교 교실, 운동장	경기 안양시 비산동 511-129	上下下(3)
	화성중학교 교실, 운동장	경기 화성시 향남읍 장짐리 161	上下(2)
	분당중학교 운동장	경기 성남시 분당구 정자동 153	上(1)
	당정중학교 교실, 운동장	경기 군포시 당정동 566	上下(4)
	전주온고을중학교 운동장	전북 전주시 인후동 1가 316	下(1)
	전주서신중학교 운동장	전북 전주시 완산구 서신동 833	下下(2)
	용진중학교 교실,운동장	전북 완주군 용진읍 상운리 121-1	上下(2)
	반남중학교 교실,운동장	전남 나주시 반남면 흥덕리 22-15	上下(4)
	월성중학교 운동장	경북 경주시 충효동 549-6	上下(4)
	풍천중학교 교실,운동장	경북 안동시 풍천면 갈전리 1460	上下(4)

구 분	학 교	지 번	혈처
중학교	금계중학교 운동장	경북 영주시 풍기읍 금계리 279-2	上上(2)
	화동중학교 교실, 운동장	경북 상주시 화동면 이소리 323	上下(4)
	문경중학교 운동장	경북 문경시 흥덕동 705,353-1	上下(4)
	동로중학교 교실, 운동장	경북 문경시 동로면 적성리 617-1	上下(4)
	입암중학교 교실, 운동장	경북 영양군 입암면 산해리 48	上下(4)
	풍각중학교 운동장	경북 청도군 풍각면 송서리 553-6	上下(4)
	우산중학교 운동장	경북 울릉군 울릉읍 저동리 452	上下(2)
	지수중학교 운동장	경남 진주시 지수면 승산리 511-1	上下(4)
	청암중학교 운동장	경남 하동군 청암면 평촌리 918	上下(4)
	거창중학교신원분교 운동장	경남 거창군 신원면 과정리 253	上下(4)
	대병중학교 운동장	경남 합천군 대병면 회양리 904	上下(4)
	(25교)		
초등교	공덕초등하교 운동장	서울 마포구 공덕동 256-4	上下(2)
	길음초등학교 운동장	서울 성북구 길음동 635-7	上下(2)
	신방초등학교 운동장, 체육관	서울 도봉구 방학동 310	上下(2)
	늘푸른초등학교 강당, 운동장	경기 성남시 분당구 정자동 178-5	上下(4)
	파장초등학교 운동장	경기 수원시 장안구 파장동 574	上上(2)
	금산초등학교 교실, 운동장	강원 춘천시 서면 금산리 469-1	上下(4)

구 분	학 교	지 번	혈처
초등교	한들초등학교 교실, 운동장	전북 전주시 중화산동 2가 752-4	上下(4)
	삼계초등학교 교실, 운동장	전북 임실군 삼계면 삼계리 185	上下(4)
	목포북교초등학교 운동장	전남 목포시 북교동 1	上下上(3)
	여수진남초등학교 운동장	전남 여수시 광무동 819	上下(4)
	여수서초등학교 운동장	전남 여수시 서교동 898	上下(4)
	여수봉산초등학교 운동장	전남 여수시 봉산동 12	上下(4)
	안일초등학교 운동장	전남 여수시 화양면 안포리 543	上上(2)
	거문초등학교 운동장	전남 여수시 삼산면 거문리 136	上上(2)
	황전북초등학교 용림 분교장	전남 순천시 황전면 선변리 745	上下(4)
	태인초등학교 강당, 운동장	전남 광양시 태인동 1437	上下(4)
	광양제철남초등학교 운동장	전남 광양시 금호동 624-11	上下(4)
	영광중앙초등학교 운동장	전남 영광군 영광읍 백학리 253	上下(4)
	유광초등학교 운동장	경북 포항시 남구 연일읍 유강리 582	上下(4)
	흥무초등학교 운동장	경북 경주시 성건동 486	上下(4)
	김천중앙초등학교 운동장	경북 김천시 남산동 52	上下(4)
	김천서부초등학교 운동장	경북 김천시 부곡동 8	下下(2)
	아천초등학교 운동장	경북 김천시 어모면 중왕리 735	上下(4)
	풍천풍서초등학교 교실 등	경북 안동시 풍천면 갈전리 1459	上下(4)
	남후초등학교 교실,운동장	경북 안동시 남후면 무릉리 347	上下(2)

구 분	학 교	지 번	혈처
초등교	임하초등학교 운동장	경북 안동시 임하면 신덕리 467	上下(4)
	평은초등학교 교실,운동장	경북 영주시 평은리 1110-2	下下(2)
	영천동부초등학교 교실 등	경북 영천시 조교동 425-1	上下(4)
	청통초등학교 운동장 등	경북 영천시 청통면 신학리 569	上下(4)
	자천초등학교 교실, 운동장	경북 영천시 화북면 자천리 895	上下(4)
	점촌북초등학교 운동장	경북 문경시 유곡동 139	上下(4)
	호계초등학교 운동장	경북 문경시 호계면 막곡리 248	上下(4)
	산북초등학교 운동장	경북 문경시 산북면 대상리 74	上下(4)
	대동초등학교 운동장	경북 경산시 와촌면 박사리 606	上下(4)
	효령초등학교 교실, 운동장	경북 군위군 효령면 중구리 197	上下(4)
	이두초등학교쌍호분교 교실	경북 의성군 안사면 월소리 75-1	下下(2)
	안독초등학교 운동장	경북 청송군 안덕면 명당리 503-1	上下(4)
	영양초등학교 강당,운동장	경북 영양군 영양읍 서부리 381	上下(4)
	입암초등학교 운동장	경북 영양군 입암면 신구리 272	上下(4)
	일월초등학교 운동장	경북 영양군 일월면 도계리 719-2	上下(4)
	수비초등학교 운동장	경북 영양군 수비면 발리리 509	上下(4)
	영덕야성초등학교 운동장	경북 영덕군 영덕읍 덕곡리 170	上上(2)
	운수초등학교 강당, 운동장	경북 고령군 운수면 봉평리 797-1	上下(4)

구 분	학 교	지 번	혈처
초등교	수륜초등학교 운동장	경북 성주군 수륜면 신파리 41	上下(4)
	예천동부초등학교 강당 등	경북 예천군 예천읍 백전리 88	上下(4)
	후포동부초등학교 운동장	경북 울진군 후포면 후포리 427-1	上下(4)
	저동초등학교 운동장	경북 울릉군 울릉읍 저동리 432-4	下下(2)
	창원초등학교 운동장	경남 창원시 의창구 서상동 513	上下(4)
	남강초등학교 강당, 운동장	경남 진주시 상대동 645-9	上下(4)
	남해초등학교 운동장	경남 남해군 남해읍 북변리 141-3	上下(4)
	노량초등학교 교실, 운동장	경남 하동군 금남면 송문리 759-2	上下(4)
	묵계초등학교청암분교 운동장	경남 하동군 청암면 평촌리 59-2	上下(4)
	북상초등학교 운동장	경남 거창군 북상면 갈계리 1439-1	上下(4)
	초계초등학교 운동장	경남 합천군 초계면 초계리 87-2	上下(4)
	계남초등학교 운동장	경남 합천군 초계면 유하리 278	上下(4)
	초계초등학교덕곡분교 운동장	경남 합천군 덕곡면 장리 761	上上(2)
	삼가초등학교 운동장	경남 합천군 삼가면 소오리 393-3	上下(4)
	대병초등학교 강당, 운동장	경남 합천군 대병면 회양리 880	上下(4)
	(58교)		
	계:113교		

*위의 표 혈처에서 上은 명혈명당의 상혈처, 下는 명혈명당의 하혈처,

上下는 명혈명당의 상혈처와 하혈처, 左右는 명혈명당의 좌혈처와 우혈처를 표시한 것이며, ( )는 혈처의 개수를 표시한 것임

영국의 대학 평가기관인 The Times Higher Education은 매년 발표하는 세계의 명문대학교 965개교를 대상으로 교육여건, 연구실적, 논문 피인용도, 국제화, 산학협력 등을 종합평가해 세계대학 순위를 정하고 있다. 2017년도에 평가한 대상 대학들 중 상위권에 속한 대학들은 대부분이 미국과 영국에 있는 대학들이며 우리나라의 서울대학교는 36위 카이스트는 41위 포항공과대학교는 71위로 평가되었다. 아울러 아시아 24개국의 100개 대학을 대상으로 평가한 아사아대학 순위를 발표했는데 우리나라는 서울대학교와 KAIST가 10위 안에 들어 있었다.

아래의 〈표 1-2〉는 영국의 대학 평가가관에서 2017년도에 평가해 순위를 정한 세계대학 순위 15위까지와 아시아 대학 순위 10위까지의 대학 본관과 중앙도서관 등에 대해 명혈명당이 들어있는지를 조사한 것이다. 조사대상 건물에서 대학본관을 조사대상으로 한 것은 총장이 집무하는 곳으로서 지원행정과 학사행정을 총괄해 대학의 모든 행정을 주관하는 곳이며, 중앙도서관을 조사대상으로 한 것은 교수들이 연구하고 가르치기 위한 자료들과 학생들이 연구하고 공부하는데 필요한 자료들을 모아 집중관리 하는 지식의 보고로 불리운 곳으로서 대부분이 대학교의 센터에 있다.

세계대학 순위 15위 까지와 아시아 대학 순위 10위 까지 모두 25개 대학의 본관 건물과 중앙도서관 등에 대해 구글지도에서 표시된 건물을 중심으로 명혈명당을 조사한 바로는 25개 대학교 50개 건물 모두가 천조명당의 역량을 가진 명혈명당이 들어있는 신기한 사실을 발견하게 되었다. 다만 대학에 집적 가서 확인을 하지 못해 본

관 건물에 해당 대학교의 총장이 근무하는지 입학허가 등 학사 행정을 총괄하는 건물인지는 확인할 수 없었지만 해당 대학교의 상징적인 건물임에는 확실하다. 또한 모든 대학들은 여러 도서관을 운영하고 있으므로 명혈명당에 있는 도서관이 모두 중앙도서관이라고는 확인할 수는 없었다.

미국이나 영국 등은 대학 부지를 선정하고 설계를 할 때 풍수지리를 도입해 명혈명당 여부를 조사해 대학 본관이나 중앙도서관을 배치한 것은 아닐 것으로 추정해 볼 수 있다. 그런데도 어떻게 세계 명문 대학들의 본관이나 도서관을 신축할 때 명당자리를 잡는 법을 터득하여 모두 다 명혈명당에 본관이나 도서관을 배치하게 되었는지 참으로 놀랍고도 공교로운 일이 아닐 수 없다. 대상학교의 조사된 건물 외에도 명혈명당에 세워진 건물들이 많이 있을 것으로 추정된다. 세계적으로 유명한 하버드대학교 로스쿨 건물에도 명혈명에 세워진 것으로 볼 때 모든 대학 건물을 다 조사한다면 더 많은 대학 건물들이 명혈명당에 세워져 있을 것으로 추정해볼 수 있을 것이다.

세계대학 순위 15위 이하와 아시아 대학 순위 10위 이하의 대학들도 명혈명당에 세워져 있는 대학 건물들이 더 많이 있을 것으로 추정해볼 수 있지만 전 세계의 모든 대학들의 건물을 모두 다 조사하지는 못했다. 세계대학 순위 15위 안에 있는 대학들이나 아시아 대학 순위 10위 내에 있는 대학들은 그야말로 세계적인 명문 대학들이다. 이들 명문 대학에서는 세계적인 석학들이 연구하고 교수하는 대학들로서 세계 각국에서 우수한 학생들이 입학하기 위해 치열한 경쟁을 벌이고 있는 대학들이며 지구촌의 정치, 경제, 사회, 교육, 문학, 예술, 과학, 의학, 공학 등 각계각층과 각 분야를 리더해나가는 훌륭한 인재들을 지속적으로 배출하는 대학들이다.

지구촌의 유명한 석학들과 노벨 수상자 등 우수한 인력을 배출하는 대학의 본관 건물과 도서관이 명혈명당이라는 사실은 수 십개 또는 수 백개의 천조명당 자리에서 쉼 없이 솟아나는 생기의 보고지가 지구촌을 이끌어가는 인재들을 양성하는 산실이라는 것이 확인된 것으로 보아 양택지 명당발복의 발현이 허황된 것이 아니고 사실이라는 것을 입증하고 있는 좋은 사례라 하겠다.

　따라서 더 이상 강조하지 않아도 생기의 보고라고 하는 명혈명당에 각급 학교의 건물을 조성해 대한민국뿐만이 아니라 지구촌을 이끌어 갈 훌륭한 인재를 양성해야할 책무가 오늘을 사는 대한민국의 모든 국민들에게 있다고 할 수 있다.

〈표 1-2〉 세계 및 아시아 우수 대학교의 명혈명당 현황

순위	국명	대학명	본관 혈처	도서관명	도서관 혈처
〈세계 우수대학교〉					
1	영국	옥스퍼드대학교	上下	보드레이안도서관	上下
2	영국	캠브리지대학교	左	캠브리지도서관	左右
3	미국	캘리포니아공과대학교	左右	메모리얼도서관	左右
4	미국	스탠포드대학교	左右	라스럽도서관	左右
5	미국	매사추세츠공과대학교	上下	MIT도서관	上下
6	미국	하버드대학교	上下	와이드너도서관	上
7	미국	프린스턴대학교	上下	중앙도서관	上下
8	영국	임페리얼칼리지런던	上下	중앙도서관	上下
9	미국	쉬카고대학교	上下	조앤드리카도서관	上下
10	스위스	취리히연방공과대학교	上下	중앙도서관	上下

순위	국명	대학명	본관혈처	도서관명	도서관혈처
11	미국	펜실베니아대학교	上下	베이넥도서관	上下
12	미국	예일대학교	上	사회과학중앙도서관	上下
13	미국	죤스홉킨스대학교	上下	브로디도서관	上
14	미국	컬럼비아대학교	上下	자연과학도서관	上下
15	미국	캘리포니아대로스앤젤레스	上下	파월도서관	上下
		(15교)			

〈아시아 우수대학교〉

순위	국명	대학명	본관혈처	도서관명	도서관혈처
1	싱가폴	싱가폴국립대학교	上下	중앙도서관	上
2	중국	칭화대학교	上下	중앙도서관	上下
3	중국	베이징대학교	上下	중앙도서관	上下
4	홍콩	홍콩대학교	上下	중앙도서관	上下
5	홍콩	홍콩과학기술대학교	上下	중앙도서관	上下
6	싱가폴	난양공과대학교	上下	중앙도서관	上下
7	홍콩	중문대학교	下下	대학도서관	下下
8	일본	도쿄대학교	上下	부속도서관	上下
9	한국	서울대학교	上下	중앙도서관	上下
10	한국	KAIST	上下	중앙도서관	上下
		(10교)			

계:25교

*위의 표 혈처에서 上下는 명혈명당의 상혈처와 하혈처, 上은 명혈명당의 상혈처, 左右는 명혈명당의 좌혈처와 우혈처를 표시한 것임.

3. 종교시설도 명혈명당을 활용해야 대중들의 호응을 받을 수 있다

우리나라의 사찰寺刹과 성당聖堂 및 교회敎會가 천조명당의 역량을 가진 쌍혈명당과 명혈명당이 들어있는 종교시설은 87곳으로 조사되었다. 그러나 전국에 있는 사찰이나 교회 및 성당 등을 전수조사 했다면 이보다 더 많은 곳에 명혈명당과 쌍혈명당이 들어 있을 것으로 추정해볼 수 있다. 종교시설 87곳 중 사찰에는 쌍혈명당 6곳을 비롯해 59곳이 명혈명당에 자리하고 있는 것으로 확인되어 전체 종교시설의 67.8%가 불교와 관련된 시설이며 교회 및 성당은 28곳으로 32.2%인 28곳으로 조사되었다. 명혈명당에 있는 사찰 59곳 중 62.7%인 37곳이 대구시, 울산시, 경상북도 및 경상남도에 소재하고 있어 영남지방에 소재한 사찰들이 다른 시도의 사찰 보다 월등히 많게 명혈명당이 들어있는 것으로 조사되었다.

조계종 직영사찰이면서 재정수입이 가장 많다는 사찰들인 서울의 조계사와 봉은사, 강화도 보문사, 경산시 선본사(갓바위) 등에는 모두 다 쌍혈명당 또는 명멸명당 터에 있는 사찰들이다. 조계종에서는 2016년도에 직영사찰 5곳의 재정수입을 공개했는데 신도들의 불전 및 시주 등으로 들어온 연간 수입액으로 서울시 강남구 삼성동에 있는 봉은사가 약 310억원, 조계종 총본산인 조계사가 약 287억원, 갓바위로 알려져 있는 선본사는 약 101억원, 강화도 보문사는 약 49억원, 과천시 중앙동 관악산 연주암은 약 31억원의 수입을 올린 것으로 공개되었다. 이들 사찰은 모두 대웅전이 천조명당의 역량을 가진 쌍혈명당 자리 이거나 명혈명당 자리에 있는 사찰들이다. 따라서 사찰이 서울에 있던 지방에 있던 섬에 있던 간에 불전이나 시주 등 을 통해 연간 수입이 수 십억원에서 수 백억원에 이르고 있어 명당자리에 있지 않은 사찰들에 비해 월등히 수입액이 많다는 것은 명당 터에 있는 사찰들이 명당발복의 발현 현상이 뚜렷해 대중들의 호응을 많이 얻은 것으로 추정해볼 수 있다.

명동 대성당이나 영락교회 등 28곳이 명혈명당 자리에 있는 것으로 조사되었다. 우리나라에서 잘 알려진 기독교 계통의 종교시설들도 천조명당의 역량을 가진 명당자리에 있다는 것이 확인됨에 따라 대중들로부터 많은 호응을 받고 있다는 사실로 보아 종교시설들도 양택지 명당발복의 발현이 분명히 있었을 것으로 추정해 볼 수 있다.

천조명당의 역량을 가진 쌍혈명당 터나 명혈명당 터에서는 지구의 에너지라 할 수 있는 생기가 모아져 응결되어 분출되는 곳으로서 강한 기가 서려 있는 곳이다. 쌍혈명당은 적게는 2개에서 많게는 수 십개의 대명당 자리가 있고 명혈명당은 적게는 74개에서 많게는 296개의 대명당 자리가 모여 있는 곳으로서 특히 수도修道에 정진하는 성직자들의 수행처修行處나 무엇인가를 절실하게 소원을 성취하기 위한 대중들의 기도처祈禱處로는 그야말로 영험靈驗을 얻을 수 있다는 영지靈地로 알려져 있다.

우리나라에서 기도발이 영험하다고 항간에 알려진 불교시설로는 북한산 도선사, 강화도 보문사, 관악산 연주암, 경산시 선본사 갓바위, 설악산 봉정암, 운문사 사리암 등을 들 수 있는데 이 곳들은 모두 쌍혈명당이나 명혈명당이 들어 있는 사찰들이다. 따라서 종교시설에도 명당을 잘 활용한다면 양택지 명당발복의 발현이 있어 대중들로부터 큰 인기를 얻게되고 아울러 영험을 얻을 수 있는 영지로 소문이나는 등 종교의 부흥에도 명당이 크게 도움이 될 것으로 보아 종교시설을 지을 때 명혈명당을 적극 활용한다면 대중들의 호응이 높아져 종교의 전도傳道에도 큰 도움이 될 것으로 추정해 볼 수 있다.

종교시설의 명당 현황

시설명	지 번	혈처
〈사찰〉		
조계사 대웅전	서울 종로구 수송동 44	双,上,日月
봉은사 대웅전	서울 강남구 삼성동 73	双,上,日月
도선사 대웅전	서울 강북구 우이동 264	双,上,日月
화계사	서울 강북구 수유동 487	下下(2),日月
보문사	서울 성북구 보문동 3가 51	上(1),日月
미타사	서울 성북구 보문동 3가 51	上(1),日月
자비정사	서울 종로구 구기동 260-14	上(1),日月
능인선원(불교교육기관)	서울 강남구 개포동 1055	上(1),日月
원불교중구교당교육관	서울 중구 필동 2가 64-2	下(1),日月
범천사	부산 영도구 영선동 4가 778	下(1),日月
동화사대웅전,화엄당 등	대구 동구 도학동 35	上下(4),日月
정심원	대구 서구 장안동 287-1	上(1),日月
원불교문화센터	광주 서구 풍암동 1125	上(1),日月
월봉사	울산 동구 화정동 60	上下(4),日月
연주암 대웅전	경기 과천시 중앙동 85-1	上下(2),日月
진등사	인천 강화군 길상면 온수리 산 42	双,下,日月
보문사 대웅전	인천 강화군 삼산면 매음리 629	双,上,日月
보문사 마애석불 좌상	인천 강화군 삼산면 매음리 629-3	双,上,日月
월정사 설선당,보장각	강원 평창군 진부면 동산리 63	上下(4),日月
봉정암	강원 인제군 북면 용대리 산 12-21	下(1),日月
영은사	충남 공주시 금성동 11-3	上(1),日月

시설명	지 번	혈처
금산사 대적광전,마륵전	전북 김제시 금산면 금산리 39	上下(4),日月
신흥사	전북 임실군 관촌면 상월리 360	下(1),日月
화엄사 각황전	전남 구례군 마산면 황전리 12	下下(2),日月
향림사	전남 순천시 석현동 230	上下(2),日月
망월사	경북 경주시 배동 490	下(1),日月
삼불사	경북 경주시 배동 산 65-2	下(1),日月
길상사	경북 경주시 감포읍 팔조리 25-2	下(1),日月
명암사	경북 경주시 건천읍 용명리 42-1	下(1),日月
기림사	경북 경주시 양북면 호암리 417	上下(4),日月
용담사	경북 경주시 양남면 효동리 780	下(1),日月
천우사	경북 경주시 내남면 용장리 산 130	下(1),日月
서악사	경북 안동시 태화동 605-1	下(1),日月
안동세덕사	경북 안동시 길안면 구수리 695	下(1),日月
국사암	경북 영주시 봉현면 두산리 산 32	下(1),日月
영지사	경북 영천시 대창면 용호리 14	下(1),日月
봉덕사	경북 문경시 산북면 거산리 40-1	下(1),日月
선본사(갓바위)	경북 경산시 와촌면 대한리 587-3	下(1),日月
고운사	경북 의성군 단촌면 구계리 115	上下(4),日月
대산사	경북 청도군 각남면 옥산리 1143	下(1),日月
사리암	경북 청도군 운문면 신원리 산 169-1	上(1),日月
지장사	경북 울진군 울진읍 명도리 28	上(1),日月

시설명	지 번	혈처
불영사	경북 울진군 서면 하원리 114-2	下下(2),日月
구룡사	경남 창원시 의창구 소답동 909	下(1),日月
순천암	경남 진주시 옥봉동 576-1	下(1),日月
법성사	경남 진주시 옥봉동 343	上(1),日月
법륜사	경남 사천시 서동 산 45-1, 49-2	下(1),日月
관음사	경남 사천시 곤명면 추천리 79-2	下(1),日月
만장대 구룡사	경남 김해시 동상동 26	下(1),日月
덕산사	경남 밀양시 초동면 성만리 134-6	下(1),日月
겁외사	경남 산청군 단성면 묵곡리 200-4	下(1),日月
해인사 관음전,우화당	경남 합천군 가야면 치인리 10	上下(4),日月
원당암	경남 합천군 가야면 치인리 30	下(1),日月
정법사	경남 합천군 묘산면 산제리 553	下(1),日月
무상정사	경남 합천군 합천읍 금양리 386	下(1),日月
황매산법연사	경남 합천군 기회면 둔내리 1362-1	上下(4),日月
회광선원	경남 합천군 기회면 둔내리 1690	下(1),日月
문주사	경남 합천군 기회면 중촌리 468	下(1),日月
묵방사	경남 합천군 기회면 중촌리 349-1	下(1),日月

(59곳)

〈성당 및 교회〉

| 명동대성당 | 서울 중구 명동 2가 1-1 | 上下(2),日月 |
| 카톨릭회관 | 서울 중구 명동 2가 1-19 | 上下(2),日月 |

시설명	지 번	혈처
샬트성바오르 수녀회	서울 중구 명동 2가 1-6	左右左(3), 日月
영락교회	서울 중구 저동 1가 6	上(1),日月
영락교회 선교관	서울 중구 저동 2가 69-14	下(1),日月
상도감리교회	서울 동작구 노량진동 328	上(1),日月
안동교회	서울 종로구 가회동 132	上(1),日月
영동교회	서울 강남구 대치동 950-4	下(1),日月
남산교회	서울 서초구 반포동 109-3	上下(2),日月
산지교회	서울 서초구 서초동 1429-2	下(1),日月
소망교회	서울 강동구 암사동 472-16	左(1),日月
임마뉴엘교회	서울 송파구 방이동 45-4	上(1),日月
동원교회	서울 동대문구 용두동 252-1	下(1),日月
서소문교회 수양관	서울 도봉구 방학동 산 69-1	上(1),日月
시온교회	인천 남동구 구월동 1263-6	下(1),日月
본향교회	인천 남동구 구월동 1261-7	下(1),日月
성천교회	대구 수성구 지산동 1196-19	下(1),日月
불꽃교회	대구 동구 신암동 20-1	右(1),日月
안양중앙교회	경기 안양시 만안구 안양동 676-117	下(1),日月
새생명교회	경기 부천시 역곡동 97-2	下(1),日月
장안제일교회	경기 화성시 장안면 독정리 952-1	下(1),日月
생명샘교회	경기 의정부시 의정부동 157-27	左(1),日月
고잔성당	경기 안산시 단원구 고잔동 676-4	上(1),日月
금산교회	강원 춘천시 서면 금산리 933	上(1),日月

시설명	지 번	혈처
성내동성당	강원 삼척시 성내동 3-1	上下(4),日月
중동교회	전북 전주시 완산구 중화산동 645-3	上(1),日月
온고을으뜸교회	전북 전주시 완산구 경원동 1가 111-9	左(1),日月
모든민족교회	경남 김해시 내동 1087-2	上(1),日月

(28곳)

계:87곳

*위 표의 혈처에 上은 명혈명당의 상혈처, 下는 명혈명당의 하혈처, 左는 명혈명당의 좌혈처, 右는 명혈명당의 우혈처, 左右는 명혈명당의 좌혈처와 우혈처, 上下는 명혈명당 상혈처와 하혈처, 双은 쌍혈명당, 日月은 명혈명당의 일월혈지의 일혈자리와 월혈자리를 표시한 것이며, ( )의 숫자는 명당처의 개수를 표시한 것임

4. 명혈명당 터에 있는 고가를 활용하자

국가가 중요 민속자료로 지정하거나 지방자치단체가 지방 문화재 등으로 지정해 보존하고 있는 전국 각지의 종가宗家, 종택宗宅, 고택古宅, 고옥古屋 등으로 불리운 가옥 77곳이 천조명당의 역량을 가진 명혈명당 자리에 있는 것으로 조사되었다. 이러한 고가古家들의 대부분이 명혈명당의 일월혈지 또는 성혈지에 두 개 이상의 혈자리에 지어져 있다. 따라서 이러한 가옥에서 잉태되거나 출생하거나 생활하는 사람들은 두 개 이상의 명당자리에서 생성되어 분출되는 생기를 접하게되어 생활에 활력소를 받으면서 성장하거나 생활하기 때문에 혈자리가 없는 가옥에서 수맥 등으로 인한 냉기冷氣 등 사람에게 해로운 사기邪氣를 받으면서 생활하는 사람들 보다는 주

어진 운명을 적극적이고 긍정적으로 이끌어가는 보람된 삶을 살아 간다는 것이 통계적으로 입증되고 있다.

문화재나 민속자료 등으로 지정된 대부분의 건축물은 설계나 건 축 양식이 독특하고 비교적 잘 지어져 보존이 되고 있는 건물이어 서 그 당시 집을 지을 때 어느 정도 부富와 지위地位를 가지고 있는 분들에 의해 지어졌을 것으로 추정해 볼 수 있다. 즉, 명혈명당 터 에 지어진 고가에서 잉태되어 출생했거나 생활했던 분들 중에는 조 선시대부터 현재까지 저명인사와 부자 및 기업가 등 훌륭한 인물들 이 많이 배출 되었을 것으로 추정해 볼 수 있다.

예로서 서울특별시 종로구 경운동 민병욱 가옥은 우리나라 최초 건축가인 박길용이 설계한 가옥이며, 충청북도 보은군 장안면의 선 병국 가옥은 99칸으로 풍수지리에서 말하는 연화부수형蓮花浮水形 명당 터라고 전해지고 있는 가옥으로 중요 민속자료 제134호로 지 정된 만석군 집안의 가옥이다. 또한 경상남도 함양군 지곡면 개평마 을에 있는 일두 정여창 가옥은 조선시대 양반가의 전형적인 가옥형 태로 건축된 집으로서 조선 전기 사림파士林派의 대표적인 학자이 며 동방오현東方五賢의 한 사람으로 문묘文廟에 배향背向된 정여창 의 생가이기도 하다.

고가에 대한 명혈명당의 조사를 보면 66곳의 고가 중에서 주로 산의 능선에 형성된 상혈처에 자리한 고가가 27곳으로 40.9%였으 며, 능선의 끝자락과 분지 등에서 형성된 하혈처에 자리한 고가가 39곳으로 59.1%였으나 명혈명당의 좌혈처나 우혈처에 자리한 고 가는 한 곳도 없었다. 또한 명혈명당의 일월혈지인 일혈자리와 월 혈자리에 지어진 고가가 61곳으로 전체 조사 대상 고가의 대부분인 92.4%를 차지하고 있으며, 명혈명당의 성혈지에 지어진 고가는 5 곳으로 7.6%에 불과했다. 지역별로는 경북과 경남 등 영남지방이

39곳으로 전체 고가의 59.1%를 차지해 조선시대에는 영남지역에 세도 명문가문이 많았다는 것을 보여주고 있으며, 다음은 호남지역이 14곳으로 21.2%를 보이고 있고, 서울은 6곳이며, 충청지역이 4곳, 강원도 2곳, 경기도가 1곳 등으로 조사되었다. 그러나 전국에 있는 고가를 전수조사 하면 이보다 훨씬 많은 고가들이 명혈명당에 자리하고 있을 것으로 추정해 볼 수 있다.

고가가 명혈명당 터에 세워져 있다는 것은 사람들을 이롭게 한다는 생기가 충만하게 서려 있는 곳으로서 이러한 고가를 종가집으로 계속 관리 하거나 문화재로만 관리할 것이 아니라 가능하면 많은 사람들이 고가를 활용해서 생기를 접할 수 있도록 하여 삶의 활력소를 찾는 장소로 활용하는 방안을 마련해 고가가 지금보다 많이 활용되었으면 하는 바람이다. 특히 많은 신혼부부들이 고가를 찾게 해서 생기가 서려있는 곳에서 후세들이 잉태되어 훌륭한 인물들이 많이 배출되었으면 한다.

예를 들어 종가집에 대한 생활체험을 하는 프로그램을 운영한다든지 여행하는 분들의 민박집이나 신혼부부의 숙소 등으로 활용해 생기를 접하는 기회를 많이 제공하는 등 많은 사람들이 고가를 활용하도록 다양한 프로그림을 개발해 제공함으로써 보다 많은 사람들에게 삶의 활력을 불어 넣었으면 한다.

고가(종가, 종택, 고택, 가옥 등) 명혈명당 현황

고 가	지 번	혈 처
김형태 가옥	서울 종로구 가회동 16-8	下,日月
백인제 가옥	서울 종로구 가회동 93-1	上,日月
민익두 가옥	서울 종로구 경운동 66-7	上,日月
관훈동 민 씨 가옥	서울 중구 필동 2가 84-1	下,日月

고 가	지 번	혈 처
김춘영 가옥	서울 중구 필동 2가 84-1	上,日月
이승업 가옥	서울 중구 다동 33-5	上,日月
진접 여경구 가옥	경기 남양주시 진접읍 내곡리 286	下,日月
강릉 선교장	강원 강릉시 운정동 431	下,日月
이두형 가옥	강원 양양군 서면 서선리 46	下,日月
최응성 고가	충북 충주시 살미면 용천리 481-1	下,日月
보은 선병국 가옥	충북 보은군 장안면 개안리 155-1	上,日月
음성 공산정 고가	충북 음성군 감곡면 영산리 585-10	上,星
유기방 가옥	충남 서산시 운산면 여미리 203-1	上,日月
김동수 고택	전북 정읍시 산외면 오공리 814	上,日月
남원 죽산 박 씨 종가	전북 남원시 수지면 호곡리 274	上,星
노동환 고택	전북 임실군 삼계면 후천리 465	上,星
이웅재 고택	전북 임실군 오수면 둔덕리 456-1	上,日月
김혁종(일본식) 가옥	전북 군산시 신흥동 58-2	上,日月
이영춘 가옥	전북 군산시 개정동 413-1	下,日月
삼복주 가옥	전남 목포시 북교동 131-1	上,日月
나주 홍기종 가옥	전남 나주시 다도면 덕동리 152	上,日月
신호준 가옥	전남 나주시 영광읍 입석리 337	上,日月
이건풍 가옥	전남 함평군 나산면 초포리 659-1	上,日月
한상훈 가옥	전남 보성군 벌교읍 징광리 879-3	下,日月
김선기 가옥	전남 담양군 대덕면 장산리 341	下,日月
고재선 가옥	전남 담양군 창평면 삼천리 366-1	上,日月
고재환 가옥	전남 담양군 창평면 삼천리 155-1	上,日月
여주 이 씨 고택	경북 포항시 북구 신광면 우각리 529	上,日月

고 가	지 번	혈 처
사우정 고택	경북 포항시 북구 기북면 오덕리 306	下,日月
교동 최 씨 고택 (경주최부자)	경북 경주시 교동 69	上,日月
예산 이 씨 상리 종택	경북 안동시 풍산읍 상리리 486-1	上,日月
광산 김 씨 긍구당 고택	경북 안동시 와룡면 가야리 228	下,日月
주하동 경류정 종택	경북 안동시 와룡면 주하리 634	下,日月
의성 김 씨 종택	경북 안동시 임하면 천전리 260-1	下,日月
전주 류씨 삼산 종택	경북 안동시 예안면 주진리 830	下,日月
노송정 고택(퇴계생가)	경북 안동시 도산면 온혜리 604	下,日月
묵재 고택	경북 안동시 도산면 원천리 706	下,日月
비안공 구택	경북 안동시 풍산읍 소산리 224-3	下,日月
우엄 고택	경북 영주시 이산면 지동리 469	下,日月
매산 고택	경북 영천시 임고면 삼매리 1020	下,日月
귀매 고택	경북 영천시 화남면 귀호리 621	下,星
지산 고택	경북 영천시 대창면 신광리 699	下,日月
수암 종택	경북 상주시 중동면 우물리 1102	下,日月
장수 황 씨 종택	경북 문경시 산북면 대하리 460-6	下,日月
송소 고택	경북 청송군 파천면 덕천리 176	下,日月
조동흥 가옥	경북 영양군 일월면 도계리 613	上,日月
오류정 종택	경북 영양군 석보면 소계리 318	下,日月
목사공 종택	경북 영덕군 축산면 칠성리 169	上,日月
존재 종택	경북 영덕군 창수면 오촌리 318-1	下,日月
한주 종택	경북 성주군 월항면 대산리 408	下,日月
해은 고택	경북 칠곡군 왜관읍 매원리 341	上,日月

고 가	지 번	혈 처
연곡 고택	경북 예천군 용문면 제곡리 449	下,日月
미산 고택	경북 예천군 용문면 대제리 259	下,日月
연안 이 씨 별좌공 종택	경북 예천군 호명면 송곡리 446	下,日月
해저만회 고택	경북 봉화군 봉화읍 해저리 485	下,日月
송석헌 가옥	경북 봉화군 봉화읍 석평리 320	下,日月
봉화 금 씨 종택	경북 봉화군 명호면 고감리 1168	下,日月
진양 마진리 이 씨 고가	경남 진주시 대곡면 마진리 592	上,日月
밀양 교동 손 씨 고가	경남 밀양시 교동 789	上,日月
창녕 성 씨 고가	경남 창녕군 대지면 석리 322	下,日月
박진사 고택	경남 고성군 개천면 청광리 292-3	下,日月
함양 정 씨 고택	경남 함양군 수동면 우명리 777-1	下,日月
함양 오담 고택	경남 함양군 지곡면 개평리 217-1	下,日月
함양 일두 고택	경남 함양군 지곡면 개평리 262-1	上,星
정온 선생 종택	경남 거창군 위천면 강천리 50-1	下,日月
합천 묘산 묵와 고가	경남 합천군 묘산면 화양리 485	下,日月
계:66곳		

*위의 표 혈처에서 上은 명혈명당의 상혈처, 下는 명혈명당의 하혈처, 左는 명혈명당의 좌혈처, 右는 명혈명당의 우혈처, 日月은 명혈명당 일월혈지의 일혈자리와 월혈자리, 星은 명혈명당의 성혈지를 표시한 것임.

5. 가족묘를 명혈명당에 조성하자

조상의 묘를 천조명당의 역량을 가진 명혈명당에 조성하게 되면 입신양명하여 부귀영화를 누리는 후손들이 지속적으로 나와 가문에는 영광을 가져오고 국가와 지구촌의 번영과 평화에 기여할 수 있는 훌륭한 인물들을 배출된다는 것이 명당발복의 신비한 현상이라고 할 수 있다. 앞에서도 언급을 했지만 음택지 명당이 명당발복을 주도하면서 명당은 명당을 불러들여 명당발복의 시너지 효과를 유발해 내는 것이 명당발복의 신비한 현상이다.

조상의 묘를 명당자리에 조성하게 되면 명당자리에 들어간 조상의 유해에 있는 유전인자와 유사한 유전인자를 가진 후손의 잉태지와 출생지 및 거주하는 생활공간이 모두 조상의 묏자리에서 생성되는 생기의 역량과 유사한 명당자리가 나타날 확률이 높다는 것에 대해서는 수차 언급한 바 있다. 따라서 조상의 묘를 천조명당인 대명당의 역량을 가진 명당자리에 조성함으로써 명당발복의 상호작용에 의한 효과를 최대한 유발시켜 후손들이 복된 삶을 살아 갈수 있도록 하면서도 국가와 인류의 번영에 기여하는 훌륭한 인물들을 계속 배출되도록 가족묘家族墓를 명혈명당에 조성해 명당발복을 대대손손이 받도록 하자는 것이다.

혈자리에서 분출되는 생기는 대자연이 우리 인류에게 내려준 가장 큰 선물이기 때문에 생기가 지속적으로 솟아나는 명당자리를 찾아 조상의 묘를 조성함으로써 자연이 준 선물을 최대한 활용하자는 것이 풍수지리의 목적이고 지향점指向點이라는 것을 수없이 강조한 바 있다. 조상의 묘는 반드시 혈자리인 명당자리를 찾아 조성해야 명당발복을 받을 수 있다. 혈자리 중에서도 가장 생기의 역량이 큰 천조명당 자리를 찾아야 하고 천조명당 중에서도 하늘이 감추고 땅이 숨긴다는 명당자리가 74개가 한 곳에 모여 있는 명혈명당을 찾아 가족묘를 조성함으로써 수대에 걸쳐 후손들이 계속해서 명당자리에 들어갈 수 있도록 함으로서 대대손손이 대명당의 명당발복을 받아 부귀영화富貴榮華를 누리게 하자는 것이다.

명혈명당에 가족묘를 조성하게 되면 짧게는 5대에서 길게는 9대까지의 후손들이 들어갈 수 있는 곳으로서 대략 150년 이상을 활용할 수 있을 것이다. 가족묘에 적합한 명혈명당을 찾을 때는 마을이나 큰 도로에서 직선거리로 300m 이상 떨어져야하고 장래에 개발이 되지 않아 이장移葬할 걱정이 없는 곳을 찾아서 조성하는 것이 좋다.

가족묘는 가능하면 산의 능선稜線에 형성되어 있는 명혈명당의 상혈처나 하혈처를 찾아 조성하는 것이 바람직하다. 그러나 능선이라 하더라도 옹색한 능선이거나 가파른 능선에 형성된 명혈명당보다는 능선의 폭이 넓고 후덕하게 생긴 완만한 능선에 형성되어 있는 혈처에 가족묘를 조성하는 것이 바람직하다. 그러나 분지盆地에 형성된 명혈명당은 가능하면 피하는 것이 좋다. 분지는 사방으로부터 빗물이 모여드는 곳이기 때문에 광중壙中으로 물이 들어갈 확률이 높은 곳이므로 완벽하게 빗물이 새 들어가지 않는 장치를 하지 않는 한 피하는 것이 좋다.

우리나라에는 전국 곳곳에 있는 산의 능선에는 천조명당의 역량을 가진 명혈명당이 많이 숨어 있다. 따라서 명혈명당에 가족묘를 조성하기를 원한다면 우선 선산先山이나 본인이 소유한 산이나 밭에서 먼저 명당처를 찾아보고 없을 경우에는 조건이 좋은 지역에 명혈명당을 구해서 가족묘를 조성하는 것이 바람직하다. 명혈명당에 가족묘를 조성할 때는 세심한 주의를 하지 않으면 큰 낭패를 볼 수 있다. 명혈명당의 일월혈지에 있는 일혈자리와 월혈자리는 비교적 쉽게 찾을 수 있겠지만 일월혈지 아래에 한 줄에 8개씩 9줄에 걸쳐 72개의 혈자리가 배열되어 있는 성혈지의 혈자리들은 사방이 수맥으로 둘러 쳐져 있어 어느 곳이 혈자리이고 어느 곳이 수맥이 흐르는 곳인지를 감지해서 판단하기가 매우 어려운 곳이다. 따라서 이러한 곳에 묘를 조성할 때 혈자리를 잘못 찾는 경우가 다반사여서 수맥이 지나는 곳에 묘를 쓸 확률이 매우 높기 때문에 특별한 주의를 요하는 곳이다.

또한 산의 능선에 형성된 명혈명당은 능선이 길고 넓게 뻗어 있어야 74개의 혈자리를 모두 활용할 수 있지만 보통의 능선은 좁게 형성되어 있어 넓고 길게 뻗어있는 능선을 찾기는 힘들다. 즉, 능선에 형성된 명혈명당을 보면 능선의 폭이 좁아 가로로는 한 줄에 8개씩 있는 혈자리 중에서 6개 내외 정도를 활용할 수 있는 능선이 대부분이며, 능선의 세로로 된 줄로는 9줄 중에서 대개는 5-6줄 정도만 사용할 수 있는 능선이 대부분이다. 따라서 명혈명당이 형성되어 있는 곳에 따라 활용할 수 있는 명당자리가 달라질 수 있다는 것이다.

혈자리 즉, 명당자리는 우주와 자연의 신비한 이치인 음과 양의 조화에 따라 활용되어야 명당발복도 제대로 받을 수 있다. 명당발복이 발현된 현상을 보면 양혈자리는 부富로 명당발복이 날 확률이 높은 명당자리이고, 음혈자리는 귀貴로 명당발복이 발현될 확률이 높은 명당자리이다. 따라서 양혈자리와 음혈자리 두 곳을 다 찾아서 조상의 묘를 조성한다면 부귀겸전富貴兼全의 명당발복을 받을 확률이 높으므로 반드시 일혈자리와 월혈자리를 찾아서 조상의 묘를 조성하는 것이 부귀로 명당발복을 받는 지름길이라 할 수 있다.

혈자리는 입수맥이 들어오는 곳을 기준으로 할 때 좌측 혈자리가 양혈 자리이고 우측 혈자리가 음혈 자리이므로 남녀의 묘를 조성할 때는 여성을 양혈 자리에 남성은 음혈 자리에 모시는 것이 현재까지 내려온 관습이다. 그러니까 명혈명당의 일월혈지에서는 입수맥을 기준으로 즉, 유해의 머리 쪽을 기준으로 좌측 혈자리가 양혈인 일혈자리이며 우측 혈자리가 음혈인 월혈자리이다. 명혈명당의 성혈지에서는 한 줄에 8개씩 9줄에 72개의 혈자리가 형성되어 있는 곳이므로 줄마다 좌측에서부터 1, 3, 5, 7번째의 혈자리는 양혈 자리이고 2, 4, 6, 8번째의 혈자리는 음혈 자리이므로 성혈지의 혈자리 활용에 유의해야 한다. 그러나 좋은 명당자리가 공지로 있다면 음혈 자리든 양혈 자리든 남녀를 구별할 것 없이 활용하는 것도 바람직한 일이라 여겨진다.

음택지 명당발복의 발현 현상은 앞에서 언급한 바와 같이 우리나라 성씨의 본관별 시조 묘, 조선시대 삼정승 묘, 조선시대 고위 관직을 역임한 분들의 조상 묘, 대한민국의 삼부 요직을 역임한 분들의 조상 묘, 조선시대 갑부와 현재 우리나라에서 대기업을 창업한 분들의 조상 묘 등을 조사한 통계에 의하면 신기하게도 대부분이 천조명당의 역량을 가진 명혈명당 자리에 조성되어 있다는 것이 사실임이 확인 되었다.

항간에 회자되는 개천에서 용난다는 말은 조상 묘를 천조명당 자리에 조성하면 나타나는 명당발복의 발현 현상으로서 오늘날에 와서도 유효有效한 말이라고 확신하고 있다. 따라서 가족 묘를 명혈명당을 찾아서 조성해 후손들이 대대로 부귀영화를 누리는 삶을 살게 함은 물론이요 가문을 빛내고 사회와 국가 및 인류발전에 기여하는 훌륭한 인재들이 지속적으로 배출되었으면 하는 바람이다.

6. 명혈명당에 생활공간을 조성하자

우리가 생활하는 생활공간生活空間에는 거주하는 곳으로는 단독주택, 연립주택, 아파트 등이 있고, 학생들이 공부하는 학교, 학원 등이 있으며, 기업이 사업을 경영할 목적으로 지은 기업체의 사옥, 사업장, 연구소, 공장 등을 들 수 있다. 아울러 국가와 지방자치단체 등 공공기관의 청사와 상가, 병원, 휴양원 등 사람이 활용하는 용도에 따라 지어진 각종 건물들 즉, 사람들이 생활하는 곳을 모두 생활공간이라고 할 수 있다. 각종 생활공간이 명혈명당 자리에 있으면 이곳에서 생활하는 사람들은 혈자리에서 밤낮으로 쉼 없이 분출되어 만물을 활성 시킨다는 생기를 항상 접하게 됨으로써 삶에 활력을 찾아 평안하고 복된 삶을 살아가는 현상을 양택지의 명당발복 현상이라고 누누이 설명한 바 있다.

앞에서 열거한 많은 명당발복 사례들에서 보았듯이 세계적으로 명망名望이 높은 위인偉人들의 생가, 세계적인 종교를 창시創始한 분들의 생가, 세계적인 재벌들의 생가와 글로벌 기업의 본사 사옥, 부강한 국가의 지도자의 집무실과 관저, 세계 명문대학들의 본관과 도서관, 우리나라 대통령의 생가와 거주 가옥, 우리나라 부자들의 생가와 거주 가옥과 사무실 등에는 신기하게도 모두 천조명당의 역량을 가진 명혈명당이라는 사실이 각종 조사와 통계에서 입증되고 있다.

음택지의 명당자리가 명당발복을 주도한다고 앞에서 수차에 걸쳐 설명한 바 있다. 따라서 조상의 묘를 명혈명당 자리에 조성하면 우연히 후손들의 생활공간에도 음택지와 유사한 명혈명당 자리가 생활공간으로 나타나게 되는 명당발복의 발현 현상을 볼 수 있다. 다시 설명하자면 이러한 신비한 현상들을 명당은 명낭을 불러들이는 현상이라고 하는데 위대한 인물들은 대부분이 양택지인 생가와 생활공간 등에도 음택지와 유사한 명혈명당이 들어있어 명당발복의 시너지 효과에 의한 명당발복을 오롯이 받을 수 있었다는 것이다. 그러나 음택지인 묘와 양택지인 생가와 생활공간 중에서 어느 한 곳이나 두 곳이 명혈명당 자리가 아닌 경우에는 명혈명당의 시너지 효과에 의한 명당발복을 온전하게 받을 수 없게 된다.

음택지는 산의 능선에 형성된 명혈명당의 상혈처나 하혈처에 조성하는 것이 바람직하다고 설명을 한 바 있다. 그러나 명혈명당을 생활공간으로 활용할 때는 산의 능선, 분지 및 평지에 형성된 명혈명당의 모든 혈처를 활용할 수 있을 것이다. 다만 환경 여건이나 교통여건 등 생활여건이 맞는 곳이라면 어디에 형성되어 있는 명혈명당의 혈처이든지 모두 활용을 한다면 명당발복은 반드시 발현될 수 있을 것이다. 즉, 앞에서 혈처별 명당발복의 통계를 보아도 어느 혈처에서 명당발복이 특정해서 발현되지 않는다는 것을 볼 수 있었다.

명혈명당에 생활공간을 만들 때는 가능하면 명혈명당의 일월혈지인 일혈자리와 월혈자리 위에 건물을 지어 그 안에서 생활해야 생기의 작용을 가장 크게 받을 수 있을 것이다. 다만 빌딩이나 아파트 등 큰 건물을 지을 때는 성혈지의 72개의 혈자리까지 모두 활용하는 것이 가장 바람직한 건물의 배치가 될 것이다.

단독 주택이나 아파트나 빌딩이든 간에 명혈명당에 건물이 세워져 있다면 어느 층에서 생활을 하든 생기를 접하는데 차이가 크지 않을 것으로 여겨진다. 생기는 벽같은 구조물을 타고 올라가는 성질이 있으므로 1층에서 생활을 하든 꼭대기 층에서 생활을 하든 생기와 접하는 데는 큰 차이가 없을 것이다. 다만 생기가 분출되는 혈자리 위에 있는 생활공간을 누가 많이 활용하느냐에 따라 명당발복의 발현이 다르게 나타날 수는 있을 것이다. 또한 생기는 공기와 만나면 흩어지는 성질을 갖고 있으므로 생활공간에는 가능하면 생기가 밖으로 새 나가지 않도록 설계를 해 생기가 생활공간에 오래 머물게 하는 것이 생기를 활용하는데 도움이 될 것이다.

명혈명당도 우주와 자연의 질서와 조화에 의한 음양의 조화에 따라 항상 상혈처와 하혈처 또는 좌혈처와 우혈처로 나누어져 형성되고 있음을 누누이 설명한 바 있다. 상하와 좌우로 형성되는 혈처 중에서 상혈처와 좌혈처는 양혈처이고 하혈처와 우혈처는 음혈처로 대개는 양혈처에 있는 혈자리들이 음혈처에 있는 혈자리들 보다 생기의 역량이 크기 때문에 명방발복도 양혈처에 있는 혈자리들이 크게 발현될 것으로 추정해 볼 수 있다. 그러나 명혈명당이 형성된 지리적 여건 등 에 따라 음혈처가 양혈처 보다 명혈명당의 규모 등이 크면 생기의 역량 또한 크기 때문에 명당발복의 발현도 음혈처가 더 크게 나타 날 수도 있으므로 반드시 음혈처가 양혈처보다 생기의 역량이 크다고 단정 할 수만은 없다.

음택지 명당자리에서는 양혈자리인 일혈자리는 부富로 음혈자리인 월혈자리는 귀貴로 명당발복이 발현될 확률이 높은데 비해 양택지 명당처에서는 수개의 혈자리 위에 생활공간이 만들어지기 때문에 음혈처와 양혈처에서 부와 귀로 구별해서 명당발복이 발현되는 현상을 특정特定할 수 는 없다.

우리나라 전국 각지에 있는 수 만개의 명혈명당이 여러분들을 기다리고 있다. 따라서 부귀영화富貴榮華를 대대손손代代孫孫이 누릴 수 있고 국가와 인류의 번영을 위해 명혈명당을 찾아 조상의 묘를 조성하고 생활공간을 마련하여 명당발복을 받아 복된 삶을 살았으면 한다.

7. 명혈명당을 찾는 방법

혈자리를 찾는 방법 중 산야山野나 건물이 들어서 있는 도심에 직접 찾아가 엘로드에 의해 혈자리를 찾는 방법에 대해서는 2013년 12월 관음출판사에서 발행한 필자가 지은 "명당발복의 신비"에서 상세하게 설명한 바가 있어 이곳에서는 생략하고자 한다.

여기서는 엘로드로 인터넷 지도나 사진 및 TV로 방영된 화면 등을 통해서 명혈명당을 찾는 방법을 다음과 같이 개괄적槪括的으로 설명하고자 한다.

땅 밑으로는 두 줄기 수맥이 한 쌍이 된 혈맥이 지구촌 곳곳으로 흘러 다니면서 혈자리를 만들어 내고 있으며, 이러한 혈자리가 한 곳에 74개씩 모여 있는 곳이 명혈명당이다. 모든 혈자리는 대명당인 천조명당 자리이건 지조명당인 중명당 자리이건 인조명당인 소명당 자리든 간에 생기의 강약強弱은 있겠지만 생기라는 지구의 에너지인 화학물질化學物質을 끊임없이 땅위로 분출시키고 있는 곳이 혈자리인 명당자리이다. 그러나 명당자리에서 끊임없이 분출되는 생기에는 어떠한 화학적化學的인 성분이 있는지에 대해서는 인류가 지금까지 규명糾明해 내지 못하고 있는 실정이다. 그런데 특이한 현상은 생기가 서려 있는 곳을 인공위성이나 카메라 등으로 사진으로 촬영을 해서 지도를 만들거나 영상으로 편집해 방영을 하게되면 명당자리에서 생기가 솟아나 서려 있는 곳에서는 엘로드가 반드시 반응을 한다는 것이다.

필자는 생기가 어떤 성분의 화학물질로 구성 되어있어 사진이나 영상을 통해 엘로드에 의해 반응을 하는지에 대해서는 알 길이 없어 생기의 작용을 막연하게 설명을 할 뿐 과학적인 근거에 의해서는 설명할 수가 없는 것이 매우 안타까울 뿐이다. 따라서 이러한 생기의 성분에 대해서는 조속한 시일 내에 반드시 과학적으로 규명이 되어야 할 것이다.

위에서도 설명한 바와 같이 생기가 분출되는 혈자리는 반드시 엘로드에 의해 반응을 하게 되어 있고 명혈명당은 혈자리가 74개씩이나 모여 있는 곳이므로 누구든지 끈기 있는 노력을 통해 엘로드에 의한 감지 능력을 기른다면 분명히 명혈명당을 탐지해 낼 수 있을 것이다.

엘로드에 의해 생기가 반응 하는 것은 여러 가지 형태가 있을 것이다. 사람마다 감지感知 기능과 능력이 다르고 혈자리를 찾는 방법이 다르기 때문에 필자가 혈자리를 찾는 방법과 엘로드의 반응 형태는 다른 사람과는 다를 수도 있다. 따라서 여기서는 필자만이 가지고 있는 감지 방법과 반응현상反應現象에 대해서만 설명 할 수 밖에 없음을 이해해 주었으면 한다.

지도상地圖上으로 명당자리 여부를 감지하기 위해서는 우선 지도상에 어떤 장소나 건물을 지정해서 지정한 장소나 건물에 엘로드를 대면 혈자리가 아닌 곳은 반응이 전혀 없으나 수맥이 흐르는 곳에서는 엘로드가 그 자리에서 좌우로 움직이지는 않지만 주위를 맴돌면서 떨고 있는 현상을 볼 수 있으며, 혈자리 즉, 명당자리에서는 좌측 또는 우측으로 움직이는 현상이 일어난다.

예를 들어 묏자리에 대한 명당자리 여부를 감지하기 위해서는 인터넷 지도에서 보인 묘의 봉분에 엘로드를 대서 감지를 할 수 있고, 건물에 대해서는 옥상에 엘로드를 대서 명당 여부를 감지를 할 수 있다. 처음에는 이러한 반응이 일어나지 않거나 무조건 좌우로 크게 움직이는 현상이 나타나지만 차분히 인내를 가지고 엘로드에 의한 감지 능력을 키운다면 누구나 원하는 지점에 대해 혈자리 유무有無를 감지感知해 낼 수 있다.

예를 들어 시계가 놓여 있는 자리가 명혈명당의 혈자리라고 할 때 시계 바늘이 12시에 해당하는 곳에 엘로드를 대면 엘로드가 11시 쪽인 좌측으로 움직이거나 1시 쪽인 우측으로 움직이는 것을 볼 수 있다. 따라서 혈자리가 양혈인 일혈자리인지 음혈인 월혈자리인지를 구별하는 방법은 컴퓨터상의 지도와 종이에 인쇄된 지도상의 한 지점에 엘로드를 대면 엘로드가 좌측左側으로 움직이면 음혈인 월혈자리이며 우측右側으로 움직이면 양혈인 일혈자리이다. 또한 혈자리에서 혈자리 역량의 대소大小 즉, 크고 작음을 알고자 할 경우에는 음혈인 월혈자리인 경우 시계 바늘의 12시를 기준으로 할 때 좌측으로 11시를 표시하는 지점까지 엘로드가 움직이면 인조명당(소명당) 자리이고, 9시를 표시하는 지점까지 엘로드가 움직이면 지조명당(중명당) 자리이며, 엘로드가 7시나 6시까지 움직이거나 한바퀴 돌 경우에는 천조명당(대명당) 자리로 구분할 수 있다.

아울러 엘로드가 우측으로 움직이는 양혈자리인 경우에도 좌측으로 움직이는 경우와 반대로 엘로드가 움직이게 되므로 혈자리의 대소를 구분할 수 있게 된다. 그러나 위에서 언급한 엘로드가 좌측이나 우측으로 움직이는 시계바늘 지점은 혈자리마다 약간의 움직임에 차이가 있을 수 있고, 엘로드를 대는 지점에 따라 달라질 수 있으며, 컴퓨터 화면에서 엘로드를 얼마정도 떨어져 대느냐에 따라 달라질 수 있으며, 엘로드의 기울기에 따라 달라질 수 있고, 또한 사람에 따라서도 달라질 수 있으므로 한 곳을 5회 이상 반복해서 시도해 본인만의 노하우를 터득해 감지 능력을 키워 나간다면 명당자리 여부와 명당자리의 대소 여부를 판별할 수 있는 능력을 갖게 될 것이다.

쌍혈명당에서는 항상 혈자리가 2개, 4개, 8개, 12개, 16개, 20개 등 짝수로 형성되어 있다. 따라서 어느 한 곳에서 한 개의 천조명당 자리를 찾았다면 반드시 좌측이나 우측 또는 위쪽이나 아래쪽 6-15m 안에서 반드시 또한 개의 천조명당 자리를 찾을 수 있다. 4개나 8개 등도 천조명당 자리 2개를 찾는 방법과 똑같은 방법으로 명당자리를 찾아 활용할 수 있다. 또한 쌍혈명당의 혈처를 찾는 방법은 어느 한 곳에서 2개의 천조명당 자리가 만들어진 곳을 찾았다면 위쪽이나 아래쪽 또는 왼쪽이나 오른쪽으로 대략 35-50m 정도 떨어진 곳에 반드시 2개씩의 쌍혈명당이 네 곳에 형성되어 있어 모두 8개의 천조명당 자리를 찾아서 활용할 수 있다. 쌍혈명당 혈처는 한 곳에서 35-50m(대부분 35m 정도) 정도 떨어진 곳에 마치 정사각형의 네 모서리 지점에 혈처가 형성되어 있는 형태가 있고, 한 곳에서 35-50m 떨어진 곳에서 세로로 일렬로 네 곳에 형성되어 있는 형태가 있으며, 한 곳에서 35-50m 떨어진 곳에 가로로 나란히 네 곳에 형성되어 있는 형태가 있으므로 형성되는 형태에 따라 찾는 방법이 다르다.

명혈명당의 경우에는 일월혈지와 성혈지로 나누어져 74개의 혈자리가 만들어져 있으므로 우선 일월혈지의 일혈자리와 월혈자리를 먼저 찾고 난 후에 일월혈지의 혈자리에서 천조명당의 경우 6-10m 정도 아래에 형성되어 있는 성혈지를 찾아보면 명혈명당 여부를 확인할 수 있다. 즉, 일월혈지의 일혈자리와 월혈자리 아래로 6-10m 정도 떨어져 있는 곳부터 시작해 한 줄에 8개씩 9줄로 72개의 혈자리가 만들어져 있으면 명혈명당이다. 명혈명당에서도 쌍혈명당과 같이 음양의 조화에 의해 항상 짝수로 명혈명당이 형성되어 있다. 즉, 명혈명당이 상혈처와 하혈처로 형성되어 있거나 또는 좌혈처와 우혈처로 형성되어 있든지 간에 반드시 네 곳에 동일한 역량의 명혈명당이 형성되어 있는 것이 음양의 질서이며 자연의 이치이므로 한 곳에서 명혈명당을 찾았을 경우에는 주변 네 곳의 명혈처에서 한 개의 혈처에 74개씩 모두 296개의 천조명당 자리를 찾아서 활용할 수 있을 것이다.

명혈명당은 다음의 세 가지 형태로 형성된다는 것을 앞에서 이미 설명한 바 있다.

첫째로 상하 일열로 한쌍으로 형성되어 마치 정사각형의 모서리 네 곳에 명혈명당이 형성되는 경우에는 상혈처의 끝에서 대략 6-10m 정도 떨어진 곳에 하혈처의 일월혈지가 형성되어 있고, 좌측이나 우측으로도 혈처의 끝에서 대략 6-10m 정도 떨어진 곳에 다시 상혈처와 하혈처가 형성되어 있어 모두 네 곳에 명혈명당의 혈처가 형성되어 있다. 따라서 인터넷 지도에서 엘로드에 의해 명혈명당의 혈처를 찾을 경우에는 어느 한 곳의 일월혈지의 일혈자리나 월혈자리를 기준으로 할 때 상혈처나 하혈처까지의 지도상의 거리로 대략 40-60m(대부분 50m 정도) 정도(성혈지 기준 6-10m 정도) 떨어진 곳에 혈처가 반드시 형성되어 있으며, 상혈처나 하혈처의 좌측 이나 우측으로도 대략 40-60m 정도(성혈지 기준 6-10m 정도) 떨어진 곳에서 상혈처와 하혈처를 다시 찾을 수 있다. 즉 ,사각형의 모서리 네 곳에서 모두 명혈명당의 혈처 4개를 찾을 수 있게 된다.

둘째로 상하 일열로 세로로 연달아 네 곳에 명혈명당의 혈처가 형성된 경우에는 상혈처의 끝에서 하혈처의 일월혈지의 일혈자리 또는 월혈자리와의 거리는 대략 6-10m 정도 떨어져 형성된다. 따라서 인터넷 지도에서 엘로드에 의해 명혈명당의 혈처를 찾을 경우에는 어느 한 곳의 명혈명당 혈처의 일월혈지의 일혈자리나 월혈자리를 기준으로 할 때 대략 40-60m(대부분 50m 정도) 정도 떨어진 곳에 혈처가 반드시 형성되어 있으므로 대략 120-180m 정도 내에서 상하로 형성된 명당처 네 곳을 모두 찾을 수 있게 된다.

셋째로 좌우 일열로 가로로 연달아 네 곳에 명혈명당의 혈처가 형성된 경우에는 좌혈처의 끝에서 우혈처의 일월혈지의 일혈자리 또는 월혈자리와의 거리는 대략 6-10m 정도 떨어져 형성된다. 따라서 인터넷 지도에서 엘로드에 의해 명혈명당의 혈처를 찾을 경우에는 어느 한 곳의 혈처인 일월혈지의 일혈자리나 월혈자리를 기준으로 할 때 대략 40-60m(대부분 50m 정도) 정도 떨어진 곳에 명혈명당의 혈처가 반드시 형성되어 있으므로 대략 120-180m 정도 내에서 좌우, 좌우로 형성된 명당처 네 곳을 모두 찾을 수 있게 된다.

　명당자리를 찾을 때 음양의 조화와 질서를 이해 할 경우 쌍혈명당이나 명혈명당에서의 혈자리를 찾는 방법을 쉽게 습득할 수가 있게 되므로 누구든지 혈자리를 찾아서 음택지나 양택지로 활용할 수 있을 것이다.

　오늘날에는 인터넷으로 제공되는 지도나 사진 등으로 지구촌 곳곳에 있는 모든 명당자리를 현지에 갈 필요도 없이 엘로드에 의해 정확이 탐지할 수 있는 시대가 되었다. 따라서 명당자리에 대한 탐지 방법과 능력을 길러 세계 각국에 사는 많은 사람들에게 명혈명당을 알려주어 지구촌의 많은 사람들이 명혈명당을 활용해서 복된 삶을 살아갔으면 하는 바람이다.

| 市道區郡별 명혈명당 현황 |

(단위:곳)

시도	시구동면	탐지수	활 용			미활용
			음택	양택	계	
서울시	종로구	212	–	204	204	8
	중구	188	–	185	185	3
	용산구	60	–	59	59	1
	관악구	44	2	37	39	5
	강남구	248	3	238	241	7
	동작구	52	5	36	41	11
	마포구	92	–	91	91	1
	성북구	12	–	11	11	1
	서초구	136	4	114	118	18
	강동구	32	1	25	26	6
	송파구	40	–	39	39	1
	성동구	28	–	25	25	3
	도봉구	44	4	31	35	9
	중랑구	12	1	4	5	7
	동대문구	24	–	23	23	1
	구로구	32	2	20	22	10
	금천구	28	–	28	28	–
	서대문구	12	–	11	11	1

시도	시구동면	탐지수	활용			미활용
			음택	양택	계	
서울시	은평구	20	-	16	16	4
	강서구	48	1	44	45	3
	영등포구	68	-	68	68	-
	노원구	24	2	21	23	1
	광진구	8	-	8	8	
	강북구	24	1	15	16	8
	양천구	4	-	4	4	-
	계	1,492	26	1,357	1,383	109
부산시	금정구	104	-	68	68	36
	동래구	52	-	4	4	48
	부산진구	28	1	10	11	17
	서구	24	-	16	16	8
	남구	32	-	24	24	8
	북구	8	-	8	8	-
	해운대구	36	-	36	36	-
	연제구	16	-	16	16	-
	영도구	16	-	16	16	-
	사하구	8	-	8	8	-
	수영구	8	-	8	8	-
	기장군	20	-	18	18	2
	계	352	1	232	233	119
인천시	남동구	182	1	23	24	158
	계양구	56	-	-	-	56
	연수구	16	1	13	14	2

시도	시구동면	탐지수	활용			미활용
			음택	양택	계	
인천시	중구	40	-	10	10	30
	서구	12	1	5	6	6
	부평구	4	-	4	4	-
	강화군	24	2	9	11	13
	옹진군	4	1	-	1	3
	계	338	6	64	70	268
대구시	중구	36	-	20	20	16
	동구	172	4	30	34	138
	서구	20	-	14	14	6
	남구	24	-	24	24	-
	북구	44	-	8	8	36
	수성구	28	-	14	14	14
	달서구	12	-	12	12	-
	달성군	24	3	5	8	16
	계	360	7	127	134	226
광주시	동구	20	-	8	8	12
	서구	24	2	11	13	11
	남구	4	-	-	-	4
	북구	236	1	19	20	216
	광산구	40	1	19	20	20
	계	324	4	57	61	263
대전시	중구	52	-	12	12	40
	동구	24	2	8	10	14
	서구	32	-	22	22	10

시도	시구동면	탐지수	활용			미활용
			음택	양택	계	
대전시	유성구	36	1	9	10	26
	대덕구	4	-	4	4	-
	계	148	3	55	58	90
울산시	동구	32	-	10	10	22
	남구	28	-	8	8	20
	북구	12	-	8	8	4
	울주군	36	4	4	8	28
	계	108	4	30	34	74
세종시		108	5	24	29	79
경기도	수원시	56	1	30	31	25
	성남시	146	8	112	120	26
	안양시	48	1	44	45	3
	안산시	28	2	13	15	13
	고양시	176	17	23	40	136
	용인시	384	13	35	48	336
	부천시	20	1	16	17	3
	의정부시	40	5	10	15	25
	광녕시	28	2	20	22	6
	평택시	36	-	24	24	12
	동두천시	8	1	2	3	5
	과천시	16	2	8	10	6
	구리시	36	3	6	9	27
	남양주시	148	29	16	45	103
	오산시	16	1	12	13	3

시도	시구동면	탐지수	활용			미활용
			음택	양택	계	
경기도	시흥시	52	6	4	10	42
	군포시	100	2	32	34	66
	의왕시	52	2	11	13	39
	하남시	16	2	–	2	14
	파주시	156	34	7	41	115
	이천시	64	4	13	17	47
	안성시	56	6	4	10	46
	김포시	24	2	5	7	17
	화성시	124	12	13	25	99
	광주시	180	15	5	20	160
	양주시	64	10	4	14	50
	포천시	80	12	9	21	59
	여주시	84	11	6	17	67
	연천군	48	7	10	17	31
	가평군	44	5	7	12	32
	양평군	144	18	12	30	114
	계	2,474	234	513	747	1,727
강원도	춘천시	200	2	27	29	171
	원주시	152	2	14	16	136
	강릉시	92	2	16	18	74
	동해시	20	–	–	–	20
	태백시	4	–	–	–	4
	속초시	36	–	16	16	20
	삼척시	40	2	1	3	37

시도	시구동면	탐지수	활용			미활용
			음택	양택	계	
강원도	홍천군	156	-	-	-	156
	횡성군	36	-	1	1	35
	영월군	16	1	4	5	11
	평창군	36	-	8	8	28
	정선군	8	1	-	1	7
	철원군	4	-	1	1	3
	화천군	32	-	2	2	30
	양구군	12	-	1	1	11
	인제군	8	-	2	2	6
	고성군	12	-	1	1	11
	양양군	24	-	3	3	21
	계	888	10	97	107	781
충북	청주시	276	3	16	19	257
	충주시	232	4	13	17	215
	제천시	76	11	2	3	73
	보은군	148	1	3	4	144
	옥천군	200	-	5	5	195
	영동군	116	-	1	1	115
	증평군	76	1	-	1	75
	진천군	172	2	1	3	169
	괴산군	88	3	1	4	84
	음성군	388	6	10	18	370
	단양군	24	1	-	1	23
	계	1,796	24	52	76	1,720

시도	시구동면	탐지수	활용			미활용
			음택	양택	계	
충남	천안시	292	7	20	27	265
	공주시	380	8	15	23	357
	보령시	112	2	2	4	108
	아산시	104	3	9	12	92
	서산시	104	2	1	3	101
	논산시	228	4	16	20	208
	계룡시	12	1	-	1	11
	당진시	200	2	13	15	185
	금산군	60	-	-	-	60
	부여군	300	6	2	8	292
	서천군	184	3	3	6	178
	청양군	312	1	11	12	300
	홍성군	248	6	2	8	240
	예산군	244	7	9	16	228
	태안군	148	-	4	4	144
	계	2,928	52	107	159	2,769
전북	전주시	192	4	61	65	127
	군산시	128	3	6	39	89
	익산시	68	2	21	23	45
	정읍시	456	1	15	16	440
	남원시	1,644	5	11	16	1,628
	김제시	88	-	11	11	77
	완주군	2,332	4	16	20	2,312
	진안군	692	1	4	5	687

시도	시구동면	탐지수	활용			미활용
			음택	양택	계	
전북	무주군	396	1	9	10	386
	장수군	884	1	4	5	879
	임실군	1,808	2	18	20	1,788
	순창군	484	7	4	11	473
	고창군	300	-	10	10	290
	부안군	36	1	11	12	24
	계	9,508	32	231	263	9,245
전남	목포시	16	-	10	15	1
	여수시	164	1	32	33	131
	순천시	514	2	16	18	496
	나주시	192	5	20	25	167
	광양시	268	1	29	30	238
	담양군	358	4	28	32	326
	곡성군	420	1	3	4	416
	구례군	160	-	16	16	144
	고흥군	252	2	7	9	243
	보성군	236	1	5	6	230
	화순군	432	4	14	18	414
	장흥군	268	-	-	-	268
	강진군	204	1	-	1	203
	해남군	140	1	2	3	137
	영암군	80	-	7	7	73
	무안군	172	1	2	3	169
	함평군	180	-	4	4	176

| 시도 | 시구동면 | 탐지수 | 활용 | | | 미활용 |
			음택	양택	계	
전남	영광군	152	3	14	17	135
	장성군	176	2	7	9	167
	완도군	176	–	–	–	176
	진도군	296	–	2	2	294
	신안군	228	1	5	6	222
	계	5,084	30	228	258	4,826
경북	포항시	328	5	42	47	281
	경주시	216	24	50	74	142
	김천시	324	2	12	14	314
	안동시	512	8	42	50	462
	구미시	204	4	18	22	182
	영주시	3,404	4	25	29	3,375
	영천시	864	3	20	23	841
	상주시	980	5	16	21	959
	문경시	360	3	38	41	319
	경산시	56	1	14	15	41
	군위군	208	3	13	16	192
	의성군	44	1	11	12	32
	청송군	156	2	9	11	145
	영양군	548	2	31	33	515
	영덕군	196	–	11	11	185
	청도군	96	2	7	9	87
	고령군	140	2	8	10	130

시도	시구동면	탐지수	활용			미활용
			음택	양택	계	
경북	성주군	248	3	17	20	228
	칠곡군	216	2	13	15	201
	예천군	248	1	16	17	231
	봉화군	916	-	9	9	907
	울진군	200	-	11	11	189
	울릉군	28	-	8	8	20
	계	10,492	77	441	518	9,974
경남	창원시	136	4	47	51	85
	진주시	68	6	19	25	43
	통영시	108	-	28	28	80
	사천시	72	-	6	6	66
	김해시	72	3	9	12	60
	밀양시	92	1	19	20	72
	거제시	44	2	18	20	24
	양산시	20	1	8	9	11
	의령군	88	5	12	17	71
	함안군	144	5	9	14	130
	창녕군	2,628	10	13	23	2,605
	고성군	64	3	11	14	50
	남해군	52	-	4	4	48
	하동군	84	2	21	23	61
	산청군	100	1	11	12	88
	함양군	1,880	5	19	24	1,856

시도	시구동면	탐지수	활용			미활용
			음택	양택	계	
경남	거창군	72	2	15	17	55
	합천군	216	10	37	47	169
	계	5,940	60	306	366	5,574
제주도	제주시	76	1	51	52	24
	서귀포시	104	-	2	2	102
	계	180	1	53	54	126
	합계	42,520	576	3,974	4,550	37,970

| 참 | 고 | 문 | 헌 |

- 한국민족문화대백과사전:한국정신문화연구원, 1991년
- 두산세계대백과사전:동아출판사, 1996년
- DAUM 백과사전:다음 운영 온라인 서비스
- NAVER 백과사전:네이버 운영 온라인 서비스
- 인터넷 백과사전 위키백과
- 인터넷 백과사전 나무위키
- DAUM 블로그 및 까페
- NAVER 블로그 및 까페
- DAUM 지도
- NAVER 지도
- Google 지도
- 브이월드
- 각 성씨의 본관별, 문중별, 가계도, 세계도, 족보 및 주요 인물 이야기 등
- 다음 및 네이버 인터넷 블로그 및 까페에 올라온 풍수지리학회 및 연구회
  등의 답사기 블로그 및 까페
  - 정통 풍수지리학회 블로그 및 까페
  - 천지인 박인호의 풍수 블로그 및 까페

- 개미실 사랑방 블로그 및 까페

- 역학 사랑방 블로그 및 까페

- 마음이 쉬는 무유사 산심수행 블로그 및 까페 등

- 다음 및 네이버에 올라온 세계 각지의 여행기 블로그 및 까페
- 전국 시, 구, 군, 읍 , 동, 면의 홈페이지(역사, 문화 등)
- 조선닷컴 블로그 및 까페
- 동아일보 종합편성 TV 채널A 블로그 및 까페
- KBS 2TV 생방송 생생정보통 블로그 및 까페
- MBC TV 생방송 오늘저녁 블로그 및 까페
- SBS TV 생방송 투데이 블로그 및 까페
- 땅이야기 맛이야기 블로그 및 까페
- 빕 구르망 2018 미쉐린가이드 블로그 및 까페
- KOR 한국미식랭킹 코릿 불로그 및 까페
- e-book 땅이야기 맛이야기 블로그 및 까페
- 명당발복의 신비:동선호 지음, 관음출판사, 2013년
- 정통풍수지리:정경연 지음, 평단문화사, 2003년
- 정경연의 부자되는 양택풍수:정경연 지음, 평단문화사, 2005년
- 풍수의 定石:조남선 지음, 청어람M&B, 2010년
- 한국의 재혈풍수(상):정일균 지음, 관음출판사, 2010년
- 한국의 재혈풍수(하):정일균 지음, 관음출판사, 2010년
- 인자수지(人子須知)(前):김동규 역저, 명문당, 2008년
- 인자수지(人子須知)(後):김동규 역저, 명문당, 2008년

- 손감묘결(巽坎妙訣):고제희 평역, (주)다산북스, 2008년

- 도선국사비기:고제희 편저, 문예마당, 2009년

- 지리요결(地理要訣):박영옥 저, 동대문문화원, 2009년

- 신정일의 신 택리지:신정일 지음,타임북스, 2010년

- 김두규 교수의 풍수강의:김두규 저, 비봉출판사, 2010년

- 大權과 風水.地氣를 해부하다:우영재 저, 관음출판사, 2002년

- 새로쓰는 풍수지리학:이태호 저, 도서출판 아침, 1999년

- 생활풍수와 명당만들기:안국준 저, 태웅출판사, 2000년

- 터와 명당:이익중 저, 우성출판사, 2011년

- 혈(穴):이한익, 김경보 공저, 도서출판 연봉, 1995년

- 천기비법(天氣秘法):이종두 저, 이 코노믹북서출판, 2009년

- 한국의 명당:김호년 저, 동학사, 2005년

- 초능력 풍수지리:모종수 글, 인터넷, 2012년

- 명당 찾는 진수 정해:김명준 저, 도서출판 세연, 2011년

동선호(董善浩)

교육부 과장 및 국장(강릉, 순천, 충남, 서울, 전북 및 충북대학교)

교육부 국제교육진흥원 원장

강원관광대학 학장

건국대학교 행정대학원 졸업

독일 JUSTUS LIEBIG GIESSEN 대학교 수학(직업교육)

(구)우석대학교 법학과 졸업

남원중학교, 남원고등학교 졸업

* 저서:명당발복의 신비(2013년, 관음출판사)

신비의 명혈명당

초판인쇄　2018년　10월　10일
초판발행　2018년　10월　20일

지 은 이　동선호
펴 낸 이　소광호
펴 낸 곳　관음출판사

주　　소　130-070 서울시 동대문구 용두동 751-14 광성빌딩 3층
전　　화　02) 921-8434, 929-3470
팩　　스　02) 929-3470
홈페이지　www.gubook.co.kr
E - mail　gubooks@naver.com

등　　록　1993. 4.8 제1-1504호
ⓒ 관음출판사 1993

정가　30,000원

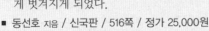

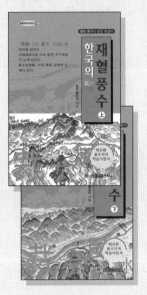